lonely planet

WELT REISE

MIT LONELY PLANET
DURCH ALLE LÄNDER DER ERDE

Die Geschichte dieses Buches

Die meisten Reisen führen nur in ein oder zwei Länder. Dieses Buch dagegen entführt seine Leser auf eine Reise durch die ganze Welt. Es bietet neugierig machende Einblicke in jedes Land der Erde, von Afghanistan bis Zypern, von der klitzekleinen Vatikanstadt bis zu den gewaltigen Weiten der Russischen Föderation.

Wer alle diese Länder besuchen will, braucht entweder mehrere Reisepässe und einen Koffer voll Flugtickets – oder kann sich einfach durch dieses Buch blättern. Der mit brillanten Fotos illustrierte Band wirft ein Schlaglicht auf die Schokoladen- und Schattenseiten jedes Landes: die beste Reisezeit, die wichtigsten Sehenswürdigkeiten, Ess- und Trinkgenüsse und viele weitere Tipps. Das Ergebnis ist kein erschöpfendes Länderlexikon, sondern ein aufregender Schnappschuss unserer kaleidoskopischen Welt. Das Buch betrachtet unseren Planeten ganz ungeniert aus dem Blickwinkel der Reisenden, konzentriert sich auf besonders schöne, reizvolle oder einzigartige Orte und setzt sich dabei mitunter über politische und geografische Grenzen hinweg.

Wann ist ein Land ein Land?

Wie viele Länder gibt es eigentlich auf der Welt? Als Grundlage nahmen wir die Liste der 192 UN-Mitgliedsstaaten. Diese erweiterten wir um einige beliebte Reiseziele, die (teils selbstverwaltete) Überseegebiete anderer Staaten sind, wie diverse Karibikinseln (Anguilla, Kaimaninseln, Guadeloupe, Martinique, Puerto Rico, Turks- & Caicosinseln, Jungferninseln), Atlantikinseln (Bermuda, Falklandinseln) und Pazifikinseln (Cookinseln, Guam & Nördliche Marianen, Neukaledonien, Pitcairninseln, Tahiti & Französisch-Polynesien). Die beiden Landmassen Antarktis und Grönland sind zu groß und faszinierend, um sie bei einem „Weltreiseführer" außer Acht zu lassen. Dann gibt es umstrittene Länder wie Palästina, Kosovo, Tibet und Taiwan und so einzigartige Regionen wie Hongkong, Macau und Französisch-Guayana. Außerdem haben wir Großbritannien in seine Bestandteile England, Schottland und Wales aufgeteilt, um ihrem eigenen Reiz und ihren kulturellen Eigenarten gerecht zu werden.

Am Ende des Buchs sind zusätzlich elf persönliche Reisetipps von Tony Wheeler aufgeführt, dem Gründer und Top-Vielflieger von Lonely Planet. Dabei handelt es sich um kleine, aber besonders attraktive Überseegebiete wie Montserrat oder Gibraltar. Insgesamt werden hier 230 Länder und sonstige Reiseziele vorgestellt.

Der Aufbau des Buches

Der Länderkatalog ist schlicht alphabetisch (nach den englischen Ländernamen) geordnet. Aus der Perspektive der Reisenden sind Faszination und Attraktivität eines Landes nicht unbedingt proportional zu seiner Größe und Macht. Deshalb haben wir jedem Land dasselbe Gewicht eingeräumt, ob es nun auf 15 Minuten oder 15 Jahrhunderte Weltruhm zurückblickt. Länder wie Südsudan und Surinam finden hier genauso viel Beachtung wie die Supermächte USA und China.

Der Leitgedanke des Buchs ist es, die Welt aus der subjektiven Sicht von Lonely Planet zu präsentieren, einen Blick unter die Oberfläche zu werfen, um einen Ausschnitt aus dem Leben jedes Landes der Welt zu zeigen. Die Beschreibungen beschwören den Geist und die sinnlichen Eindrücke des Landes: Was können Besucher hier sehen und erleben? Welche Speisen und Getränke können sie auf den Geschmack des Landes bringen? Welche Bücher, Musik und Filme können tiefere Einblicke vermitteln? Außer den Ereignissen, Dingen und Menschen, die die Identität eines Landes prägen, werden auch kuriose Fakten erwähnt.

Fotos sind ein unschätzbares Medium, um den Geist eines Orts und seiner Menschen einzufangen. Die sorgfältig ausgewählten Bilder in diesem Buch erzählen ihre ganz eigenen Geschichten. Anstelle von überstrapazierten Postkartenmotiven zeigen sie das Leben in seinen unzähligen Erscheinungsformen – Menschen bei der Arbeit, beim Spiel, im Gebet, lachend, singend, tanzend oder einfach nur existierend –, um den Lesern lebendige Länder und keine Werbebroschüren vor Augen zu führen.

Die wenigsten werden je alle hier vorgestellten Reiseziele besuchen. Aber wie schon Aldous Huxley schrieb: „Reisen heißt entdecken, dass jeder falsche Vorstellungen von anderen Ländern hat." Unsere Lesereise kann helfen, die eigenen Vorstellungen zu überprüfen.

Wir hoffen, dass sich durch dieses Buch ganz neue Welten des Reisens auftun.

MATT MUNRO // JONATHAN GREGSON // ERIC LAFFORGUE // PHILIP LEE HARVEY

ARCTIC OCEAN
Beaufort Sea
Chukchi Sea
ARCTIC CIRCLE
Bering Strait
ALASKA (USA)
Bering Sea
Gulf of Alaska
CANADA
Hudson Bay
Baffin Bay
Davis Strait
GREENLAND
Denmark Strait
ICELAND
Norwegian Sea
SCOTLAND
North Sea
IRELAND
ENGLAND
BELGIUM
FRANCE
ANDORRA
PORTUGAL
SPAIN
GIBRALTAR (UK)
MOROCCO
ALGERIA
ST PIERRE MIQUELON (FRANCE)
UNITED STATES OF AMERICA
NORTH ATLANTIC OCEAN
BERMUDA (UK)
Gulf of Mexico
MEXICO
TROPIC OF CANCER
THE BAHAMAS
TURKS CAICOS ISLANDS (UK)
CAYMAN ISLANDS (UK)
CUBA
JAMAICA
HAITI
DOMINICAN REPUBLIC
PUERTO RICO (USA)
ANGUILLA (UK)
ANTIGUA & BARBUDA
ST KITTS & NEVIS
MONTSERRAT (UK)
GUADELOUPE (FRANCE)
DOMINICA
ST LUCIA
GRENADA
BARBADOS
ST VINCENT & THE GRENADINES
TRINIDAD & TOBAGO
ARUBA (NETH)
NETHERLANDS ANTILLES (NETH)
BELIZE
GUATEMALA
HONDURAS
EL SALVADOR
NICARAGUA
COSTA RICA
PANAMA
Caribbean Sea
CAPE VERDE
MAURITANIA
MALI
SENEGAL
THE GAMBIA
GUINEA-BISSAU
GUINEA
SIERRA LEONE
LIBERIA
CÔTE D'IVOIRE
BURKINA FASO
GHANA
TOGO
BENIN
Gulf of Guinea
EQUATORIAL GUINEA
SÃO TOMÉ PRÍNCIPE
PACIFIC OCEAN
VENEZUELA
GUYANA
SURINAME
FRENCH GUIANA (FRANCE)
COLOMBIA
ECUADOR
EQUATOR
PERU
BRAZIL
BOLIVIA
PARAGUAY
CHILE
URUGUAY
ARGENTINA
ASCENSION (UK)
ST HELENA (UK)
SOUTH ATLANTIC OCEAN
TRISTAN DA CUNHA (UK)
SAMOA
AMERICAN SAMOA (USA)
TONGA
COOK ISLANDS
FRENCH POLYNESIA (FRANCE)
TAHITI (FRANCE)
TROPIC OF CAPRICORN
PITCAIRN ISLANDS (UK)
EASTER ISLAND (CHILE)
FALKLAND ISLANDS (UK)
SOUTH GEORGIA (UK)
ANTARCTIC CIRCLE
ANTARCTICA

21 22 23 24 25 26 27 28 29 30 31 32 33 34 35 36 37 38 39 40
A B C D E F G H I J K L M N O P Q R S T U V W X Y Z
ARCTIC OCEAN
SVALBARD (NORWAY)
Barents Sea
Kara Sea
Laptev Sea
East Siberian Sea
Chukchi Sea
ARCTIC CIRCLE
Bering Strait
RUSSIA
SWEDEN
FINLAND
ESTONIA
LATVIA
LITHUANIA
Baltic Sea
POLAND
BELARUS
CZECH REPUBLIC
SLOVAKIA
UKRAINE
MOLDOVA
AUSTRIA
HUNGARY
SLOVENIA
CROATIA
ROMANIA
BOSNIA & HERCEGOVINA
SERBIA
MONTENEGRO
BULGARIA
KOSOVO
MACEDONIA
ALBANIA (FYROM)
GREECE
Black Sea
GEORGIA
ARMENIA
AZERBAIJAN
TURKEY
Caspian Sea
Aral Sea
KAZAKHSTAN
UZBEKISTAN
TURKMENISTAN
KYRGYZSTAN
TAJIKISTAN
MONGOLIA
Sea of Okhotsk
Bering Sea
Sea of Japan (East Sea)
NORTH KOREA
SOUTH KOREA
JAPAN
Yellow Sea
East China Sea
MALTA
Mediterranean Sea
CYPRUS
LEBANON
SYRIA
ISRAEL & THE PALESTINIAN TERRITORIES
JORDAN
IRAQ
IRAN
AFGHANISTAN
KUWAIT
PAKISTAN
CHINA
TIBET (CHINA)
NEPAL
BHUTAN
BANGLADESH
INDIA
LIBYA
EGYPT
Red Sea
SAUDI ARABIA
BAHRAIN
QATAR
UNITED ARAB EMIRATES
OMAN
YEMEN
Gulf of Aden
ERITREA
DJIBOUTI
CHAD
SUDAN
SOUTH SUDAN
ETHIOPIA
CENTRAL AFRICAN REPUBLIC
SOMALIA
UGANDA
KENYA
REPUBLIC OF CONGO
DEMOCRATIC REPUBLIC OF CONGO
RWANDA
BURUNDI
TANZANIA
SEYCHELLES
ANGOLA
ZAMBIA
MALAWI
COMOROS
MAYOTTE (FRANCE)
MOZAMBIQUE
Mozambique Channel
ZIMBABWE
NAMIBIA
BOTSWANA
MADAGASCAR
MAURITIUS
SWAZILAND
LESOTHO
SOUTH AFRICA
MYANMAR (BURMA)
LAOS
Bay of Bengal
THAILAND
VIETNAM
CAMBODIA
HONG KONG (CHINA)
MACAU (CHINA)
TAIWAN
South China Sea
PHILIPPINES
Philippine Sea
SRI LANKA
MALDIVES
BRUNEI
MALAYSIA
SINGAPORE
Celebes Sea
INDONESIA
TIMOR LESTE
PAPUA NEW GUINEA
PALAU
PACIFIC OCEAN
TROPIC OF CANCER
NORTHERN MARIANA ISLANDS (USA)
GUAM (USA)
FEDERATED STATES OF MICRONESIA
MARSHALL ISLANDS
KIRIBATI
NAURU
EQUATOR
SOLOMON ISLANDS
TUVALU
SAMOA
AMERICAN SAMOA (USA)
VANUATU
FIJI
TONGA
Coral Sea
INDIAN OCEAN
TROPIC OF CAPRICORN
AUSTRALIA
Tasman Sea
NEW ZEALAND
ANTARCTIC CIRCLE
ANTARCTICA

Beste Zeit

April bis Juni oder September bis Oktober – und immer abhängig vom politischen Klima

Interessante Orte

- Eine moderne und stabile Gesellschaft, die sich vorsichtig aus den Kriegsruinen des historischen Kabuls herausentwickelt
- Das verblüffende, 800 Jahre alte Minarett von Jam in der zentralen Gebirgsregion
- Die Skyline der mittelalterlichen Altstadt von Herat mit ihrer Zitadelle und einem Wald von Minaretten
- Mazar-e Sharif mit den blauen Kuppeln des Ali-Mausoleums, der heiligsten Pilgerstätte von Afghanistan
- Das Panjshir-Tal mit rauschenden Flüssen, hübschen Dörfern und Obstgärten

Lokale Bräuche

- Die Trümmer der riesigen Buddhastatuen im stillen Bamiyan-Tal besuchen
- Mit einer Yak-Karawane dem Wakhan-Korridor über den Pamir folgen
- Die Zehen ins blaue Wasser der mineralienreichen Band-e-Amir-Seen tunken
- In den im klassischen Mogul-Stil angelegten Nilma Gardens einen Hauch Frieden spüren
- Mit Paschtunen, Usbeken und Turkmenen um afghanische Teppiche feilschen

Afghanistan hautnah

Lesen Eric Newbys Klassiker *Ein Spaziergang im Hindukusch* und Rory Stewarts *So weit die Knie tragen*, ein spannender Reisebericht aus der Nach-Taliban-Ära
Anhören *Gataghani* Hochzeitslieder sowie spirituelle *Gawalis* (geistliche Gesänge der Sufi), die nach den musikfreien Jahren unter den Taliban nun neuen Aufschwung erfahren
Ansehen *Osama* (Regie: Siddiq Barmak): Ein Mädchen verkleidet sich als Mann, um im Kabul der Taliban-Ära zu arbeiten
Essen Saftige Granatäpfel aus Kandahar, süße Trauben aus der Schomali-Ebene und die (laut Marco Polo) besten Melonen der Welt
Trinken Brühheißen *chai sabz* (grüner Tee) im traditionellen Teehaus

In einem Wort

Salam aleikum (Friede sei mit dir/euch) – der universelle Gruß und Segenswunsch

Markenzeichen

Bärte und Turbane; voll verschleierte Frauen, Rebellen mit Raketenwerfern, Berge aus Lapislazuli, kompliziert gewebte Teppiche, Mohnblumen für die Opiumgewinnung, traditionelle Gastfreundschaft

Übrigens …

Die Lapislazuli-Edelsteine in Tutanchamuns Totenmaske stammen aus Nordost-Afghanistan.

1. Witwen bei der Mahlzeit beim Poultry Development for Women Project in Kabul
2. Ein Straßenverkäufer in Kabul backt Naan-Brot
3. Die erschreckend leere Stelle, an der einst der antike Buddha von Bamiyan stand, den die Taliban zerstörten

A **HAUPTSTADT** KABUL | **EINWOHNER** 31 100 000 | **FLÄCHE** 652 230 KM² | **AMTSSPRACHEN** DARI (PERSISCH) & PASCHTU

Afghanistan

Mal angenommen, man würde ein Land nur nach seinen Attraktionen beurteilen, dann stünde Afghanistan auf jeder Reiseliste ganz weit oben: Moscheen und Festungen wie aus 1001 Nacht, spektakuläre, vom Wüstenwind geprägte Berge, uralte Ruinen sowie eine Kultur so zeitlos und geheimnisvoll wie die Wüste selbst. In den 1960er Jahren war Afghanistan ein Muss auf der Hippie-Route nach Indien. Jahrzehnte des Krieges haben den afghanischen Traum seitdem entgleisen lassen. Afghanistan zu besuchen ist heutzutage zwar möglich, allerdings nur für abgehärtete Traveller, die sich nicht daran stören, auf dem Weg zu vergessenen Schätzen militanten Kämpfern und Drohnen auszuweichen.

1

2

A HAUPTSTADT TIRANA | EINWOHNER 3 000 000 | FLÄCHE 28 748 KM² | AMTSSPRACHE ALBANISCH

Albania | Albanien

Nachdem das Land unter einer strengen kommunistischen Regierung jahrzehntelang vom restlichen Europa abgeschnitten war, erwachte Albanien in den frühen 1990er-Jahren aus seinem Dornröschenschlaf und trat endlich in die Moderne ein. Seitdem befindet es sich im ständigen Auf und Ab des Wandels. Mit seiner unglaublichen natürlichen Schönheit, einschließlich imposanter Berge und meilenlanger Traumstrände, ist das „Land der Adler" zum offenen Geheimnis für Backpacker geworden, die den Massen entkommen wollen. Von den wuseligen Märkten bis hin zu malerischen „Museumsstädten" begrüßt Albanien Besucher mit unbefangener Herzlichkeit, mit einem freundlichen Gruß und einem Gläschen Raki.

Beste Reisezeit
April bis Oktober

Unbedingt anschauen
- Die denkmalgeschützte, fast perfekt erhaltene Osmanenstadt Berat, deren weiße Häuser an einem Steihang kleben
- Die stille Ruinenstadt Butrint tief im Wald am Seeufer
- Das quirlige Tirana, Albaniens ausgedehntes und schnell schlagendes Herz, voller Museen, Cafés und Einkaufsmöglichkeiten
- Die Bergstadt Gjirokastër, mit eindrucksvollen Panoramen, imposanter Zitadelle und altehrwürdiger Architektur

Nicht versäumen
- Spektakuläre Strände und Buchten an der wenig besuchten Küste des Ionischen Meers
- Mit der Fähre über den Koman-Stausee ins bergige Landesinnere Albaniens schippern
- Die spektakuläre Tageswanderung zwischen den Dörfern von Valbona und Theth
- Ins bodenlose Blau der Syri-i-Kaltër-Quelle tauchen

Albanien hautnah
Lesen *Chronik in Stein* von Ismail Kadare, eine Kindheitsgeschichte aus Gjirokastër, und *Land of Eagles* von Robin Hanbury-Tenison, der Albanien zu Pferd entdeckte
Anhören Die verflochtenen Gesangs- und Instrumentalstimmen der polyphonen südalbanischen Volksmusik
Ansehen *Parolen aus Stein* (Regie: Gjergj Xhuvani), eine ironisch-liebevolle Schilderung des harten Lebens in einem Bergdorf während der kommunistischen Ära
Essen Lammbraten in den Bergen, fangfrischen Fisch an der Küste oder den albanischen Fastfood-Klassiker *byrek*: Teigtaschen mit Käse-, Kartoffel- oder Hackfleischfüllung
Trinken Raki (Anisschnaps) als Aperitif oder *konjak* (Weinbrand) zum Verdauen

In einem Wort
Tungjatjeta (Hallo)

Markenzeichen
Berge, spitze Minarette in Bergdörfern, die Doppeladler-Flagge, Bunker

Übrigens …
Das Albanische, das mit keiner anderen europäischen Sprache verwandt ist, stammt vielleicht von der antiken illyrischen Sprache ab.

1. Bergseen funkeln in den Albanischen Alpen
2. Das kristallklare Wasser der ionischen Küste
3. Die Ura e Mesit bei Shkodra, eine Brücke aus der osmanischen Ära

Beste Reisezeit
November bis April

Unbedingt anschauen
- Die Kasbah von Algier, die wohl faszinierendste Medina (Altstadt) in ganz Nordafrika
- Die römischen Ruinen von Djemila im malerischen Hinterland der Mittelmeerküste
- Die märchenhaften pastellfarbenen Oasenstädte des M'zab-Tals am Nordrand der Sahara
- Den Sonnenaufgangsblick vom kahlen Assekrem-Plateau tief in der Sahara
- Die Felsbilder von Tassili N'Ajjer aus einer fernen Zeit, als die Sahara noch keine Wüste war

Nicht versäumen
- Café au lait in Algiers quasi-französischen Straßencafés vor einem Besuch der Kasbah
- Am antiken Hafen Tipasa von der römisch-phönizischen Vergangenheit träumen
- Versteckte Schätze der arabisch-islamischen Baukunst in Tlemcen entdecken
- Inmitten der Sanddünen des Westlichen Großen Erg schlummern
- Das Ahaggar-Massiv erkunden, eine der schönsten Landschaften der Sahara

Algerien hautnah
Lesen *Sands of Death* von Michael Usher, ein fesselnder Bericht über wahre epische Schlachten in der Sahara im 19. Jhd.; Jeremy Keenans *Sahara Man: Travelling with the Tuareg*, das seine Leser in die Welt der Tuareg entführt
Anhören *King of Rai: The Best of Khaled* ist ein gutes Beispiel für Algeriens beliebtesten (und tanzbarsten) musikalischen Exportartikel
Ansehen *Schlacht um Algier* von Gillo Pontecorvo, eine erschütternde Schilderung des Algerischen Unabhängigkeitskrieges von 1954–62
Essen Frittierte Kichererbsenbällchen, Couscous und Lamm-Tajine mit Zimt
Trinken Drei Portionen starken Tee an einem Lagerfeuer der Tuareg

In einem Wort
Salaam aleikum (Friede sei mit dir/euch)

Markenzeichen
Die größten Sandseen der Sahara, Raï Musik, das „Ende der Welt" (wörtliche Bedeutung von „Assekrem"), Tuareg, römische Ruinen am Mittelmeer, der Bürgerkrieg der 1990er-Jahre

Übrigens …
Einige der berühmtesten Franzosen kamen in Algier zur Welt, darunter Edith Piaf, Albert Camus, Yves Saint-Laurent und Zinedine Zidane.

1. Ein Tuareg bei der Herstellung traditionellen Silberbestecks
2. Der Palais El Mechouar in Tlemcen: Ein Vorzeigebeispiel islamischer Architektur
3. Die fantastische Landschaft des Ahaggar-Gebirges in der zentralen Sahara

A HAUPTSTADT ALGIER | EINWOHNER 38000000 | FLÄCHE 2381740 KM² | AMTSSPRACHE ARABISCH

Algeria | Algerien

Lange Zeit war Algerien für Nordafrika-Reisende ein weißer Fleck auf der Reisekarte. Dann kehrte in dem zweitgrößten Land Afrikas überraschend Frieden ein. Sicherheit ist nicht überall gewährleistet (die Kabylei und alle angrenzenden Gebiete werden als gefährlich eingestuft und Reisende sollten auch für Besuche anderer Regionen die Reisehinweise des Auswärtigen Amtes prüfen). Dabei kann das Land von seinen bestens erhaltenen römischen Ruinen im Norden bis hinunter zu den überwältigenden Sahara-Landschaften und Oasenstädten im Süden durchaus mit bekannteren Reisezielen wie Marokko und Tunesien mithalten.

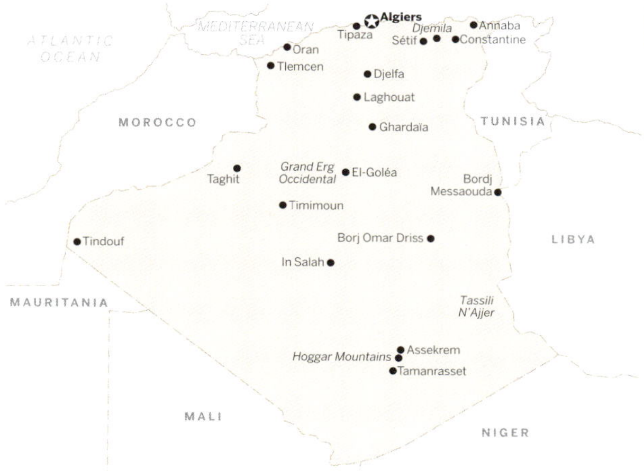

A **HAUPTSTADT** ANDORRA LA VELLA | **EINWOHNER** 85458 | **FLÄCHE** 468 KM² | **AMTSSPRACHE** KATALANISCH

Andorra

Die meisten denken bei dem winzigen Fürstentum, das sich zwischen Frankreich und Spanien in die östlichen Pyrenäen schmiegt, an verschneite Skipisten, kuschelige Eishotels und Andorras mehr als 2000 Niedrigsteuer-Läden. Weniger bekannt sind seine Geschichte (die bis ins 9. Jh. zurückreicht), seine Bewohner, die Altstadt der einzigen Stadt Andorra de Vella oder die zahlreichen Thermalbäder zum Erholen der müden Glieder. Da es keinen Flughafen gibt, erhält Andorra nie die Aufmerksamkeit, die ihm gebührt. Aber von Barcelona im benachbarten Spanien oder Toulouse in Frankreich sind es nur ein paar Fahrtstunden zu diesem faszinierenden Zwergstaat.

Beste Reisezeit

Zum Skifahren von Mitte Dezember bis Anfang April, zum Wandern von Juni bis September

Unbedingt anschauen

- Die gepflasterten Gassen und versteckten Plätze der Altstadt von Andorra la Vella
- Andorras drei nahezu unberührte Täler – jedes davon mindestens für eine Tageswanderung gut
- Die atemberaubende Berglandschaft von Grandvalira, das größte Skigebiet der Pyrenäen
- Das faszinierende Museu del Tabac in einer ehemaligen Tabakfabrik in Sant Julià de Lòria, das sich dem Qualmen und dem Schmuggeln widmet
- Das historische Casa de la Vall in Andorra la Vella, 1580 als Wohnhaus einer reichen Familie erbaut; heute beherbergt es das Parlament von Andorra

Nicht versäumen

- Die winterweißen Hänge von Soldeu im Herzen Grandvaliras hinunterbrettern
- Sich in der Caldea von Andorra la Vella, Europas größtem Thermalbad, im wohlig-warmen Mineralwasser aalen
- Bei Sonnenuntergang von der bevölkerten Plaça del Poble auf einem Gebäudedach in Andorra la Vella den Ausblick übers Tal bestaunen
- Auf der 112 km langen Grand Route de Pays (GRP) wandern, ein siebentägiger Hüttenlauf über das Dach Europas

Andorra hautnah

Lesen Die Taschenbuchausgabe von *A Tramp in Spain: From Andalusia to Andorra* des Engländers Bart Kennedy, der 1904 mit dem Rucksack nach Andorra lief
Anhören Klassik von Andorras Nationalem Kammerorchester unter Leitung des andorranischen Spitzengeigers Gerard Claret
Ansehen *Nick* (Outlier) ein Thriller vom spanischen Regisseur Jose Pozo über einen Teenager, der versucht einen Mord in den verschlafenen Bergen Andorras aufzudecken, den er bezeugt hat
Essen Herzhafte Bergkost wie *trinxat* (Speck, Kartoffeln und Weißkohl) oder traditionelle *escudella* (ein herzerwärmender Eintopf mit Huhn, Wurst und Fleischklößchen)
Trinken Glühwein mit Zitrone, Apfel, Rosinen, Zimt und Cognac nach einem langen Pistentag

In einem Wort

Hola (Hallo!)

Markenzeichen

Ski fahren, Shopping, Schmuggel, die Pyrenäen

Übrigens ...

In den 1980er Jahren glitt noch ein Gletscher durch die Pyrenäen Andorras; heute ist er komplett weg, nur Gletscherseen sind geblieben.

1. Das Santuari nou de Meritxell im herbstlichen Tal
2. Mittelalterliche Architektur in der Bergregion von Encamp
3. Futuristische Architektur im Caldea Spa Complex in Andorra la Vella

3

1. Ein Regenbogen aus Sonnendächern am Strand von Namibe
2. Kinder bei Luanda üben auf selbstgemachten Brettern surfen
3. Die Schlängelstraße nach Lubango

A HAUPTSTADT LUANDA | EINWOHNER 18 600 000 | FLÄCHE 1 246 700 KM² | AMTSSPRACHE PORTUGIESISCH

Angola

Die Angolaner sind Kämpfer – und doch voller Liebe. Die Weltpresse stellte das afrikanische Land zwar lange als eine Art Vorhölle dar, indem sie nur über Bürgerkriege, Blutdiamanten, verschleuderte Öleinnahmen und hungernde Menschen berichtete, doch Besuchern bleibt vor allem die Liebe in Erinnerung: Ob in ihrer bedingungslosen Liebe zu Gott, ihrer hingebungsvoll-romantischen Ader oder ihrer unwiderstehlichen Lust zu tanzen, als ob es kein Morgen gäbe – die Leidenschaft der Angolaner ist einfach ansteckend. Ernüchternd hingegen sind die steigenden Lebenshaltungskosten in der Hauptstadt – Luanda ist seit 2013 die weltweit teuerste Stadt für Expats.

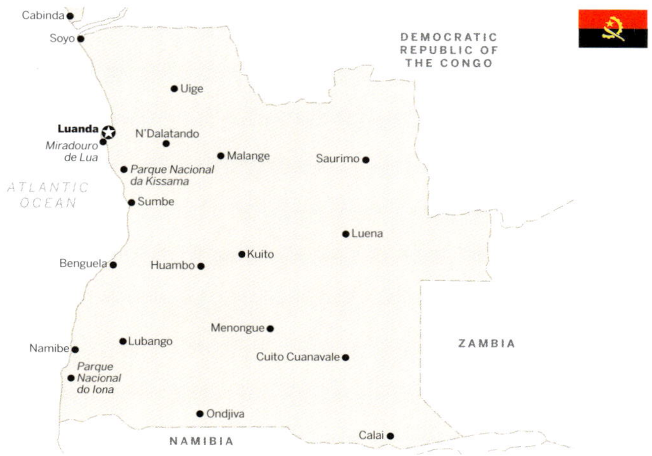

Beste Reisezeit
Die kühlere Trockenzeit von Juni bis September

Unbedingt anschauen
- Die Küstenstadt Namibe mit ihrem bröckelnden Art déco und Klassizismus
- Miradouro da Lua, eine marsähnliche, rostrote Felsformation, die schroff zum Atlantik abfällt
- Die hohen Sanddünen des Iona-Nationalparks
- Das rätselhafte Himba-Volk im Süden des Landes

Nicht versäumen
- Mit *Cristo Rei*, Angolas Version der Christusstatue von Rio de Janeiro, über die Stadt Lubango blicken
- Mit Surfboard auf der erfrischenden Atlantikbrandung reiten – zählt zu den tollsten Wellen Afrikas
- Eine Fahrt in der wiedereröffneten Benguela-Bahn von Lobito zur kongolesischen Grenze fährt

Angola hautnah
Lesen *Angola: The Weight of History* von Patrick Chabadas, das die gesellschaftliche und politische Entwicklung seit dem Ende der portugiesischen Herrschaft beleuchtet
Anhören Den sinnlichen und romantischen Rhythmus des *kizomba*, eine moderne Weiterentwicklung der traditionellen Sembamusik
Ansehen *Rostov–Luanda*, eine Dokumentation über die Reise eines Mauretaniers auf der Suche nach einem alten Freund in Angola
Essen *Calulu de peixe* (Fischeintopf)
Trinken *Galãos* (Milchkaffee) – Angola war einmal einer der größten Kaffeeproduzenten der Welt; die Einheimischen trinken ihn am liebsten mit Milch

In einem Wort
Tudo bom? (Alles o.k.?)

Markenzeichen
Blutdiamanten und *garimpeiros* (Diamantenschürfer), Öl, Bürgerkrieg, Landminen, umwerfende Strände

Übrigens ...
Aufgrund der Männerknappheit, die der Bürgerkrieg verursacht hat, ist Polygamie in Angola zwar illegal, aber trotzdem üblich.

1

A HAUPTSTADT THE VALLEY | EINWOHNER 15 754 | FLÄCHE 102 KM² | AMTSSPRACHE ENGLISCH

Anguilla

Die untergehende Sonne wirft ihren orangegoldenen Glanz auf das sanft gekräuselte, azurblaue Meer. Der warme Sand einer Düne lädt dazu ein, sich mit einem zufriedenen Seufzer hineinfallen zu lassen. Ramponierte alte Holzboote liegen dekorativ am Strand und schon bald untermalen Reggae-Klänge von einigen der bekanntesten karibischen Musikern das Bild. Ein ganz normaler Abend auf Anguilla, eine der kleinsten Inseln der Region, die sämtliche Urlaubsklischees übertrifft (weißer Sand, Rum, Reggae, türkisblaues Wasser und mehr). Hier kann man nach Lust und Laune umherschlendern, mit Einheimischen plauschen und den eigenen Rhythmus finden.

Beste Reisezeit
Von Dezember bis Mai sind die Hurrikangefahr und die Luftfeuchtigkeit am geringsten

Unbedingt anschauen
- Shoal Bay – alles, was man sich von einem Karibikstrand erhofft
- Prickly Pear Cays – Anguillas Quintessenz: milchweiße Sandfleckchen im blaugrünen Meer
- Meads Bay, ein traumhafter, kilometerlanger Bogen aus blendend weißem Sand
- Wallblake House und St. Gerard's Church mit Einblicken ins Plantagenleben des 18. Jhs.
- Sandy Ground, die treffend benannte Ansammlung relaxter Nachtlokale der Insel

Nicht versäumen
- Anguillas Lieblingssport: Segeln auf dem azurblauen Meer
- Junk's Hole, ein besonders abgeschiedener Strand auf einer besonders abgeschiedenen Insel
- Dem wohlgeplanten Nichtstun frönen: Anguilla ist pure Entspannung
- Nach dem Wrack der 1772 gesunkenen El Buen Consejo tauchen
- Im Rhythmus des Dune Preserve mitswingen, wo heimische Reggae-Stars zwischen Bootswracks und – wer hätte es gedacht? – Dünen aufspielen

Anguilla hautnah
Lesen *The Night of the Rambler* von Montague Kobbé – ein spannender Roman rund um die anguillianische Revolution von 1976
Anhören Bankie Banx ist ein berühmter Sänger, Songschreiber und Reggae-Pionier aus Anguilla
Ansehen *Fluch der Karibik* oder eine der Fortsetzungen zur Einstimmung
Essen Köstliche, frische Hummer und Langusten
Trinken Einen Dune Shine (Ingwer, Ananassaft und Rum) im Dune Preserve

In einem Wort
Limin' (Mit Freunden abhängen, am besten am Strand)

Markenzeichen
Strände, die selbst für karibische Maßstäbe umwerfend sind, frei laufende Wildziegen, Segeln

Übrigens ...
Früher gehörte Anguilla zu Saint Kitts und Nevis, aber Unstimmigkeiten zwischen dem Winzling und seinen bevölkerungsreicheren Nachbarn führten 1967 zur permanenten Trennung. Seitdem ist die Insel ein britisches Überseegebiet.

1. Der türkisfarbene Cove Bay Beach
2. Ein breites Lächeln und eine breite, offene Tür als Einladung in eine örtliche Kirche

2

Beste Reisezeit

Im „Sommer" von November bis Februar; März zum Beobachten von Meeressäugetieren

Unbedingt anschauen

- Majestätische Eisberge und die Spiegelbilder der Berge im Paradise Harbour
- Ernest Shackletons Hütte als Zeugnis des Heldenmuts der Antarktisforscher
- Wale, die für den Antarktischen Krill in die bezaubernd schöne Wilhelmina Bay hineinziehen
- Donnernd kalbende Gletscher sowie übers Eis schlitternde Pinguine im Neko-Hafen auf dem eigentlichen Kontinent
- Pinguine, die graziös durch den Lemaire-Kanal mit seinen steilen Felswänden gleiten

Nicht versäumen

- Unterm rosigen Morgenhimmel mit dem Schlauchboot an sonnenbadenden Weddellrobben und lärmenden Eselspinguinen vorbeigleiten
- In den Krater des noch immer aktiven Vulkans von Deception Island hineinsegeln und die Gesellschaft der hießigen Zügelpinguine genießen
- Über das widerhallende „pffft" eines direkt neben dem Boot auftauchenden Buckelwals staunen und seine akrobatischen Sprünge bewundern
- Eine pure Sinnesüberflutung – den starken Salzgeschmack, die beißende Kälte und das Trippeln tausender glücklicher Pinguinfüße

Antarktis hautnah

Lesen *Endurance*, ein mitreißender Bericht über die epische, vom Unglück gezeichnete Antarktisüberquerung des Sir Ernest Shackleton im Jahre 1916
Anhören Die in der Rothera-Station überwinternde Rockband Nunatak – eine Forscherin, ein Forscher, zwei Ingenieure und ein Forschungsassistent
Ansehen Das restaurierte Originalfilmmaterial von Shackletons Männern und Hunden bei der Arbeit an der im Eis eingeschlossenen *Endurance* im Film *South* (1998)
Essen Antarktisches Barbecue – an Deck oder sogar auf dem Eis
Trinken Einen Antarctic Old Fashion: ein fruchtiger Mix aus aus 100%igem Bourbon, Life-Savers-Bonbons und frisch geschmolzenem Schnee

In einem Wort

The A-Factor (Begriff für unerwartete Schwierigkeiten durch die antarktischen Umweltbedingungen)

Markenzeichen

Eisberge, Pinguine, Wahnsinnskälte, Geologen, Forscher, tosendes Meer, der Südpol, Gletscher, Robben, Wale, Mitternachtssonne, Klimawandel

Übrigens ...

Die Eisdecke der Antarktis bindet 90 % des Eises der Erde – 28 Mio. Kubikkilometer – und etwa 70 % ihrer Süßwasservorräte.

1. Riesige Eisskulpturen wie aus einer anderen Welt
2. Eselspinguine versammeln sich zur Mittagszeit
3. Ein Sturm zieht über einer einsamen Forschungsstation auf

A **EINWOHNER** 4490 (SOMMER), 1106 (WINTER) | **FLÄCHE** CA. 14200000 KM²

Antarctica | Antarktis

Schnee, parkhausgroße Eisberge, tosendes Meer, steil abfallende Berge und sich ständig änderndes Licht. Unfassbar weit abgelegen, bietet die Antarktis eine Landschaft von urgewaltiger Schönheit. Dies ist das Revier wild lebender Tiere und Begegnungen mit Esels-, Adelie- und Zügelpinguinen, Seehunden und Buckelwalen stehen auf der Tagesordnung. Der von insgesamt 29 Nationen verwaltete Kontinent dient vor allem der Forschung. Zugleich zählt er zu den Regionen des Planeten, die am sichtbarsten vom Klimawandel betroffen sind: Teile des Kontinents schmelzen dahin, andere wachsen und die Forscher diskutieren noch immer, was das alles zu bedeuten hat.

1. Die St. John's Cathedral dominiert das Bild der gleichnamigen Stadt
2. Zuschauer bewundern die quirligen Karnevalsumzüge
3. Nelson's Dockyard, die geschichtsträchtige Marina von English Harbour

A HAUPTSTADT ST. JOHN'S | EINWOHNER 90156 | FLÄCHE 441 KM² | AMTSSPRACHE ENGLISCH

Antigua & Barbuda

Ein ungleiches Pärchen: Antigua ist eine betriebsame Insel mit allerlei geschäftlichen Umtrieben (etwa Internetkasinos) und zudem Überwinterungsquartier für Promis wie Eric Clapton, Ken Follet oder Oprah Winfrey. Die Insel wirbt mit 365 Stränden, einem für jeden Tag des Jahres. Die Aussage dürfte zwar schwer zu prüfen sein, aber so oder so sind die Strände, die sich wie Perlen einer Kette um die Küste legen, ein Traum. Auf Antiguas kleiner Schwesterinsel Barbuda lebt dagegen nur ein Bruchteil der Bevölkerung, verteilt über ein Paradies aus rosa und weißem Sand. Ein großer Teil der Insel ist nur per Boot erreichbar.

Beste Reisezeit
Dezember bis Mitte April

Unbedingt anschauen
- Nelson's Dockyard auf Antigua, ein original erhaltener britischer Marinestützpunkt aus dem 18. Jh.
- Die alten Hügelforts entlang der Einfahrt des English Harbour, der Traum jedes Yachtbesitzers
- Die etwas ärmliche Hafenstadt St. John's mit quirligen Märkten und jeder Menge Trubel
- Der Fig Tree Drive entlang Antiguas schönster Tropenlandschaft

Nicht versäumen
- An Bord eines Katamarans an der Küste entlang fahren und an den Riffen schnorcheln
- Die herausragenden Strände der Südwestküste wie Ffryes, Turner's, Darkwood oder Jolly Bay
- Der größte Nistplatz des Fregattvogels der Karibik in der Codrington Lagoon auf Barbuda

Antigua & Barbuda hautnah
Lesen Jamaica Kincaids Roman *Annie John* über eine Kindheit auf Antigua
Anhören Steel Pan, Calypso (dessen Ursprünge in der Sklavenkultur liegen), den allgegenwärtigen Reggae und die Partymusik Zouk
Ansehen Auf den Inseln gedrehte Musikvideos diverser Popstars, u. a. von Duran Duran
Essen *Duckanoo* (eine Süßspeise aus Maismehl, Kokosnuss, Gewürzen und braunem Zucker) oder Schwarze Ananas, die am Fig Tree Drive verkauft wird
Trinken Lokal gebrautes Wadadli-Bier; oder antiguanische Rumsorten wie Cavalier oder English Harbour

In einem Wort
Fire a grog (Trink Rum)

Markenzeichen
Kricket, unzählige makellos weiße Sandstrände auf Antigua, endlose Strände auf Barbuda

Übrigens ...
Die meisten der 1600 Bewohner Barbudas teilen sich ein halbes Dutzend Nachnamen und stammen von Sklaven ab, die im späten 17. Jh. auf die Insel kamen.

Beste Reisezeit

März bis April (Frühling) in Buenos Aires, Dezember bis März (Sommer) in Patagonien

Unbedingt anschauen

- Das nasse und ohrenbetäubende Panorama der spektakulären Iguazú-Fälle
- Leidenschaftlichen Tango in den Straßen
- Bedrohte Südliche Glattwale beim Reserva Faunística Península Valdés
- Das donnernde Kalben des gigantischen Perito-Moreno-Gletschers
- Die streunenden Katzen und prächtigen Mausoleen des Friedhofs La Recoleta, Endstation für die Reichen und Berühmten von Buenos Aires

Nicht versäumen

- Durchmachen bis morgens früh in den Bars und Clubs von Buenos Aires
- Aufgeheizte Sportstimmung beim Superclásico, wenn die beiden hochklassigen Fußballclubs Buenos Aires Boca Juniors und River Plate aufeinandertreffen
- Sich quer durch die *bodegas* (Weinkellereien) bei Mendoza probieren
- Mit den *gauchos* (Viehtreiber) über die Weiden einer patagonischen *estancia* (Ranch) reiten
- Beim *asado* (Grillparty) Steaks und alle übrigen Teile einer Kuh schmausen

Argentinien hautnah

Lesen Eine Erzählung vom lyrischen Meister der Kurzgeschichten Jorge Luis Borges
Anhören Die irrlichternde Altstimme von Juana Molina, die Tangos von Carlos Gardel und argentinische Rockklassiker wie die von Charly García
Ansehen *Die Reise des jungen Che* – Che Guevaras Motorradtrip durch Südamerika oder *Bonbón El Perro*, ein skurriler Streifen von einem Roadtrip mit Hund
Essen *Empanadas* (Teigtaschen mit herzhafter Füllung), *alfajores* (leckere mehrschichtige Kekse) und *facturas* (Blätterteiggebäck)
Trinken *Maté*, ein bitteres Teegetränk in einem Kürbisgefäß mit Metallstrohhalm, das von Freunden und Kollegen geteilt wird, oder einen fruchtigen Malbec-Rotwein für etwas Stärkeres

In einem Wort

Qué copado! (Wie cool!)

Markenzeichen

Tango, Maté-Rituale, Fußball, die Peróns, Gletscher, die Anden, Patagonien, Weiderindfleisch

Übrigens ...

Argentinien hat mit 70 kg pro Kopf und Jahr den höchsten Rindfleischverzehr der Welt.

1. Der ständig wandernde Perito-Moreno-Gletscher in Patagonien
2. Ein *gaucho* treibt das Vieh im Estancia El Roble in der Provinz Buenos Aires zusammen
3. Der Cerro Aconcagua erhebt sich hinter den Weinbergen von Mendoza

A **HAUPTSTADT** BUENOS AIRES | **EINWOHNER** 42 600 000 | **FLÄCHE** 2 780 400 KM² | **AMTSSPRACHE** SPANISCH

Argentina | Argentinien

Das Land der Superlative wartet mit dem höchsten Andengipfel (Aconcagua) und der südlichsten Stadt (Ushuaia) auf. Die Dimensionen von so dünn besiedelten Wildnissen wie Patagonien oder Feuerland sprengen gar jegliche Skala. Buenos Aires bietet reichlich Gelegenheit, sich die Nacht um die Ohren zu schlagen, doch jenseits der Stadtgrenzen regiert die ungezähmte Natur. Die pastellfarbene Wüste im Norden geht in die rauschenden Wasserfälle von Iguazú und in den klaren Himmel der Seengebiete bis zu den Gletschern des Südens über. Wer es wie die Argentinier langsam angehen lässt und Zeit als etwas Relatives akzeptiert, dem kann hier alles widerfahren.

1

2

A HAUPTSTADT JEREWAN | EINWOHNER 3 100 000 | FLÄCHE 29 743 KM² | AMTSSPRACHE ARMENISCH

Armenia | Armenien

Das felsige Hochland von Armenien beeindruckt mit kunstvollen Bauwerken und einsamer Schönheit. Die turbulente Geschichte an diesem Knotenpunkt zwischen Abend- und Morgenland hat den Armeniern ein nicht selten traumatisches 20. Jh. beschert. Doch sie haben sich nicht unterkriegen lassen, Trost in ihrem christlichen Glauben gefunden und den Stolz auf ihre Sprache, Kultur und Heimat bewahrt. Mit Bergpässen, Klöstern und Wanderwegen, Steinbaukunst und dem lebensprühenden Jerewan bietet Armenien Kultur, Natur und das zeitlose Vergnügen, sich dem gemächlichen Lebensrhythmus vor Ort anzupassen.

Beste Reisezeit

Mai bis September

Unbedingt anschauen

- Jerewan, das kulturelle Herz des Landes, mit großartigen Museen, Galerien und dem quirligen Vernissage-Flohmarkt
- Das heilige Etschmiadsin, Sitz der armenischen apostolischen Kirche
- Den Künstlerort Dilidschan voller Häuser im Zuckerbäckerstil, der als „Armeniens Schweiz" gepriesen wird
- Die südliche Provinz Wajoz Dsor mit ihren Klöstern, Wanderwegen, der Karawanserei von Selim und den Weinbergen des Arpa-Tals

Nicht versäumen

- Einen Gang zurückschalten und in Jerewans phantastische Straßenkultur eintauchen
- Im Kloster Chor Virap in die Schlangengrube von Gregor dem Erleuchter hinabsteigen
- Die Debed-Schlucht mit ihren bewaldeten Tälern, Dörfern und Klöstern erkunden
- Im hübschen Goris Obstbrände probieren und Wohnhöhlen des 5. Jhs. bestaunen

Armenien hautnah

Lesen *Visions of Ararat*, hrsg. von Christopher Walker, gesammelte Schriften von armenischen Soldaten, Anthropologen und Dichtern, oder *Armenia: Portraits of Survival and Hope* von Donald E. Miller, Momentaufnahmen armenischen Lebens in den 1990er-Jahren
Anhören Die melancholischen Melodien des *duduk* (traditionelle Flöte mit Doppelrohrblatt), meisterlich gespielt von Dschiwan Gasparjan
Ansehen Den poetischen Film *Die Farbe des Granatapfels* von Sergei Paradschanow
Essen *Khoravats* – die allgegenwärtigen Schweinefleisch- oder Lammspieße, für die der Grill fast täglich angeworfen wird
Trinken *Surtsch* (dickflüssiger Kaffee mit Satz) oder konjak (Weinbrand), das Nationalgetränk

In einem Wort

Genats (Prost!)

Markenzeichen

Große Steinbaukunst, mittelalterliche Manuskripte, Gemeinschaftsessen mit wüsten Trinksprüchen

Übrigens …

Armenien nahm mit einer Massenbekehrung im Jahr 301 als erstes Land das Christentum als Staatsreligion an.

1. Frauen beim Stricken und Plaudern vor dem Noratus Cemetery nahe Gavar
2. Die *gavit*, oder Sakristei, des imposanten Kloster Geghard in der Provinz Kotajk
3. Die Vahramashen Church am Fuße des Aragaz

3

1

2

A **HAUPTSTADT** CANBERRA | **EINWOHNER** 22 300 000 | **FLÄCHE** 7 741 220 KM² | **AMTSSPRACHE** ENGLISCH

Australia | Australien

Australien ist so groß, wie man es sich nur vorstellen kann. Eine ordentliche Menge Asphalt liegt kreuz und quer auf dem roten Kontinent und deshalb ist die beste Art, das Land zu würdigen, ein Roadtrip. Selbst die tödlichen Spinnen, Schlangen und Haie können Besucher nicht von sonnenversengten Wüsten, tropischen Regenwäldern und Stränden fernhalten. Die Großstädte verbinden europäische Begeisterung für Kultur und Kulinarik mit Leidenschaft für Sport und Outdoor-Aktivitäten. Doch wer den einen Abend in Sydney in die Oper gehen und am nächsten Tag Krokodilen in freier Wildbahn begegnen möchte, muss seine geografischen Maßstäbe neu justieren. Gerade seine schiere Größe verleiht dem Land – und seinen Bewohnern – so enorm viel Charakter.

Beste Reisezeit

Jederzeit. Wenn im Süden Winter herrscht, ist es im Norden schön warm

Unbedingt anschauen

- Einen Konzert-, Tanz- oder Theaterabend im Opernhaus von Sydney
- Die Rotnuancen des Uluru (Ayers Rock), der Felsmonolith, der so heilig wie alt ist
- Broome, wo Wüste und Meer in einer Farborgie von Aquamarin-, Rostrot- und Perlweißtönen aufeinandertreffen
- Provokative Kunst im Weltklasse-Museum MONA in einer unterirdischen Höhle bei Hobart
- Paradiesische Strände und eine unglaubliche Unterwasserwelt beim Insel-Hopping auf den Whitsunday Islands am Great Barrier Reef

Nicht versäumen

- Im prachtvollen Kakadu-Nationalpark biologische Vielfalt sowie die Kultur und Felskunst der Aborigines entdecken
- Auf der Great Ocean Road an tosenden Gewässern und schroffen Felsformationen vorbei und durch Regenwald fahren
- Im Barossa Valley oder in Margeret River einen perfekt ausbalancierten Shiraz oder frischen Sauvignon Blanc genießen
- Am von der Unesco geschützten Ningaloo Reef mit Walhaien schwimmen
- Sich an einem der angesagtesten Strände der Welt – dem Bondi Beach in Sydney – in die Wellen stürzen

Australien hautnah

Lesen *Das Haus an der Cloudstreet*, Tim Wintons faszinierenden Roman über zwei ungleiche Familien, die sich im Perth der Nachkriegszeit ein Haus teilen
Anhören Den klassisch australischen Countrysong *Pub with No Beer* von Slim Dusty oder die beruhigende Stimme des Aborigines Geoffrey Gurrumul Yunupingu auf seinem Album *Gurrumul*
Ansehen *Der lange Weg nach Hause*, die wahre Geschichte dreier verschleppter Aborigine-Mädchen, die 2400 km weit zu ihren Familien zurückwandern
Essen Sydney-Felsenaustern, Kängurufleisch, Vegemite

Trinken Craft-Bier oder einen der vielen heimischen Weine

In einem Wort

G'day mate! (Tach, Kumpel!)

Markenzeichen

Gefährliche Tiere, Surfen, endlose Küsten, Grillpartys, die Tierschutzorganisation Wildlife Warriors, Bier, Aussie Rules Football, Sonne, Aborigine-Kunst

Übrigens …

Wichtige australische Erfindungen waren u. a. das bionische Ohr, der Black-Box-Flugschreiber, der Notizblock und die Bag-in-Box-Verpackung für Weine.

1. Der lebhafte Federation Square in Melbourne im Abendlicht
2. Bucht und Regenwälder von Hill Inlet auf der verschlafenen Whitsunday Island
3. Ein Viehtreiber blickt gedankenverloren über den Höhenzug Mount Mulligan in Queensland

3

1

2

Beste Reisezeit
Ganzjährig

Unbedingt anschauen
- Den Wiener Christkindlmarkt, mit einem Glühweinbecher und einer Tüte heißer Maronen in der Hand
- Die prunkvollen Kaiserappartements, tänzelnden Lippizanerhengste und golfballgroßen Juwelen der Wiener Hofburg
- Salzburg, die Stadt der vollendeten Barockmusik, -kunst und -architektur
- Innsbrucks mittelalterlichen Stadtkern im Schatten mächtiger, schneegekrönter Gipfel
- Eisriesenwelt, die größte zugängliche Eishöhle der Welt tief in den Bergen
- Der Stephansdom – dieses gotische Meisterwerk, das in den Wiener Himmel ragt

Nicht versäumen
- Wiens außergewöhnliches Kulturangebot mit einem Abend in der berühmten Wiener Staatsoper als Höhepunkt
- Ein mitreißendes Konzert der Wiener Sängerknaben, in ihrem eigenen Konzertsaal, dem MuTh, oder in der Wiener Hofburgkapelle
- Eine Fahrt auf der Großglockner-Hochalpenstraße durch die überwältigende Landschaft des Nationalparks Hohe Tauern
- In der Salzkammergut-Region von einem klaren blauen See in den nächsten hüpfen
- Österreichs steilste Abfahrt, die furchterregende Harakiri-Piste bei Mayrhofen, hinunterbrettern oder im schicken Lech mit dem Ski-Jetset feiern

Österreich hautnah
Lesen *Die Klavierspielerin* (auch verfilmt) von Elfriede Jelinek, eine der provokativsten Schriftstellerinnen Österreichs, die 2004 den Literaturnobelpreis erhielt
Anhören Beethoven, Mozart, Haydn und Schubert
Ansehen Milos Formans *Amadeus* über die Rivalität zwischen Mozart und Antonio Salieri
Essen Knödelsuppe, Wiener Schnitzel und zum Dessert süße Salzburger Nockerln
Trinken „Sturm" (halb vergorener Jungwein) oder „Heurigen" im Herbst, Glühwein im Winter und das ganze Jahr über Kaffee im Kaffeehaus

In einem Wort
Grüß Gott!

Markenzeichen
Sissi, Apfelstrudel, Wiener Walzer, Edelweiß, Arnold Schwarzenegger, Freud, Mozart

Übrigens …
Wien ist die größte Weinbaustadt der Welt.

1. Eine Kirche in den Alpen
2. Das bunte Hundertwasserhaus in Wien
3. Die belebten Berge

A **HAUPTSTADT** WIEN | **EINWOHNER** 8420000 | **FLÄCHE** 83871 KM² | **AMTSSPRACHE** DEUTSCH

Austria | Österreich

Österreich ist im Grunde genommen eine einzige Filmkulisse. Das wird nirgends so deutlich wie bei einem Wiener Ball, bei dem die Damen der besseren Gesellschaft mit den Dragqueens des neuen Jahrtausends Walzer tanzen. Aber auch bei den Schlössern der Habsburger, den Kaffeehäusern in Wien, der Salzburger Barockpracht und sogar bei den verschneiten Alpengipfeln ist dies spürbar. Seine Landschaften – eine Sinfonie aus Bergpanoramen, Gletschern und Schluchten – wirken so kunstvoll wie ein Meisterwerk von Mozart. Ob man auf der Suche nach Kunst und Kultur ist oder lieber Berge erklimmt, Österreich bietet für jeden Geschmack die richtige Kulisse.

1. Die Nizami Street im Zentrum von Baku
2. Der gefurchte Shadag Mountain im Kaukasus
3. Die Flame Towers, das Wahrzeichen Bakus

A HAUPTSTADT BAKU | EINWOHNER 9 600 000 | FLÄCHE 86 600 KM² | AMTSSPRACHE ASERI

Azerbaijan | Aserbaidschan

Der Sage nach soll der Garten Eden in Aserbaidschan gelegen haben. Das Land zwischen Kaukasus und Kaspischem Meer, in der Übergangsregion zwischen Asien und Europa, ist von türkischen, persischen und russischen Einflüssen geprägt. Seine wenigen Besucher empfängt es mit unberührten Gebirgslandschaften, der krassen Realität der Ölbohrinseln im Kaspischen Meer, uralten zoroastrischen Tempeln, Felsritzungen aus der Bronzezeit und eleganten Karawansereien wie aus 1001 Nacht. Die Aserbaidschaner sind ein temperamentvolles Volk. Sie vergnügen sich am liebsten mit einem Glas *Çay* (Tee) unter Freunden beim lebhaften Nard-Spiel (Backgammon).

Beste Reisezeit
Mai bis Juni und September bis November für gutes Wetter und weniger Besucherandrang

Unbedingt anschauen
- Die futuristische Architektur Bakus mit den flackernden Flame Towers, dem Heydar Aliyey Center von Zaha Hadid und den Veranstaltungsorten, die für die Europaspiele erbaut wurden
- Die rostigen Ölbohrtürme, die die karge Landschaft der Halbinsel Abşeron verunstalten
- Die Kupferschmiede von Lahic bei der Erstellung lokaler Kunstgegenstände

Nicht versäumen
- Einen Bummel durch die engen Gassen Bakus uriger Altstadt rund um den Palast der Schirwanschahs
- Eine Reittour mit einheimischem Führer über uralte Bergpfade
- Die uralten Petroglyphen und blubbernden Schlammvulkane des bildschönen Qobustans

Aserbaidschan hautnah
Lesen *Ali und Nino*, Kurban Saids tragische Liebesgeschichte zwischen einem muslimischen Aserbaidschaner und einer christlichen Georgierin im Baku des frühen 20. Jhs.
Anhören *Muğam* – Aserbaidschans ureigene musikalische Ausdrucksform wird von traditionsbewussten Spielleuten dargeboten und geht unter die Haut
Ansehen Ayaz Salayevs preisgekrönten Film *Die Fledermaus* oder *The Accidental Meeting* von Samil Aliyev
Essen Am offenen Feuer gegrilltes Lammschaschlik
Trinken *Çay* (Tee) im traditionellen Teehaus

In einem Wort
Salam (Hallo – wörtlich: Frieden!)

Markenzeichen
Die Flame Towers von Baku, Kaspischer Kaviar, traditionelle Kupferwaren und Teppiche, die Hinterlassenschaften der Ölindustrie

Übrigens ...
Eric Clapton ließ sich zu seinem berühmten Rocksong *Layla* von dem aserbaidschanischen Liebesepos *Leila und Madschnun* inspirieren.

ERIC NATHAN | GETTY IMAGES // BYSHNEV | GETTY IMAGES // ASSAWIN | GETTY IMAGES

Beste Reisezeit

Ganzjährig – von Dezember bis Februar (Winter) als Zuflucht vor der nördlichen Kälte, von Juni bis August (Sommer) für Freunde schwüler Tropenhitze

Unbedingt anschauen

- Nassaus Piratenmuseen und schier endlose Shoppingmeilen
- Inagua National Park, Brutplatz für Tausende von rosa Flamingos
- Harbour Island, wo nicht die Vögel, sondern die Strände rosa sind
- Long Island mit klassischen pastelfarbenen Häusern und mehr als 120 km menschenleerer Strände
- Cat Island – ein friedlicher Hort mit traditioneller bahamaischer Kultur und der beste Ort um die lokale „Rake and Scrape“ Musik zu hören

Nicht versäumen

- Mit dem Kajak zwischen Dutzenden von Cays (Inselchen) der Inselgruppe Exuma umherpaddeln und nach Lust und Laune zelten
- Inselhopping per Postboot, dem altbewährten Verkehrsmittel zwischen den Inseln
- Am Strandimbiss auf Grand Bahama, die dem amerikanischen Festland am nächsten gelegene Insel, gegrillten Meeresschnecken schmausen
- In der Small Hope Bay mit ihren mysteriösen blauen Wasserlöchern an Land und Haien und Riff in der Lagune den Sprung ins Wasser wagen
- Ein Schiffswrack erkunden (es gibt mindestens ein oder zwei pro Insel)

Bahamas hautnah

Lesen Brian Antonis *Paradise Overdose* (auch auf Deutsch) über das von Drogen und Sex geprägte Highlife der 1980er-Jahre auf den Bahamas
Anhören Tony Mackay, alias Exuma, von Cat Island. Zu seinen Karibikklassikern gehört der Song *The Obeah Man*
Ansehen James Bond in Aktion vor Bahamas-Kulisse: *In tödlicher Mission*, *Der Spion, der mich liebte* und *Sag niemals nie*
Essen *Conch* (Meeresschnecke, weich geklopft, gehackt und in Teig ausgebacken, mariniert und gegrillt oder roh als *ceviche*)
Trinken *Kalik* (leichtes Bier) oder *Goombay Smash*, ein gefährlicher Rumcocktail

In einem Wort

Hey man, what happ'nin'? (Hey Mann, was geht ab?)

Markenzeichen

Kasinos, Luxusyachten, Golfplätze, zahme Haie, Rumpunsch, Piraten, Flitterwochen, Kreuzfahrtschiffe, einsame Inseln

Übrigens …

Viele Bahamaer praktizieren *obeah*, Zauberriten mit uralten afrikanischen Wurzeln.

1. Die Muscheln der Meeresschnecke stehen in Nassau zum Verkauf
2. Ein Flamingo überwacht sein Nest auf Great Inagua
3. Das schillernde Atlantis Resort Nassau wirkt aus einiger Distanz friedlich

B **HAUPTSTADT** NASSAU | **EINWOHNER** 319031 | **FLÄCHE** 13940 KM² | **AMTSSPRACHE** ENGLISCH

Bahamas

Würde man jeden Tag eine andere Insel besuchen, wäre man in den Bahamas über acht Jahre lang beschäftigt. Rund 3100 Inseln sprenkeln den Archipel, wie Diamanten auf einem Samttuch. Einige ragen als bloßer Kalkfelsen aus der Dünung, andere sind voll ausgestattete Paradiesinseln mit Palmen, sonnenstuhl-bestückten Sandstränden und Marinas voller Luxusyachten. Den Bahamas hängt zu Recht der Ruf eines exklusiven Reiseziels mit spektakulären Hotels und Resorts an. Sie gelten zudem als Steueroase – was die protzigen, „offshore" vor der Küste verankerten Boote erklären dürfte. Trotzdem ist es nicht schwer, dem Kommerz zu entkommen, besonders auf der treffend benannten Out Island oder unter der tropischen Wasseroberfläche, wo man mit allem – vom zahmen Riffhai bis zum Hausschwein (ohne Witz!) – schwimmen kann.

1

2

B HAUPTSTADT MANAMA | EINWOHNER 1 300 000 | FLÄCHE 741 KM² | AMTSSPRACHE ARABISCH

Bahrain

Das ölreiche Bahrain ist das kleinste arabische Land, und – abgesehen vom Formel 1 Grand Prix – das am wenigsten aufpolierte unter den Golfstaaten. Dafür bietet es eine faszinierende Einführung in die Region. Mit seiner aufsehenerregenden zeitgenössischen Architektur hat Bahrain der Moderne die Tür geöffnet. Zugleich lebt die Vergangenheit im Nachklang des antiken Dilmunreichs und im einstmaligen Perlenfischerdistrikt von Al-Muharraq weiter. Leider hat das Chaos des Arabischen Frühlings an vielen Stellen zu Unruhen und Razzien geführt. Obwohl sich die Lage inzwischen einigermaßen beruhigt hat, sollten Besucher offizielle Reisewarnungen ernst nehmen.

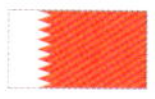

Beste Reisezeit
November bis März

Unbedingt anschauen
- 5000 Jahre Geschichte unter einem Dach im Nationalmuseum von Bahrain
- Fort Bahrain aus der portugiesischen Ära des Landes auf einem faszinierenden Ruinenhügel
- Bahrains Nationaltheater, ein Glanzstück der Architektur im Einklang mit dem Meer
- Den König-Fahd-Damm, ein Meisterwerk moderner Ingenieurbaukunst, das Bahrain mit Saudi-Arabien verbindet
- Das Al-Arin-Wildreservat mit 240 Vogelarten und Arabischen Oryxantilopen

Nicht versäumen
- Nach Perlen tauchen und im Perlentaucher-Museum alles über Bahrains exotischstes Gewerbe erfahren
- Die Show, die Bahrain zur Feier des Formel 1 Grand Prix abzieht, der gewöhnlich im April stattfindet
- Zwischen traditionellen Windtürmen, Sandsteinbauten und Manamas modernen Schmuckstücken, dem Haus des Korans (Beit al-Quran) und der Al-Fatih-Moschee, herumwandern
- Das zweite Gesicht des modernen Bahrains, das Besucher auf dem „Perlenpfad" der Insel al-Muharraq finden, ein Unesco-Weltkulturerbe
- Auf den Hawar-Inseln riesige Flamingo- und Kormorankolonien beobachten

Bahrain hautnah
Lesen *Dilmun: die Entdeckung der ältesten Hochkultur* von Geoffrey Bibby über eine archäologische Schatzsuche und das Bahrain der 1950er- und 1960er-Jahre
Anhören *Desert Beat* von Hashim al-Alawi
Ansehen *Al-Hajiz* (Die Barriere), *Za'er* (Besucher) oder *A Bahraini Tale*, alle vom Regisseur Bassam Al Thawadi – die einzigen in Bahrain gedrehten Filme
Essen *Nekheh*, *bajelah* und *loobah* (würzige Bohnensuppen), *makboos* (Reiseintopf mit Huhn, Lamm oder Fisch), *khabees* (Süßspeise mit Datteln)
Trinken Frische Obstsäfte und Kaffee nach arabischer Art mit Kardamom

In einem Wort
Al-hamdu lillah (Allah sei Dank)

Markenzeichen
Das alte Dilmun-Reich, Perlentauchen, Naturperlen zum Verkauf, in der arabischen Welt hoch geschätzte Datteln

Übrigens …
Bahrain bestand einst aus 33 Inseln; da (umstrittenerweise) immer mehr Land vom Meer verschluckt wird, steigt die Zahl wie auch die Länge der Küstenlinie an.

1. Manamas unverwechselbare Skyline
2. Zeit zum Spielen in Bahrain
3. Die Al-Fatih-Moschee in Manama, die größte Moschee des Landes

3

HESHAAM | GETTY IMAGES // MICHAEL JENNER | ALAMY // JOHN ELK | GETTY IMAGES

1

B **HAUPTSTADT** DHAKA | **EINWOHNER** 163 700 000 | **FLÄCHE** 143 998 KM² | **AMTSSPRACHE** BENGALI

Bangladesh | Bangladesch

Die Tourismuswerbung des Landes tönte jahrelang „Entdecken Sie Bangladesch, bevor die Touristen kommen“, aber die Touristenschwemme blieb aus. Allerdings trägt gerade der Mangel an touristischer Infrastruktur viel zum Reiz dieses faszinierend unerschlossenen Teils Asiens bei, in dem Flüsse als Hauptstraßen dienen und der muslimische Gebetsruf über die Reisfelder hallt. Bis 1947 war Bangladesch die Osthälfte des indischen Bengalen; von 1947 bis 1971 war es Ostpakistan. Gebeutelt von Katastrophen, die von religiösem Extremismus über Fluten und Zyklone bis zum Klimawandel reichen, ringt das überbevölkerte und verarmte Land heute um eine eigene Identität. Doch unbeeindruckt davon lieben Besucher das nie vergehende Flair eines monsungeschwängerten 1970er-Jahre-Sommers.

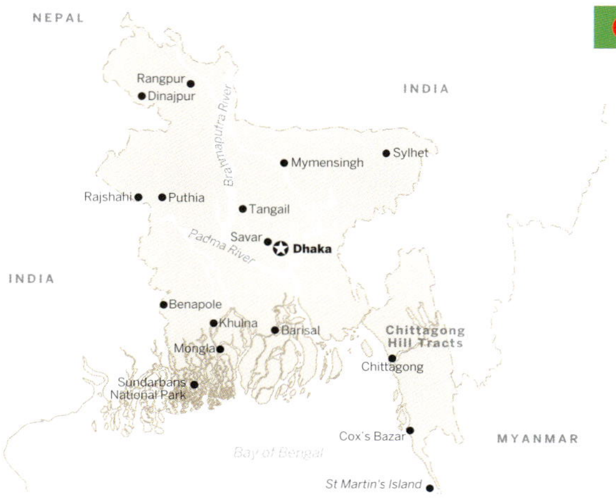

Beste Reisezeit
Oktober bis Februar

Unbedingt anschauen
- Die unglaublichen Menschenmassen auf den Sadarghat-Ufertreppen in Dhaka
- Die Teeplantagen um Srimangal, die man am besten auf einer Radtour besichtigt
- Einen Königstiger im Sundarbans-Nationalpark (mit viel Glück)
- Strahlende buddhistische Stupas und die Kultur der einheimischen Adivasi in den Chittagong Hill Tracts
- Ozeanbrecher am Strand des winzigen St. Martin's Island

Nicht versäumen
- Eine Fahrt mit der Rocket – der Raddampfer-Fähre von Dhaka nach Morrelganj
- Das befreiende Gefühl, einen lungi (Sarong) zu tragen
- Die buddhistischen Stammesdörfer rund um den idyllischen Kaptai-See besuchen
- In der Nähe von Cox's Bazar am Inani Beach entlangschlendern, dem angeblich längsten Strand der Welt
- Das ungewohnte Phänomen eines Rikscha-Verkehrsstaus in Dhaka

Bangladesch hautnah
Lesen Die Blogs und die polemische Poesie von Maqsoodul Haque, Bangladeschs „Dichter der Ungehörigkeit“, unter http://tpoi.blogspot.com
Anhören Die mitreißenden Gedichte von Bangladeschs Nationaldichter Kari Nazrul Islam – in Dhaka sind verschiedene Aufnahmen seiner Werke zu bekommen
Ansehen Satyarjit Rays klassische *Apu-Trilogie* oder *Matir Moina* von Tareque Masud, um die zunehmend eigenständige Filmindustrie von Dallywood (Dhaka) zu würdigen
Essen *Ilish macher paturi* (in Bananenblättern gedämpfter Hilsa-Fisch)
Drink *Sharbat* (gekühlter Joghurtdrink mit Chili, Koriander, Kreuzkümmel und Minze)

In einem Wort
Tik aache (Kein Problem)

Markenzeichen
Endlose Reisfelder, Rikscha-Verkehrsstaus, Männer in *lungis*, Teeplantagen, buddhistische Bergstämme, Tiger in den Sundarbans, Anschläge auf Blogger, das politische Vermächtnis des Befreiungskriegs von 1971

Übrigens …
Der Nationalsport des Landes ist *kabaddi*, eine Art Fangen, bei dem Spieler dem gegnerischen Team mit angehaltenem Atem entkommen müssen.

1. Teeplantagenarbeiterinnen kommen von den Feldern zurück
2. Rikschas sind das bevorzugte Verkehrsmittel des Landes
3. Armreifen aus Bangladesch

2

3

1. Auch Pferde lieben hier das Wasser
2. Die bildschöne Bottom Bay, ein beliebter Ort für ein Picknick
3. Ein Surfladenbesitzer in Silver Sands

B HAUPTSTADT BRIDGETOWN | EINWOHNER 288 725 | FLÄCHE 431 KM² | AMTSSPRACHE ENGLISCH

Barbados

Besucher können fast den ganzen Tag auf Barbados herumkurven, ohne einen Strand zu sehen. Ein Sakrileg in der strandversessenen Karibik? Nicht unbedingt, denn die gewundenen Sträßchen im ausgedehnten Hinterland der kotelettförmigen Insel führen vorbei an Kolonialörtchen, malerischen alten Plantagen und winzigen Dörfern, in denen das Öffnen einer Rumflasche ein Ereignis ist. Aber irgendwann führen alle Straßen zu den vielfältigen Stränden – von den Surferparadiesen im Osten bis zu den palmenbestandenen Buchten mit großen und kleinen Urlaubsparadiesen im Westen. Ganz egal welchen Teil man bereist, der wohlgeordnete Inselstaat wartet mit einer der interessantesten Kulturen der Karibik auf.

Beste Reisezeit
Februar bis Mai

Unbedingt anschauen
- Barclay's Park, ein kilometerlanges Paradies für Strandgutsammler
- St. Nicholas Abbey, welches die Schönheit eines Plantagen-Anwesens mit Aufklärung über die Gräuel der Sklaverei verbindet
- Hunte's Gardens, eine üppige Dschungeloase aus Blumen, Bäumen und Vögeln in einer Vertiefung gelegen
- Das aufwendig restaurierte George Washington House, das der US-Präsident 1751 zwei Monate lang bewohnte

Nicht versäumen
- Bei einem temperamentvollen Kricketspiel mitgrölen
- Auf den Wellen der berühmten Soup Bowl an der Ostküste reiten
- In das Flair der Inselhauptstadt Bridgetown mit ihren Ufercafés, Läden und florierenden Märkten eintauchen
- Das Küstensträßchen nach Fustic erkunden, wo uralte Fischerdörfer in einem Blumenmeer schlummern

Barbados hautnah
Lesen *The Castle of My Skin* (1953)des Barbadiers George Lamming, der als Schwarzer in der Kolonialzeit aufwuchs
Anhören Calypso-Musik von Mighty Gabby und Soca-Klänge von Rupee
Ansehen *Die Frucht des Tropenbaumes* mit Omar Sharif und Julie Andrews, ein romantischer Spionagethriller
Essen Diverse ursprünglich afrikanische Gerichte, die an hiesige Zutaten angepasst wurden, wie *cou-cou* (cremiges Maismehl-Okra-Püree, oft zu Salzfisch) und *jug-jug* (Mix aus Maismehl, Erbsen und Salzfleisch)
Trinken Den weltberühmten *Mount Gay* Rum

In einem Wort
Workin' up (tanzen)

Markenzeichen
Kricketfans, ältere Damen mit Hut, Calypso-Musik, Sandwiches mit Fliegendem Fisch

Übrigens ...
Barbados hat im Verhältnis zu seiner Bevölkerungszahl mehr Weltklasse-Kricketspieler als irgendein anderes Land.

Beste Reisezeit
Mai bis September

Unbedingt anschauen
- Minsk mit seinem Mix aus kommunistischer Architektur, kitschigen Clubs und erstklassigen Ballett- und Opernaufführungen
- Das beeindruckend restaurierte Schloss Mir, das direkt dem Märchenland entsprungen zu sein scheint
- Die außergewöhnliche Festung Brest, die als Mahnmal an den sowjetischen Widerstand gegen die deutsche Invasion im Zweiten Weltkrieg erinnert. Sie steht an der idyllischen Stelle, wo das Unternehmen Barbarossa seinen Lauf nahm
- Dudutki, ein rekonstruiertes Dorf aus dem 19. Jh. mit Handwerksvorführungen, Pferdereiten und örtlichen Spezialitäten wie *samagon* (hausgebrannter Schnaps)

Nicht versäumen
- Europas einzigen verbleibenden wilden Wisent (der Zoobr) im wundervollen Białowieża-Urwald, dem ältesten Tierrefugium Europas, beobachten
- Gesundheitskur für Masochisten: im Dampfbad schwitzen, sich mit feuchten Zweigen peitschen, in eisiges Wasser eintauchen und dann nochmal
- Durch die stimmungsvollen alten Viertel von Witebsk wandern, wo Marc Chagall, einer der größten Maler des 20. Jhs., seine Kindheit verbrachte
- Die ausgedehnten Sümpfe und Überschwemmungsebenen des ergreifend schönen Pripjat-Nationalparks erkunden

Weißrussland hautnah
Lesen *Tschernobyl. Eine Chronik der Zukunft* von Nobelpreisträgerin Svetlana Alexeivich, das die Auswirkungen der Katastrophe auf die Menschen der Region dokumentiert
Anhören Die apokalyptischen Improvisationen der Minsker Band Knyaz Myshkin
Ansehen *Dangerous Acts*, eine HBO-Dokumentation, die den Widerstand einer Schauspielertruppe gegen die Diktatur Alexander Lukaschenkos schildert
Essen *Soljanka* (Suppe mit Fleisch, Kartoffeln und eingelegtem Gemüse) und *draniki* (Kartoffelpuffer)
Trinken *Kwas* (aus vergorenem Malz, Mehl, Zucker, Minze und Früchten)

In einem Wort
Vitayu (Hallo)

Markenzeichen
Kirchen mit Zwiebeltürmen, traditionelle Bauerndörfer, Kartoffeln, Schnee, Pelzmützen, Klöster, eine radioaktive Umgebung (bei Tschernobyl)

Übrigens ...
Wodka gilt als Allheilmittel: Die Weißrussen gurgeln damit, nehmen ihn als Antischuppen-Shampoo und träufeln ihn bei Ohrenschmerzen sogar ins Ohr.

1. Eine eindrucksvolle Gruft im Dorf Zakozel
2. Friedliches Fischen am Nachmittag
3. *Der Mut*, eines der gewaltigen Denkmäler in der Brester Festung

B **HAUPTSTADT** MINSK | **EINWOHNER** 9600000 | **FLÄCHE** 207600 KM² | **AMTSSPRACHEN** WEISSRUSSISCH & RUSSISCH

Belarus | Weißrussland

Weißrussland wirkt auf den ersten Blick, als hätte es die UdSSR nie wirklich hinter sich gelassen. Dies mag zwar ein Land der Sowjetarchitektur, der staatlich gelenkten Medien und der zentralisierten Wirtschaft sein, dennoch sind die Straßen voller moderner deutscher Autos und die Schaufenster voller internationaler Marken. Sobald man die typisch sowjetische Hauptstadt Minsk hinter sich lässt, entdeckt man ein bezauberndes Land voller Wälder, Flüsse und Märchenschlösser, mit slawischen Traditionen und herzlicher Gastfreundschaft. Die warmherzigen Weißrussen erfreuen sich gerne an den einfachen Dingen des Lebens: Wochenenden in der Datscha, Pilzesammeln im Wald oder Schwitzen in der *banja* (Dampfbad).

Beste Reisezeit
Mai bis September

Unbedingt anschauen
- Brüssels mittelalterliche Zunfthäuser an der Grand Place
- Die ernüchternden Gedenkstätten von Ypern und Waterloo
- Galeries St-Hubert, die majestätische Einkaufspassage aus dem 19. Jh.
- Das mittelalterliche Brügge mit seinen Gassen aus Kopfsteinpflaster, romantischen Kanälen und den historischen *begijnhof* (Innenhöfen)
- Das geruhsame Gent, am besten per Drahtesel
- Belgiens größte gotische Kathedrale, die Onze-Lieve-Vrouwekathedraal in Antwerpen, die vier Rubens-Gemälde beherbergt

Nicht versäumen
- Die enormen Reichtümer des Brüsseler Musée du Cinquantenaire bewundern, darunter z.B. altertümliche ägyptische Sarkophage
- Beim Genuss außergewöhnlicher Pralinen und Schokotrüffel des berühmten Chocolatier Pierre Marcolini den Gürtel weiterschnallen
- In Antwerpen Designermode shoppen, fein dinieren und die Nacht durchtanzen
- Ausspannen im französischsprachigen Dorf La Roche-en-Ardenne
- Sich in den belgischen Pubs sorgfältig durch die langen Bierkarten arbeiten und dunkle Trappistenbiere kosten

Belgien hautnah
Lesen Die beiden urkomischen Belgien-Kapitel aus Bill Brysons *Wo, bitte, geht's nach Domodossala?*
Anhören Den Mundharmonika-Virtuosen Toots Thielemans mit feinstem belgischem Jazz auf *Hard to Say Goodbye – The Very Best of Toots Thielemans*
Ansehen *Lornas Schweigen* (2008) – die düstere Geschichte einer jungen Albanerin in Belgien, von den belgischen Brüdern Jean-Pierre und Luc Dardenne
Essen Muscheln in Weißweinsud mit einem Berg *frieten/frites*
Trinken Von Mönchen in Rochefort gebrautes Trappistenbier

In einem Wort
Bonjour/Dag (gesprochen: „dach") („Hallo" auf Französisch/Niederländisch)

Markenzeichen
Schokolade, Bier, Kaffeehauskultur, Tintin (alias Tim aus Tim und Struppi), die EU, die Schlacht von Waterloo, Jacques Brel, Jugendstilarchitektur

Übrigens ...
Die geografische Sprachgrenze zwischen den Niederländisch sprechenden Flamen und den Französisch sprechenden Wallonen wurde 1962 gesetzlich fixiert.

1. Ein berühmter Chocolatier in Brügge, beladen mit Kostbarkeiten
2. Die Prozession der Heiligen Waltraud von Mons während des Volksfests Ducasse de Mons
3. Prächtige Zunfthäuser umgeben den Grand-Place in Brüssel

B **HAUPTSTADT** BRÜSSEL | **EINWOHNER** 10400000 | **FLÄCHE** 30528 KM² | **AMTSSPRACHEN** NIEDERL., FRANZ. & DEUTSCH

Belgium | Belgien

Nirgends fühlt man das Herz Europas deutlicher schlagen als in Belgien, diesem mehrsprachigen Land mitten in Westeuropa, das die Niederländisch sprechenden Flamen im Norden België und die Französisch sprechenden Wallonen im Süden La Belgique nennen. Eben diese kulturelle und sprachliche Nord-Süd-Teilung macht das kleine Land so unerwartet spannend. Wer im Schatten der Jugendstilarchitektur seiner Hauptstadt Brüssel lustwandelt, einen Blick auf den Hauptsitz der EU wirft, feinste Pralinen genießt, sich in Antwerpens lebhafter Modeszene in Schale wirft, in den coolen Tanzclubs feiert und ein bis drei leckere belgische Bierchen kippt, der erfährt, warum für Belgier im Norden wie im Süden das gute Leben genau so aussieht.

Beste Reisezeit
Januar bis Mai (dann regnet es am wenigsten)

Unbedingt anschauen
- Die Cayes (Inseln), die sich entlang des Barriereriffs von Belize, dem zweitgrößten Korallenriff der Welt, ziehen
- Schwarze Brüllaffen im Community Baboon Sanctuary bei Bermudian Landing
- Die riesige Mayastadt Caracol, die fast so viele Einwohner hatte wie das heutige Belize und jetzt im dichten Dschungel versteckt liegt
- Ein spannendes Kricketspiel im MCC-Stadion von Belize City
- Das ordentliche und weltgewandte Belmopan, die kleinste Hauptstadt in ganz Amerika

Nicht versäumen
- Punta-Rock live, ein Mix aus Garifuna-Trommelrhythmen, Soca und Reggae
- Mit dem Speedboat von Belize City zu den Northern Cayes fahren – ein perfektes karibisches Inselerlebnis
- Die schmalen Höhlenpassagen der Barton Creek Cave erkunden, eine alte heilige Maya-Grabstätte
- Die Unterwasserschluchten, Senken und Blue Holes von Caye Ambergris und den Northern Cayes
- Big Bird, den bis zu 1,5 m großen Jabiru-Storch der Crooked Tree Lagoon

Belize hautnah
Lesen *The Last Flight of the Scarlet Macaw*, Bruce Barcotts Bericht darüber, was eine einzelne Umweltaktivistin in Belize bewirken konnte
Anhören Andy Palacios *Til Da Mawnin*, das Garifuna-Rhythmen, Kultur und Politik verbindet
Ansehen Harrison Ford im Dschungelfieber in *Mosquito Coast*, der zwar im benachbarten Honduras spielt, aber im Landesinneren von Belize gedreht wurde
Essen Die belizischen Grundnahrungsmittel Reis und Bohnen, die durch einen Spritzer der berühmten scharfen Marie Sharp's Sauce sehr gewinnen
Trinken Den süßen Saft grüner, mit der Machete geöffneter Kokosnüsse oder traditionellen Cashew-Wein beim Cashew Festival in Crooked Tree

In einem Wort
Arright? (Alles klar? – die allgemeine Grußformel)

Markenzeichen
Cayes, Korallenriffe, Rifftauchen, tropischer Regenwald, Maya-Ruinen, Straßenkriminalität in Belize City

Übrigens …
Um den mit giftigen Stacheln, zur Plage gewordenen Pazifischen Rotfeuerfisch zu bekämpfen, will ihn Belize als edlen Speisefisch vermarkten – und einige Spitzenköche beißen tatsächlich bereits an.

1. Caracol, die größte Maya-Stätte in Belize
2. Jaguare können im bewaldeten Flachland gesichtet werden
3. Ein Maya aus dem Dorf San Antonio
4. Das Great Blue Hole mit der tiefen Höhle und dem umsäumenden Riff – ein spektakuläres Tauchrevier

B **HAUPTSTADT** BELMOPAN | **EINWOHNER** 334 297 | **FLÄCHE** 22 966 KM² | **AMTSSPRACHE** ENGLISCH

Belize

Das winzige, auf einer tropischen Landenge gelegene Belize war der Schauplatz von Großbritanniens kurzem Kolonialexperiment. Das britische Erbe lebt in Belizes unverwechselbarer afro-karibischer Kultur und im trällernden Englisch weiter. Lange Zeit galt Belize als Piratentreff und noch heute ringt es mit Gesetzeslosigkeit, besonders in Belize City. Doch im Landesinneren befindet sich dichter Regenwald voller Maya-Ruinen und vor der Küste glitzert eine Kette tropischer Inseln, die sich entlang des zweitgrößten Korallenriffs der Erde zieht. Die meisten Besucher erreichen Belize mit dem Kreuzfahrtschiff, machen einen Tag Halt und fahren wieder weiter. Die Reichtümer des Landesinneren bleiben ambitionierteren Travellern vorbehalten. Für Abenteuerlustige bietet sich Belize als Sprungbrett für den Landweg nach Guatemala, El Salvador und weiter Richtung Süden an.

Beste Reisezeit
Die Trockenzeit von November bis Februar

Unbedingt anschauen
- Die Paläste der Könige von Dahomey in Abomey
- Die Pforte ohne Wiederkehr in Ouidah, einst Zentrum des Sklavenhandels, heute sehenswert mit Voodoo-Tempel afro-brasilianischer Kultur
- Grand Popo, das hübscheste palmengesäumte Küstenfleckchen am Golf von Guinea
- Die schattigen Straßen und Kolonialbauten der Hauptstadt Porto Novo
- Die nackten Felsbuckel und bewaldeten Hügel von Dassa-Zoumé

Nicht versäumen
- Löwen, Elefanten und den scheuen Nordwestafrikanischen Gepard im Pendjari-Nationalpark aufspüren
- Die wilde Atakora-Region mit einem heimischen Ökotourismus-Verein erwandern
- Beim traditionellen Fischen im Ahémé-See Einblick in die Kultur gewinnen
- An Benins Voodoo-Tag (10. Januar) in Ouidah bis in die Puppen tanzen
- Per Piroge gemächlich zu den Bambuspfahlbauten von Ganvié schippern

Benin hautnah
Lesen Bruce Chatwins *Der Vizekönig von Ouidah* über einen brasilianischen Händler an der „Sklavenküste" des 17. Jhs.; *Show Me the Magic*, Annie Caulfields Schilderung ihrer Benin-Rundreise per Taxi
Anhören Alles von Angelique Kidjo, der Gangbe Brass Band oder dem Orchestre Poly-Rythmo
Ansehen *Angelique Kidjo: World Music Portraits*, die faszinierende Filmbiografie eines der größten afrikanischen Musikstars auf der internationalen Bühne
Essen *Igname pilé* (Jamswurzel mit Gemüse und Fleisch) und *gombo* (Okra)
Trinken *Tchouukoutou*, ein traditionelles Gebräu aus Hirse

In einem Wort
Neh àh dèh gbò? (Wie geht's?)

Markenzeichen
Voodoo, Fischerdörfer auf Stelzen, eine wachsende Ökotourismus-Branche, die sensationelle Sängerin Angelique Kidjo, der Oscar-nominierte Schauspieler Djimon Hounsou (*Gladiator*, *Blood Diamond*, *Fast & Furios 7*)

Übrigens …
Fast ein Viertel der Landfläche von Benin ist durch Nationalparks oder Reservate geschützt, ein absoluter Rekordwert für Westafrika.

1. Motorradtaxifahrer warten auf Passagiere
2. Unterwegs in einem üppigen grünen Tal
3. Eine Zeremonie zur Feier des Voodoo-Tags in Ouidah

B **HAUPTSTADT** PORTO NOVO | **EINWOHNER** 9 900 000 | **FLÄCHE** 112 622 KM² | **AMTSSPRACHE** FRANZÖSISCH

Benin

Das kleine Benin steckt voller historischer Bedeutung und herausragender Attraktionen. Es ist der Geburtsort des Voodoo, der noch immer praktiziert wird (und sogar Staatsreligion ist). Benin spielte drei Jahrhunderte lang eine zentrale Rolle im Sklavenhandel, allein von Ouidahs Hafen wurden fast eine Million Afrikaner verschifft. Und in Abomey gibt es noch immer Zeugnisse aus der Zeit als Hauptstadt des fabelumwobenen und blutrünstigen Königreichs Dahomey. Trotz der turbulenten Vergangenheit ist Benin eine Erfolgsstory: stabil, überaus freundlich und mit florierendem Ökotourismus. Wer über die lärmenden Märkte schlendert, an tropischen Stränden faulenzt und wilde Tiere beobachtet, wird sich schnell in Benin verliebt haben.

1. In Bermuda werden Besucher stets mit einem Lächeln empfangen
2. Horseshoe Bay, vielleicht der schönste Strand Bermudas
3. Die traditionell bunten Häuser von Hamilton

B HAUPTSTADT HAMILTON | EINWOHNER 69 839 | FLÄCHE 54 KM² | AMTSSPRACHE ENGLISCH

Bermuda

Völlig unerwartet ragt es aus dem Zentralatlantik: das britische Überseegebiet Bermuda. Es hat vieles mit der gleichnamigen Shorts gemein: Sie ist genauso ungezwungen und lässig, aber von einer subtilen Förmlichkeit. Lavaspuckende Vulkane haben dieses Archipel aus 181 Inseln und Felsnasen geformt. Es wirkt wie die Karibik mit einem ordentlichen Schuss britischer und amerikanischer Kultur versetzt. Aber Bermuda ist nicht wirklich tropisch – der nördliche Wendekreis liegt 1000 km südlich und die nächste karibische Insel nochmal 600 km südlicher. Aber das dürfte kaum stören, wenn man das türkisfarbene Meer, die Korallenriffe und rosafarbenen Strände erblickt. Vor dieser Reisekatalog-Kulisse huldigen die Bermuder ihren britischen Wurzeln und pflegen das Golf-, Croquet- und Rasentennisspiel, gefolgt von einer vornehmen Tasse Tee.

3

Beste Reisezeit
Ganzjährig

Unbedingt anschauen
- Rosa Sandstrände, die selbst den gestresstesten Besuchern ein Lächeln entlocken
- Uralte, knorrige Kautschukbäume im Par-la-ville Park, die schon Mark Twain faszinierten
- Die pastellfarbenen Häuser und gewundenen Sträßchen des kolonialen St. George
- Das Hafentreiben des viktorianischen Hamilton, erster Anlaufpunkt des Royal Bermuda Yacht Clubs

Nicht versäumen
- Tauchausflüge zur weltweit größten Ansammlung von Schiffwracks – und weitere liegen für immer verschollen im Bermuda-Dreieck
- Im März und April Wale jenseits der Riffe des South Shore erspähen
- Rasentennis spielen wie die Gruppe von New Yorkern, die den Sport 1874 in die USA importierte

Bermuda hautnah
Lesen *Bermuda's Story* von Terry Tucker, dem angesehensten Historiker der Insel
Anhören Reggae, Calypso und Bermudas ureigenen *gombey*, bei dem kostümierte Männer wie wild zu einem Mix aus afrikanischen und karibischen Rhythmen tanzen
Ansehen *Die Tiefe* (1977), ein Unterwasser-Thriller um Schätze und Drogen
Essen Fischsuppe
Trinken *Gosling's Black Seal Rum* (dunkler Rum) oder *Dark 'n' Stormy* (2:1-Mix aus Ginger Bier und Black Seal Rum)

In einem Wort
Yo Ace Boy! (Hallo, guter Freund!)

Markenzeichen
Bermuda-Shorts, pastellfarbene Häuschen, rosa Sandstrände, das Bermuda-Dreieck

Übrigens ...
Bermudas umwerfende Naturschönheit wurde schon im 17. Jh. durch die ersten Umweltgesetze der Welt unter Schutz gestellt.

Beste Reisezeit
März bis Mai, Oktober bis November

Unbedingt anschauen
- Thimphu, Bhutans einzige echte Stadt, mit Wochenendmarkt, Museen und Bars
- Taktshang Goemba (Tigernest-Kloster), das in eine Felsspalte gequetscht und angeblich mit Engelshaaren befestigt ist
- Punakha Dzong, das schönste Bauwerk von Bhutan, am Zusammenfluss des Mo (Mutter) und Po (Vater)
- Das Bumthang-Tal mit seinen Tempeln aus dem 7. Jh., heiligen Stätten und Wanderwegen durch Rhododendronwälder
- Das grandiose Tongsa, dessen gewaltige *dzong* (Klosterfestung) früher über die einzige Ost-West-Verbindung des Landes wachte

Nicht versäumen
- Sich den Morgengebeten eines bhutanischen Klosters anschließen und mit den Mönchen gesalzenen Buttertee schlürfen
- Auf antiken Himalaya-Handelspfaden zum heiligen Gipfel Jhomolhari an der Grenze zu Tibet wandern
- Freundliche Spötteleien und Aufschneiderei beim Bogenschützen-Turnier in Thimphu
- Seltene Schwarzhalskraniche im Phobjikha-Gletschertal entdecken
- Bei einem farbenfrohen *tsechu* (buddhistischem Tanzfest) zusehen, wie mythische Biester und furchterregende Monster tanzen

Bhutan hautnah
Lesen *Mein Leben in Bhutan* von Jamie Zeppa oder *Königreich in den Wolken: Bhutan – ein Jahr in der Bergwelt des Himalaja* von Britta Das – Einblicke in die Landeskultur von Frauen, die in Bhutan gelebt haben
Anhören *Endless Songs from Bhutan* von Jigme Drukpa, eine zeitlose Sammlung traditioneller bhutanischer Volkslieder zu Lauten- und Flötenbegleitung
Ansehen *Von Reisenden und Magiern* von dem reinkarnierten Lama und Regisseur Khyentse Norbu
Essen Köstliches *Ema datse* (Käse mit grünen Chilis) oder, wer es wagt, aphrodisischer *cordyceps*, ein Parasiten-Pilz, der Insekten in Zombies verwandelt
Trinken Red Panda Beer, ein leckeres Weizenbier aus dem Bumthang-Tal oder *ara*, Bhutans einheimischer Branntwein

In einem Wort
Kuzuzangbo la (Hallo)

Markenzeichen
Bruttoglücksprodukt, Bogenschießen, flatternde Gebetsflaggen, Maskentänze, Mönche und *dzongs*, Rhododendronwälder, ein ernsthaft wohlwollender Monarch, hohe Tagesgebühren für Touristen

Übrigens ...
Zigarettenkauf und Plastiktütenverkauf sind in Bhutan verboten.

1. Der verzierte Innenhof des Tango Goemba Klosters aus dem 12. Jh.
2. Mönche bei einer wohlverdienten Pause vom Klosterleben
3. Das in den Steilhang gebaute Taktshang Goemba (Tigernest-Kloster)

B HAUPTSTADT THIMPHU | EINWOHNER 725296 | FLÄCHE 38394 KM² | AMTSSPRACHE DZONGKHA

Bhutan

Falls es das Tal von Shangri La tatsächlich irgendwo geben sollte, dann muss es in Bhutan sein. Eingebettet zwischen den Gipfeln des östlichen Himalayas, verfügt Bhutan über mehr Bergklöster als Wolkenkratzer. Es ist das letzte Königreich des Himalayas und hält tapfer an seinen Traditionen fest. Die Einwohner schätzen das Bruttonationalglück mehr als das Bruttoinlandsprodukt. Doch langsam erreicht der Wandel auch diese alte Buddhisten-enklave. Wer den beträchtlichen Tagessatz zur Einreise locker macht, erlebt Einheimische in Traditionstracht aus dem 15. Jh., die in ihre Mobiltelefone schnattern, sowie Mönche, die sich über Hochgeschwindigkeitsnetze mit ihrer Kongregation verbinden.

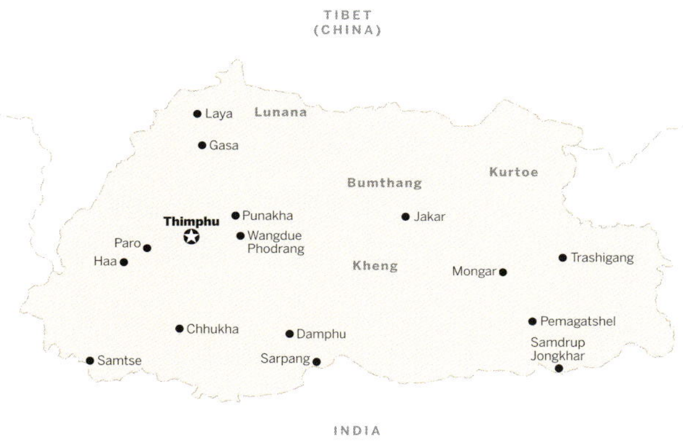

1

2

HAUPTSTADT LA PAZ (REGIERUNGSSITZ) UND SUCRE (GERICHTSSITZ) | **EINWOHNER** 10 500 000 | **FLÄCHE** 1 098 581 KM² | **AMTSSPRACHE** SPANISCH

Bolivia | Bolivien

Bolivien wird oft als Bettler bezeichnet, der auf einem Haufen Reichtümern sitzt. Seine vielfältige Tierwelt verleiht dem verarmten Land einen Reichtum, der intakt geblieben ist, während das traditionelle Leben in Nachbarländern langsam verschwindet. Bolivien ist ein isoliertes Land mit einer der niedrigsten Bevölkerungsdichten der Welt und krassen topographischen Extremen. Andengipfel von über 6000 m Höhe gehen in Hochlandwüsten, surreale Salzpfannen, amazonischen Regenwald und die Savannen des Pantanal über. Die Quechua, Aymara und andere indigene Völker – insgesamt mehr als 50% der Bevölkerung – spielen eine immer wichtigere Rolle im Land und haben Bolivien sogar seinen ersten indigenen Präsidenten beschert.

Beste Reisezeit
Mai bis Oktober

Unbedingt anschauen
- Das schweratmige Potosí mit seiner einschneidenden Bergbauvergangenheit
- Die blendend weiße Salzwüste Salar de Uyuni mit spuckenden Geysiren und aquamarinblauen Lagunen
- Die schwindelerregende Stadt La Paz in einem tiefen Canyon zwischen schneebedeckten Bergen
- Die umwerfend vielfältige Tierwelt in Boliviens amazonischem Regenwald

Nicht versäumen
- Auf alten Inkapfaden über die schwindelnden Höhen der Cordillera Real wandern
- Eine Mountainbike-Tour auf der „gefährlichsten Straße der Welt“
- Mit dem Boot zur traditionsreichen Isla del Sol, der legendären Heimat der Inkas auf dem höchsten befahrbaren See der Welt, dem Titicacasee
- Auf dem Carnaval de Oruro, dem größten, glänzendsten Fest der Nation, die Nacht zum Tage machen

Bolivien hautnah
Lesen *The Fat Man from La Paz: Contemporary Fiction from Bolivia*, hrsg. von Rosario Santos, mit 20 Kurzgeschichten über die Höhen und Tiefen des Lebens in Bolivien
Anhören Die Meister des Charango: Celestino Campos oder das berühmte Folk-Trio aus den Anden Kjarjas
Ansehen *Der Berg des Teufels*, eine preisgekrönte Dokumentation von Kief Davidson und Richard Ladkani über zwei Brüder, die in einer der schlimmsten Minen von Südamerika arbeiten
Essen *Saltena* (Teigtasche mit Fleisch- und Gemüsefüllung), *surubi* (Wels)
Trinken *Chicha cochabambina*, ein beliebtes alkoholisches Getränk aus vergorenem Mais; *mate de coca* (Tee aus Kokablättern) zur Linderung der Höhenkrankheit

In einem Wort
Que tal? (Wie geht's?)

Markenzeichen
Melonenhüte, Lamas, Andengipfel, Titicacasee, handgewebte Tücher und Decken, *soroche* (Höhenkrankheit)

Übrigens ...
Ein Großteil des spanischen Reichtums stammte vom Cerro Rico oberhalb von Potosí, wo zwischen 1550 und 1780 geschätzte 45 000 Tonnen Silber abgebaut wurden.

1. Eine einsame Straße windet sich durch ein ödes Tal in der Salvador-Dalí-Wüste
2. Der endlose Himmel über den Salzpfannen der Salar de Uyuni
3. Feierlichkeiten zum bunten Fiesta de la Virgen de la Candelaria in Copacabana

3

Beste Reisezeit
April bis September

Unbedingt anschauen
- Wagemutige Sprünge von Mostars Brücke ins strudelnde grüne Wasser
- Sarajevo, das „Jerusalem des Balkans", eine fantastische, lebensfrohe Stadt am Fluss mit regem Kultur- und Nachtleben
- Die Festung und die osmanische Architektur von Travnik
- Die spektakuläre, mittelalterliche Hauptstadt Jajce, die von den Pilva-Wasserfällen abgetrennt und von imposanten Toren geschützt wird
- Versteckte Sehenswürdigkeiten wie das Dörfchen Vranduk, die Burgruine von Srebrenica oder das Ökodorf Zelenkovac

Nicht versäumen
- Die gepflasterten Gassen, Kupferwerkstätten und Kunsthandwerksstände der Baščaršija in Sarajevo
- Mit den Pilgern in Međugorje auf eine Marienerscheinung warten oder einen Blick auf die Sufi-Gräber der Tikija (Derwischherberge) von Blagaj werfen
- Mit dem Schlauchboot oder Kajak die Flüsse Vrbas oder Buna hinabschießen
- Die gepflasterten Straßen von Počitelj erklimmen, um den Blick über Kuppeln, Minarette, Schieferdächer und die Neretva zu genießen

Bosnien & Herzegowina hautnah
Lesen *Sarajevo Marlboro*, Erzählungen aus dem belagerten Sarajevo von Miljenko Jergović, oder *Die Hochzeitsgabe*, Geraldine Brooks Roman um die Sarajevo-Haggada
Anhören *Sevdalinka*, bosnische Volksmusik voll harmonischer Melancholie
Ansehen Bewegende Reflexionen über den Bosnienkrieg: *No Man's Land* von Danis Tanović oder *Esmas Geheimnis – Grbavica* von Jasmila Žbanić
Essen *Zeljanica* (Spinatpastete) oder *meso ispod sača* (auf heißer Kohle gekochter Eintopf aus Lamm oder Zicklein)
Trinken Den trockenen Rotwein Blatina oder *šljivovica*

In einem Wort
Živjeli (Prost)

Markenzeichen
Kupferne Kaffeekessel, Bergdörfer, das Nebeneinander von Moscheen und Kirchen, Rafting auf smaragdgrünen Flüssen

Übrigens …
Der Schwarzmarkt ist einer der größten des Landes: Die „Schattenwirtschaft" trägt mit mehr als 30 % zu Bosnien & Herzegowinas Bruttoinlandsprodukt bei.

1. Mostar mit der aufwändig rekonstruierten Stari Most (Alten Brücke) aus dem 16. Jh.
2. Die Tekija (Derwischherberge) in Blagaj zwischen Felswand und dem Fluss Buna
3. Die vielschichtigen Kravica-Wasserfälle am Fluss Trebižat

B HAUPTSTADT SARAJEVO | EINWOHNER 3900000 | FLÄCHE 51197 KM² | AMTSSPRACHEN BOSNISCH, KROATISCH & SERBISCH

Bosnia & Hercegovina | Bosnien & Herzegowina

Als Scheideweg Osteuropas erfreut sich Bosnien & Herzegowina endlich einem Frieden, der seiner Schönheit entspricht. Die Vielfalt des „herzförmigen Landes" ist erstaunlich: Sarajevos lebhafte Café-Kultur, mittelalterliche Festungen, Muezzins, die von bosniakischen (bosnisch-muslimischen) Minaretten zum Gebet rufen, trübe architektonische Überbleibsel des Tito-Kommunismus und orthodoxe Klöster, die sich in Schwindel erregender Höhe an Berge klammern. Kein Wunder ist es da schwer, das „wahre" Bosnien & Herzegowina auszumachen. Das hochtraditionelle Land kommt am besten jenseits der Städte zum Ausdruck: in seinen weiten Weinbergen, ruhigen Dörfern und in seinem gemächlichen Lebenstempo.

B **HAUPTSTADT** GABORONE | **EINWOHNER** 2 100 000 | **FLÄCHE** 581 730 KM² | **AMTSSPRACHE** ENGLISCH

Botswana

Diamanten sind leider nicht für die Ewigkeit – ihr Vermächtnis dagegen schon. Seit Termiten in den späten 1960er-Jahren erstmals Diamanten in Botswana entdeckten, ließen die Edelsteine eins der ärmsten Länder der Welt zur globalen Wirtschaftsmacht aufsteigen. Die Regierung Afrikas ältester ununterbrochener Mehrparteien-Demokratie hat bereits Milliarden von Dollar aus dem Bergbau in das Gesundheits- und Bildungswesen und in die Infrastruktur investiert. Auch Korruption ist kein großes Thema. Die gute staatliche Führung schlägt sich auch auf die riesigen Gebiete einzigartiger Wildnis nieder, die der botswanischen Safaribranche einen Reichtum an Tieren garantiert. Zusätzlich trägt die charmante und friedliebende Bevölkerung dazu bei, dass der Tourismus immer eine Rolle in Botswanas Erfolgskonzept spielen wird.

Beste Reisezeit

Mai bis September (Trockenzeit) für klassische Safaris, November bis April (Regenzeit) für Vogelbeobachtungen

Unbedingt anschauen

- Eine Elefantenprozession durch den Chobe-Fluss, bei der nur die Rüssel wie Schnorchel aus dem Wasser ragen
- Das plötzliche Ergrünen des Zentral-Kalahari-Wildreservats in der Regenzeit
- Afrikas vergessene große Wanderung, die Tausende von Zebras in den Makgadikgadi-Nationalpark führt
- Die Sandsteinlandschaft des Tuli Block in der Abendsonne
- Jahrtausendealte San-Felsbilder – besonders in den entlegenen Tsodilo-Hügeln mit ihrer faszinierenden natürlichen Felsgalerie

Nicht versäumen

- Den Sonnenaufgang über den kahlen, bleichen Makgadikgadi-Salzpfannen
- In einem *mokoro* (traditionellen Kanu) durchs Schilf der unzähligen Kanäle des Okavango-Deltas gleiten
- Vor Tagesanbruch aufstehen, um den Morgen unter den wilden Tieren des Moremi-Wildreservats zu verbringen
- Sich in D'kar mit der San-Kultur vertraut machen

Botswana hautnah

Lesen *RegenWolkenZeit* von Bessie Head, das Einblick in Kultur und Dorfleben der Tswana gibt
Anhören Franco and Afro Musica, eine zwölfköpfige *kwasa-kwasa*-Gruppe
Ansehen *Die Götter müssen verrückt sein* oder *Eine Detektivin für Botswana*
Essen *Leputshe* (Wildkürbis) auf *bogobe* (Sorghum-Hirsebrei)
Trinken Hochprozentiges aus vergorenen Marula-Früchten

In einem Wort

Dumela („Hallo" in der Tswana-Sprache) – am besten in Kombination mit einem „Spezial"-Handschlag (beim Händeschütteln die linke Hand an den Ellenbogen legen

Markenzeichen

Erdmännchen, die Kalahari, die San (alias Buschmänner), das größte Binnendelta der Welt, luxuriöse Safaricamps, Diamanten, kostenlose antiretrovirale Arzneimittel für Staatsbürger mit HIV/AIDS

Übrigens …

In Botswana leben mehr Elefanten als irgendwo sonst in Afrika.

1. Baines Baobabs im Nxai-Pan-Nationalpark reflektieren die untergehende Sonne
2. Wasserböcke springen über die Sumpfflächen des Okavango-Deltas
3. San-Männer durchqueren die Makgadikgadi-Salzpfannen

3

1. Der Granitdom Pão de Açúcar (Zuckerhut-Berg) wacht über den Botafogo-Distrikt in Rio de Janeiro
2. Ein traditionell gekleideter Asurini-do-Tocantin-Indianer tief im brasilianischen Amazonasgebiet
3. Die Reichen und Schönen am Strand von Ipanema in Rio de Janeiro

1

2

B **HAUPTSTADT** BRASÍLIA | **EINWOHNER** 201000000 | **FLÄCHE** 8514877 KM² | **AMTSSPRACHE** PORTUGIESISCH

Brazil | Brasilien

Südamerikas größtes und vielleicht attraktivstes Land ist daran gewöhnt, Besuchern nicht nur mit atemberaubenden Stränden und extravagantem Karneval den Kopf zu verdrehen. Als Lateinamerikas größte Wirtschaftsmacht ritt das energieautonome Brasilien insbesondere in seiner Rolle als Gastland der Olympischen Spiele 2016 auf einer Erfolgswelle. Der Fußball bleibt ein wichtiger Pfeiler des Nationalstolzes (Brasilien wurde öfter Weltmeister als irgendein anderes Land). Obendrein beherbergt das Land auch die weltweit größte Vielfalt an Pflanzen- und Tierarten. Kein Wunder, dass die Einheimischen behaupten: *„Deus e brasileiro“* (Gott ist Brasilianer).

Beste Reisezeit
November bis April an der Küste, Mai bis September im Amazonasgebiet und Pantanal

Unbedingt anschauen
- Ipanema, Rios schönster und berühmtester Strand
- Die kolonialzeitliche Altstadt von Salvador
- Die donnernden Iguaçu-Wasserfälle
- Ein Fußballspiel im Maracanã-Stadion in Rio, dem Tempel der brasilianischen Nationalleidenschaft
- Die spektakuläre Insel Fernando de Noronha mit traumhaften Stränden und Tauchrevieren

Nicht versäumen
- Tierbeobachtungen im Pantanal, der tierreichsten Region der Neuen Welt
- Von einem Aussichtsturm über den weltberühmten Amazonas-Regenwald blicken
- Eine der landschaftlich reizvollsten Zugfahrten auf dem Kontinent: von Curitiba nach Paranaguá
- Sich in Rio, Salvador oder Olinda ins Getümmel des Straßenkarnevals stürzen

Brasilien hautnah
Lesen *Manifesto Antropófago* (Anthropophagisches Manifest) von Oswald de Andrade
Anhören Die afrobrasilianischen Rhythmen von Jorge Benjor oder die Bossa-nova-Klänge von João Gilberto
Ansehen Walter Salles Academy Award-Gewinner *Central do Brasil* (Central Station)
Essen *Feijoada* (Eintopf mit schwarzen Bohnen und Schweinefleisch) oder *moqueca* (Fischeintopf mit Kokosmilch nach Bahia-Art)
Trinken *Açaí* (Saft einer Beere aus der Amazonasregion) und *caipirinhas* aus *cachaca* (Zuckerrohrschnaps)

In einem Wort
Tudo bem? (Alles o.k.?)

Markenzeichen
Karneval, Fußball, Bossa nova, Samba, Strände, der Amazonas, Capoeira, *favelas* (Slums)

Übrigens ...
Ethanol aus brasilianischem Zuckerrohr deckt 40 % des brasilianischen Kraftstoffbedarfs ab.

1

B HAUPTSTADT BANDAR SERI BEGAWAN | EINWOHNER 415717 | FLÄCHE 5765 KM² | AMTSSPRACHE MALAIISCH

Brunei

Das Land zwischen Küste und Dschungel des malaysischen Borneo ist ganz auf eine Person fixiert: Sultan Hassanal Bolkiah. Dank gewaltiger Ölvorkommen unter dem südchinesischen Meer in Bruneis Territorium regiert der Sportwagenfanatiker über eines der reichsten Länder Asiens. Das tropische Sultanat mit dem offiziellen Namen Negara Brunei Darussalam (Brunei, die Heimstätte des Friedens) ist vor allem für seine glanzvollen Moscheen, seine strenge Befolgung islamischer Gesetze und die traditionellen Pfahlbau-Dörfer im Fluss Sungai Brunei bekannt, der an der Hauptstadt vorbeifließt. Weniger bekannt sind die junge Tauchbranche und die schwülheissen Regenwaldreservate, die (zumindest bislang) voller wilder Tiere stecken. Pulsierendes Nachtleben sucht man hier vergebens – nach dem Alkoholverbot von 1991 wurden alle Bars und Nachtclubs geschlossen.

Beste Reisezeit
Im März und April herrscht trockenes, warmes Wetter

Unbedingt anschauen
- Die glänzenden Kuppeln der Omar-Ali-Saifuddin-Moschee und die Jame'Asr-Hassanil-Bolkiah-Moschee
- Das Brunei Darussalam Maritime Museum, das mehr als 13.000 Artefakte eines jahrhundertealten Schiffswracks beherbergt
- Exotische Früchte und bruneische Delikatessen auf dem Tamu-Kianggeh-Markt
- Den Prunkwagen des Sultans (und andere Schätze) im Royal Regalia Building
- Istana Nurul Iman, größter Palast der Welt und Wohnsitz des Sultans (an fünf Tagen im Jahr geöffnet)

Nicht versäumen
- Per Wassertaxi durch die urigen Pfahlbau-Dörfer von Kampung Ayer schippern
- Im Dschungel des Nationalparks Ulu Temburong Nasenaffen und Nashornvögel aufspüren
- Sich in den Restaurants und auf den Nachtmärkten der Hauptstadt durch die Nacht futtern
- Über den Sandstrand von Pantai Muara und Pantai Seri Kenangan schlendern
- Auf flechtenbewachsenen Holzstegen durch das Peradayan-Waldreservat wandern

Brunei hautnah
Lesen *Harem Girls: Mein Leben als Geliebte des reichsten Manns der Welt*, in dem die Amerikanerin Jillian Lauren von ihrer Zeit als Gast des Sultans berichtet
Anhören Die beliebten Klassikkonzerte der Brunei Music Society
Ansehen Bruneische Tanzvorführungen zum *adai-adai*, der sich aus traditionellen Arbeitsliedern der Fischer entwickelte
Essen *Ambuyat* (eine dickflüssige Sago-Suppe, die oft als „essbarer Klebstoff" bezeichnet wird)
Trinken Alles, nur keinen Alkohol, sofern man ihn nicht selbst mitbringt – Nichtmuslime dürfen eine begrenzte Menge zum persönlichen Konsum einführen

In einem Wort
Panas (heiß)

Markenzeichen
Prächtige Moscheen, Ölquellen, Dschungel, Dörfer im Wasser, Scharia-Gesetzgebung, der extravagante Lebensstil des Sultans und die Playboy-Allüren seines Bruders, Prinz Jefri

Übrigens ...
Der Sultan von Brunei besitzt nicht nur über 5000 Autos, sondern auch eine Boeing 747 (die er oft selbst fliegt), die als fliegender Palast mit vergoldetem Badezimmer eingerichtet ist.

1. Die atemberaubenden goldenen Kuppeln der Omar-Ali-Saifuddin-Moschee in Bandar Seri Begawan
2. Die Durchleuchtung ist eine traditionelle malaiische Zeremonie, die vollführt wird bevor Braut und Bräutigam sich treffen

2

1

2

Beste Reisezeit
Mai und Juni, September und Oktober

Unbedingt anschauen

- Die Hügelfestung Zarewez bei Weliko Tarnowo
- Bizarre Felsformationen rund um die Festung Kaleto in Belogradtschik
- Das 2000 Jahre alte römische Amphitheater in der Altstadt von Plowdiw
- Die Ruinen auf der wilden Steilküste von Kap Kaliakra am Schwarzen Meer
- Das Rila-Kloster in einem Gebirgstal
- Das „UFO" von Chadschi Dimitar, ein Relikt aus der Sowjetzeit, das über Stara Sagora wacht

Nicht versäumen

- Thrakische Ruinen, wie die des Bergheiligtums Perperikon, erkunden
- Einen Spaziergang durch das duftende Rosental bei Kasanlak, das jedes Jahr im Mai/Juni in volle Blüte ausbricht
- Das imposante Schipkadenkmal erklimmen, das an die Schlacht gegen die Osmanen erinnert und auf ein unglaubliches Bergpanorama blickt
- Die kyrillische Schrift erlernen – eine bulgarische Erfindung, die in Osteuropa und Teilen Asiens verwendet wird
- Unverbaute (oder kaum bebaute) Schwarzmeerstrände, wie die südlich von Sinemorets, besuchen

Bulgarien hautnah

Lesen Über Paul Theroux' Sättigungsprobleme in Sofia in seinem Klassiker *Abenteuer Eisenbahn*; *The Rose of the Balkans*, Ivan Ilchevs Abriss der bulgarischen Geschichte
Anhören Traditionelle *gaida*-Musik (bulgarischer Dudelsack) oder Diskosound *Tschalga*
Ansehen *Under the Same Sky*, beim Sofia International Film Festival preisgekrönter Film über ein 15-jähriges Mädchen, das auf die Suche nach seinem Vater geht
Essen Gekühlte *tarator*-Joghurtsuppe mit Gurke gegen die Sommerhitze oder herzhafte *kawarma*-Eintöpfe zum Aufwärmen im Winter
Trinken Heimische Weine aus typischen Rebsorten wie Mawrud oder Rubin im Geburtsland von Dionysos, dem Gott des Weins

In einem Wort
Oshte bira molya (Noch ein Bier, bitte)

Markenzeichen
Joghurt, das kyrillische Alphabet, Schwarzmeerstrände, billige Skipisten, Kopfschütteln für „ja" und Nicken für „nein", traditionelle *kâshta*-Tavernen, Pizza mit Ketchup

Übrigens ...
Bulgarien ist ein führender Rosenöl-Exporteur und der fünftgrößte Weinexporteur der Welt.

1. Einheimische feiern das Rosenfestival in Karlowo auf traditionelle Art
2. Plowdiw in der Abenddämmerung
3. Das Kloster Rila, heute Unesco-Weltkulturerbe, wurde im 10. Jahrhundert gegründet.

KONRAD WOTHE / LOOK-FOTO | GETTY IMAGES // MAYA KARKALICHEVA | GETTY IMAGES // WITOLD SKRYPCZAK | GETTY IMAGES

B HAUPTSTADT SOFIA | EINWOHNER 7000000 | FLÄCHE 110879 KM² | AMTSSPRACHE BULGARISCH

Bulgaria | Bulgarien

Trotz seiner uralten Ruinen, sonnigen Weinberge und vielfältigen Architektur wird Bulgarien oft von seinen berühmten Nachbarn wie Griechenland und der Türkei in den Schatten gestellt. Doch die verkannte Balkan-Nation bietet schneebedeckte Berge mit preiswerten Skipisten, goldene Strände am Schwarzen Meer und Dörfer mit Bauten aus dem Historismus des 19. Jahrhunderts, die garantiert imponieren. Obwohl das Land mittlerweile der EU angehört, hält es an seiner Vergangenheit fest mit Schafsjoghurt, Volksmusik, thrakischen und römischen Ruinenstätten und rund 160 bulgarisch-orthodoxen Klöstern, von denen viele 800 Jahre Osmanenherrschaft überdauert haben.

1. Die unverwechsel-bare Grande Mosque von Bobo-Dioulasso wurde im klassichen sudanisch-sahelischen Stil aus Lehm gebaut

2. Die Kathedrale von Ouagadougou: ein römisch-katholisches Gemeindezentrum aus Lehmziegeln

3. Eine junge Fulani-Frau aus dem Norden des Landes

B **HAUPTSTADT** OUAGADOUGOU | **EINWOHNER** 18 300 000 | **FLÄCHE** 274 200 KM² | **AMTSSPRACHE** FRANZÖSISCH

Burkina Faso

Die Weltöffentlichkeit hat dem ehemaligen Obervolta (trotz des gelegentlichen Militärputschs) nie viel Aufmerksamkeit geschenkt. Trotzdem ist es für viele Westafrikareisende ein absolutes Lieblingsziel. Was dem Land an berühmten Sehenswürdigkeiten fehlt, macht es durch quirlige Städte, eine blühende Künstlerszene, seine erstaunliche Tierwelt und eindrucksvolle Landschaften wieder wett. Doch die Herzen der meisten Besucher gewinnt es vor allem durch die Freundlichkeit und multikulturelle Vielfalt seiner Bevölkerung. Auf dem Donnerstagsmarkt in Gorom-Gorom tummeln sich alle Völker des Sahel, in Ouagadougou erinnert noch einiges an das ehemals mächtige Königreich der Mosi und die Lobi und Gourounsi im Süden gehören zu den faszinierendsten und zugleich aufgeschlossensten Traditionskulturen der Region.

Beste Reisezeit
November bis Februar

Unbedingt anschauen
- Bobo-Dioulasso mit baumbestandenen Straßen
- Das Fespaco-Filmfestival, das im Februar und März jedes ungeraden Jahres in Ouagadougou stattfindet
- Die markant bemalten, festungsartigen Häuser von Tiébélé im Herzen des Gourounsi-Landes
- Die Wasserfälle Cascades de Karfiguéla nach der Regenzeit
- Die Ruinen des 1000 Jahre alten Walls von Loropéni

Nicht versäumen
- Auf der Ranch de Nazinga ohne Touristengedränge Elefanten ganz nah erleben
- Zwischen den Felsen der Pics de Sindou wandern
- Eine Tour durch Ouagadougous großartige Restaurants, Tanzclubs und Kunstszene
- Das Land der Lobi mit ihrer animistischen Kultur
- Die Moro-Naba-Zeremonie miterleben, ein Rückblick auf das Zeitalter der Mosi in Ouagadougou

Burkina Faso hautnah
Lesen *Un voyage interieur au Burkina Faso* von Antoine Périgot, eine überwältigende Fotoreise
Anhören *Kanou* oder *Nemako* von Farafina, *Victor Démé* vom gleichnamigen Künstler aus der Livemusik-Szene Bobo-Dioulassos, Reggae von Black So Man
Ansehen Den preisgekrönten Film *Tilä* von Idrissa Ouédraogo oder *Buud Yam* von Gaston Kaboré
Essen *Riz sauce* – Reis mit verschiedenen Saucen, etwa *arachide* (Erdnuss) oder *graine* (Palmkernöl)
Trinken Brakina und So.b.bra (so-bay-bra gesprochen), zwei im Land gebraute Biere

In einem Wort
La fee bay may? (Wie geht's?)

Markenzeichen
Das renommierte Filmfestival Fespaco, Thomas Sankara (Afrikas Che Guevara), Militärputsche

Übrigens …
In der Mòoré-Sprache bedeutet Ouagadougou „Du bist hier bei uns zu Hause herzlich willkommen".

Beste Zeit
Von Juni bis September, wenn es am trockensten ist

Interessante Orte
- Die südlichste Quelle des mächtigen Nil, die in Kasumo von einer Pyramide gekennzeichnet wird
- Die Chutes de la Kagera in der Regenzeit
- Hungrige Nilpferde und Krokodile am Flussufer im Rusizi-Nationalpark
- Die atemberaubenden Strände des Tanganjikasees, weit entfernt von der Küste
- Der Regenwald des Kibira-Nationalparks, die Heimat des Schimpansen

Lokale Bräuche
- Der Ritualtanz der königlichen Trommel – mächtig und mit heroischer Poesie und traditionellen Liedern synchronisiert
- *Kivivuga amazina*, ein Improvisationswettbewerb der Dichtung unter Viehhirten
- In Bujumbura bis tief in die Nacht hinein essen, trinken und tanzen
- *Ibikorwa rusangi*, obligatorische Gemeinschaftsarbeit jeden Samstag von 8 bis 11 Uhr
- Fußball – die Burundier lieben es

Burundi hautnah
Lesen *Mein Weg nach Amahoro: Eine Reise in die Erinnerung und Vergebung*, der Roman über einen Überlebenden des Bürgerkriegs in Burundi, für den Tracy Kidder den Pulitzerpreis erhielt
Anhören *Les Tambourinaires du Burundi: Live at Real World*
Ansehen *Gito, l'ingrat* über die problematische Rückkehr eines afrikanischen Intellektuellen mit seiner französischen Freundin in sein Heimatland
Essen *Impeke* (Getreidebrei aus Mais, Sojabohnen und Hirse), Feingebäck, frischer Fisch
Trinken Ein kaltes Primus-Bier, eine von vielen Sorten der Nationalbrauerei

In einem Wort
Bwa („Hallo" auf Kirundi)

Markenzeichen
Ethnische Konflikte, Les Tambourinaires, verschlafene Dörfer am Seeufer, traumhafte Binnenstrände, bewaldete Berge, Verfassungsänderungen, um den Präsident im Amt zu halten

Übrigens ...
Präsident Pierre Nkurunziza hat 2014 das Joggen unter Verbot gestellt. Angeblich befürchtete er, dass gewisse Gruppen das Joggen zur Planung eines Umsturzes nutzten.

1. Ein Fischer repariert am Ufer des Tanganjikasees sein Netz
2. Traditionelle *rugos* in der Mugongomanga-Region – Häuser aus Lehm und Stöcken, die von einem Viehgehege umgeben werden
3. Ein Trommler tanzt mit seinen Schlegeln

B HAUPTSTADT BUJUMBURA | EINWOHNER 10 700 000 | FLÄCHE 27 830 KM² | AMTSSPRACHEN KIRUNDI & FRANZÖSISCH

Burundi

Das Zwergland Burundi trägt das Leid der Welt auf seinen Schultern. Nachdem es sich gerade aus den Trümmern seines verheerenden Bürgerkriegs erhoben hatte, legten politische Unruhen 2015 jeglichen Fortschritt lahm. Ruanda legte seine Hutu-Tutsi-Konflikte durch die Abschaffung historischer Stammesbezeichnungen bei, Burundi ist dagegen um einen Weg des offenen Dialogs und der konstruktiven Debatte bemüht. Sollte die Stabilisierung gelingen, könnten Reisende zum ersten Mal seit einer Generation dieses momentane Tabu-Land wieder erkunden, beim Klettern auf überwucherten Vulkanen Schimpansen nachspüren oder an den Stränden des Tanganjikasees die Seele baumeln lassen. Begegnungen mit den Burundiern sind wertvolle Lektionen für das Leben – sie beweisen, dass auch auf tiefste Tiefpunkte wieder ein Hoch folgen kann.

C HAUPTSTADT PHNOM PENH | EINWOHNER 15 200 000 | FLÄCHE 181 035 KM² | AMTSSPRACHE KHMER

Cambodia | Kambodscha

Aufstände und Bürgerkrieg hielten Reisende jahrzehntelang von Kambodscha fern. Seit Frieden herrscht, nähert sich das Land schnell an Thailand, Laos und Vietnam an. Auch wenn es noch immer vom Vermächtnis Pol Pots und der Roten Khmer gezeichnet ist, kommen Besucher heutzutage genauso für Meeresfrüchte und Boutique-Hotels wie für Kriegsrelikte. Stärkster Besuchermagnet bleiben die atemberaubenden Ruinen von Angkor, unbestritten eines der Weltwunder. Ein ausgetretener Traveller-Pfad führt von Phnom Penh nach Angkor und weiter zu den Stränden von Sihanoukville, aber immer mehr Reisende wagen sich in die weniger besuchten Marktstädte, abgelegenen Nationalparks und Bergdörfer des wilden Nordens vor. Kambodscha fühlt sich noch immer wie ein Grenzland an, also, den Tropenhelm eingepackt und auf zu einer der letzten Grenzerfahrungen für Traveller.

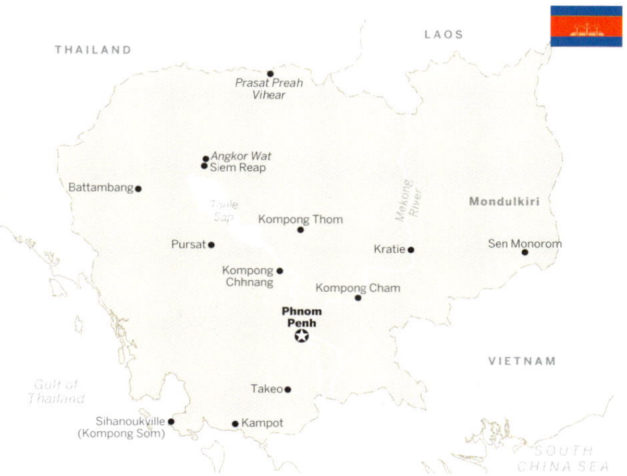

Beste Reisezeit
November bis Januar (in der Trockenzeit)

Unbedingt anschauen
- Unglaubliche Tempel, die aus dem Dschungel Angkors ragen
- Irrawaddy-Delphine, die sich im Mekong bei Kratie tummeln
- Wenig besuchte Tempel der Angkor-Zeit in der entlegenen Provinz Preah Vihear
- Das nebelverhangene französische Geisterstädtchen im Bokor-Nationalpark
- Die erschütternden Ausstellungen von Tuol Sleng und Choeung Ek in Phnom Penh

Nicht versäumen
- Sich in Phnom Penh auf einem wackeligen Mopedtaxi in die unfassbare Flutwelle aus Motorrädern stürzen
- Mit der Mekong-Fähre durch die Traumlandschaft zwischen Siem Reap und Battambang
- Die Rennbootmannschaften beim alljährlichen Wasserfest anfeuern
- Durch den unerforschten Dschungel des Virachay-Nationalparks wandern
- Sich am Strand von Sihanoukville die Zehen von der Brandung kitzeln lassen

Kambodscha hautnah
Lesen Berichte über die Schreckensherrschaft der Roten Khmer in *Du musst überleben, mein Sohn!* von Pin Yathay und *Der weite Weg der Hoffnung* von Loung Ung
Anhören Surrealen kambodschanischen Surf Rock, am besten von Ros Serey Sothea und von einer ganzen Generation anderer Künstler, die der Bürgerkrieg forderte
Essen *Pleah* (scharf-saurer Rindfleischsalat) oder *kyteow* (Reisnudelsuppe) – oder vielleicht eine frittierte Tarantel?
Trinken *Tukalok*, köstlich dickflüssige Fruchtsäfte

In einem Wort
Niak teuv naa? (Wohin gehst du?) – eine Frage, die Besucher von den neugierigen Khmer andauernd zu hören bekommen

Markenzeichen
Angkor Wat, der mächtige Mekong, Pol Pot, die Roten Khmer, Mönche auf Fahrrädern, wahnsinnige Motorradtaxifahrer, frittierte Spinnen

Übrigens …
Pol Pot formulierte seine radikalmarxistischen Thesen, während er in Paris Elektronik studierte.

1. Die Ruinen des antiken Tempels Ta Prohm in Ankor Wat
2. Eine seltene rote Schönechse
3. Diese Bambusbrücke über den Mekong zur Insel Koh Paen wird in jeder Trockenzeit neu gebaut und in der Regenzeit weggeschwemmt

2

3

Beste Reisezeit
November bis Februar

Unbedingt anschauen

- Afrikas ältesten Regenwald im gut zugänglichen Korup-Nationalpark
- Ebodje, an dessen Strand Meeresschildkröten nisten und der noch schöner ist als der von Kribi
- Wenn im Norden Sicherheit einkehrt: Die faszinierende Sahel-Stadt Maroua mit dem bunten Markt
- Die auf sieben Hügel gebaute, putzmuntere Hauptstadt Yaoundé
- Das alte islamische Königreich Foumban mit seinem Königspalast und seiner reichen künstlerischen Tradition

Nicht versäumen

- Den Kamerunberg (4095 m), Westafrikas höchsten Gipfel, erklimmen
- In den Stammeskönigreichen an der „Ringstraße" die ausgetretenen Pfade hinter sich lassen
- An einem atlantischen Strand in Limbe ausspannen, im Rücken die Ausläufer des Kamerunbergs
- Den Lobéké-Nationalpark mit Elefanten, Riesenwaldschweinen, Büffeln und Bongos
- Sich im abgelegenen und wenig ausgebauten Wildtierreservat Dja in den Dschungel stürzen

Kamerun hautnah
Lesen *Der arme Christ von Bomba*, das Scheitern eines Missionars, meisterlich geschildert von dem kamerunischen Autor Mongo Beti, *Cameroon with Egbert* von Dervla Murphy, *Ein Koffer voller Tiere* und *Zoo unterm Zeltdach* von Gerald Durrell
Anhören *Soul Makossa* von Manu Dibango, eines der bedeutendsten Alben aus Afrika
Ansehen *Die Macht der Wörter – Afrique, je te plumerai* von Jean-Marie Teno, eine herausragende Dokumentation über das moderne Kamerun
Essen *Fufu* (Yams-, Mais- oder Kochbananenbrei) mit *ndole* (eine Zubereitung aus „Bitterspinat" und Räucherfisch) oder *suya* (Rindfleisch vom Grill)
Trinken Castel und 33 (Biersorten), Guinness und milchig weißen Palmwein

In einem Wort
No ngoolu daa („Hallo" auf Fulfulde)

Markenzeichen
Regenwald, Holzfällerei, Bakas (früher als Pygmäen bekannt), Gorillas, Meeresschildkröten, *makossa*-Musik, die durch Manu Dibango berühmt wurde

Übrigens ...
Der Nyos-See, einer der zwei „explodierenden Seen" Kameruns, gilt als der Tödlichste der Welt und kostete 1986 rund 1700 Menschen das Leben. Seitdem werden Versuche unternommen, die Vulkangase künstlich zu reduzieren.

1. Die spektakulären Gipfel des Mandara-Gebirges, das sich aus dem vulkanischen Flachland erhebt
2. Eine Frau aus dem Norden trägt Wasser
3. Die über 100 m hohen Bomana-Wasserfälle im Südwesten Kameruns ergießen sich aus dem tiefen Regenwald

C HAUPTSTADT YAOUNDÉ | EINWOHNER 23 100 000 | FLÄCHE 475 440 KM² | AMTSSPRACHEN FRANZÖSISCH & ENGLISCH

Cameroon | Kamerun

Es heißt, Kamerun verkörpere ganz Afrika in einem Land. An dem Klischee ist durchaus etwas dran. Die Natur des Landes im Schnittpunkt von West- und Zentralafrika umfasst das ganze Spektrum afrikanischer Landschaften: Tropenstrände im Süden, feuchtheiße Regenwälder im Landesinneren und die Halbwüsten des Sahel im Norden. Ebenso vielfältig ist die Bevölkerung: Sie reicht von 263 friedlichen ethnischen Gruppen und zahlreichen alten Stammeskönigreichen, die weiter ihre Macht ausüben, bis hin zum traurigen Aufstreben der gewalttätigen Boko Haram im Norden (weshalb dieser für Reisende strikt tabu ist). Kamerun ist das einzige afrikanische Land, das von gleich drei europäischen Mächten kolonisiert wurde. So können Besucher hier besonders tief in die afrikanische Lebenswelt eintauchen.

Beste Reisezeit

März bis November, mit Ausnahme des Nordens, wo der Winter früher beginnt (Oktober) und später endet (April)

Unbedingt anschauen

- Schwarz- und Grizzlybären, Elche & Co. in den Wildnisregionen des Landes
- Die Altstadt von Québec, eine Welterbestätte voller historischer Romantik
- Die Inselgruppe Haida Gwaii, auf der die Haida-Kultur neu erblüht
- Downtown Toronto mit seinen erstklassigen Restaurants und schicken Boutiquen
- Neufundlands Nordhalbinsel mit Eisbergen, wilder Felsküste und Hinterlassenschaften der Wikinger

Nicht versäumen

- Die schroffen Gipfel und Alpweiden des Banff-Nationalparks erklimmen
- In einem der renommierten Skiresorts der kanadischen Rockies die Skier anschnallen
- Wale und Delphine auf einer Schiffstour durch die Inside Passage in British Columbia
- Panzer knacken bei einem Hummerschmaus auf Prince Edward Island
- Sich in Vancouver, wo jedes fünfte Restaurant chinesische Wurzeln hat, an Dim Sum laben

Kanada hautnah

Lesen *Selected Stories* von der Nobelpreisträgerin Alice Munro, die hauptsächlich im ländlichen Ontario spielen; oder der epische, in Neuschottland spielende Roman *Vernimm mein Flehen* von Ann-Marie MacDonalds
Anhören Leonard Cohen, Neil Young, Broken Social Scene und die Cowboy Junkies
Ansehen *Atanarjuat – Die Legende vom schnellen Läufer*, eine Inuit-Legende in der Inuktitut-Sprache (mit deutschen Untertiteln); oder *C.R.A.Z.Y. – Verrücktes Leben* über einen halbwüchsigen Schwulen im Quebec der 1970er-Jahre
Essen Frisches Seafood; Ahornsirup; *Poutine* (Pommes mit Soße und Käse)
Trinken Erstklassige Weine aus dem Okanagan Valley im südlichen British Columba

In einem Wort

Eh? (zweisprachig und universell einsetzbar, z. B. in *„Nice day, eh?"*)

Markenzeichen

Elche, Bären, die Rockies, Bryan Adams, Ahornbäume, Mounties (berittene Polizei)

Übrigens ...

Nanaimo in British Columbia veranstaltet jedes Jahr ein Badewannenrennen, bei dem Wettbewerber in aus Badewannen geformten Booten durch den Hafen jagen.

1. Die Zitadelle und Skyline von Québec
2. Eine Frau aus der Siksika-Nation im Blackfoot Crossing Historical Park in Alberta
3. Der mit Gletscherwasser gespeiste Moraine Lake im Banff-Nationalpark (Alberta) im Morgenlicht

C HAUPTSTADT OTTAWA | EINWOHNER 34 600 000 | FLÄCHE 9 970 610 KM² | AMTSSPRACHEN ENGLISCH & FRANZÖSISCH

Canada | Kanada

Das zweitgrößte Land der Erde hat mehr wunderschöne einsame Ecken, als irgendwer je zählen oder besuchen könnte. Von den Gletschern des Kluane-Nationalparks in der Yukon-Region bis zu den Cape Breton Highlands von Nova Scotia reiht sich ein Naturwunder ans andere. Und wer in die Zivilisation zurückkehren möchte, findet hier einige der kultiviertesten und sympathischsten Großstädte der Welt. Der größte Teil der Bevölkerung wohnt keine 100 km von der Grenze zur USA, doch Kanadas multikulturelle Gesellschaft vereint Einflüsse aus Großbritannien, Frankreich, Asien und fast jeder anderen Weltkultur zu einem aufregenden, weltweit einmaligen Potpourri. Die indigenen Kulturen bereichern den Mix mit ihrer langen Geschichte und der Kunst der „First Nations“, die der grandiosen Natur und uralten Traditionen huldigt.

1. Die erstklassigen Wellen von Kap Verde sind bei Kitsurfern beliebt
2. Die steil gelegene Siedlung Fontainhas in den Bergen von Santa Antão
3. Kommerz und Farbpracht: ein Gemüsemarkt in Praia, Santiago

C HAUPTSTADT PRAIA | EINWOHNER 531046 | FLÄCHE 4033 KM² | AMTSSPRACHEN PORTUGIESISCH & KREOLISCH

Cape Verde | Kap Verde

Die Kapverdischen Inseln, die rund 500 km vor Westafrika aus dem Atlantik ragen, sind einerseits unverkennbar afrikanisch, andererseits Lichtjahre vom Mutterkontinent entfernt. Sie begeistern mit urgewaltiger Natur – aktive Vulkane, Schluchten, Wüsten und Strände drängen sich auf diesem erstaunlichen Fleckchen Erde, über das Atlantikbrisen und Saharawinde streichen. Mit diesen Winden kam ein komplexer Kulturmix aus portugiesischen und afrikanischen Einflüssen. Sie haben sich nicht nur in Küche und Architektur niedergeschlagen, sondern auch in der weltberühmten Musik, die mal melancholisch, mal mitreißend daherkommt. Das Ergebnis ist ein weltweit einzigartiger Ort.

JODY MACDONALD // GETTY IMAGES // ULRICH HOLLMANN | GETTY IMAGES // PETER ADAMS | GETTY IMAGES

Beste Reisezeit

Oktober bis August

Unbedingt anschauen

- Das hübsche Mindelo mit pittoresker Altstadt und sichelförmiger Bucht vor schroffen Bergen
- Die prachtvolle Kolonialarchitektur von São Filipe hoch oben auf der Steilküste
- Porto Do Sol an einem der wildromantischsten Küstenabschnitte Afrikas
- Die als Welterbe geschützten Überreste von Westafrikas erster europäischer Siedlung Cidade Velha
- Die Strände, Wüsten und grünen Berge Santiagos

Nicht versäumen

- Vor den Inseln Sal und Boa Vista wellenreiten
- Auf Santo Antão über schroffe Steilhänge und durch grüne Täler wandern
- Beim berühmten Mardi Gras von Mindelo mitfeiern
- Den aktiven Vulkan Fogo (2829 m) ersteigen – den höchsten Punkt der Inseln
- In einer verqualmten Bar den melancholischen *mornas* (Klageliedern) der Kapverden lauschen

Kap Verde hautnah

Lesen *Arquipélago* von Dichter Jorge Barbosa voller melancholischer Betrachtungen über das Meer
Anhören Die herzzerreißenden *mornas* und *coladeiras* (gefühlvolle Liebeslieder) von Cesária Évora, der barfüssigen, verstorbenen Diva von Kap Verde
Ansehen *Fintar o Destino* von Fernando Vendrell, eine sehr afrikanische Geschichte über einen Fußballer
Essen Das Nationalgericht *cachupa* (Eintopf aus Bohnen, Mais und Fleisch oder Fisch)
Trinken Ceris (das hiesige Bier), *grogue* (Zuckerrohr-Schnaps) und Weiß- oder Roséweine von Fogo

In einem Wort

Ta bon (Mir geht's gut)

Markenzeichen

Afroportugiesischer Mix, erfolgreiche Wirtschaftsentwicklung, Cesária Évora, schöne Vulkanlandschaften

Übrigens …

Benito Mussolini kaufte sich 1939 die Rechte für einen Flughafenbau auf der Insel Sal.

Beste Reisezeit

Das Wetter ist ganzjährig angenehm mild; nur im Juli und August wird es schwülheiß; zwischen Juni und November können Wirbelstürme aufziehen

Unbedingt anschauen

- Das keilförmige Cayman Brac, dessen namengebender Felsrücken zu weiten Ausblicken und anstrengenden Wanderungen einlädt
- Seltene tropische Urwaldbäume auf dem Mastic Trail auf Grand Cayman
- Pedro St. James, eine von Sklaven erbaute Pflanzervilla des 18. Jhs., wo 1835 die Abschaffung der Sklaverei verkündet wurde
- Smaragdgrüne Papageien im National Trust Parrot Preserve auf Cayman Brac
- Rotfußtölpel und imposante Fregattvögel im Booby Pond Nature Reserve auf Little Cayman

Nicht versäumen

- Im Queen Elizabeth II Botanic Park eine Tour durch die Zuchtstation des Blauen Leguans unternehmen
- Traumhafte Möglichkeiten zum Wandtauchen an der Bloody Bay Wall vor Little Cayman
- Tagelang in aller Ruhe den spektakulären Seven-Mile Beach auf Grand Cayman erkunden
- Im Höhlenlabyrinth von Cayman Brac nach unentdeckter Piratenbeute suchen
- Die friedlich-faulen Stachelrochen von Stingray City auf Grand Cayman füttern

Kaimaninseln hautnah

Lesen *Cayman Cowboys*, der erste Band der beliebten Taucher-Krimiserie in Cayman vom amerikanischen Journalisten und Buchautor Eric Douglas
Anhören Karibische Soca-, Calypso- und Reggae-Musik
Ansehen *Die Firma* (nach dem Roman von John Grisham) und *Into the Blue* (mit Josh Brolin)
Essen Meeresfrüchte, hauptsächlich mit Meeresschnecken
Trinken *Jelly ice* (gekühlter Kokossaft, aus der Schale geschlürft)

In einem Wort

Brac (ein gälisches Wort für „Steilküste" und Bezeichnung der untouristischsten Kaimaninsel)

Markenzeichen

Wracks, Piratenvergangenheit, Ferienapartments, Schnorcheln und Tauchen, Steueroase

Übrigens ...

Auf den Kaimans gibt es fast 600 Banken und Treuhandgesellschaften, von denen aber nur wenige als solche erkennbar sind (mit Kassenräumen, Schaltern und Geldautomaten); die meisten verstecken sie hinter einem Messingschild mit Briefkastenschlitz.

1. Ein Kokosnussverkäufer auf Grand Cayman
2. Amerikanische Stechrochen gibt es vor Grand Cayman zuhauf
3. Stingray City aus der Luft – ein Paradies für Taucher und Schnorchler

C HAUPTSTADT GEORGE TOWN | EINWOHNER 53737 | FLÄCHE 264 KM² | AMTSSPRACHE ENGLISCH

Cayman Islands | Kaimaninseln

Die drei Inseln dieses britischen Überseegebiets könnten unterschiedlicher nicht sein. Grand Cayman beherbergt den größten Teil der Bevölkerung, Infrastruktur und Hotelanlagen. Dazu gehört das Urlaubsparadies Seven-Mile Beach, eine Ansammlung von Hotels und Ferienapartments, wo Begüterte das gute Leben genießen. Nur 40 Flugminuten, aber gefühlte Welten, trennen die Insel von ihren winzigen Ablegern: Cayman Brac ist ein schmaler Landstreifen voll purem Tropenzauber, mit weiter, unversehrter Natur an Land und unter Wasser sowie gemächlichen, pastellfarbenen Dörfern. Little Cayman ist der ultimative Rückzugshort für Honeymooner, das Rampenlicht meidende Promis und Taucher; die rund 100 Einwohner werden in ihrer Anzahl von Vögeln, riesigen Leguanen und Fischen hoffnungslos übertroffen.

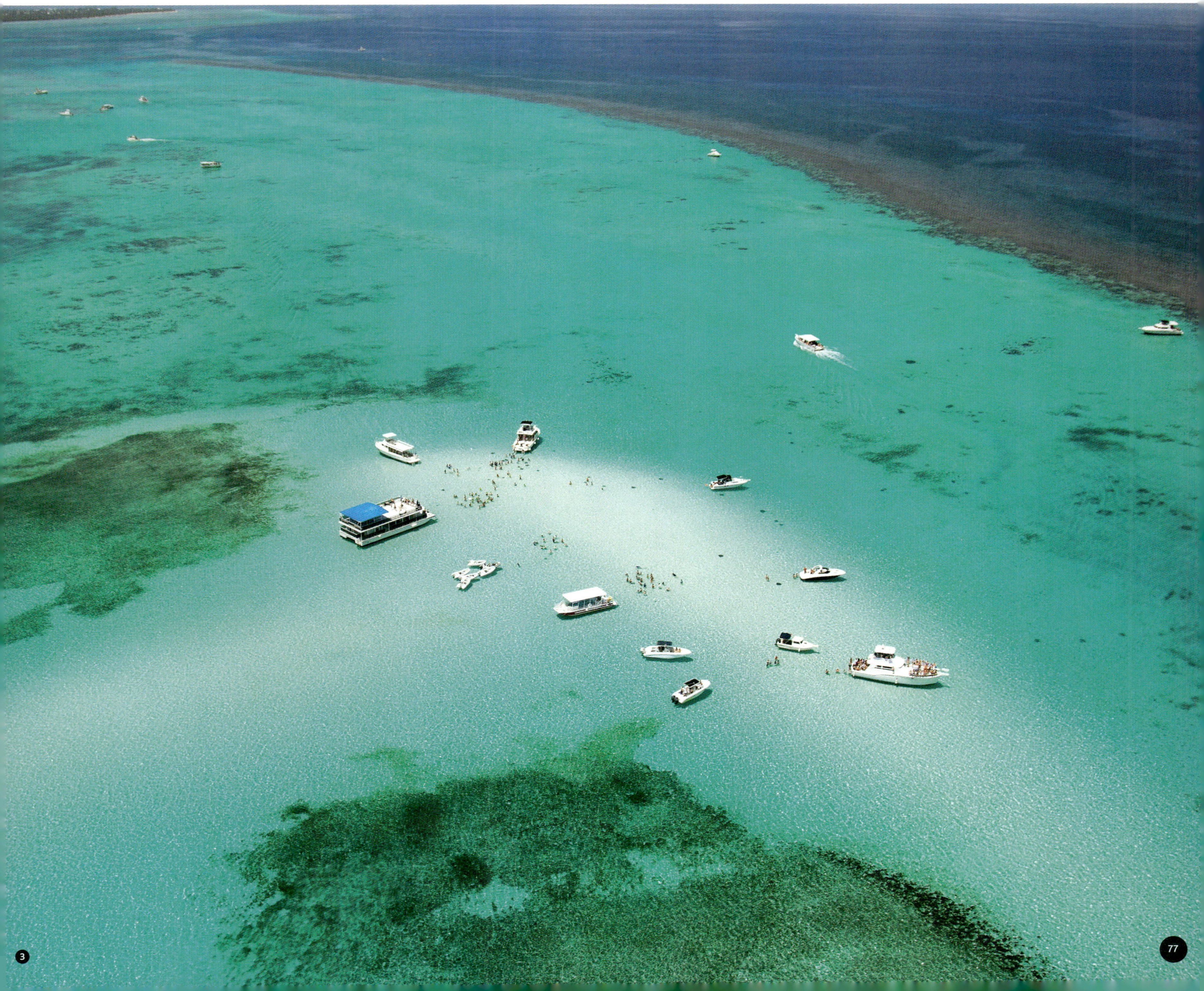

1

2

C **HAUPTSTADT** BANGUI | **EINWOHNER** 5 200 000 | **FLÄCHE** 622 984 KM² | **AMTSSPRACHE** FRANZÖSISCH

Central African Republic | Zentralafr. Republik

Die Zentralafrikanische Republik ist leider ein Land im Chaos. Zuerst wurde die hoch entwickelte, jahrtausendealte Gesellschaft durch den Sklavenhandel zerstört. Dann gerieten die Überreste unter das Joch der französischen Kolonialherrschaft. Und seit der Unabhängigkeit tobte sich hier ein egozentrischer Staatschef nach dem anderen aus. Nach ein paar Jahren der Stabilität von 2008 bis 2012 stürzte das Land in einen erneuten Bürgerkrieg. Trotz einer Friedensmission der UN bleibt Zentralafrika für Reisende weiterhin zu gefährlich. Jenseits der Konfliktzonen haben sich der tiefe Dschungel seinen Lebensreichtum und die Menschen ihre Herzlichkeit, Großzügigkeit und ihren Stolz bewahrt. Die ZAR ist urtümliches Afrika, wie es leibt und lebt.

Beste Zeit

Die Trockenzeit von November bis April

Interessante Orte

- Der unberührte Regenwald des Dzanga-Sangha-Schutzgebiets, in dem ein paar tausend Westliche Flachlandgorillas leben
- Chutes de Boali, ein 50 m hoher, in der Regenzeit sehr imposanter Wasserfall
- Der Dzanga-Sangha-Nationalpark, der Flachlandgorillas und Einheimische des Baka-Stammes beheimatet
- Die Ruinen des Palasts von „Kaiser“ Bokassa in Berengo
- Megalithische Steinsetzungen in der Landschaft rund um Bouar

Lokale Bräuche

- Menschen des Baka-Volkes (Pygmäen) beschwören auf der Jagd nach *mboloko* (Blauduckern) die Waldgeister
- Palmwein trinken und mit den Einheimischen *gbadoumba* und *lououdou* tanzen
- Initiationsriten und traditionelle religiöse Praktiken ereignen sich während der Grasbrandjagden in der Trockensaison
- Traditionelles Geschichtenerzählen mit von Trommeln, *ngombi* (Harfe) and *sanza* (Gitarre) untermaltem Folkloregesang

Zentralafrikanische Republik hautnah

Lesen *The Central African Republic: The Continent's Hidden Heart* von Thomas E. O'Toole, das tiefe Einblicke in die Gesellschaftsgeschichte des Landes liefert
Anhören African Rhythms von Aka Pygmies und Pierre-Laurent Aimard
Ansehen *Song from the Forest*, eine Dokumentation über einen Amerikaner, der sich im Dschungel Zentralafrikas ansiedelt
Essen Maniok in vielen Formen – *ngunza* (Salat aus Maniokblättern) und *gozo* (Maniokpaste) sind Lieblingsgerichte des Landes
Trinken Heimischen Bananen- oder Palmwein

In einem Wort

Bara ala kwe („Hallo“ auf Sango)

Markenzeichen

Postkoloniales Chaos, Westliche Flachlandgorillas, Schmetterlinge, Waldelefanten, Baka, französische Großwildjäger, Korruption, Uran, Diamanten, dichte tropische Regenwälder

Übrigens ...

Bloß Präsident zu sein, reichte Jean-Bédel Bokassa nicht; deshalb wandelte er die Zentralafrikanische Republik 1976 in das Zentralafrikanische Kaiserreich um. Seine 20 Mio. US-Dollar teure Krönungsfeier wurde größtenteils von Frankreich bezahlt.

1. Der ernste Blick des 'Makumba', ein Westlicher Flachlandgorilla im Dzanga-Sangha-Schutzgebiet
2. Drei Bayaka-Jungen posieren für ein Foto; die Bayaka sind nomadische Mbenga-Pygmäen
3. Ein Bayaka-Honigsammler klettert mit Hilfe einer Axt und einer Liane einen 40 m hohen Baum hinauf

3

NATURE PICTURE LIBRARY | ALAMY // TIMOTHY ALLEN | GETTY IMAGES // TIMOTHY ALLEN | GETTY IMAGES

1

2

Beste Zeit

Dezember bis Mitte Februar

Interessante Orte

- Der Zakouma-Nationalpark, die letzte Hochburg wilder Tiere in Zentralafrika
- Die Sahara und ihr feiner Sand, komplett mit eleganten, perfekt erhaltenen Muschelschalen
- Hunderte von Kamelen (und vereinzelte Krokodile), die sich im Wasser der spektakulären Guelta d'Archei erfrischen
- Die Gipfelkrater des Emi Koussi hoch über der Wüste
- Das Dorf Gaoui mit seinen Häusern aus Lehmziegel und den Bewohnern vom Stamm der Sao
- Das transzendente Tibesti-Gebirge, das sich aus dem Sandmeer der Sahara erhebt
- Die Flussufer des Schari in N'Diaména mit seinen Nilpferden

Lokale Bräuche

- Bedeutende Entscheidungen werden in den Taubou- und Daza-Volksstämmen meist von den Frauen in der Familie getroffen
- Das Leben der Nomaden dreht sich ganz um ihr Vieh, das sowohl Lebensunterhalt als auch Statussymbol ist
- Eine traditionelle arabische Familie – *kashimbet* genannt – besteht aus wenigen Generationen von Männern mit deren Frauen und Kindern

Tschad hautnah

Lesen Le *Commandant Chaka*, eine Abrechnung mit Militärdiktaturen von Baba Moustapha; *Chad: A Nation in Search of its Future* von Mario J. Azevedo und Emmanuel U. Nnadozie, das ein fundiertes Gesamtbild des Landes zeichnet
Anhören Alles von der Gruppe Tibesti, die den rhythmischen „*Sai*"-Sound populär machte
Ansehen *Abouna* über die Irrwege zweier Jungen auf der Suche nach ihrem Vater
Essen *Nachif* (Hackfleisch in Sauce), *salanga* und *banda* (sonnengetrockneter/geräucherter Fisch)
Trinken Eine Flasche Gala-Bier geradewegs aus der Brauerei in Moundou

In einem Wort

Lale (eine herzliche Begrüßung im Süden des Tschad)

Markenzeichen

Harmattan (der Passatwind der Sahara), Staatsstreiche, Attentate, Konflikte mit Libyen und dem Sudan, erstaunliche Tierwelt

Übrigens ...

Tschad könnte früher oder später seinen Namensgeber, den Tschadsee, verlieren: Die Ausbreitung der Wüste und die Wassernutzung durch den Menschen haben seine Größe in den letzten 50 Jahren von 26.000 km² auf weniger als 1500 schrumpfen lassen.

1. Die Sandstein-Wache: ein dramatischer Steinbogen in der Region Ennedi
2. Junge Wodaabe-Männer beim jährlichen Brautschaufestival, dem Guérewol
3. Ein Bauer aus N'Djaména hütet sein Vieh

C HAUPTSTADT N'DJAMENA | EINWOHNER 11 200 000 | FLÄCHE 1 284 000 KM² | AMTSSPRACHEN ARABISCH & FRANZÖSISCH

Chad | Tschad

Waffen gegen Wahlen, Christen gegen Muslime: Diese Konflikte prägen den modernen Tschad. Leider ist das Einzige, was Muslime im Norden und Christen im Süden gemeinsam haben, ihre bittere Armut. Das damals als rohstoffarm geltende Land blieb unter der französischen Kolonialherrschaft praktisch unbeachtet und versank nach der Unabhängigkeit im politischen Chaos. Zuletzt sorgte der Terrorismus – hauptsächlich von Boko Haram gesponsert – für weiteren Brennstoff. Reisen nach Tschad sind daher zu gefährlich. Unterdessen setzt die Sahara ihren unerbittlichen Marsch nach Süden fort – verblüffte Besucher können ausgedörrte Muschelschalen vom Wüstenboden aufsammeln. Doch andernorts gedeiht das Leben. Im Tschad mischen sich Momente surrealer Schönheit mit einer kräftigen Dosis harscher Realität.

1. Eine Schafhirtin führt ihre Herde durch die Guatin-Schlucht in der Atacama; die Atacama ist die trockenste Wüste außerhalb der Polargebiete

2. Der perfekt gerundete Krater von Rano Kao, ein erloschener Vulkan auf den Osterinseln

3. Ein zäher Menschenschlag: Bauern aus der Atacamawüste

C HAUPTSTADT SANTIAGO | EINWOHNER 17 200 000 | FLÄCHE 756 950 KM² | AMTSSPRACHE SPANISCH

Chile & Easter Island | Chile & Osterinsel

Das lange, schmale Land streckt sich der Küste entlang zwischen Pazifik und Anden über die halbe Länge Südamerikas. Es reicht von der trockensten Wüste der Erde bis hin zu den größten Gletscherfeldern außerhalb der Polargebiete. Santiago ist eine der modernsten Städte Südamerikas, doch Richtung Süden geht die Hauptstadt rasch in atemberaubende Natur über. Zuerst erreicht man die üppigen Täler einer erstklassigen Neue-Welt-Weinregion und danach – in zunehmender Pracht – schroffe Andengipfel, weitläufige Wälder, tiefblaue Seen und die zahlreichen von Dunst und Geheimnis umhüllten Inseln der einsamen, scheinbar endlosen Südküste – von den sagenumwobenen Osterinseln mal ganz zu schweigen. Bei einer solchen Landschaft ist es kaum verwunderlich, dass Chile stetig Inspiration für Abenteuerlustige und bekannte Schriftsteller liefert, darunter Pablo Neruda und Isabel Allende.

Beste Reisezeit

Im Norden ganzjährig, im Süden November bis April, zum Skilaufen Juni bis August

Unbedingt anschauen

- Die poetisch dekorierten Häuser des Pablo Neruda in Santiago, Valaparaiso und Isla Negra
- Die bedrohte Alerce oder Patagonische Zypresse, die im gemäßigten valdivianischen Regenwald gedeiht und über 3000 Jahre alt werden kann
- Santiagos glitzernde Skyline von den Pulverschneepisten oberhalb der Stadt
- Tausende Inseln in der einsamen Magellanstraße
- Den Rano Raraku mit den Steinbrüchen für die Monumentalstatuen der Osterinsel

Nicht versäumen

- Weinproben in den Weinberge des Valle Central
- Wandern im Nationalparks Torres del Paine
- Frischen Austern von der Insel Chiloé
- Mit Packpferden durch die grünen Flusstäler des nördlichen Patagoniens trecken

Chile & Osterinsel hautnah

Lesen *Das Abenteuer des Miguel Littín – Illegal in Chile*, ein Exposé über das Chile der Pinochet-Diktatur von Gabriel García Marquez
Anhören Die Rockband La Ley aus den 90er-Jahren
Ansehen Den Oscar-nominierten Film *No!* von Pablo Larráin über das bedeutsame Referendum 1988
Essen Meeraalsuppe, Krabbenauflauf oder *completo*: Hotdog mit einem Mix aus Soßen und Gewürzen
Trinken Einen *Pisco Sour* (Traubenbranntwein mit Limettensaft und Zuckersirup)

In einem Wort

Bacán! (Cool!)

Markenzeichen

Erdbeben, Cowboys, der Andenkondor, Rotwein, Dichter, Patagonien, Pinochets Vermächtnis

Übrigens …

Die Atacamawüste bietet die weltbesten Bedingungen für Sternbeobachtungen: Das hiesige Alma-Teleskop ist das größte astronomische Projekt der Erde.

3

Beste Reisezeit
März bis Mai und September bis November

Unbedingt anschauen
- Die Chinesische Mauer – sie ist zwar nicht, wie oft behauptet, aus dem Weltraum zu sehen, dafür aber aus der Nähe ungeheuer eindrucksvoll
- Die Verbotene Stadt, Chinas prächtiger alter Palast sowie die umliegenden Hofhäuser in den *hútòngs* (Gässchen) von Peking
- Die 6000 modellierten Gesichter der Terrakotta-Armee von Xi'an
- Schneebedeckte Gipfel, die sich über der 2 km tiefen Tigersprung-Schlucht erheben
- Die schier endlosen, geschwungenen grünen Reisterrassen von Lóngjǐ

Nicht versäumen
- Eine nächtliche Zugfahrt durch China, um die Dimensionen dieses gigantischen Landes zu begreifen
- Mit dem Bambusfloss zwischen den felsigen Karstbergen bei Yángshuò hindurch
- Chinas ausgeprägte Feinschmeckerkultur – vom heißen Chóngqìng-Feuertopf bis hin zur knusprigen Chinaente
- Shanghais Uferpromenade „Bund" mit ihren Kolonialgebäuden und Drachenkünstlern

China hautnah
Lesen *Überland – Begegnungen im neuen China*, ein spannender Reisebericht von Peter Hessler
Anhören Die dissonanten Melodien der chinesischen Oper – und zwar nicht die Touristenspektakel in Beijing, sondern das Original in Chengdu
Ansehen *Rote Laterne* von Zhang Yimou oder *Spring in a Small Town* von Fei Mu, zwei gute Beispiele für die wehmütige Schönheit chinesischen Kinos
Essen Die feurige Küche von Sichuan, die ihre Schärfe dem „Blumenpfeffer" verdankt, der nicht mit Chili oder schwarzem Pfeffer verwandt ist
Trinken *Chá* (Tee) in einem traditionellen Teehaus, das eine erstaunliche Aromenvielfalt aus den gerollten und gerösteten Blättern zaubert

In einem Wort
Chīfàn le ma? (Schon gegessen?)

Markenzeichen
Essstäbchen, Kalligrafie, Nostalgie aus der Mao-Ära, Tai-Chi, grüner Tee, Reisterrassen, Kung Fu, Hochgeschwindigkeitszüge; antike Pagoden

Übrigens …
Die Chinesen haben unter anderem das Papier, den Buchdruck, das Schießpulver, den Kompass und den Schirm erfunden.

1. Hoheitliche Ladenfassaden zieren eine traditionelle *hútòng* in Peking
2. Der Große Buddha von Leshan: eine 71 m hohe, in den Felsen gehauene Statue
3. Ein Mädchen in einem traditionellen Miao-Kleid; die Miao sind eine ethnische Minderheit aus den Bergen Südchinas
4. Eine Serpentinenstraße windet sich hinauf zum Tianmen-Mountain-Nationalpark bei Zhangjiajie in Hunan

C **HAUPTSTADT** PEKING | **EINWOHNER** 1 300 000 000 | **FLÄCHE** 9 596 961 KM² | **AMTSSPRACHE** MANDARIN

China

Nachdem das Land das 20. Jh. stark zurückgezogen verbrachte, zählt China heute zu einer der wichtigsten Wirtschaftsmächte der Welt – wie zu erwarten von einer Nation, die ein Sechstel der Weltbevölkerung ausmacht. Der Leitstern des modernen China ist nicht der große Vorsitzende Mao, sondern der Yuan. Der Konsum ist die neue Religion des Landes, das immer mehr Flächen mit Einkaufszentren und Wohnblocks zubetoniert. Doch Chinas fesselnde Kultur und Geschichte sind nicht so leicht totzukriegen. Auf jeden neu gebauten Wolkenkratzer kommt eine jahrhundertealte Pagode, auf jedes Fast-Food-Lokal ein Teehaus mit von Hand gezogenen Nudeln und gedämpften Klößen.

1

Beste Reisezeit

Die Trockenzeit von Januar bis März

Unbedingt anschauen

- Die Gassen von Cartagena, Kolumbiens romantischster Kolonialstadt
- Die Zona Cafetera, die Kaffeeanbauregion vor dramatischer Vulkankulisse
- Die Wiedergeburt von Bogotá, einer lebensfrohen, stilbewussten Stadt mit aufblühender Kunstszene
- Capurgana und Sapzurro, zwei wunderbar altmodische, verschlafene Siedlungen zwischen Regenwald und Karibikküste
- Die unvergessliche Schönheit der unterirdischen Salzkathedrale von Zipaquirá

Nicht versäumen

- San Gil, das Zentrum des Abenteuersports mit tollen Möglichkeiten zum Rafting, Höhlenwandern, Reiten und Mountainbiking
- Einen Abstecher in Kolumbiens Amazonaswildnis im Zacambú-Naturreservat
- Durch Regenwald und Gebirge zu den Ruinen der Ciudad Perdida wandern
- Die Ausgrabungsstätten in den Hügeln um San Agustín besichtigen
- In Kolumbiens Renaissancestadt Medellin durch die Nacht feiern

Kolumbien hautnah

Lesen *Die Liebe in den Zeiten der Cholera*, eine wunderliche Liebesgeschichte vom kolumbianischen Literaturnobelpreisträger Gabriel García Márquez
Anhören Die Popklänge von Carlos Vives und Shakira oder die afrokaribischen Rhythmen von *Toto La Momposina*
Ansehen *Maria voll der Gnade*, Joshua Marstons komplexen Film über eine schwangere Drogenkurierin, die in den USA ein neues Leben anfangen will
Essen Sättigende *arepas* (Maisfladen mit Käse, Schweinefleisch und anderen Füllungen), *sancocho* (herzhafte Suppe mit Fleisch, Maniok und anderem Gemüse)
Trinken Den wohl besten Kaffee der Welt, als *tinto* (schwarz im Espressoformat), *pintado* (kleiner Milchkaffee) oder *cafe con leche* (mittelgroß, mit mehr Milch als Kaffee)

In einem Wort

Que hubo? (Was geht ab?)

Markenzeichen

Kaffee, Gabriel García Márquez, Smaragde, Shakira, Fußball, Kokain, Drogenkriege

Übrigens …

Kolumbiens führende Fluglinie Avianca war Amerikas erste Luftfahrtgesellschaft überhaupt.

1. Die bunten Straßen der alten Kolonialstadt Cartagena
2. Früh übt sich: Salsatänzer bei der Probe in einer Hochschule
3. Strandbesucher im idyllischen Parque Nacional Natural Tayrona

C **HAUPTSTADT** BOGOTÁ | **EINWOHNER** 45 700 000 | **FLÄCHE** 1 138 914 KM² | **AMTSSPRACHE** SPANISCH

Colombia | Kolumbien

Das einstige Enfant terrible von Südamerika ist heute eine bemerkenswerte Erfolgsstory. Der Bürgerkrieg ist weitgehend ausgestanden und Kolumbianer und ausländische Reisende sind dabei, das Land neu zu entdecken. Hauptattraktion ist die abwechslungsreiche Geografie, von Andengipfeln über Regenwälder bis zu Savannen, mit erstaunlichen zehn Prozent der weltweiten Artenvielfalt. Projekte zur urbanen Erneuerung haben den kolumbianischen Städten neues Leben eingehaucht. Und die Naturschätze sind, nachdem sie jahrelang tabu waren, heute zugänglicher denn je. Ganz egal, ob man im Dschungel auf Abenteuersuche geht oder in einem Kolonialdorf mit einer Tasse kolumbianischen Kaffee ausspannt: Die berühmte Gastfreundschaft der Einheimischen – ein bunter Mix aus Menschen mit indianischen, afrikanischen und europäischen Wurzeln – ist einem allerorts sicher.

1

C **HAUPTSTADT** MORONI (K), MAMOUDZOU (M) | **EINWOHNER** 752288 (K), 223765 (M) | **FLÄCHE** 2235 KM² (K), 374 KM² (M) | **AMTSSPRACHEN** ARABISCH & FRANZÖSISCH

Comoros & Mayotte | Komoren & Mayotte

Die aus Feuer geborene Inselgruppe im Indischen Ozean brodelt weiter vor sich hin. Unzufriedenheit, Intrigen und Ambitionen schwelen wie die allgegenwärtige Lava unter der Oberfläche und entladen sich immer mal wieder in Staatsstreichen und Aufruhr. Doch auf Besucher wirkt die Melange aus polynesischer, arabischer und Swahilikultur so berauschend wie die duftenden Ylang-Ylang-, Jasmin-, Johannisbeer- und Orangenplantagen. Zudem gedeihen auf den fruchtbaren Vulkanböden jungfräuliche Regenwälder, in denen zahlreiche Tiere von riesigen Flughunden bis zu seltenen Lemuren leben. Rundum lockt die Küste mit türkisblauem Wasser, bunten Sandstränden und historischen Hafenorten.

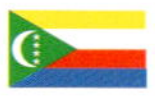

Beste Reisezeit
Die Trockenzeit von Mai bis Oktober

Unbedingt anschauen
- Das umwerfende Gesamtpanorama der Inselgruppe vom hohen Gipfel des Ntingui
- Wenigstens einen Bruchteil der 600 farbenprächtigen Fischarten des gigantischen Korallenriffs rund um die Insel Mayotte
- Die makellosen Sandstrände der Inselchen im Mohéli-Marinepark
- Hochkonzentrierte Einheimische beim alten afrikanischen *bao*-Spiel
- Geschwellte Segel auf einem Törn über eine der größten Lagunen der Welt

Nicht versäumen
- Zu den stillen Kraterseen Lac Dzialaoutsounga und Lac Dzialandzé am Ntingui wandern
- Vor der Sazilé-Halbinsel mit den Meeresschildkröten schwimmen
- Schweißtreibende Stunden damit verbringen, einen Marlin aus dem Wasser zu ziehen, und sich danach an einem herrlich einsamen Strand erholen
- In den schattigen, verwinkelten Gassen von Moronis alter Medina an Türen mit kunstvollem Swahili-Schnitzwerk vorbeischlendern
- Den süßen Duft der Ylang-Ylang-Destillerie in Bamboa schnuppern

Komoren & Mayotte hautnah
Lesen *The Comoros Islands: Struggle Against Dependency in the Indian Ocean* von Malyn Newitt über die turbulente neuere Geschichte der Inseln
Anhören *Twarab*, die komorische Version der Swahili-Musik, gesungen von Mohammed Hassan zur Begleitung von *gabusi* (Kurzhalslaute) und *ndzendze* (Kastenzither)
Ansehen Die Filme von Hachimiya Ahamada über die komorische Diaspora: *La Résidence Ylang-Ylang* (englisch: The Ylang-Ylang Residence) and *Ivresse d'une Oasis* (englisch: Ashes of Dreams)
Essen Langusten, die nicht nur durch ihren Schnäppchenpreis beglücken – besonders göttlich ist *langouste à la vanille*
Trinken Tee mit Zitronengras und Ingwer

In einem Wort
Salama („Hallo" auf Komorisch)

Markenzeichen
Lange Strände am azurblauen Meer, Ylang-Ylang-, Jasmin- und Johannisbeerplantagen, köstliche Meeresfrüchte, Vulkanausbrüche, politische Unruhen, Staatsstreiche, bedenkliche Luftfahrtsicherheit

Übrigens ...
Eine Hochzeit oder *grand mariage* kann auf den Komoren bis zu neun Tage dauern – normalerweise bezahlt der Bräutigam die *toirab* (Feier), zu der das ganze Dorf eingeladen ist.

2

1. Verankerte Yachten inmitten der Regenbogen-Farbpalette einer Korallenlagune bei Mayotte
2. Geschickte Hände: eine Frau flicht Kokosfäden in einer Kunsthandwerksstätte in Sada auf Mayotte
3. Fischer kehren am Morgen mit ihrem Fang zurück ins kleine Dorf Hamouro auf Mayotte

3

Beste Zeit

Nördlich vom Äquator Dezember bis Februar, südlich vom Äquator Mai bis Oktober

Interessante Orte

- Bonobos und Waldelefanten in der unberührten Wildnis des Salonga-Nationalparks
- Die Beinarbeit der Fischer auf ihren wackeligen Holzstegen über dem reißenden Strom am Wagenia-Wasserfall
- Den 347 m hohen Lofoï-Wasserfall im Kundelungu-Nationalpark
- Die glühenden Lavafontänen des Nyiragongo, eines der aktivsten Vulkane der Welt
- Der legendäre Kongofluss, der sich durch die Wildnis und an entlegenen Dörfern vorbei schlängelt
- Der Nationalpark Virunga, einer der wenigen Parks der Welt in dem wilde Berggorillas leben

Lokale Bräuche

- Die Anweisungen der Roboter mit ihren winkenden Armen und blechernen Stimmen befolgen, die heutzutage den Verkehr auf den chaotischen Straßen Kinshasas regeln
- Sich als Angehöriger der Société des Ambianceurs et des Personnes Élégantes („Gesellschaft für Unterhalter und elegante Personen", auch bekannt als *Sapeur*) in Schale werfen
- Die Herstellung bestickter Textilien, verzierter Kosmetikkästchen und imposanter Masken von Nachfahren der Kuba-Föderation

Demokratische Republik Kongo hautnah

Lesen *Schatten über dem Kongo* von Adam Hochschild; *Auf den Spuren von Mr. Kurtz* von Michaela Wrong mit erhellenden Einblicken in das Regime von Präsident Mobutu
Anhören Franco Luambo und Papa Wemba, die Könige des *soukous* (afrikanische Rumba) und Afrikas Pendants zu James Brown und Elvis Presley
Ansehen *Lumumba*, eine packende Schilderung der politischen Wirren rund um das Leben und Sterben von Patrice Lumumba
Essen *Liboke* (in Maniokblättern geschmorter Fisch) mit dem allgegenwärtigen *fufu* (Maniokbrei)
Trinken Primus-Bier oder das dunklere Turbo King

In einem Wort

Sángo níni? („Wie geht's?" auf Lingala)

Markenzeichen

Zaire, der „Rumble in the Jungle"-Boxkampf, *Herz der Finsternis*, Blutdiamanten, Kleptokratie, UN-Friedenstruppen

Übrigens ...

Kinshasa liegt am südlichen Ufer des Kongoflusses gegenüber von Brazzaville in der Republik Kongo. Dies ist der einzige Ort der Welt an dem sich zwei Hauptstädte an zwei Flussufern und in Sichtweite gegenüberstehen.

1. Fischer des Wagenia-Stammes aus dem Dorf Kisangani fischen mit Netzen von einem Steg über dem tosenden Kongofluss
2. Eine Frau trägt ihre Ernte (Maniokblätter) zum Markt in Shasha im östlichen Kongo
3. Der dampfende Schlund des Nyiragongo (3470 m), ein aktiver Vulkan im Nationalpark Virunga

C **HAUPTSTADT** KINSHASA | **EINWOHNER** 75 500 000 | **FLÄCHE** 2 344 858 KM² | **AMTSSPRACHE** FRANZÖSISCH

Congo | Kongo, Demokratische Republik

Die demokratische Republik Kongo ist reich an afrikanischen Schätzen: riesige Regenwälder, dampfende Vulkane, tosende Flüsse, Berggorillas, Mineralien und kulturelle Reichtümer. Nur das Leid scheint noch reichlicher vorhanden. Generationen von Kongolesen mussten dabei zusehen, wie ein Kleptokrat nach dem anderen die Staatskasse leerräumte. Dazu kamen brutale Konflikte, darunter der erste afrikanische „Weltkrieg", der mehr als fünf Millionen Leben forderte. Unerschrockene Besucher interessieren sich für friedlichere Kontakte: fesselnde Gespräche mit Einheimischen, Begegnungen mit Silberrücken und Elefanten in undurchdringlichen Wäldern und Flüsse, die sich ins Unbekannte winden. Aufgrund der immer noch unsicheren Lage und des allgemeinen Entwicklungsrückstands sind weite Teile des Landes unzugänglich, doch es bleibt ein Traum für Abenteurer.

1. Nilpferde beim Kampf; Der Krieg in der Region hat ihre Anzahl in den letzten 40 Jahren dezimiert

2. Evangelistische Kirchengänger in Brazzaville

3. Baka-Frauen tragen selbst angebauten Maniok zu einem Markt in Brazzaville

1

C HAUPTSTADT BRAZZAVILLE | EINWOHNER 4 600 000 | FLÄCHE 342 000 KM² | AMTSSPRACHE FRANZÖSISCH

Congo | Kongo, Republik

Ein Land legendärer Entdecker: Allein schon der Name des Kongos rüttelt an der Abenteuerlust furchtloser Reisender. Im Norden vibriert die schwüle Luft unter dem dicken Blätterdach des Dschungels vom Brustklopfen der Flachlandgorillas, vom Gejohle der Schimpansen, vom Trampeln der Waldelefanten und von den Jagdrufen der Mbenga (früher Pygmäen). Das Land – nicht zu verwechseln mit der benachbarten, wesentlich unberechenbareren Demokratischen Republik Kongo – ist nach vielen turbulenten Jahren heutzutage endlich wieder sicher und stabil. Besucher hören sicher gerne, dass die Einnahmen aus der Öl- und Holzindustrie genutzt werden, um die Infrastruktur auszubauen und die Nationalparks wiederzubeleben. Das Reisen hier wird in Zukunft immer komfortabler werden, aber nicht minder belohnend.

Beste Reisezeit

Nördlich vom Äquator Dezember bis Februar, südlich vom Äquator Mai bis September

Unbedingt anschauen

- Wie die Kongolesen ihre Pirogen durch die tückische Strömung des Kongo steuern
- Die unvorstellbare Konzentration des Reichtums in Pointe-Noire
- Herden von Waldelefanten in Wali Bai im Nationalpark Nouabalé-Ndoki
- Den allgemeinen Jubel, wenn man von einem einheimischen Jugendlichen knapp im *babyfoot* (Tischfußball) geschlagen wird
- Die roten Felsausläufer, die sich durch den Regenwald der Diosso-Schlucht schlängeln

Nicht versäumen

- Im Odzala-Nationalpark vom Boot nach Gorillas und Elefanten ausspähen
- Einen Bummel über Brazzavilles duftende Märkte
- Die Meeresschutzgebiete des Nationalparks Conkouati-Douli erkunden, in denen Meeresschildkröten und seltene westafrikanische Seekühe leben
- In Brazzaville zusehen, wie Afrikaner, Araber, Europäer und Asiaten friedlich ihrem Alltag nachgehen

Republik Kongo hautnah

Lesen *Kongofieber*, ein spannender Reisebericht von Redmond O'Hanlon
Anhören Jean Serge Essous, König des Kongo-Jazz
Ansehen *Congo*, Frank Marshalls Adaption des Romans von Michael Crichton
Essen Frischen Fisch mit gebratenen Bananen
Trinken Palmwein, das allgegenwärtige Getränk

In einem Wort

Losáko („Hallo" auf Lingala)

Markenzeichen

Der Kongofluss, Regenwald, Flachlandgorillas, Märkte im Kerzenschein, Öl, marxistische Revolution

Übrigens …

Der Kongofluss ist mit 4700 km der neuntlängste der Erde, aber mit Abstand der Tiefste.

3

1. Die Aitutaki-Lagune ist die Heimat von Suppenschildkröten und riesigen Adlerrochen
2. Junge Einheimische posieren für ein Foto auf einem Auslegerkanu
3. Ein Korallenriff vor Aitutaki: Die Cookinseln sind ein Paradies für Taucher und Schnorchler

1

2

C HAUPTSTADT AVARUA (RAROTONGA) | EINWOHNER 10 447 | FLÄCHE 240 KM² | AMTSSPRACHEN COOKINSELN MAORI & ENGLISCH

Cook Islands | Cookinseln

Die Cookinseln liegen mitten im Pazifik in einem Meeresgebiet verstreut, das etwa so groß ist wie Westeuropa. Schon seit Langem sind diese atemberaubenden Tropenfleckchen bevorzugter Zufluchtort für Aussteiger, Einsiedler und Möchtegern-Robinsons. Wer könnte es ihnen verdenken? Mit ihrem unwiderstehlichen Südsee-Flair, makellosen Stränden, himmelblauen Lagunen, Fisch und Früchten im Überfluss sind die Cookinseln alles, was man sich unter einem weltentrückten Inselparadies vorstellt. Einen Schuss Zivilisation steuert die Hauptstadt Avarua mit ihren entspannten Cafés und Restaurants, Souvenirshops und einer quirligen polynesischen Kultur bei.

Beste Reisezeit

Ganzjährig warm und sonnig; von Mai bis November ist es am trockensten

Unbedingt anschauen

- Alte *marae* (Tempel) und Gärten im Highland Paradise Cultural Centre
- Buckelwale entlang der Küste von Juni bis Oktober
- Suppenschildkröten und Adlerrochen unter dem Glasbodenboot in der Aitutaki-Lagune
- Den Blick vom Maungapu auf die Aitutaki-Lagune

Nicht versäumen

- Wandern im tropischen Wunderland von Rarotonga
- In der Fischwelt der *ra'ui* (traditionelle Schutzgebiete) um Rarotonga schnorcheln
- *Motu*-Hopping (Inselhopping) in der unglaublich blauen Aitutaki-Lagune
- Die Grabhöhlen im Dschungel der Inseln 'Aitu und Mangaia besuchen
- Bei einer „Island Nights"-Show Tanz, Gesang und das Feuerjonglieren genießen

Cookinseln hautnah

Lesen *Südsee-Trauminsel* von Tom Neale über sein Robinson-Leben auf dem Suwarrow-Atoll
Anhören Alles vom Heimana Musiklabel, das seit 30 Jahren die Musik von den Cookinseln fördert
Ansehen *Furyo – Merry Christmas, Mr. Lawrence*, ein ungeschönter Film über einen Kriegsgefangenen, der teilweise auf Rarotonga spielt
Essen *Ika mata* (roher Fisch mit Limette und Kokosmilch mariniert) und *rukau* (gedämpfte Taroblätter)
Trinken Beim *tumunu* (Busch-Bierparty), bei der es berauschendes, selbstgebrautes Orangenbier gibt

In einem Wort

Kia orana! (Lang sollst du leben!)

Markenzeichen

Traditionstänze und -musik (*karioi*), Dächer aus Pandanus-Blättern, schwarze Perlen

Übrigens …

Alle Bewohner von Palmerston haben einen gemeinsamen Vorfahren, William Masters, der 1863 mit drei polynesischen Frauen auf das Atoll kam.

CHAD EHLERS | GETTY IMAGES // MARK LEWIS | GETTY IMAGES // STEVE ALLEN | GETTY IMAGES

3

1

2

C HAUPTSTADT SAN JOSÉ | EINWOHNER 4700000 | FLÄCHE 51100 KM² | AMTSSPRACHE SPANISCH

Costa Rica

Costa Rica ist eine friedliche Oase in einer politischen Unruheregion und ein Paradies für Strandgutsammler, Naturliebhaber, Wellenreiter und Abenteuerlustige. Die Hauptattraktion ist sein filmreifes Ensemble aus Kreaturen des Regenwaldes, die für wachsame Besucher eine tolle Show abziehen. Dazu kommen die grandiose Brandung, umwerfende Natur und ein ansteckend gemütlicher Lebensstil. Allerdings sind inzwischen zwei Drittel der Küste in ausländischer Hand und bei der baulichen Erschließung kommt die Nachhaltigkeit oft zu kurz. Zum Glück gibt es unter den Costa-Rica-Fans auch einige Weltverbesserer, Ökologen und stolze *Ticos* (Costa-Ricaner), die sich wortgewandt und wachsam für den Erhalt der Natur einsetzen.

Beste Reisezeit
Die Trockenzeit von Dezember bis April

Unbedingt anschauen
- Den Corcovado-Nationalpark mit seiner beeindruckenden Artenvielfalt
- Die wilden Strände am Ende der Nicoya-Halbinsel
- Freche Affen im Manuel-Antonio-Nationalpark
- Lederschildkröten bei ihrer jahrtausendealten Wanderung zur Playa Grande
- Fiesta de los Diablitos: kostümierte Teufel zeigen den spanischen Kolonialherren, wo's langgeht

Nicht versäumen
- Per Seilrutsche durch die Baumwipfel des Nebelwalds in Monteverde gleiten
- In den Thermalquellen im Schatten des rauchenden Arenal-Vulkans baden
- Am Roca Bruja (Hexenfelsen) surfen
- Die Calypso-Rhythmen von Cahuita
- Auf Dschungelkanälen durch den tierreichen Tortuguero-Nationalpark paddeln

Costa Rica hautnah
Lesen *Costa Rica: A Traveler's Literary Companion*, 26 Kurzgeschichten, die die Seele des Landes einfangen
Anhören *Costa Rica: Calypso*, munterer Karibiksound von traditionell bis poppig
Ansehen *El Regreso* (Englisch: The Return) – ein zeitgenössisches Schauspiel über die schwere Heimkunft einer Ausgewiesenen. Hernán Jímenez hat das Stück geschrieben und gruppenfinanziert, hielt Regie und war Teil der Besetzung
Essen *Casado* (Tellergericht mit Fleisch, Bohnen, Reis und gebratener Kochbanane)
Trinken Palmwein, das bevorzugte Feuerwasser der Kleinbauern, Kaffee an jeder Imbisstheke

In einem Wort
Pura vida („Pures Leben" – als Zustimmung oder Begrüßung)

Markenzeichen
Tropfende Regenwälder, Surffreaks, aktive Vulkane, Negrita (die Schwarze Madonna), Fußballfans, schäumende Wasserfälle

Übrigens …
Costa Rica hat bereits seit 1948 kein Militär mehr.

1. Feierlichkeiten zum Fiesta Dia del Boyero (Kuhhirtentag) in San Antonio de Escazú
2. Der Catarata del Toro ergießt sich in den Krater eines erloschenen Vulkans
3. Ein Rotaugenlaubfrosch – die Augen sind eine evolutionäre Adaption, um Feinde zu erschrecken
4. Der Playa Guiones in Nosara: Costa Rica hat herrliche Surfstrände

3

4

Beste Reisezeit
November bis März

Unbedingt anschauen
- Wolkenkratzer und turbulentes Nachtleben in Abidjan, Westafrikas Kraftzentrum
- Die schläfrige Küstenstadt Grand Bassam mit ihren bröckelnden Kolonialbauten
- Yamoussoukro, das „Landes-Hauptdorf" mit der höchsten Basilika der Christenheit
- Das saftgrüne Abokouamekro-Schutzgebiet mit seinen Nilpferden und anderen Wildtieren
- Falls sich die Sicherheit verbessert: Das überwältigende Bergland bei Man, mit Maskenzeremonien und Stelzentanz

Nicht versäumen
- Auf den Atlantikbrechern von Assinie reiten, dem schönsten Strand des Landes
- Wenn sich die Sicherheitslage im Südwesten bessert: Im Nationalpark Taï auf Schimpansensuche gehen
- In der rostroten Stadt Korhogo im Norden des Landes um die berühmten gleichnamigen Textilien feilschen
- Eine gemächliche Pirogen-Fahrt bei Assinie unternehmen

Elfenbeinküste hautnah
Lesen Den magisch-realistischen Roman *Die Nächte des großen Jägers* des ivorischen Schriftstellers Ahmadou Kourouma
Anhören Alpha Blondy, den König des westafrikanischen Reggae, oder die sensationelle Tanzmusik *coupé-decalé*
Ansehen Henri Duparcs *Liebe, Sex und Ananas*, eine Komödie über die traditionelle Vielweiberei, oder *Die Gesichter der Frauen* von Désiré Ecaré
Essen *Poisson braisé* (gegrillten Fisch) mit *attiéké* (geraspeltem Maniok) oder *kedjenou* (Ragout aus Huhn oder Perlhuhn und Gemüse in milder Sauce)
Trinken Flag- oder Tuborg-Bier oder *bandji* (Palmwein)

In einem Wort
I-ni-cheh, I-kah-kéné („Hallo. Wie geht's?" auf Dioula, der Verkehrssprache)

Markenzeichen
Die Basilika von Yamoussoukro, Korhogo-Stoffe und Dan-Masken, *maquis*-Lokale (rustikale Openair-Restaurants), Reggae und *coupé-decalé*-Musik, ehemalige Wirtschaftsmacht, immer wieder verschobene Wahlen

Übrigens ...
Trotz seines Namens (und der Tatsache, dass seine Fußballnationalmannschaft auch Les Éléphants genannt werden), leben schätzungsweise weniger als 800 der mächtigen Dickhäuter im Land.

1. Atlantikwellen vor der rauschenden Metropole Abidjan

2. Frauen von der Elfenbeinküste tragen grellfarbene *pagnes*

3. Das Dorf von Dioulatiédougou mit seinen traditionellen Häusern aus Lehm und Stroh

C **HAUPTSTADT** YAMOUSSOUKRO | **EINWOHNER** 22400000 | **FLÄCHE** 322463 KM² | **AMTSSPRACHE** FRANZÖSISCH

Côte d'Ivoire | Elfenbeinküste

Die Elfenbeinküste war schon immer wunderschön – seine weitläufigen Strände, Regenwälder und Berge sind bezaubernd. Leider wurde das Land – einst als Westafrikas Erfolgsstory gepriesen – 2011 erneut vom Bürgerkrieg gerüttelt. Allmählich breitet sich außerhalb des Südwestens ein fragiler Frieden aus und damit kehren die ersten Reisenden zurück ins Land. Über die vielen Sehenswürdigkeiten hinaus besteht der Reiz der Elfenbeinküste von jeher darin, dass sie eine Art Mikrokosmos des modernen Afrikas darstellt – von der selbstbewussten und kultivierten Stadt Abidjan bis zu den traditionsverwurzelten Dan- und Baoulé-Völkern des Landesinneren.

1

C **HAUPTSTADT** ZAGREB | **EINWOHNER** 4 400 000 | **FLÄCHE** 56 594 KM² | **AMTSSPRACHE** KROATISCH

Croatia | Kroatien

An Kroatiens idyllischer Adriaküste mit ihren Buchten, Stränden und Felsinselchen brummt das Tourismusgeschäft und das aus gutem Grund. Vielerorts lebt der mediterrane Lebensstil weiter: Spaziergänge am Hafen, Seafood und großzügig ausgeschenkter Wein. Für Besucher bleibt zwischen Besichtigungen gedankenanstoßender Galerien und Abstechern zu Europas besten Musikfestivals allerdings wenig Zeit für Siestas. Die kroatische Kultur wurde durch viele Einflüsse geprägt. Venezianische Händler, slawische Überlieferungen, schroffe Geografie, katholische Frömmigkeit und seefahrerischer Abenteuergeist haben das Ihre zu diesem sonnenverwöhnten Land mit seiner ansprechenden Steinarchitektur beigesteuert.

Beste Reisezeit

April bis Juni und September bis Oktober

Unbedingt anschauen

- Die „Perle der Adria": Dubrovnik, dessen mauerumschlossene Altstadt ins Meer ragt
- Die glitzernden Seen, Wasserfälle und Stege des Nationalparks Plitvicer Seen
- Den Diokletianspalast in Split, eine riesige römische Anlage, die heute Cafés, Plazas und Boutiquen beherbergt
- Zagrebs Galerien, Kirchen, Museen und putzmunteres Nachtleben
- Urtümliche Wälder und versteckte Buchten auf der Insel Cres

Nicht versäumen

- Eine Bootspartie an der traumhaften Adriaküste, ob per Segelboot, Fähre oder Kajak
- In der Ökotourismus-Region Istrien Trüffel suchen, feinste Olivenöle kosten oder „Slow Food" schlemmen
- Auf den Inseln vor Hvar und an vielen anderen Orten hüllenlos ins Meer hüpfen
- Beim *corso*, dem allgemeinen Abendbummel auf der Promenade jeder kroatischen Stadt, präsentabel aussehen, nicken und lächeln

Kroatien hautnah

Lesen Den Balkan-Klassiker *Schwarzes Lamm und grauer Falke* von Rebecca West und *Cafe Paradies oder die Sehnsucht nach Europa* von der Kroatin Slavenka Drakulic

Anhören Traditionelle *tamburica* (Lautenmusik) oder Festivals von Weltklasse wie das Hideout oder INmusic

Ansehen *Armin* (Regie: Ognjen Svilicic), die aufwühlende Darstellung einer Vater-Sohn-Beziehung auf der Reise nach Zagreb, oder *Libertas*, eine Filmbiografie über Marin Drzic, einen Schriftsteller des 16. Jhs. aus Dubrovnik

Essen *Cevapcici* (Hackfleischröllchen) mit warmem Fladenbrot und rohen Zwiebeln, *pasticada* (in Wein und Gewürzen geschmortes Rindfleisch) oder *paški sir*, ein unverwechselbarer Schafskäse, der auf der Insel Pag hergestellt wird

Trinken Die beliebten Biersorten Ozusko und Karlovacko, Wein aus Kvarner oder Baranja

In einem Wort

Zdravo (Hallo)

Markenzeichen

Azurblaues Meer, Dubrovniks Stadtmauer, Barockkathedralen, Terrakotta-Dächer, Yachtsegler, Inseln

Übrigens …

Eine Freilichtorgel, deren Pfeifen ihren Wind von den Wellen erhalten, liefert in Zadar die Hintergrundmusik

1. Die abschreckende Stadtmauer von Dubrovniks Altstadt direkt an der Adria
2. Zeit für eine Pause: Touristen in der Altstadt von Dubrovnik
3. Ein Wasserfall über einem der smaragdgrünen Naturpools im Nationalpark Plitvicer Seen

2

3

1

2

C **HAUPTSTADT** HAVANNA | **EINWOHNER** 11 100 000 | **FLÄCHE** 110 860 KM² | **AMTSSPRACHE** SPANISCH

Cuba | Kuba

Um Kuba gab es jahrzehntelang Politwirren, von den Kolonialherren-Allüren der USA Ende des 19. Jhs. bis zur ikonischen Revolution von 1959. Jahre der Isolation haben die Kolonialarchitektur vor dem Abriss bewahrt, aber der Wandel ist überall zu Gange. Kreative Geschäftsleute stellen die Restaurant-, Unterkunfts- und Kunstszene auf den Kopf, woran unter dem ehemaligen Präsidenten Fidel Castro gar nicht zu denken war. Der brodelnde Mix aus afrikanischer, karibischer und Latino-Kultur lockt Fans und Sonnenhungrige aus aller Welt an. Niemand kann vorhersagen, wie die neu geformten diplomatischen Beziehungen zwischen Kuba und den USA das Land beeinflussen werden. Unvermeidbar ist allerdings, dass dieser grundlegende Wandel die bizarre und bezaubernde Nation für immer verändern wird.

Beste Reisezeit

November bis Mai (außerhalb der Hurrikansaison)

Unbedingt anschauen

- Havanna, das brodelnde Herz der Nation
- Das ruhige, ländliche Valle de Viñales mit seinen Kalksteinklippen, Tabakfeldern und ursprünglichen Wäldern
- Das wenig besuchte Santiago de Cuba mit reicher Tradition von der Kolonialzeit bis zur Revolution
- Las Parrandas de Remedios (Weihnachtsfest): nächtliche Straßenfeste und faule Strandtage
- Habana Vieja, Havannas als Welterbe registrierte Altstadt, die größte und besterhaltene der ganzen Karibik
- Amerikanische Oldtimer, die durch die Straßen fahren und sie in eine Filmkulisse der 1950er-Jahre verwandeln

Nicht versäumen

- Eine Nacht in einem *casa particular* (Gästezimmer von privat) in einem Kolonialhaus voller Antiquitäten
- Auf einer Tabakplantage in Viñales lernen, wie man eine legendäre, kubanische Zigarre dreht
- Eine der legendären Zigarren, Lieblingsaccessoire der Lokalhelden
- Havannas Malecón (Uferpromenade), eine Art spontanes Dauer-Straßenfest
- Eins der talentierten Baseballteams anfeuern
- Bei Punta Frances auf der Isla de la Juventud in eine urtümliche Wunderwelt mit Riesenhummern und Seekühen eintauchen – eines der besten Taucherlebnisse weltweit

Kuba hautnah

Lesen *Unser Mann in Havanna* von Graham Greene, eine klassische, kubanische Detektivgeschichte; *Enduring Cuba* (auf Englisch) von Zoe Bran für einen guten Einblick in diese faszinierende Nation
Anhören *Son Cubano* und die kubanische Version des Reggaeton, Hip-Hop, Dancehall und Reggae
Ansehen Die Havanna-Komödie *Erdbeer und Schokolade* von den Regisseuren Tomás Gutiérrez und Juan Carlos Tabío, die 1995 ein Riesenhit war, oder die Musikdoku *The Buena Vista Social Club*
Essen *Ajiaco*, ein Eintopf mit Kartoffeln, Fleisch, Kochbananen, Mais und Bier
Trinken Einen minzfrischen *mojito* mit hellem Rum

In einem Wort

Queué bolá assure? (Was geht ab, Bruder?)

Markenzeichen

Zigarren, Rum, Salsa, Fidel Castro, Kommunisten, amerikanische Oldtimer, Cuba Libre

Übrigens ...

Kubas Nationalsport ist der Baseball, den amerikanische Hafenarbeiter im späten 19. Jh. einführten. Bei den Spielen überall im Land geht es, wie immer in Kuba, leidenschaftlich und laut zu.

1. Kolonialarchitektur und amerikanische Oldtimer in La Habana Vieja (Havannas Altstadt)
2. Jungen beim Baseball spielen auf den Straßen von Havanna; das ganze Land ist verrückt nach Baseball
3. Die drei kubanischen Wahrzeichen: Musik, Zigarre und die Nationalflagge

3

Beste Reisezeit

April bis Mai und September bis Oktober, um die Backofenhitze des Hochsommers zu vermeiden

Unbedingt anschauen

- Fresken voller Schwerter schwingender Engel in den byzantinischen Kirchen von Pedoulas und Kakopetria
- Beeindruckende Mosaiken im griechisch-römischen Salamis, Kourion und Pafos
- Kilometerlange goldene Sandstrände auf der entlegenen Halbinsel Karpas (Kırpaşa)
- Schätze aus zehntausend Jahren in den Museen von Nikosia (Lefkosia)
- Nicosia mit ihren Labyrinth-ähnlichen Gassen, wo Straßen abrupt in UN-Wachposten enden und wo noch immer das Echo von 1975 in der Luft liegt

Nicht versäumen

- Bergwein im duftenden Troodos-Gebirge schlürfen
- Im halbmondförmigen Hafen Kyrenia (Girne) zypriotische Mezes knabbern
- Nicosia mit ihren fränkischen Kirchen, osmanischen Moscheen und byzantinischen Stadtmauern
- Vor den Halbinseln Karpas und Akamas mit den Schildkröten schwimmen
- Die Kreuzritterburgen St. Hilarion, Kolossi und Kantara erstürmen

Zypern hautnah

Lesen *Zypern* von Colin Thubron oder *Bittere Limonen: erlebtes Zypern* von Lawrence Durrell mit atmosphärischen Schilderungen aus dem noch ungeteilten Zypern
Anhören Die *Paralimnitika*-Aufnahmen von Pelagia Kyriakou, eine wunderbare Sammlung zypriotischer Volkslieder
Ansehen *Attila 74* von Michael Cacoyannis oder *sfagi tou kokora* (Die Schlachtung des Hahns) von Andreas Pantzis über die türkische Invasion von 1974
Essen Klassisch zypriotische *mezedes* – Platten mit Appetithäppchen von gebratenem Halloumi-Käse bis zu *seftalia* (Würstchen aus Schweinefleisch)
Trinken Das hiesige Feuerwasser, einen Tresterbrand, den die griechischen Zyprioten *zivania* und die türkischen Zyprioten *raki* nennen

In einem Wort

Avrio/yarhun (morgen) – auf dieser hektikfreien Insel die beste Zeit für alle Vorhaben

Markenzeichen

Türkischer Kaffee, gebratener Halloumi, Orangenhaine, Aphrodite, antike Ruinen, Finanzkrisen, Militärbasen, Schildkrötenstrände, die Grüne Linie, DJ-Bars und Katerstimmung in Agia Napa und Limassol

Übrigens ...

Rund 3 % der Insel gehören offiziell zu Großbritannien, denn die Militärstützpunkte Akrotiri und Dekelia sind britisches Hoheitsgebiet.

1. Eine junge Frau aus Kyrenia im traditionellen, zyprischen Gewand
2. Dramatische Klippen und farbenfrohe Korallen beim Kap Greco
3. Agii Anargyri, eine strenge griechisch-orthodoxe Kirche in Paphos

C **HAUPTSTADT** NIKOSIA (LEFKOSIA/LEFKOŞA) | **EINWOHNER** 1 200 000 | **FLÄCHE** 9251 KM² |
AMTSSPRACHEN GRIECHISCH & TÜRKISCH

Cyprus | Zypern

Zypern im sonnigen Ostzipfel des Mittelmeers ist eine Insel mit Persönlichkeitsspaltung. Nach der türkischen Invasion von 1974 wurde das verschlafene Eiland in zwei Einheiten geteilt. Trotz Versuchen der Wiederannäherung leben die beiden Teile wie entfremdete Geschwister in unterschiedlichen Seitenflügeln eines gemeinsamen Elternhauses. Die südliche, griechischsprachige Inselhälfte ist der Inbegriff eines mediterranen Pauschalurlaubs. Die politisch isolierte türkische Republik im Norden fühlt sich hingegen eher so an, als ob das Jahr 1975 mal eben für ein Glas Rakı rausging und nie mehr zurückkam. Dabei haben die beiden viel gemeinsam: schöne Strände und Meeresschildkröten, bewaldete Berge, Dörfer mit roten Dachziegeln und mehr historische Ruinen, als Pythagoras zählen könnte.

3

1. Die Karlsbrücke über der Moldau verbindet seit dem 15. Jh. die Prager Burg mit der Altstadt
2. Die Sandsteintürme der Adersbach-Weckelsdorfer Felsenstadt sind bei Kletterern beliebt
3. Das historische Český Krumlov an der Moldau ist Unesco-Weltkulturerbe

C HAUPTSTADT PRAG | EINWOHNER 10 600 000 | FLÄCHE 78 867 KM² | AMTSSPRACHE TSCHECHISCH

Czech Republic | Tschechische Republik

Tschechien bietet mehr als Prag, aber was für eine atemberaubende Hauptstadt! Von den gepflasterten Sträßchen der Altstadt bis zur majestätischen Architektur der Burganlage wirkt Prag wie aus einem mittelalterlichen Märchen. Nicht einmal der unaufhaltsame Strom an Touristen kann dem Zauber viel anhaben. Deshalb sollten sich Besucher zunächst ihre Dosis Prag abholen bevor sie sich in die Renaissance- und Barockstädte von Olomouc, Český Krumlov und Telč aufmachen, um die künstlerischen und kulturellen Höhepunkte des kultivierten tschechischen Volks zu bewundern. Das lokale Bier verdient auch Aufmerksamkeit: Die Republik ist die Heimat der ursprünglichen „Bohemians" und auch Jahre nach dem Fall des Kommunismus scheint es, als ob die Siegesparty noch immer im Gange ist.

Beste Reisezeit

April bis Juni oder zur zauberhaften Weihnachtszeit

Unbedingt anschauen

- Jahrhundertealte Geschichte in der Prager Burg
- Die Renaissancefassaden und gotischen Bogengänge am Marktplatz in Telč
- Die schaurige „Knochenkapelle" des Sedletz-Ossariums aus Tausenden von menschlichen Knochen
- Das zauberhafte Olomouc mit seiner astronomischen Uhr und Sakralarchitektur
- Die elegante Stadt Česky Krumlov an der gewundenen Moldau (Vltava)

Nicht versäumen

- Über Prags berühmte Karlsbrücke bummeln
- Ein gepflegtes Bierchen in Plzeň (Pilsen) und České Budějovice (Budweis) schlürfen
- Auf dem Friedhof von Josefstadt (Josefov) des Schicksals der jüdischen Gemeinden gedenken
- Das Böhmerwald-Gebirge (Šumava) zu Fuß oder per Mountainbike erkunden
- In den Bädern von Karlovy Vary (Karlsbad) im Heilwasser planschen und B-Promis begegnen

Tschechien hautnah

Lesen *Das Buch vom Lachen und Vergessen* von Milan Kundera über die kommunistische Tschechoslowakei
Anhören Antonin Dvořáks *Slawische Tänze* oder sein sakrales Meisterwerk *Stabat Mater*
Ansehen *Kolya*, Jan Sveraks Oscar-prämierter Film, der während der Samtenen Revolution spielt
Essen *Knedlícky* (Knödel) und *svícková na smetaně* (Lendenbraten mit Sahnesauce)
Trinken *Pivo* (Bier) in den zahllosen Brauereien und Kneipen des Landes

In einem Wort

Dobrý den (Guten Tag)

Markenzeichen

Astronomische Uhren, „Der gute König" Wenzel, Kurbäder, die Samtene Revolution, Europas bestes Bier

Übrigens ...

Der Würfelzucker ist eine Erfindung aus der ehemaligen Tschechoslowakei.

1

2

D HAUPTSTADT KOPENHAGEN | EINWOHNER 5600000 | FLÄCHE 43094 KM² | AMTSSPRACHE DÄNISCH

Denmark | Dänemark

Das beste am gepflegten und übersichtlichen Dänemark ist seine Nutzerfreundlichkeit. Die Geschichte ist einwandfrei erhalten, wie zahlreiche Schlösser und mittelalterliche Städte bezeugen. Gleichzeitig ist es hochmodern und bekannt für ausgefeiltes Design, zukunftsfähige Sozialkonzepte, reibungslosen öffentlichen Verkehr und schicke Restaurants. Dieser Mix macht das Land unverwechselbar und sichert ihm Jahr für Jahr einen Platz auf der Liste der glücklichsten Nationen der Welt. Nach dem hoch geschätzten *hygge* muss man nicht lange suchen: ein Gefühl von Gemütlichkeit und Geborgenheit mit einem Schuss introspektiver Einstellung. Vielleicht hat Letztere der Nation zu seinem reichen Erbe an Märchen verholfen: Unter all den Festungen fühlt man sich ständig wie in einer Szene aus einer Hans-Christian-Andersen-Geschichte.

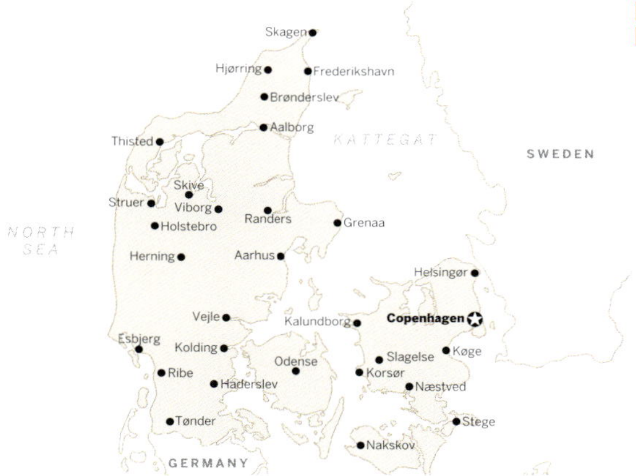

Beste Reisezeit
Mai bis September

Unbedingt anschauen
- Legoland, eine phantastische Miniaturwelt aus Plastik
- Die schnuckeligen Pflastersträßchen von Ribe, Dänemarks ältester Stadt
- Dänischen Stil in Reinkultur in den Straßen, Läden und Lokalen von Kopenhagen
- Wikingergeschichte zum Anfassen im Wikingerschiffmuseum in Roskilde
- Die blendend weißen Kalkfelsen von Møns Klint

Nicht versäumen
- Die Strände und Radwege der idyllischen Insel Bornholm
- Beim Bilderbuchstädtchen Skagen mit einem Fuß im Skagerrak (Nordsee) und mit dem anderen im Kattegat (Ostsee) stehen
- Mit 100 000 Fans beim Roskilde Festival, Nordeuropas größtem Musikevent, feiern
- In einem der weltbekannten Kopenhagener Gourmettempel dinieren
- In Dänemarks „kaltem Hawaii" Klitmøller Kitesurfen

Dänemark hautnah
Lesen *Fräulein Smillas Gespür für Schnee* von Peter Hoeg oder die Märchen von Hans Christian Andersen
Anhören Die Indierocker Veto oder Liedermacher Broken Twin
Ansehen Die Oscar-Gewinner *Babettes Fest* oder *Nach der Hochzeit*, alles von Lars von Trier, oder die ungeschönte Kriminalfilmserie *Forbrydelsen* (Kommissarin Lund – Das Verbrechen)
Essen *Smørrebrød* (belegte Brote), *frikadeller*, *sild* (eingelegten Hering) und natürlich dänische Backwaren wie *wienerbrød* (Plundergebäck)
Trinken *Øl* (Bier – am bekanntesten sind Carlsberg und Tuborg) oder *akvavit* (Kümmelschnaps)

In einem Wort
Det var hyggeligt! (Das war nett!)

Markenzeichen
Akvavit, Kopenhagener Gebäck, Möbeldesign von Arne Jacobsen, Hans Wegner & Co., Andersens Märchen, Lego, Wikinger

Übrigens …
Dänemark ist zurecht bekannt für seine erfinderische Ader: viele innovative Schöpfungen wie der Lautsprecher, Magnetspeicher und Lego haben hier ihre Wurzeln.

3

4

1. Der Nyhavn (Hafen) in Kopenhagen mit seinen Reihenhäusern aus dem 17. und 18. Jh.
2. Der durchsichtige Gang des ARoS Aarhus Kunstmuseums
3. Ein verlassener Leuchtturm überblickt die Nordsee
4. Die Ikone der dänischen Literatur Hans Christian Andersen inspiziert die Straßen von Odense

1

D | HAUPTSTADT DSCHIBUTI | EINWOHNER 792 198 | FLÄCHE 23 200 KM² | AMTSSPRACHEN FRANZÖSISCH & ARABISCH

Djibouti | Dschibuti

Alles geht einmal zu Ende. Doch nur wenige Länder dürften ein so dramatisches Ende nehmen wie Dschibuti. Mutter Natur ist fleißig dabei, das Land am Berührungspunkt dreier tektonischer Platten auseinanderzureißen: Vulkanische Dämpfe dringen aus dem Boden, Magma brodelt unter der immer dünner werdenden Erdkruste und die wüsten Mondlandschaften sacken immer tiefer ein. Nach geologischen Maßstäben geschieht das in einem Höllentempo, nach menschlichen in absoluter Zeitlupe – also eher ein Grund hinzufahren als wegzubleiben! Die faszinierende Kultur der Somali und Afar ist von arabischen, indischen und europäischen Einflüssen durchsetzt. Taktgeber des unaufgeregten Lebensrhythmus ist die leicht berauschende Pflanze *khat*, das nationale Suchtmittel.

Beste Reisezeit
November bis Mitte April, wenn die Temperaturen erträglich sind

Unbedingt anschauen
- Afar, die Salzkristalle vom gleißenden Boden des Assal-Sees aufsammeln
- Ruhig vorbeischwimmende Wale im Golf von Tadjoura
- Französische Legionäre neben Einheimischen in Stammestracht auf den Straßen von Dschibuti
- Den alten Wacholderwald im Nationalpark Fôret du Day, einem der wenigen grünen Fleckchen in Dschibuti

Nicht versäumen
- In der unirdischen Landschaft des Abbe-Sees rettenden Schatten suchen
- Die arabische Atmosphäre der palmengesäumten Küstenstadt Tadjoura auskosten
- Ein atemberaubendes Bad inmitten einer Armada von Mantarochen in der Bucht Ghoubbet al-Kharab
- Auf der „Lavabrücke", der vielleicht dünnsten Stelle der Erdkruste, stehen
- Auf der alten Salzstraße in die Fußstapfen der Afar-Nomaden treten

Dschibuti hautnah
Lesen *Die Legende von der Nomadensonne*, eine Kurzgeschichtensammlung von dem Dschibutier Abdourahman Waberi
Anhören Den Sologitarristen Aïdarous, Dschibutis führenden modernen Musiker
Ansehen *Total Eclipse* – Die Affäre von Rimbaud und Verlaine über das bewegte Leben des französischen Dichters Arthur Rimbaud, teilweise in Dschibuti gedreht
Essen Am Spieß gebratenes *cabri farci* (gefülltes Zicklein) oder *poisson yéménite* (Backfisch in Zeitungspapier)
Trinken Schwarzen Kaffee oder Tee mit Zitrone

In einem Wort
Tasharrafna (Sehr erfreut!)

Markenzeichen
Salzseen, Fumarolen (dampfspeiende Vulkanspalten), *khat* (Alltagsdroge), Gurken für 5 US$, Walhaie, französische und amerikanische Militärpräsenz

Übrigens …
Man schätzt, dass eine Durchschnittsfamilie 40 % ihrer Ausgaben für *khat* aufwendet, durch dessen Wirkung zwei Monate Produktivität pro Arbeitskraft und Jahr verloren gehen.

1. Eine Kamelkarawane der Afar wird an den Ufern des salzhaltigen Assalsees vorbeigeführt
2. Vulkanische Kegel erheben sich aus der Bucht Ghoubbet-el-Kharab (Teufelsrachen)
3. Mutter und Kind aus Balho an der Grenze zu Äthiopien

2

3

1

1. Die üppige, Schwindel erregende Landschaft des Nationalparks Morne Trois Pitons

2. Dominicas bildhübsche Hauptstadt Roseau

3. Ein perfekter Ort für ein Bad? Der Emerald Pool im Nationalpark Morne Trois Pitons

2

D **HAUPTSTADT** ROSEAU | **EINWOHNER** 73 286 | **FLÄCHE** 754 KM² | **AMTSSPRACHE** ENGLISCH

Dominica

Das wenig bekannte Dominica ist eine der letzten Karibikinseln, in der sich der Massentourismus noch nicht breit gemacht hat – ein Geheimtipp, der sich sicher nicht mehr lange hält. Obwohl es dicht zwischen den beiden modernen, französischsprachigen und hoch entwickelten Inseln Martinique und Guadeloupe liegt, ist es Welten von diesen entfernt. Auf der wilden, armen und atemberaubend schönen Insel, die einst britisches Kolonialgebiet war, spazieren Einwohner noch immer im Sonntagsanzug zur Kirche und im Hafen liegen wesentlich mehr Fischkutter als Yachten. Die Berge und der üppige Dschungel sind ein Paradies für Wanderer. Die Wasserfälle, Seen und reißenden Flüsse sowie die gewundenen Schotterpisten und verstreuten Dörfer sorgen für eine Abgeschiedenheit, von der jeder Ausreißer nur träumt.

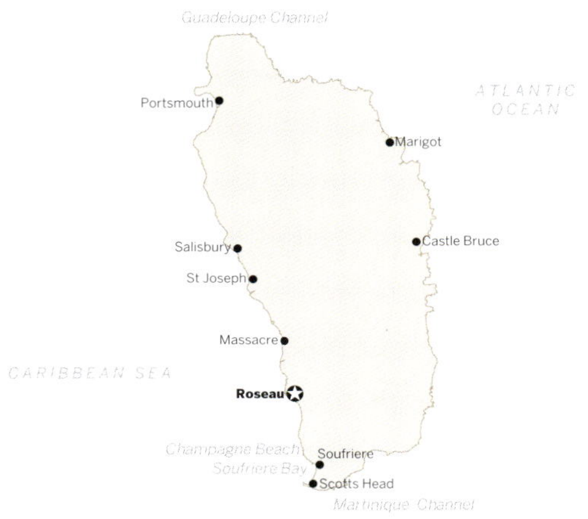

Beste Reisezeit

Milde Passatwinde sorgen für ein ganzjährig angenehmes Klima

Unbedingt anschauen

- Den Cabrits-Nationalpark mit dem britischen Fort Shirley, Sumpfland und Korallenriffen
- Die unglaubliche Vulkanlandschaft des Nationalparks Morne Trois Pitons
- Den kristallklaren Emerald Pool am Fuß eines Wasserfalls im Dschungel
- Scotts Head, ein klitzekleines Fischerdorf an der wildromantischen Soufrière-Bucht
- Die Macoucherie-Destille, der berühmteste Rum-Produzent der Insel

Nicht versäumen

- Sich in den dichten Dschungel voller Vögel, rauschender Flüsse und Wasserfälle stürzen
- Beim Tauchen am Champagne Beach die aus der Tiefe aufsteigenden Sprudelblasen bestaunen
- Eine Wanderung zu den Trafalgar Falls
- Den treffend benannten Boiling Lake (Kochender See), der über einer Lavaspalte vor sich hin brodelt
- Im Segelboot Seite an Seite mit Walen durchs Wasser gleiten

Dominica hautnah

Lesen *Irrfahrt im Dunkel* von Jean Rhys oder *Das Orchideenhaus* von Phyllis Shand Allfrey, der zweiten bekannten Autorin der Insel
Anhören Afrikanischen *soukous*, louisianischen *zydeco* und diverse heimische Bands beim World Creole Music Festival in Roseau
Ansehen Den zweiten und dritten Teil von *Fluch der Karibik* mit Szenen aus Dominica
Essen Sämige *callaloo*-Suppe aus Taro-Blättern
Trinken Punch (Bowle) aus frischen Früchten und Macoucherie-Rum

In einem Wort

Irie (Hi, tschüss, cool)

Markenzeichen

Tauchen, Bananen, Regenwald, Kricket, kreolische Kultur, unerforschte Gebiete, unvergessliche Sonntagsprozessionen zur Kirche

Übrigens …

Dominicas Nationalvogel, die Kaiseramazone Sisserou, ist die größte aller Amazonenarten und fühlt sich in Bäumen an den 200 Flüssen der Insel heimisch.

3

Beste Reisezeit
Dezember bis Juli (außerhalb der Hurrikansaison)

Unbedingt anschauen
- Santo Domingos Zona Colonial, Spaniens erstes Standbein in der Neuen Welt
- Die Buckelwale, die sich von Januar bis März vor der Península de Samaná sammeln, um sich zu paaren und ihre Jungen zur Welt zu bringen
- Den weißen Sand und das türkisblaue Wasser der Playa Rincón, einem der schönsten Strände der Karibik
- Die wilden Karnevalsfeiern in Santo Domingo, Santiago und La Vega
- Damajagua mit 27 Wasserfällen, die als Kaskade in Kalksteinbecken stürzen

Nicht versäumen
- Zu den unzähligen Riffen und Wracks vor der Küste tauchen
- Im Kitesurfer-Paradies am Cabarete-Strand mit der Atlantikbrise segeln
- Voll mitgehen beim Baseball, der zweiten Staatsreligion der Dom Rep
- Zu den unwiderstehlichen Rhythmen der Merengue-Clubs abtanzen
- Den Adrenalinkick des Wildwasser-Raftings auf dem Río Yaque del Norte

Dominikanische Republik hautnah
Lesen *Das kurze wundersame Leben des Oscar Wao* von Junot Díaz, das von einer dominikanisch-amerikanischen Familie in New Jersey handelt; oder *Die Zeit der Schmetterlinge*, ein Roman von Julia Alvarez vom Leben während der Trujillo-Diktatur
Anhören Die Merengue-Legenden Johnny Venture und Coco Band oder die Stars der *bachata* (populäre Gitarrenmusik zu Bolero-Rhythmen), Raulín Rodriguez und Juan Luís Guerra
Ansehen *Sugar* von Anna Boden und Ryan Fleck über einen dominikanischen Baseballspieler, der in die USA geht, um dort in der Regionalliga zu spielen
Essen *La bandera* („die Flagge") – rote Bohnen, weißer Reis, grüne Kochbanane zu Fleischragout
Trinken Bier – ein eiskaltes Glas Presidente an einer Straßenbar ist ein urechter dominikanischer Genuss

In einem Wort
¡Que chulo! (Toll!)

Markenzeichen
Palmenstrände, Kochbananen, Merengue, Rum, Zigarren, die zwar weniger berühmt, aber noch besser sind als die kubanischen, Sammy Sosa

Übrigens …
Die Catedral Primada de América in Santo Domingo ist die älteste Kathedrale von ganz Amerika: Ihr Grundstein wurde 1514 gelegt.

1. Der weiße Strand von Playa Blanca liegt ganz im Osten der Insel
2. Eine Volkstänzerin aus La Romana im Süden
3. Das idyllische Dorf Mano Juan auf der Isla Saona ist der perfekte Rückzugsort

D **HAUPTSTADT** SANTO DOMINGO | **EINWOHNER** 10 300 000 | **FLÄCHE** 48 670 KM² | **AMTSSPRACHE** SPANISCH

Dominican Republic | Dominikanische Republik

Die Dominikaner finden es ganz natürlich, dass ihr Land eines der beliebtesten Touristenziele der Karibik ist. „Was gäbe es hier auch auszusetzen?“, fragen sie, wenn sie Besucher zu einem rumgetränkten Abend mit Merengue-Tanz schleppen. Santo Domingos Kolonialarchitektur stammt teilweise noch aus der Kolumbus-Ära, weiße Strände und exzellente Tauchreviere säumen die Küste und aktive Besucher können auf Bergpfaden ins üppig grüne Inselinnere vordringen. Das Land, das nicht nur Kirchen, sondern auch Baseballplätze als heilige Orte anerkennt, weiß, dass mit dem Vergnügen nicht zu spaßen ist. Sonst ließe sich wohl kaum erklären, warum der Karneval hier nicht ein-, sondern zweimal im Jahr gefeiert wird.

Beste Reisezeit

Mai bis Dezember auf dem Festland, Januar bis April für die Galápagosinseln

Unbedingt anschauen

- Die prachtvollen Altstädte von Quito und Cuenca, deren Baugeschichte teils bis ins 16. Jh. zurückreicht und die als Unesco-Welterbe geschützt sind
- Ecuadors amazonischen Regenwald mit seiner unübertroffenen Artenvielfalt
- Den 5897 m hohen Volcán Cotopaxi, am besten vom Pferderücken aus oder von den Fenstern einer Berghacienda aus der Kolonialzeit
- Nebelwaldreservate, wie die bei Mindo oder beim Nationalpark Sumaco-Galeras, in denen Hunderte Vogelarten verzeichnet wurden

Nicht versäumen

- Tierbeobachtungstouren auf die Galápagosinseln, um Riesenschildkröten, Meerechsen und äußerst zutrauliche Seelöwen zu entdecken
- Inmitten der spektakulären Landschaft des Quilotoa-Rundwegs durch die Anden wandern
- In Otavalo einen der größten Kunsthandwerksmärkte Lateinamerikas durchstöbern
- Im beeindruckend aufpolierten Zug von Quito in den Anden nach Guayaquil an der Küste fahren

Ecuador & Galapagosinseln hautnah

Lesen *Selected Poems of Jorge Carrera Andrade*, tiefgründige Dichtung von Lateinamerikas einflussreichstem Poeten. Viele seiner Gedichte wurden ins Englische, manche sogar ins Deutsche übersetzt
Anhören Morfeo, eine Band aus Guayaquil, die verträumten Folk-Rock mit Weltmusik mischt
Ansehen Tania Hermidas *Qué tan lejos?* (Wie weit noch?), ein Roadmovie über zwei junge Frauen auf einer ungeplanten Selbstentdeckungsreise durchs Hochland
Essen *Encocado* (afro-ecuadorianischer Meeresfrüchte-Eintopf mit Kokosmilch)
Trinken *Canelazo*, ein wärmendes Getränk aus heißem aguardiente (Zuckerrohrschnaps) mit Zimt, Zucker und Zitronensaft

In einem Wort

Naturaleza (Natur)

Markenzeichen

Die Galápagosinseln, Panamahüte, Panflöten, Schokolade

Übrigens …

Das winzige Ecuador beherbergt rund 300 Säugetierarten und über 1600 Vogelarten – mehr als Europa und Nordamerika zusammengenommen.

1. Der eindrucksvolle Galápagos-Landleguan, der nur auf den Galápagosinseln lebt
2. Pinnacle Rock (Die Felsnadel) auf Bartolomé, Galápagosinseln
3. Wer nach einem Panamahut sucht, ist hier goldrichtig: Ein Laden in Cuenca

E HAUPTSTADT QUITO | EINWOHNER 15 400 000 | FLÄCHE 283 561 KM² | AMTSSPRACHE SPANISCH

Ecuador & Galápagos

Neben ihren viel größeren Nachbarn erscheint diese Andennation winzig. Dennoch liegen zwischen ihren Amazonas-Regenwäldern, Nebelwäldern voller Vögel, 5000er-Gipfeln mit Vulkanen und der beeindruckenden Küste inklusive des Naturparadieses Galápagos genügend Attraktionen, um hier jahrelang herumzureisen. Ecuadors kulturelle Vielfalt ist nicht minder bemerkenswert. Ein Dutzend indigener Volksgruppen, ein beträchtlicher afro-ecuadorianischer Bevölkerungsanteil und neue asiatische Einwanderer tragen zur unverwechselbaren Atmosphäre Ecuadors bei. Dazu kommen Gebirgsorte, die für ihre Textilien bekannt sind, Fischerdörfer, aus denen Cumbia-Rhythmen ertönen, reißende Flüsse, die Südamerikas bestes Wildwasserrafting bieten, sowie einige idyllisch gelegene Dschungelhütten.

Beste Reisezeit
Oktober bis Mai, um der Hitze zu entgehen

Unbedingt anschauen
- Die Pyramiden von Gizeh, das letzte intakte der sieben antiken Weltwunder, und natürlich die Sphinx
- Das Herz des alten Ägypten mit Luxor, dem Tal der Könige und dem grandiosen Tempel von Karnak
- Kairo, die lärmende „Mutter der Welt", mit Moscheen, Mausoleen und dem Ägyptischen Museum
- Abu Simbel, das vielleicht schönste Vermächtnis des alten Ägypten
- Siwa, eine der betörendsten Oasenstädte der Sahara und reich an alten Mythen

Nicht versäumen
- Tauchen oder schnorcheln in der unglaublichen Unterwasserwelt des Roten Meers
- Den Gipfel des Sinai erklimmen, um den Sonnenaufgang zu bewundern
- Auf einer Feluke (einem traditionellen Segelboot) tagelang den Nil hinabtreiben
- Von der westlichen Oase Bahariya in die Weiße Wüste hinausfahren
- Mit Beduinen auf Kamelen über die Sinai-Halbinsel

Ägypten hautnah
Lesen *Die Kairoer Trilogie* von Nagib Machfus, Bahaa Tahers *Oase*, die in der Siwa-Oase spielt; sowie Ala Al Aswanys meisterhafter Roman *Der Jakubijân-Bau*
Anhören Umm Kulthum, Ägyptens unsterbliche Diva
Ansehen Den Oscar-nominierten Dokumentarfilm *The Square von Jehane Noujaim* sowie der umjubelte Film *Kairo 678* von Mohamed Diab
Essen *Fuul* (salzige Bohnenpaste), *taamia* (Falafel) oder *kushari* (Nudeln, Reis, schwarze Linsen und Röstzwiebeln mit feuriger Tomatensauce)
Trinken Saft aus *karkadai* (Hibiskus), Minztee und *ahwa* (arabischer Kaffee)

In einem Wort
Inshallah (So Gott will)

Markenzeichen
Pyramiden und Pharaonen, Tutanchamun und Kleopatra, Nilkreuzfahrten und Kamelsafaris, erstklassige Tauchreviere, Kitschsouvenirs, permanentes Gehupe

Übrigens …
Ägypten ist mit einem mittleren Niederschlag von nicht mal 50 mm im Jahr das trockenste Land in Afrika.

1. Traditionelle Feluken auf dem Nil in der Nähe von Assuan
2. Ein Hotel aus Lehmziegeln in der reizvollen Oase Siwa
3. Zwei Herren entspannen sich in einem Shisha-Café
4. Die Pyramiden von Gizeh: ein mehr als 5500 Jahre altes Panorama

E HAUPTSTADT KAIRO | EINWOHNER 85 300 000 | FLÄCHE 1 001 450 KM² | AMTSSPRACHE ARABISCH

Egypt | Ägypten

Ägypten ist ein Koloss im Schnittpunkt der Kontinente. Seine Geschichte liest sich wie ein Epos und das Land wimmelt von Hinterlassenschaften dieser Historie, von den Vermächtnissen des alten Ägypten bis zu den Schätzen des islamischen Kairo. Selbst Ägyptens Geografie hat eine mythische Aura – die Sahara und ihre geheimnisvolle Höhle der Schwimmer ebenso wie der legendäre Nil oder die atemberaubende Unterwasserwelt des Roten Meeres. Aber vor allem ist Ägypten ein Land, in dem Welten – der Mittlere Osten, Afrika und die Mittelmeerregion – aufeinandertreffen, eine mitreißende und manchmal überwältigende Kollision der Kulturen. Da bleibt nur die Flucht nach vorn, also rein in die verschnörkelten Suqs, die schmalen Gassen mit Eselkarren und die chaotischen Straßen und rauf auf die weiten Dünen.

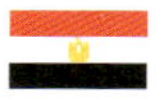

Beste Reisezeit

In der Trockenzeit von November bis April

Unbedingt anschauen

- Heiße Quellen, Kaffeeplantagen und Kunstwerkstätten im Hochland an der Ruta de las Flores
- Das langsame Ticken der Uhren in Alegría, der Blumenhauptstadt in den Bergen
- Die wildromantische Gebirgslandschaft des Nationalparks El Imposible
- Das ländliche San Ignacio Hochland, das im Schatten des höchsten Gipfels von El Salvador steht
- Veträumte weiße Sandstrände bei La Libertad

Nicht versäumen

- Bei Surf-Mekka Punta Roca den längsten Brecher von Mittelamerika meistern
- Mariniertes Kaninchen oder Grillfrosch beim kulinarischen Wochenendfest im kolonialen Juayúa
- Im Museo de la Revolución Salvadoreña in Perquín mit einem Ex-Guerillero und heutigen Museumsführer ins Gespräch kommen
- *Sorpresas* (Keramikeier mit modellierten Szenen des bäuerlichen Lebens) als Souvenirs kaufen
- Den Krater des Vulkansees des Santa Ana Vulkans umwandern

El Salvador hautnah

Lesen Die kühnen erotischen Gedichte von Claudia Lars; *Salvador* von Joan Didion über die Anfangszeit des Bürgerkriegs
Anhören Vorkoloniale Fusionsmusik, Cumbia und New-Wave Ska in der progressiven Musikszene von San Salvador
Ansehen *Salvador* (Regie: Oliver Stone), die Story eines US-Reporters im salvadorianischen Bürgerkrieg; *Romero* mit Raul Julia, eine wahre Geschichte über den hohen Preis des Widerstands gegen die Tyrannei
Essen *Pupusas* (Maisfladen, gefüllt mit Frischkäse, Bohnen oder Schweinefleisch)
Trinken *Refrescos de ensalada* (Saft mit frischen Fruchtstückchen)

In einem Wort

Que chivo (Wie cool)

Markenzeichen

Tolle Surfreviere, *pupusas*, Ruta de las Flores, Holzschnitzereien, Vulkane

Übrigens …

Mehr als ein Drittel der Salvadorianer lebt und arbeitet im Ausland; sie überweisen jährlich 3 Mrd. US$ an ihre Familien in der Heimat.

1. Ein *historiante* bereitet sich auf ein Fest zu Ehren des Schutzheiligen des Dorfes Apastepeque vor
2. Die wunderschönen Glasmalerei-Fenster der Iglesia El Rosario in San Salvador
3. Der Plaza Libertad mit dem Monumento de los Heroes und dem Dom der Kathedrale von San Salvador

E **HAUPTSTADT** SAN SALVADOR | **EINWOHNER** 6 100 000 | **FLÄCHE** 21 041 KM² | **AMTSSPRACHE** SPANISCH

El Salvador

Robust, ungeschminkt und manchmal unbarmherzig: El Salvador ist pures Koffein für die Sinne. Noch schrecken schwierige Verhältnisse und der nicht so ferne Bürgerkrieg Reisende ab. Aber den ungeschönten Erzählungen von Kriegsüberlebenden stehen skurrile Volksschnitzereien in den grell bemalten Städten entlang der Ruta de las Flores (Blumenroute) gegenüber. Oder die umfunktionierten amerikanischen Schulbusse mit ihrer psychedelischen Bemalung. Kein anderes Land Südamerikas bietet eine bessere Gelegenheit, ausgetrampelte Touristenpfade zu verlassen und die Region in ihrer authentischen Rauigkeit, Pracht und puren Herrlichkeit zu erleben. El Salvador hält auch Überraschungen parat: vulkanische Berge, Badetümpel, feine Handarbeiten und eine wilde Pazifikküste.

3

1

2

3

E **HAUPTSTADT** LONDON | **EINWOHNER** 53 000 000 | **FLÄCHE** 130 373 KM² | **AMTSSPRACHE** ENGLISCH

England

Das britische Weltreich verbreitete die englische Kultur rund um den Erdball, aber hier ist der Ort, wo alles anfing, vom Kricket bis zum Kampftrinken. Das größte der vier Länder, aus denen Großbritannien besteht, ist berühmt für Fußball und Fuchsjagd, Filmemacher und Fashionfreaks, heißen Tee und warmes Bier, topaktuelle Musikbands und tote Bühnendichter, die Beatles und die BBC, Minzsauce und Monty Python, die Queen und die „Königin der Herzen“ sowie 4000 Jahre bewegter Geschichte. Und dank der Kochkünste von Zuwanderern aus aller Herren Länder ist sogar die Gastronomie eine angenehme Überraschung.

Beste Reisezeit
Mai bis September

Unbedingt anschauen
- London: St. Paul’s Cathedral, Tate Modern Gallery, British Museum und die Pubs und Bars von Shoreditch und Soho
- Einen Auftritt der Stars von morgen im Leadmill in Sheffield oder im Kazimier in Liverpool
- Schwindelerregende Ausblicke über den Lake District vom Gipfel des Scafell Pike
- Ein Heimspiel von Arsenal, Chelsea oder dem Manchester United Football Club
- Die großartigen gotischen Kathedralen von York, Durham und Lincoln

Nicht versäumen
- Das Treiben neuzeitlicher Druiden bei Stonehenge
- Einen Nachmittag beim Bier in einem englischen Dorf-Pub vertrödeln
- Im römischen Bad in Bath in klassische Geschichte eintauchen
- In Birminghams „Balti-Dreieck“ in einen Curry-Rausch verfallen
- Zum Meerblick vom Brighton-Pier die berühmten bunten Zuckerstangen schlecken

England hautnah
Lesen Charles Dickens und *Typisch englisch. Wie die Briten wurden, was sie sind* von Hans-Dieter Gelfert als Analyse der modernen englischen Mentalität
Anhören Zur musikalischen Einstimmung die Kinks, Kate Bush, Pulp, Dizzee Rascal und die Arctic Monkeys auf der Playliste ergänzen
Ansehen *King George – ein Königreich für mehr Verstand* (Regie: Nicholas Hytner) und *This is England* (Regie: Shane Meadows), zwei ganz unterschiedliche Studien der englischen Kultur
Essen Ein eingelegtes Ei, ein paar geröstete Erdnüsse und eine Tüte frittierte Schweinespeck-Häppchen garantieren ein echt englisches Pub-Erlebnis
Trinken Ein Craft Bier aus einer unabhängigen Mikrobrauereien wie Kernel in London, Sharp’s in Cornwall sowie lokale Brauereien in anderen Landkreisen

In einem Wort
Cheers! (Prost)

Markenzeichen
Das Wetter, die Kalkfelsen von Dover, alternde Rocker, die Königsfamilie, Fish & Chips, Beefeaters (Yeoman Warders), coole Clubs, Historiendrama, Komasaufen, Englisches Frühstück, James Bond, Wimbledon, Wembley und Cricket im Lord’s Cricket Ground

Übrigens …
Die englische Sprache ist am nächsten mit dem Friesischen verwandt, das von etwa 500 000 Menschen in Deutschland, Dänemark und den Niederlanden gesprochen wird.

1. In Walltown Crags liegen einige der besterhaltenen Abschnitte des Hadrianswall
2. Ein Pint und ein Dominospiel im Tunnel House Inn in Cirencester
3. Die zerklüftete Küste von Kynance Cove auf der Lizard-Halbinsel in Cornwall
4. Der barocke Ballsaal des Blackpool Towers

4

Beste Reisezeit
Dezember bis Februar für die Insel Bioko, Mai bis September für Rio Muni

Unbedingt anschauen
- Die lange Sandbank Hâkâ, die sich vom palmenbestandenen Südostufer der Isla Corisco in die dunklen Tiefen des Atlantiks schlängelt
- Wie sich der Verwestlichungstrend allabendlich umkehrt, wenn sich die Straßen von Bata mit Äquatorialguineern füllen
- Das Tauziehen zwischen Naturschönheit und Ölindustrie vor der Küste von Bioko
- Die Plaza de España und die kolonialzeitliche Kathedrale im Herzen von Malabo

Nicht versäumen
- Auf der Suche nach Gorillas, Schimpansen und Waldelefanten durch das Urwalddickicht im Nationalpark Monte Alen streifen
- Vorsichtig in eine Piroge klettern, um die wilden Ufer des Estuario del Muni nahe der Grenze nach Gabun zu erkunden
- Im sonnengebleichten Sand liegen und Stille und Frieden an den menschenleeren Stränden der Isla Corisco genießen
- Durch die Baumfarnwälder auf den Vulkanhängen bei Moka wandern

Äquatorialguinea hautnah
Lesen *The Wonga Coup: Guns, Thugs and a Ruthless Determination to Create Mayhem in an Oil-Rich Corner of Africa* von Adam Roberts
Anhören Eyi Moan Ndong und seinen Chor, begleitet von Trommeln und *mvet* (eine Kreuzung aus Zither und Harfe)
Ansehen Der erste im Land produzierte, preisgekrönte Spielfilm *Where the Road Runs Out* von 2014 über einen Wissenschaftler, der beschließt seine Wurzeln in Äquatorialguinea aufzudecken
Essen Frisch aus dem Ozean gefischte Meeresfrüchte
Trinken *Osang* (heimischer Tee) oder *malamba* (Gebräu aus vergorenem Zuckerrohr)

In einem Wort
Mbôlo (Hallo)

Markenzeichen
Ungezügelte Ölindustrie, korrupte Beamte, Umsturzversuche, Regenwald, Gorillas, Eric Moussambani (alias „Eric der Aal" wegen seiner Negativrekordzeit im 100 m Freistil bei der Olympiade 2000 in Sydney)

Übrigens ...
Die Entscheidung, die Fußball-Nationalmannschaft von der Afrikameisterschaft 2015 zu disqualifizieren, weil sich in ihrer Aufstellung ein unberechtigter Spieler befand, wurde zurückgezogen, nachdem Äquatorialguinea den Cup von Marokko übernahm (Marokko hatte die Austragungsrechte aufgrund der Ebolagefahr abgegeben). Die Nzalang Nacional („Nationale Donner") erreichte das Halbfinale.

1. Brazzameerkatzen kann man im ganzen Land finden
2. Ein junges Mädchen aus der Hafenstadt Bata; 60 % der Äquatorialguineaner sind unter 24
3. Üppiger Dschungel an der Südküste der ölreichen Insel Bioko

E **HAUPTSTADT** MALABO | **EINWOHNER** 722 254 | **FLÄCHE** 28 051 KM² | **AMTSSPRACHEN** SPANISCH & FRANZÖSISCH

Equatorial Guinea | Äquatorialguinea

Ein Land, zwei Welten: Nicht nur das Meer, auch das Öl teilt Äquatorialguinea in zwei Teile. Mitte der 1990er-Jahre wurden Ölvorkommen unter dem Meer vor der Insel Bioko entdeckt. Die Erschließung hat die Landschaft, Wirtschaft und Kultur der Insel für immer verändert. Der Festlandteil des Landes (Rio Muni) sieht dagegen ähnlich aus wie seit Jahrhunderten. Für Besucher, denen es nichts ausmacht, wie potenzielle ausländische Söldner behandelt zu werden, halten die wilden Dschungel, einsamen Dörfer und unberührten Strände von Rio Muni authentische Afrika-Abenteuer bereit.

E

1. Zwei junge Mädchen vom Volk der Rashaida im nördlichen Eritrea
2. Kamele transportieren Holz zum Markt von Keren im Landesinneren
3. Frauen feiern das christliche Timkat-Fest in Assab

1

2

E

HAUPTSTADT ASMARA | **EINWOHNER** 6 200 000 | **FLÄCHE** 117 600 KM² | **AMTSSPRACHEN** TIGRINYA, ARABISCH & ENGLISCH

Eritrea

Als eines der verschlossensten Länder der Welt scheint Eritrea wie in einer Zeitkapsel gefangen. Trotz seiner Politik der Unterdrückung und der komplizierten Reiseeinschränkungen (man braucht eine Erlaubnis, nur um die Hauptstadt verlassen zu dürfen), lohnen sich die schweren Bemühungen. Die Art-déco-Architektur in Asmara aus den 1930er-Jahren ist schlichtweg umwerfend, ebenso die Spuren längst vergangener Zeiten: Viele archäologische Stätten liegen in der typisch abessinischen Landschaft aus Felsen, Gipfeln und Hochebenen vergraben. Die wirtschaftliche Not zieht sich durch alle neun ethnischen Gruppen dieses kulturell vielfältigen Landes. Besucher, die sich die Mühe machen, hierher zu reisen, sind dennoch stets willkommen.

E

Beste Reisezeit

Von Oktober bis Mai ist es am kühlsten

Unbedingt anschauen

- Begeisternde Architektur im Stil des Art déco, Expressionismus, Kubismus und italienischen Neoklassizismus in Asmara, der „Piccola Roma"
- Den Tempel von Mariam Wakiro, eine der Ruinenstätten in Qohaito
- Das außergewöhnliche Kloster Debre Libanos aus dem 6. Jh., in eine imposante Felswand eingebettet
- *Passeggiata*, den rituellen Abendbummel der Bewohner von Asmara

Nicht versäumen

- In die Tiefen des Dahlak-Archipels tauchen, um sich mit den Korallen anzufreunden
- Sich in der jenseitigen Wunderwelt der Danakil-Wüste vorstellen, man hätte die Erde verlassen
- In den Art-déco-Cafés der Harnet Avenue in Asmara exotische Aromen (und Macchiato) inhalieren
- Zwischen den weiß getünchten Gebäuden, Portiken und Bogengängen der Insel Massawa wandeln

Eritrea hautnah

Lesen *I Didn't Do it for You: How the World Used and Abused a Small African Nation* von Michela Wrong, ein unterhaltsames und aufrüttelndes Eritrea-Porträt
Anhören *Greatest Hits* von Atewebrhan Segid, Eritreas bekanntestem traditionellem Musiker und Sänger
Ansehen *Heart of Fire*, ein Film nach der wahren Geschichte einer Kindersoldatin in Eritreas Bürgerkrieg
Essen *Legamat* (frittierte Krapfen, die heiß in Zeitungspapiertüten verkauft werden)
Trinken Einen brühheißen Macchiato

In einem Wort

Selam („Hallo" auf Tigrinya)

Markenzeichen

Unerschütterliche Höflichkeit, Art-déco-Architektur, leckerer Macchiato, Konflikte mit Äthiopien, das afrikanische Nordkorea, Massenauswanderung

Übrigens …

Nachdem sie 1991 mit vereinten Kräften den Derg (die äthiopische Militärjunta) gestürzt hatten, gruben Eritreas Präsident Isaias und Äthiopiens Premierminister Zenawi bald darauf das Kriegsbeil gegeneinander aus – Auslöser war Eritreas Entscheidung, eine eigene Währung einzuführen.

3

1

E **HAUPTSTADT** TALLINN | **EINWOHNER** 1200000 | **FLÄCHE** 45228 KM² | **AMTSSPRACHE** ESTNISCH

Estonia | Estland

Das tapfere Estland hebt sich schon lange von seinen Nachbarländern ab. Seine einzigartige Sprache und Kultur haben alles überstanden, was die Geschichte ihm in den Weg räumte: die Besetzung durch Schweden, die Nazis oder die Sowjetunion. Das Land am Rande der EU – heute im dritten Jahrzehnt der Unabhängigkeit – ist zugleich hochmodern und bezaubernd altmodisch. Tallinns lange „weiße“ Nächte und mittelalterliche Geschichte locken ebenso wie die ausgedehnte Ostseeküste. Die hervorragenden Nationalparks bieten ursprüngliche Natur, urige Dörfer entführen in eine zeitlose Vergangenheit und mitreißende Festivals zelebrieren althergebrachte Traditionen.

Beste Reisezeit
Mai bis September

Unbedingt anschauen
- Tallinns bilderbuchtaugliche Altstadt aus dem Mittelalter
- Die herrliche Natur des Lahemaa-Nationalparks mit seinen Herrenhäusern und seiner verlassenen Küste
- Das überaus beliebte Viljandi Folk Music Festival im Hochsommer
- Das futuristische, preisgekrönte Kumu-Kunstmuseum im Kadriorg-Park, Tallinn

Nicht versäumen
- Inselhopping an der Westküste, mit Besuchen auf Saaremaa und Hiiumaa
- Moorschuh- und Kanutouren durch die Feuchtgebiete des Soomaa-Nationalparks
- Skilanglauf in der malerischen Landschaft um Otepää
- In Pärnu, Estlands Mekka für Strandurlauber, den Sand aus den Shorts schütteln
- In der Universitätsstadt Tartu mit den Studenten picheln

Estland hautnah
Lesen *Der Verrückte des Zaren* von Jaan Kross, Estlands international bekanntestem Autor, *Taktverschiebung* von Adam Thorpe über einen Engländer, der seine Midlife-Crisis zwischen Tallinn und den estnischen Inseln auslebt
Anhören Die schnörkellosen, aber beeindruckenden Kompositionen des modernen Arvo Pärt
Ansehen *Sügisball* (Herbstball), nach einem Roman von 1979 über sechs Bewohner einer tristen Hochhauswohnung im Tallinn der Sowjetära
Essen *Verivorst* (Blutwurst) für Blutdürstige, Schweinefleisch und Kartoffeln (stehen auf jeder Speisekarte), Räucherfisch, frische Sommerbeeren
Trinken Vana Tallinn – kaum einer weiß, woraus der dickflüssige Likör gemacht wird, aber er ist süss, stark und am leckersten im Kaffee oder mit Milch auf Eis

In einem Wort
Terviseks! (Prost!)

Markenzeichen
Eine teuflisch schwere Sprache, Volksmärchen, *kiiking*-Schaukelsport, Skype (hier erfunden), Saunen, Sängerfeste, Vana Tallinn

Übrigens …
Eine estnische Erfindung ist die kuriose Sportart *kiiking*, bei der es darum geht, auf einer Schaukel stehend Überschläge um die Querstange zu schaffen.

1. Schnee auf den Dächern der Tallinner Altstadt
2. Eine Versammlung im Kreis Harju; Lieder- und Tanzfeste sind alte und wichtige Traditionen für Estländer
3. Reiches Farmland in Seidla, Kreis Järva

2

3

E

Beste Reisezeit
Oktober bis Januar, wenn das Hochland nach der Regenzeit erblüht

Unbedingt anschauen
- Äthiopische Steinböcke, die in den Simien-Bergen rangeln
- Die quicklebendigen Stammesgesellschaften im Omo-Tal
- Afrikas Camelot und seine kaiserlichen Paläste des 17. Jhs. in Gonder
- Schmausende Hyänen vor den legendären Toren der mauerbewehrten Stadt Harar
- Den „Krokodilmarkt" am Chamosee – Vorsicht, hier sind die Reptilien die Shopper

Nicht versäumen
- Der Schwerkraft trotzen, um zur schwindelerregenden Kirche Abuna Yemata Guh in Tigray hinaufzuklettern
- Insel-Hopping über den Tanasee, um die abgelegenen, jahrhundertealten Klosterkirchen zu besichtigen
- Zu den elf mittelalterlichen Felsenkirchen von Lalibela hinabsteigen
- Die Atmosphäre einer traditionellen Kaffeezeremonie erleben
- Die aksumitischen Gräber und die himmelhohen Stelen dieser alten Kultur bestaunen

Äthiopien hautnah
Lesen *Wax & Gold* von Donald N. Levine, das tiefe Einblicke in die amharische Kultur vermittelt
Anhören The *Very Best of the Éthiopiques*, eine Auslese des äthiopischen Jazz
Ansehen Die Dokumentation *A Walk to Beautiful* von Mary Olive Smith über fünf ausgestoßene Frauen und ihre Reise in ein neues Leben
Essen *Injera* (schwammig-weiches Fladenbrot) zum Aufstippen von *berbere*-gewürztem Rindfleisch und *gomen* (gehackter Spinat)
Trinken Kaffee (die Kaffeebohne soll hier ihren Ursprung haben)

In einem Wort
Ishee (o.k., hallo, tschüss – oder mit einem Lächeln einfach als freundliche Geste)

Markenzeichen
Äthiopisch-orthodoxe Kirche, Felsenkirchen, afrikanische Burgen, Stelen, die Kaffeezeremonie, Blutbrustpaviane, Abessinien, Mittel- und Langstreckenläufer

Übrigens …
Als die Panzer der Revolutionären Demokratischen Front der Äthiopischen Völker 1991 nach Addis Abeba einrollten, orientierten sie sich nach der Karte im Lonely Planet *Africa on a Shoestring*.

1. Die bodenbewohnenden Dschelada leben ausschließlich im Hochland
2. Die bunte Prozession des Timkat, ein christlich-orthodoxes Fest in Addis Ababa
3. Pilger bei der erstaunlichen Felsenkirche Bet Giyorgis in Lalibela

E **HAUPTSTADT** ADDIS ABEBA | **EINWOHNER** 93 900 000 | **FLÄCHE** 1 104 300 KM² | **AMTSSPRACHE** AMHARISCH

Ethiopia | Äthiopien

In Äthiopien verschwimmen die Grenzen zwischen Vergangenheit und Gegenwart. Der älteste souveräne Staat in Afrika, der sich sogar erfolgreich gegen Italiens Kolonialarmee behauptete, pflegt seine althergebrachten Rituale und die Relikte seiner 2000 Jahre alten Zivilisation. Kunstvoll aus dem Fels gehauene Kirchen aus dem 1. Jahrtausend n. Chr. sind nicht nur touristische Sehenswürdigkeiten, sondern zelebrieren als aktive Gotteshäuser uralte Zeremonien für die Einheimischen. Die historischen Schätze liegen in einer dramatischen Gebirgslandschaft verstreut, in der sich auch Dutzende weltweit einzigartiger Tierarten tummeln. Auf Besucher wirkt diese eigentümliche Welt mit ihrer eigenen Fauna, Kultur, Sprache, Schrift, Kalender- und Zeitrechnung wie eine Offenbarung.

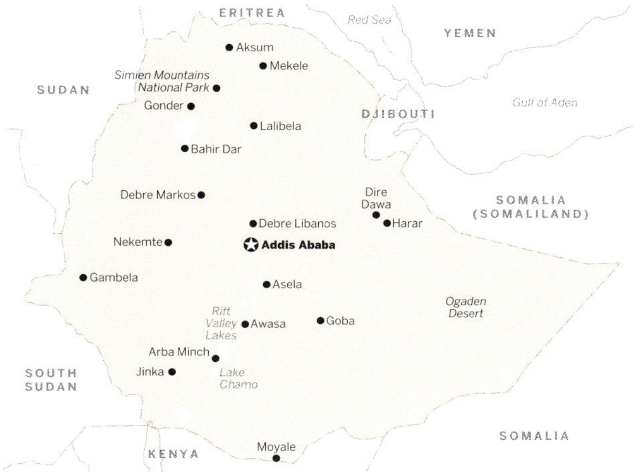

1

2

F HAUPTSTADT STANLEY | EINWOHNER 3140 | FLÄCHE 12173 KM² | AMTSSPRACHE ENGLISCH

Falkland Islands | Falklandinseln

490 km östlich von Patagonien erheben sich die „Falklands“ öde aus dem Südatlantik. Sie zählen zu den abgelegensten Überbleibseln des ehemaligen British Empires. Erstbesucher der rund 700 Inseln, die die Argentinier Islas Malvinas nennen, mögen über die klaren Prüfsteine englischer Kultur in der Hauptstadt Stanley staunen: gemütliche Pubs, eine ehrfürchtige Haltung zum Tee, und die unverwechselbaren scharlachroten Postkästen der Royal Mail. Jenseits dieser Enklave finden Besucher jedoch eher feuchte, stoische Schafe sowie Kolonien von Seehunden, Albatrossen und Pinguinen, die sich alle so warm wie möglich halten in diesem Land der rauen, unvergesslichen Schönheit.

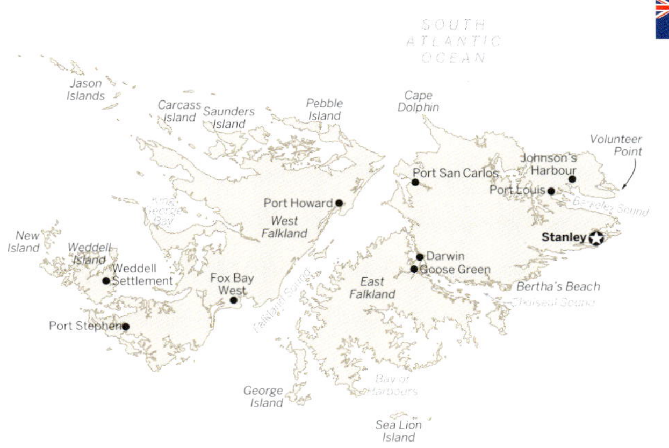

Beste Reisezeit
Oktober bis März

Unbedingt anschauen
- Das Küstenstädtchen Stanley, eine bunte Ansammlung ramponierter Gebäude und typisch englischer Pubs
- Saunders Island, ein Wunderland für Vogelfreunde und Heimat von fünf Pinguinarten sowie Schwarzbrauen-Albatrossen und Kormoranen
- Den weiß-sandigen Bertha's Beach mit Delphinen und Eselspinguinen
- Goose Green und das nahe Darwin, Schauplatz eines der heftigsten Gefechte des Falklandkriegs

Nicht versäumen
- Den Gipfel des Mount Usborne besteigen, der Blicke über Cape Dolphin und den Berkeley Sound bietet
- Frisches Seafood wie Eismeerkrabben, Austern und Atlantikfisch schlemmen
- Die Pinguine auf Carcass Island, die aufgrund ihres Mangels an Raubtieren ein Paradies für fluguntaugliche Vögel ist
- Beim Rundgang um Gypsy Cove den Blick auf Yorke Bay und Mount Lowe genießen

Falklandinseln hautnah
Lesen *A Falkland Islander Till I Die* von Terence Severine Betts, ein interessantes Porträt des Insellebens von den 1950er-Jahren über die Invasion von 1982 bis heute
Anhören Ian Stranges faszinierende Tierstimmen-Sammlung auf *South Atlantic Islands: A Portrait of Falkland Islands Wildlife*
Ansehen *An Ungentlemanly Act* – ein Film, der die Augen für die Vorgänge hinter den Kulissen öffnet, die zum Falklandkrieg führten
Essen Leckereien aus den Tiefen des Ozeans wie Tintenfisch und Schwarzer Seehecht sowie Lamm und Rindfleisch aus der lokalen, organischen Zucht
Trinken Eine Tasse Tee beim *smoko* (traditionelle Teepause)

In einem Wort
All right, che? (Alles in Ordnung, mein Freund?)

Markenzeichen
Seelöwenkolonien, Pinguin-Paarungsreviere, schneebedeckte Inseln, finstere Winter, Schafe, Regen, Schnee in rauen Mengen

Übrigens ...
Alles außerhalb von Stanley wird „camp“ genannt, nach dem spanischen *campo* für „Feld“.
Über 500 000 Schafe laufen auf den Inseln herum, d. h. das Verhältnis Schaf zu Mensch beträgt 200 : 1.

1. Eine laute Kolonie von Schwarzbrauenalbatrossen
2. Das Government House in Stanley hat schon viele englische Staatschefs und einen argentinischen Kommandeur beherbergt
3. Eine abgelegene Siedlung auf der winzigen New Island
4. Eselspinguine im Gänsemarsch

3

4

Beste Reisezeit
Von Mai bis Oktober ist es am trockensten

Unbedingt anschauen
- Navala, Fidschis hübschestes traditionelles Dorf
- Indo-Fidschianer, die beim südindischen Feuerlauffest über glühende Kohlen laufen
- Die üppige tropische Flora und die schönen verwitterten Berge von Taveuni
- Die riesigen, windgepeitschten Sigatoka-Dünen auf Viti Levu
- Orchideen, Wanderwege und Seerosenteiche im Garden of the Sleeping Giant

Nicht versäumen
- Am Great Astrolabe Riff bei Kaduvu mit Mantarochen tauchen oder schnorcheln
- Inselhopping auf den Mamanuca- und Yasawa-Inseln: faul am Strand liegen, schnorcheln und die einheimische Kultur erleben
- Durch die unwirklichen Sawa-i-Lau-Höhlen schwimmen, die durch *Die blaue Lagune* mit Brooke Shields berühmt wurden
- Durch prähistorischen Regenwald zum Des-Voeux-Berg wandern und Vögel beobachten
- In den Weltklasse-Brandungen von Cloudbreak, Wilkes Passage und Namotu Lefts bei den südlichen Mamanuca-Inseln surfen

Fidschi hautnah
Lesen *Kava in the Blood* von Peter Thompson, die Autobiografie eines weißen Fidschianers, der während des Staatsstreichs von 1987 inhaftiert wurde
Anhören Die Harmonien der Chormusik beim sonntäglichen Gottesdienst – ein wichtiger Teil des Lebens
Ansehen *Pear Ta Ma'on Maf* (The Land Has Eyes) über ein Mädchen, das im Kampf gegen die Armut Kraft aus der traditionellen Mythologie schöpft
Essen Fidschianisches *lovo* (traditioneller Festschmaus aus dem Erdofen), am nächsten Tag indischer Thali mit roti-Fladenbrot und tags darauf chinesische Spezialitäten
Trinken Eine Schale *yaqona* (Kava), die Geist und Lippen betäubt

In einem Wort
Bula (Gesundheit – auch wenn jemand niest –, Glück, Prost)

Markenzeichen
Kava, *Die blaue Lagune*, *Cast Away – Verschollen*, Wellenreiten, Korallenriffe, melanesisches Lächeln, weiße Sandstrände, indo-fidschianische Kultur

Übrigens …
Die Europäer haben die Bezeichnung „Fidschi" von den Tongaern übernommen. Die Fidschianer selbst nannten ihre Heimat ursprünglich „Viti".

1. Das Farbenmeer des Sri Siva Subramaniya Swami Tempels, ein Hindutempel in Nade, Viti Levu
2. Volle Farbpracht: Ein Radfahrer durchquert die grüne Insel Taveuni, vor ihm das türkisfarbene Meer
3. Ein Rugbyspiel (eine nationale Sucht) vor dem Parlament in Suva

F **HAUPTSTADT** SUVA (VITI LEVU) | **EINWOHNER** 903 207 | **FLÄCHE** 18 333 KM² | **AMTSSPRACHEN** ENGLISCH & FIDSCHIANISCH

Fiji | Fidschi

Fidschi ist die Verkörperung aller Südpazifik-Träume: sonnige Strandlethargie, Palmen, die im Passatwind säuseln, stahlblaues Meer. Das Inselinnere ist ein Wunderland aus traditionellen Dörfern, die Besucher mit einem *sevu-sevu* (Geschenk) in Form von Kava und dem Wort „Bula!" herzlich begrüßen. Und wie wäre es mit etwas chai, um den taro hinunterzuspülen? Die Indo-Fidschianer haben Hindu-Tempel und Currygerichte eingebürgert, die Chinesen ihre gebratenen Nudeln, die Europäer Kolonialarchitektur und Pizza. Jahrzehnte mit einem Staatsstreich nach dem anderen sowie die zaghafte Demokratie haben das Bild etwas angekratzt, aber den meisten Besuchern ist die Politik egal, solange sie am Strand braten können.

F

1. Der Leuchtturm von Bengtskär in Dragsfjärd und seine Diensthütten leuchten in der Abendsonne
2. Das Nordlicht tanzt über dem Pyhä-Luosto-Nationalpark
3. Der Braunbär ist das finnische Nationaltier und die Chancen stehen sehr gut, einen in freier Wildbahn zu erleben

F HAUPTSTADT HELSINKI | EINWOHNER 5 300 000 | FLÄCHE 338 145 KM² | AMTSSPRACHEN FINNISCH & SCHWEDISCH

Finland | Finnland

Finnland, das traditionell mit seinen nordischen Nachbarn Schweden, Norwegen und Dänemark in einen Topf geworfen wird, gibt sich skurril, geheimnisvoll und ein bisschen sonderbar, aber mit einer guten Portion fesselndem Selbstbewusstsein ausgestattet. Neben Hauptprodukten, wie Schneckennudeln, handgestrickten Pullovern, Langlauf und cooler bis gefrorener Innenarchitektur bekommen Besucher samische Rentierhirten in handbestickten Schlappen geboten, die Death Metal und Goth Rock auf voller Lautstärke hören. Finnland hat die Sauna und den Sport des Frauentragens erfunden. Doch den eigentlichen Reiz macht die Landschaft aus – ein riesiger, dünn besiedelter Abenteuerspielplatz mit stillen Wäldern und Seen. Der Preis dafür sind hohe Lebenshaltungskosten, besonders in Sachen Alkohol; kein Wunder, dass die Finnen zu den größten Milch- und Kaffeekonsumenten der Welt gehören.

Beste Reisezeit

Mai bis September für alle, die Kälte scheuen, Dezember bis Februar für Schnee, Santa und Nordlicht

Unbedingt anschauen

- Die Bierterrassen, die beim ersten Sommerlüftchen in ganz Helsinki aufmachen
- Die Festungsinsel von Suomenlinna mit ihren Relikten aus Finnlands turbulenter Vergangenheit als Grenzland zwischen Russland und Schweden
- Die überwältigende Aurora borealis (Nordlicht)
- Aufführungen während der Savonlinna-Opernfestspiele in der Burg Olavinlinna im Juli

Nicht versäumen

- Abgedrehte Festivals, wie die Weltmeisterschaften im Frauentragen oder Luftgitarrenspiel
- In Kuopio in der größten Rauchsauna der Welt schwitzen und zwischendurch in den See hüpfen
- Eine Schlittenpartie mit einem Hunde- oder Rentiergespann in Lappland

Finnland hautnah

Lesen Die Muminbücher von Tove Jansson über eine Familie liebenswerter nordischer Trolle
Anhören Klassisches von Jean Sibelius oder ohrenbetäubender Hardrock von Lordi und Children of Bodom
Ansehen *Der Mann ohne Vergangenheit* oder *Leningrad Cowboys Go America* von Aki Kaurismäki
Essen Fisch (Hering oder Felchen), Rentiergulasch, Moltebeeren und Preiselbeeren aus Lappland
Trinken Kaffee oder *salmiakkikossu* – einen Likör aus Salmiak und Wodka

In einem Wort

Onko sauna lämmin? (Ist die Sauna schon warm?)

Markenzeichen

Der Architekt und Designer Alvar Aalto, Formel-1-Rennfahrer, Marimekko-Design, Mumintrolle, Nokia, samische Rentierhirten, Weihnachtsmanndorf

Übrigens …

Die Finnen sind für ihre Schweigsamkeit berühmt – es geht der Witz, sie hätten die SMS erfunden, um nicht miteinander reden zu müssen.

3

1

2

F HAUPTSTADT PARIS | EINWOHNER 66 000 000 | FLÄCHE 551 500 KM² | AMTSSPRACHE FRANZÖSISCH

France | Frankreich

Die meisten Franzosen sind felsenfest überzeugt, auf dem besten Fleckchen Erde des Planeten zu leben – was viele Klischees erklärt, die über den gallischen Goliath in Umlauf sind. Blasiert, bürokratisch und besserwisserisch, aber auch sexy und absolut stilbewusst sind nur einige der Beleidigungen und Lobpreisungen, mit denen das kultivierte Volk überhäuft wird, das einige der größten Philosophen, Künstler, Musiker und Schriftsteller der Welt hervorgebracht hat. Reisende erwartet hier ein zeitloses Land tief verwurzelter Traditionen und moderner Innovationen, ein Schlaraffenland erlesener Gaumenfreuden und Weine, ein filmreifer Romantiktrip von luxuriösen Renaissanceschlössern und Pariser Jazzkneipen bis zum kobaltblauen Meer.

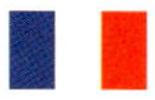

Beste Reisezeit
April bis Juni, September und Oktober

Unbedingt anschauen
- Den Eiffelturm mit seiner markanten Turmspitze: von oben bieten sich unschlagbare Aussichten
- Das atemberaubende Gletscherpanorama der Aiguille du Midi (3842 m), nur eine Seilbahnfahrt vom Bergsteiger-Ferienort Chamonix in den französischen Alpen entfernt
- Große Kunst in Paris: die *Mona Lisa* im Louvre, *Der Kuss* im Musée du Rodin und avantgardistische Moderne im Centre Pompidou
- Monets von seinen Bildern bekannter Garten bei seinem Haus in Giverny
- Europas höchste Düne (Dune du Pilat) mit Blick auf die wilde Atlantikbrandung

Nicht versäumen
- Champagner schlürfen in den alten Kellern von Reims und Épernay im Unesco-Welterbegebiet
- Barfuß kilometerweit übers Watt zum Mont Saint-Michel wandern
- Durch die Weinberge, Kirschgärten und Lavendelfelder der Provence radeln
- In der Gourmetstadt Bordeaux das kulinarische *savoir-vivre* auskosten
- Die legendären *corniches* (Küstensträßchen) der französischen Riviera befahren

Frankreich hautnah
Lesen Victor Hugos phänomenaler Roman *Die Elenden* (*Les Misérables*); *Paris – ein Fest fürs Leben* von Ernest Hemingway über das Paris der 1920er sowie *Bonjour Tristesse* von Françoise Sagan
Anhören Serge Gainsbourgs *Je t'aime … moi non plus*, um sich direkt zur Frankophilie zu bekehren
Ansehen *Die fabelhafte Welt der Amélie*, um sich wie ein Montmartre-Insider zu fühlen
Essen Bretonische Crêpes in einem traditionellen Langhaus zwischen den *cromlechs* (prähistorische Steinsetzungen) der Bretagne
Trinken *Cidre* in der Normandie, *Pastis* in der Provence und gut abgelagerten Rotwein im Burgund

In einem Wort
Salut! (Hallo)

Markenzeichen
Baguettes, Käse, Kaffeehauskultur, Wein, Designermode, Cabaret, Tour de France

Übrigens …
Die Franzosen haben u. a. den ersten Digitalrechner, den Heißluftballon, die Braille-Schrift und die Margarine erfunden.

1. Val d'Isère in der oberen Tarentaise liegt im Zentrum eines beliebten Skigebiets
2. Die klassische Provence: Lavendelfelder vor dem Kloster Notre-Dame de Sénanque in Gordes
3. Mont-Saint-Michel in der Normandie versetzt Besucher zurück ins Mittelalter
4. Moulin Rouge in Paris: verewigt von Toulouse-Lautrec und später von Baz Luhrmann

3

4

Beste Reisezeit
Juli bis Dezember oder zum Karneval (Februar/März)

Unbedingt anschauen
- Die friedlichen Tropeninseln Îles du Salut mit den Ruinen der berüchtigtsten südamerikanischen Strafkolonie
- Das Centre Spatial Guyanais (guayanesischer Weltraumbahnhof), einer der verkehrsreichsten Satellitenstartplätze der Welt (ca. neun Satelliten pro Jahr)
- Das Dorf Cacao mit glitzernden Flüssen, Hmong-Bewohnern und farbenfrohen Markttagen – ein surreales Stückchen Laos in Südamerika
- Unvorstellbare Scharen von Lederschildkröten, die von April bis Juli bei Awala-Yalimopo an Land schwimmen, um ihre Eier abzulegen

Nicht versäumen
- Eine zweitägige Regenwald-Wanderung auf dem Sentier Molokoi de Cacao
- Durch die bunten Straßen von Cayenne bummeln, um wuselige Märkte, Multikulti-Vielfalt, Kolonialarchitektur und leckere kreolische Kost zu genießen
- Im Regenwald des Trésor-Naturreservats die ganze Pracht der Natur fotografieren
- Eine Bootsfahrt zu den Indio-Dörfern am Maroni-Fluss

Französisch-Guayana hautnah
Lesen *Papillon* von Henri Charriere, den bemerkenswerten Erfahrungsbericht über die berüchtigte Strafkolonie auf der Teufelsinsel
Anhören Die karibischen Rhythmen von *bigi pokoe*, einer beliebten Tanzmusik aus dem westlichen Französisch-Guayana
Ansehen Den Kultfilm *Papillon* mit Steve McQueen und Dustin Hoffman
Essen Den köstlichen *jamais goûté* („nie gekostet"), einen nur hier heimischen Flussfisch
Trinken *Ti' punch*, einen Aperitif mit Rum, Limette und Zucker

In einem Wort
Bonjour (Guten Tag)

Markenzeichen
Strafkolonien (besonders die auf der Teufelsinsel), französische Kolonialarchitektur, europäische Satellitenraketen, Frankophile, Schildkröten

Übrigens ...
An der Plage les Hattes nisten mehr Lederschildkröten als irgendwo sonst auf der Welt.

1. Das scharfzahnige Lächeln eines Kaimans
2. Musikanten stellen ihre Instrumente in den Straßen Cayennes auf
3. Unberührter Urwald bedeckt große Teile von French Guiana

F HAUPTSTADT CAYENNE | EINWOHNER 221 500 | FLÄCHE 83 534 KM² | AMTSSPRACHE FRANZÖSISCH

French Guiana | Französisch-Guayana

Französisch-Guayana ist kein eigener Staat, sondern ein französisches Überseedepartement. Doch niemand könnte das Land mit Regenwäldern, karibischen Rhythmen und seiner vor- und nachkolonialen Geschichte je für ein Stück „altes Europa" halten. Südamerikas kleinste „Nation" ist eine kuriose Melange aus Europäern, Kreolisch sprechenden Haitianern, buddhistischen Hmong-Flüchtlingen aus Laos, Maroons und Indiovölkern. Gelder aus Frankreich finanzieren Europas wichtigsten Weltraumbahnhof und einen der höchsten Lebensstandards in Südamerika. Das Land, das sich über 90% seiner Regenwälder und eine unglaubliche Artenvielfalt bewahrt hat, ist eine der am wenigsten besuchten Ökotourismusziele der Region.

F

1

G **HAUPTSTADT** LIBREVILLE | **EINWOHNER** 1600000 | **FLÄCHE** 267667 KM² | **AMTSSPRACHE** FRANZÖSISCH

Gabon | Gabun

Gabun ist Afrikas letzter Garten Eden, ein Ort, an dem Nilpferde surfen, Büffel am Strand sonnenbaden und Elefanten große Teile des äquatorialen Regenwalds besiedeln. In den 13 Nationalparks, die insgesamt mehr als zehn Prozent der Landfläche ausmachen, dürfen Besucher mit Schimpansen, Gorillas, Mandrills und anderen Tieren Blicke tauschen. Als alle Parks 2002 gegründet wurden, glaubten viele, dass der Ökotourismus in Gabun schnell florieren würde. Doch trotz anhaltenden Friedens und Stabilität kommt der Tourismus nur schwer auf die Beine. Außerhalb der Hauptstadt findet man wahre Wildnis mit dichtem Dschungel, außerirdische Landschaften und wenig bis keine Infrastruktur – für Abenteurer ein wahres Reiseparadies.

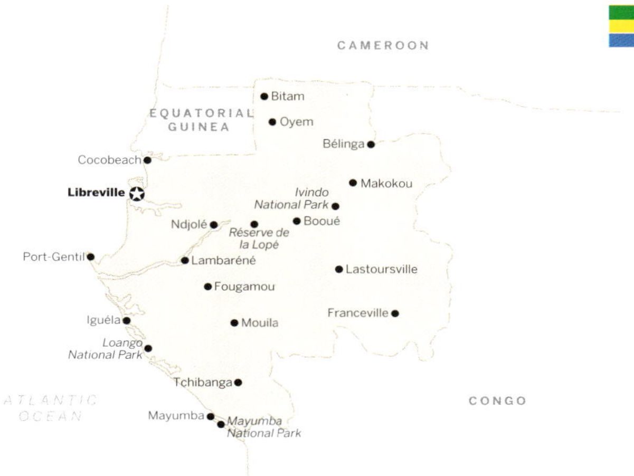

Beste Reisezeit
Die Trockenzeit von Mai bis August

Unbedingt anschauen
- Den Nationalpark Petit Loango, wo sich Nilpferde in der Atlantikbrandung tummeln
- Den spektakulären roten Felskessel Cirque de Léconi auf dem Batéké-Plateau
- Die Strände des Mayumba-Nationalparks mit nistenden Meeresschildkröten und springenden Buckelwalen
- Feuertänzer bei einer traditionellen Bwiti-Initiationszeremonie
- Die Aussichtsplattform Langoué Bai im Ivindo-Nationalpark, wo man mit Gorillas und Waldelefanten auf Augenhöhe kommt

Nicht versäumen
- In Librevilles Quartier Louis das Tanzbein schwingen
- Im Dschungel des Lopé-Nationalparks den Schimpansen nachstellen
- Am menschenleeren Strand von Mayumba schlendern
- Mit der Trans-Gabun-Eisenbahn durch Dschungel und dramatische Szenerie rollen
- In Lambaréné an der malerischen Rive Droite (dem rechten Flussufer) entlang zum legendären Albert-Schweitzer-Hospital bummeln

Gabun hautnah
Lesen Michael Fays Megatransect-Expeditionsberichte über seine 15 Monate und 3000 km lange Wanderung durch Gabun und andere Regionen von Zentralafrika
Anhören *Best of Oliver N'Goma*, die größten Hits von Gabuns populärstem Sänger
Ansehen *Le grand blanc de Lambaréné*, ein Dokudrama über die verstörende kulturelle Kluft zwischen Albert Schweitzer und den Gabunern, denen er helfen wollte
Essen Räucherfisch mit Reis und *nyembwe* (eine Sauce aus Palmnüssen)
Trinken Régab-Bier von der Sobraga-Brauerei in Libreville

In einem Wort
Mbôlo („Hallo" in der Fang-Sprache)

Markenzeichen
Präsidenten Bongo (es gibt zwei), surfende Nilpferde und sonnenbadende Elefanten, Nationalparks, Ökotourismus, Öl, Afrikas letzter Garten Eden

Übrigens …
Berauscht von der Natur: Gabuns Waldelefanten sind ganz versessen auf den *Iboga*-Strauch, der für seine stark halluzinogene Wirkung bekannt ist.

1. Im Réserve de la Lopé kann man farbenprächtige Mandrills erblicken
2. Neugierige Schimpansen erfreuen sich an einem Spiegel
3. Sufer im Inneren der Welle im Mayumba-Nationalpark

2

3

1

2

G **HAUPTSTADT** BANJUL | **EINWOHNER** 1900000 | **FLÄCHE** 11295 KM² | **AMTSSPRACHE** ENGLISCH

Gambia, the | Gambia

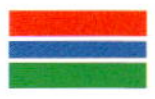

Gambia ist der kleinste Staat auf dem afrikanischen Festland, hat dafür aber Beeindruckendes zu bieten. Seine Strände und Hotelanlagen sind bei sonnenhungrigen Europäern seit Langem berühmt und Vogelfreunde schätzen Gambia als eines der besten und zugänglichsten afrikanischen Reviere für Vogelbeobachtungen. Das Land liegt auf der Hauptzugroute zwischen Europa und Afrika; über 560 Vogelarten wurden hier schon gesichtet. Außer diesen beiden gewichtigen Argumenten für einen Besuch gibt es aber noch jede Menge weiterer Attraktionen, von der traditionellen Musikszene und dem blühenden Ökotourismus über Mahnmale der Sklavenhandelsära bis zu einer gemächlichen Pirogenfahrt den Fluss hinauf, der Gambia seinen Namen gab.

Beste Reisezeit

Die Trockenzeit von November bis April

Unbedingt anschauen

- Die Badeorte an der Atlantikküste, deren hübsche Strände von Partyhotels und Fischerdörfern gesäumt werden
- Den hübschen Ort Kartong, das Zentrum der Ökotourismus-Projekte von Gambia
- James Island, eine wichtige Gedenkstätte aus der Ära des Sklavenhandels
- Das historische Städtchen Georgetown (Janjangbureh) auf einer Flussinsel im Binnenland mit seiner Geräuschkulisse aus Vogelgezwitscher
- Banjul, eine der ruhigsten Hauptstädte Afrikas, mit schönem Markt

Nicht versäumen

- Sich in Brikama von einer Familie berühmter *griots* (Barden) in die Kunst der *kora* (harfenähnliches Instrument mit 21 Saiten) einweisen lassen
- Eine Pirogenfahrt durch die Mangroven oder eine Wanderung durch den heiligen Dschungel des Makasutu Culture Forest unternehmen
- Im Abuko-Naturreservat Vögel, Nilkrokodile und Affen beobachten
- Schimpansen aufspüren, die im River Gambia Nationalpark in die Wildnis zurückgeführt wurden
- In Serekunda afrikanische Tänze, Trommelrhythmen, Batikkunst oder Yoga erlernen

Gambia hautnah

Lesen *Chaff on the Wind* von dem gambischen Autor Ebou Dibba über zwei Jungen vom Land, die sich ein neues Leben in der Stadt erhoffen
Anhören Jali Nyama Suso, Tata Dindin, Pa Jobarteh und Jaliba Kuyateh – Meister der *kora* aus der Heimat des Instruments
Ansehen *Roots* von Alex Haley, der seine Wurzeln nach Jufureh zurückverfolgte, einem Dorf am Gambia
Essen *Domodah* (Eintopf in Erdnusssauce) oder *benechin* (Reis mit Fisch und Gemüse)
Trinken *Bissap* (Hibiskussaft), *bouyi* (Saft des Affenbrotbaums) oder gambisches JulBrew-Bier

In einem Wort

I be ñaading (Hallo)

Markenzeichen

Vogelfreunde und Strandurlauber, englischsprachige Insel in einer frankophonen Region

Übrigens …

Gambia ist zwar für seine Strände berühmt, hat aber die zweitkürzeste Küstenlinie in Afrika (80 km) nach der Demokratischen Republik Kongo (37 km).

1. Eine Straße in der friedlichen Stadt Banjul
2. In Bakau an der Atlantikküste liegen Fischkutter am Strand
3. Eine einheimische Frau hat sich für eine Hochzeit fein gemacht

3

G

Beste Reisezeit

April bis Oktober

Unbedingt anschauen

- Die marode Eleganz von Tiflis mit ihren balkongeschmückten Häusern, Märkten, einer Altstadt voller Galerien und pulsierendem Nachtleben
- Die Silhouette der Kirche Tsminda Sameba auf einem Hügel vor dem Berg Kasbek
- Die wilden und spektakulären Bergprovinzen Swanetien, Tuschetien und Chewsuretien – so entlegen, dass es oft nicht mal Straßen gibt
- Die imposanten Kirchen von Mzcheta, Georgiens spirituellem Herz seit der Christianisierung im Jahr 327
- Die Weinbauregion Kachetien mit dem italienisch anmutenden Gebirgsort Sighnaghi

Nicht versäumen

- Beim alkoholseligen Festschmaus mit den Einheimischen anstoßen und singen
- In den Bergen im Norden die unbegrenzten Wandermöglichkeiten zwischen entlegenen Bergweilern nutzen
- Im außergewöhnlichen Klosterkomplex Dawit Garedscha in der Halbwüste an der Grenze zu Aserbaidschan das Einsiedlerleben antesten
- In Batumi, Georgiens „Sommerhauptstadt" an der schwülen Schwarzmeerküste, zwischen Belle-Époque-Architektur und subtropischer Vegetation schwitzen

Georgien hautnah

Lesen *Bread and Ashes*, Tony Andersons wunderbare Schilderung seiner Wanderungen im Kaukasus, und *Georgia: In the Mountains of Poetry* von Peter Nasmth
Anhören Mehrstimmige georgische Gesänge: Sängergruppen treten oft in Restaurants auf, aber manchmal erlebt man auch höchst authentische, spontane Aufführungen in den Bergdörfern
Ansehen *Seit Otar fort ist* von Julie Bertucelli, ein ergreifender Roman über das moderne Leben in Georgien
Essen Das Nationalgericht *chatschapuri* (Käsefladen), leckere Fleisch- und Eintopfgerichte mit raffinierter Würze und mit Walnusspaste
Trinken Göttliche Saperawi- und Tsinandali-Weine oder *Tschatscha*-Schnaps – etwas für Mutige

In einem Wort

Gaumarjos (Prost!)

Markenzeichen

Schneebedeckte Berge, Josef Stalin, imposante Kirchen, fabelhafte Wandergebiete, *Tschatscha*, mehrstimmige Gesänge

Übrigens ...

Josef Stalin war gebürtiger Georgier aus der kleinen Stadt Gori in Zentralgeorgien. Unter den Älteren ist er noch immer eine geschätzte Persönlichkeit.

1. Die vielseitige Architektur von Tiflis: die Residenz des Präsidenten, die Konzerthalle und die Friedensbrücke
2. Weinreben in Kachetien
3. Die ikonische Gergetier Dreifaltigkeitskirche in Qasbegi (Stepanzminda)

G HAUPTSTADT TIFLIS | EINWOHNER 4 900 000 | FLÄCHE 69 700 KM² | AMTSSPRACHE GEORGISCH

Georgia | Georgien

Georgien liegt im Herzen des Kaukasus – ein einmaliges, faszinierendes Land mit uralten Traditionen, tiefer Spiritualität und legendärer Gastfreundschaft. Dramatische Berge ragen in den Himmel, Wölfe, Bären und Hyänen streifen umher, Flüsse brausen durch steile Schluchten und fromme Bewohner bekreuzigen sich dreimal, wenn sie an einer Kirche vorbeikommen. Das Herz des Landes schlägt in der gut zugänglichen Hauptstadt Tiflis mit ihren exzellenten Restaurants und Kulturevents und ihrer bildhübschen Altstadt. Doch die wahre Schönheit Georgiens liegt in den Bergen. Zwischen hochragenden, schneebedeckten Kaukasusgipfeln dürfen Besucher die allerwärmste Gastfreundschaft erleben und von Essen und Wein kosten, die sie begreifen lassen, warum die Georgier fest daran glauben, dass ihr Land von Gott gesegnet ist.

1

2

G HAUPTSTADT BERLIN | EINWOHNER 81 200 000 | FLÄCHE 357 672 KM² | AMTSSPRACHE DEUTSCH

Germany | Deutschland

Als Kraftzentrum der europäischen Wirtschaft, Industrie und Innovation hat Deutschland der Welt die Druckpresse, das Automobil, Aspirin und digitale Audiotechnik geschenkt sowie die bahnbrechenden Geisteswerke von Martin Luther, Albert Einstein, Karl Marx, Bach, Beethoven und den Gebrüdern Grimm. Deutschlands Märchenlandschaft im geographischen Herzen Europas zieht sich von der windgepeitschten Küste im Norden mit ihren Sandinseln bis hin zu tiefen Wäldern, von Weinbergen gesäumten Flussufern und den hohen, schneebedeckten Alpen im Süden. Dazwischen liegen Dörfer und Städtchen mit Fachwerkhäusern, Schlösser, Relikte aus der Römerzeit, jahrhundertealte Brauereien sowie Großstädte mit Palästen, Museen, traditioneller und moderner Trinkkultur, Restaurants und Nachtclubs. Und überall liegt ein spürbarer Sinn für alte und neue Geschichte in der Luft.

Beste Reisezeit

Von Juni bis August ist es in den Biergärten am schönsten; September für Bierfeste wie das Oktoberfest; Ende November bis Ende Dezember für die zauberhaften Weihnachtsmärkte

Unbedingt anschauen

- Berlin, das sich auch ein Vierteljahrhundert nach dem Fall der Mauer laufend neu erfindet
- Die himmelstürmenden gotischen Türme des Kölner Doms, ein Unesco-Weltkulturerbe
- Erschütternde Gedenkstätten des Holocaust wie Dachau und Buchenwald
- Das barocke Grüne Gewölbe in Dresden, eine der reichsten Schatztruhen der Welt
- Münchner Wohlleben mit Alpenflair und feierfreudiger Bevölkerung

Nicht versäumen

- Sich in perfekt erhaltenen Kleinstädten wie Bamberg oder Weimar verlaufen
- Eine Kreuzfahrt vorbei an Weinbergen und Schlössern durch das romantische Rheintal
- Sich in bajuwarischen Biergärten oder -zelten ins Nirwana trinken
- Die Alpenwälder und -wiesen durchwandern
- Kleine Bergdörfer im Harz entdecken

Deutschland hautnah

Lesen Goethes *Faust*, die Erzählung vom klassischen Teufelspakt
Anhören Klassik von Bach oder Beethoven, die Berliner Punklegende Nina Hagen, Techno der 1980er-Jahre von Kraftwerk, zeitgenössischer Electro-Punk von Jennifer Rostock und die alternative Pop-Rocker-Band Tokio Hotel
Ansehen Den Kult-Klassiker *Lola rennt*, ein origineller, atemloser Krimi in den lebhaften Straßen Berlins nach der Wiedervereinigung
Essen Wurst, wie zum Beispiel Bratwurst oder Leberwurst
Trinken Biere wie ein Dunkles, Helles und Weißbier (Weizenbier) sowie Moselwein und Riesling aus dem Rheingau

In einem Wort

Wie geht's?

Markenzeichen

Kuckucksuhren, fehlendes Tempolimit, das Oktoberfest, die Mauer, flotte Züge, leistungsstarke Autos (BMW, Mercedes, Audi, Porsche), der Reichsadler, Schwarzwälder Kirschtorte

Übrigens …

In Deutschland werden in 1300 Brauereien über 5000 Biersorten gebraut, viele in kleineren, regionalen Brauereien; der jährliche Bierkonsum liegt bei 107 Liter pro Jahr (und damit weltweit auf Platz 2 hinter Tschechien).

1. Das prächtige Schloss Neuschwanstein bei Füssen in Bayern
2. Oktoberfest: Münchens legendäre Huldigung ans Bier
3. Berlin mit dem Fernsehturm, dem höchsten Gebäude der Stadt
4. Der Schwarzwald ist die Heimat der Kuckucksuhr

3

4

1. Auf einer Beerdigung in Kumasi wird Bongo gespielt
2. Seetüchtige Fischkanus Seagoing am Strand
3. Eine Einheimische vor dem St George's Castle in Elmina

G HAUPTSTADT ACCRA | EINWOHNER 25 700 000 | FLÄCHE 238 533 KM² | AMTSSPRACHE ENGLISCH

Ghana

Ghana war schon immer Westafrikas Goldkind. Das vorkoloniale Aschanti-Reich, das die Region regierte, stand im Rufe sagenhaften Goldreichtums. Bis heute faszinieren Aschanti-Objekte die Sammler afrikanischer Kunst und begeistern sich die Historiker für die Aschanti-Geschichte. Jahrhunderte später schüttelte Ghana lange vor anderen westafrikanischen Ländern das Joch der Kolonialherrschaft ab und entwickelte sich schließlich zu einem Musterbeispiel der Stabilität und Demokratie. Außerdem bietet das Land die charakteristischen afrikanischen Attraktionen: schöne Strände, ergreifende Sklavenburgen und tolle Nationalparks mit großen Elefantenherden. Ein gutes öffentliches Verkehrsnetz und die freundlichen englischsprechenden Bewohner erleichtern das Reisen.

Beste Reisezeit

Von November bis März ist es relativ kühl und trocken

Unbedingt anschauen

- Cape Coast und Elmina, zwei von vielen ehemaligen Kolonial- und Sklavenforts am Atlantik
- Den Kejetia-Markt (Westafrikas größter) in der alten Aschanti-Hauptstadt Kumasi
- Geschäftige Märkte, Restaurants und eine Handvoll historischer Bauten in Accra
- Die Lehmbaumoscheen von Wa und das nahe Nilpferdreservat im Nordwesten

Nicht versäumen

- Afrikas günstigste Elefantensafaris im Mole-Nationalpark
- Am Strand von Kokrobite *balafon* (westafrikanisches Xylofon) spielen lernen
- Bei Busua auf den Wogen reiten oder beim nahen Akwidaa an Ghanas schönstem Strand faulenzen

Ghana hautnah

Lesen *Die Schönen sind noch nicht geboren* von dem Ghanaer Ayi Kwei Armah
Anhören Gitarrenlastige Highlife-Musik oder ihren Nachfolger, den kantigeren Hiplife-Sound
Ansehen *Heritage Africa* vom ghanaischen Regisseur Kwaw P. Ansah, eine Story aus Ghanas Kolonialära
Essen *Fufu* (Maniok- oder Kochbananenbrei) mit scharfer Sauce, *omo tuo* (Reisklöße in Fisch- oder Fleischsuppe)
Trinken *Pito* (Hirsebier) im Norden, Palmwein im Süden

In einem Wort

Hani wodzo (Lass uns tanzen!)

Markenzeichen

Highlife und Hiplife als Soundtrack der Nation, imposante Küstenforts aus der Sklavenära, wunderschöne Strände, die reichhaltige Aschanti-Historie

Übrigens …

Die Ga im südlichen Ghana werden oft in „sprichwörtlichen Särgen" beerdigt, die mit viel Liebe zum Detail geschnitzt und bemalt werden um wie Fische, Flugzeuge, Autos, Klaviere o. Ä. auszusehen.

1

2

G HAUPTSTADT ATHEN | EINWOHNER 10 800 000 | FLÄCHE 131 957 KM² | AMTSSPRACHE GRIECHISCH

Greece | Griechenland

Odysseus vertrödelte hier zehn Jahre, Byron verliebte sich in Land und Leute, Lawrence Durrell schwärmte lyrisch vom Inselleben: Griechenland verzaubert alle Besucher. Und es besteht nicht, wie manche denken, nur aus weißen Dörfern vor blauem Meer, sondern bietet erstaunliche Vielfalt: das zerklüftete balkanische Hinterland, Architektur von der Antike bis zur Moderne, in drei Meeren verstreute Inseln, blühende Olivenhaine, die Mastix-Dörfer von Chios, das wuchernde Athen, Priester mit Rauschebart, alte Männer, die Stunden bei einer Tasse Kaffee sitzen, Fähren, die an wackligen Pieren festmachen. Viele Besucher kommen auf der Suche nach Sonne und Meer, lassen sich dann aber von der Gastfreundschaft ebenso bezirzen wie alle, die vor ihnen kamen.

Beste Reisezeit

Ostern bis Juni

Unbedingt anschauen

- Die imposanten weißen Säulen des Parthenon auf seinem Hügel über Athen
- Spektakuläre Sonnenuntergänge von Oia an der Nordspitze von Santorin
- Die Meteora-Klöster auf Felsformationen über der thessalischen Ebene
- Das griechische Osterfest auf Korfu: prachtvoll gewandete Priester, Mitternachtsmessen bei Kerzenlicht, süßes Brot und bunt bemalte Eier
- Die Altstadt von Rhodos mit Johanniterburg, Festungsmauer und Türkenviertel
- Das unterirdische Museum in Vergina (das Grabmal des Sohnes des Alexander des Großen)

Nicht versäumen

- In Piräus auf eine Fähre hüpfen und zwischen den zahllosen griechischen Inseln kreuzen, jede mit eigenem Charakter und eigenen Attraktionen
- Bei der Besteigung des Olymp nach Göttern, Zentauren und Satyrn ausschauen
- Bei einem Tauchkurs auf Ios die wundervolle Unterwasserwelt erkunden
- Die Bergdörfer von Zagorochoria und die Vikos-Schlucht erwandern
- Mit dem Mountainbike die schimmernde Küste von Halkidiki, Griechenlands dreigezackte Halbinsel, entlang

Griechenland hautnah

Lesen *The Hill of Kronos* von Peter Levi über seine lebenslange Beschäftigung mit Griechenland und *Kleine Gemeinheiten*, Provinzgeschichten von Panos Karnezis
Anhören Der melancholisch-leidenschaftliche *rembetiko*, auch „griechischer Blues" genannt
Ansehen Die Filme von Theodoros Angelopoulos, wie *Der Blick des Odysseus* und *Die Ewigkeit und ein Tag*
Essen *Saganaki* (gebratenen Käse), *jemista* (gefülltes Gemüse), *spanokopita* (Spinatpastete), *soutzoukakia* (Frikadellen), gegrillten Tintenfisch, Lammbraten, klebriges *souzouki loukoum* (wurstförmige Süßigkeit in Nuss gerollt)
Trinken *Ouzo* (Anisschnaps), *retsina* (geharzten Weißwein), griechischen Kaffee

In einem Wort

Yamas (Prost!)

Markenzeichen

Die Akropolis, Kalamata-Oliven, alte Frauen in Schwarz, Alexis Sorbas, weiße Dörfer, Homer, Mythen und Sagen der Antike

Übrigens ...

Thespis soll um 500 v. Chr. beim Auftritt eines religiösen Chors erstmals Redebeiträge eingeführt und damit die griechische Tragödie als Theatergattung begründet haben.

1. Ätherische Sonnenstrahlen hüllen das adlerhorst-artige Kloster Rousánou ein
2. Patmos, die Insel auf der Johannes seine Offenbarung schrieb
3. Evzonen im Stechschritt am Grab des unbekannten Soldaten in Athen
4. Opernaufführung im Odeon des Herodes Atticus in Athen

3

4

1. Ein Inuit-Jäger führt sein Hundeteam während eines Schneesturms über Meereseis
2. Qeqertarsuaq (große Insel), eine Kleinstadt auf der Diskoinsel weit ab der Westküste
3. Die grönländische Volkstracht ist mit Hunderten von Glasperlen geschmückt, die ursprünglich auf Wohlstand hindeuteten

G **HAUPTSTADT** NUUK | **EINWOHNER** 57 714 | **FLÄCHE** 2 166 086 KM² | **AMTSSPRACHE** GRÖNLÄNDISCH & DÄNISCH

Greenland | Grönland

Grönland ist groß, gefroren und geheimnisvoll. Die größte nichtkontinentale Insel der Welt ist zu über 80% von Eis bedeckt. Dazwischen liegen vereinzelte Brocken festen Untergrunds, die den wenigen Einwohnern als prekäre Lebensgrundlage dienen. Nach Grönland zu reisen ist schwer genug, sich im Land fortzubewegen ist noch schwieriger. Da es so gut wie keine Straßen gibt, gelangen die meisten per Kajak, auf Skiern oder im Hundeschlitten von A nach B. Ein paar hundert gefrorene Kilometer lassen sich am besten per Bootscharter, Flugzeug oder Helikopter (teuer, aber jeden Cent wert) zurücklegen. Unterwegs bieten sich Aussichten auf atemberaubende Gebirge und Gletscher sowie spektakuläre Fjorde voller Eisberge. Vielleicht erblickt man sogar einen Orca, Moschusochsen oder Eisbären. Dies ist ein Spielplatz für Abenteurer, also Schneeschuhe und Robbenfellhandschuhe an und ab in die weiße Wüste des Nordens.

Beste Reisezeit
Hundeschlitten- und Skitouren im April oder Tauwetter von Juli bis Mitte September

Unbedingt anschauen
- Die grandiose Insel Uummannaq
- Die gigantischen Kräfte des Jakobshavn Isbræ bei Ilulissat, einem der aktivsten Gletscher der Erde
- Wikingerruinen bei Qassiarsuk und ein rekonstruiertes Langhaus, das nach Wikingervorbildern des 10. Jhs. gebaut und eingerichtet wurde
- Das alte Bilderbuchstädtchen Nanortalik vor seiner dramatischen Gebirgskulisse

Nicht versäumen
- Eine Hundeschlittenpartie unter der Mitternachtssonne auf der großartig benannten Diskoinsel
- Eine Kajaktour durch beängstigend knirschende Eisberge in den Fjorden rund um Tasiilaq
- Von Aappilattoq durch die herrliche Fjordlandschaft von Südgrönland segeln

Grönland hautnah
Lesen *Saga-Land: eine Reise in den Norden* von Lawrence Millman
Anhören Den „alten Mann" des Grönland-Pops, Rasmus Lyberth, die Rockband Chilly Friday
Ansehen *Qivitoq*, der Oscar-nominierte Klassiker aus den 1950ern
Essen Konservierter Grönlandhai, Karibu, Fisch
Trinken Den symbolträchtigen Cocktail *Kalaallit Kaffiat* (Grönlandkaffee) aus Kahlua-Likör, Whisky und frischem Kaffee – Schlagsahne symbolisiert das Eis, flambierter Grand Marnier das Nordlicht

In einem Wort
Haluu (Hallo)

Markenzeichen
Hundeschlitten, Gletscher, Eisberge, Inuit, Iglus, Kajaks (vom Inuit-Wort qajaq)

Übrigens …
Die grönländische Sprache kennt nur Zahlen bis zwölf – alles darüber ist *amerlasoorpassuit* (viele). Oder man zählt auf Dänisch weiter.

Beste Reisezeit
Das Wetter ist ganzjährig warm; die Monate von Januar bis April sind am trockensten

Unbedingt anschauen
- St. George's, das sich in seiner karibischen Farbenpracht die Hügel der hufeisenförmigen Carenage Bay hinaufzieht und von einer historischen Festung gekrönt wird
- Carriacou: Die zwergenhafte Schwesterinsel bietet den ganzen Charme der Hauptinsel in maximal konzentrierter Form
- Petit Martinique: die kleinste Insel des Dreigespanns, ein verborgener Traum für Seefahrer
- Das La Sagesse Nature Centre: Es bewahrt und fördert die heimische Fauna und liegt an einem wunderschönen Strand
- Die historische River Antoine Distillery, die den brennenden Rivers Rum produziert – der härteste Tropfen Grenadas

Nicht versäumen
- Durch den kristallinen Sand des weltberühmten Grand Anse Beach stapfen
- Zur Unterwasser-Galerie der Moliniere Bay tauchen, wo sich Korallen und Skulpturen zu einzigartigen Kunstwerken vereinen
- Die Meeresschildkröten an der versteckten Anse La Roche, Carriacou, besuchen
- Im Grand-Etang-Regenwald zwischen Mahagonibäumen und Farnen wandern und am ruhigen Kratersee Vögel beobachten
- Am menschenleeren Bathways Beach eine Sandburg bauen oder den Reiz der Abgeschiedenheit im benachbarten Levera genießen

Grenada hautnah
Lesen *Under the Silk Cotton Tree* von der Grenaderin Jean Buffong
Anhören Den Reggae-Musiker David Emmanuel und den Calypso-König-der-Welt Mighty Sparrow
Ansehen *Nothing like chocolate* – Grenadas braungoldene Renaissance, erzählt von Susan Sarandon
Essen Das Nationalgericht *oil down* (würziger Fleisch-Gemüse-Eintopf in Kokosmilch)
Trinken Bittersüßen, alkoholfreien *mauby*-Saft aus der Rinde eines Kreuzdornbaums

In einem Wort
Sa ki fé'w? (Was geht ab? auf grenadisch-kreolisch)

Markenzeichen
Gewürzinseln, Grand Anse Beach, der Untergang der *Bianca C*

Übrigens ...
Aus Grenada kommt ein Drittel der weltweiten Muskat-Produktion; der gelbe Fleck auf der linken Seite der Landesflagge stellt eine Muskatnuss dar.

1. Carenage, der reizende, geschäftige Hafen in St George's
2. Die winzige Sandy Island bei Carriacou ist bei Schnorchlern und Seglern beliebt
3. Zeremonie zur Trauerbeflaggung an der Fort George in St George's

G **HAUPTSTADT** ST. GEORGE'S | **EINWOHNER** 109 590 | **FLÄCHE** 344 KM² | **AMTSSPRACHE** ENGLISCH

Grenada

In einem Ozean voll wunderschöner Inseln mit schneeweißen Sandstränden ist Grenada ein unterbewertetes Juwel. Die Füße in den puderweichen Sand zu stecken oder sich im türkisfarbenen Wasser zu wiegen, ist an sich schon grandios. Wenn man den gut ausgebauten Südwesten hinter sich lässt, teilt man das Gewässer oft nur mit dem Reisepartner und ein paar Schildkröten. Die ländlichen Orte sind wie von Gauguin gemalt, in grellen Tropenfarben vor grünen Berghängen. Neben der gleichnamigen Hauptinsel liegen zwei winzige Trauminseln: Carriacou und Petit Martinique sind idyllisch, abgeschieden und absolut bezaubernd.

G

3

Beste Reisezeit

In den trockensten Monaten, Dezember bis Mai, ist am meisten los

Unbedingt anschauen

- Entlegene Strände, die den beschwerlichen Weg durch die Zuckerrohrfelder im Norden von Grand-Terre wert sind
- Den Hafen Deshaies – ein beliebter Treff der Weltumsegler
- Die winzige Insel Terre-de-Haut mit ihrem Fort Napoleon aus dem 19. Jh.
- Den von Orchideen übersäten Guadeloupe Nationalpark, eine von der Unesco geschützte Wildnis im inneren Hochland von Basse -Terre
- Die kleine Insel Terre-de-Bas voller Kaffeeplantagen und traditioneller Dörfer, auf der sich die Karibik von ihrer untouristischen Seite präsentiert

Nicht versäumen

- In einen *bokit* beißen – frittierte Teigtasche gefüllt mit Meeresfisch, Salat und Kreolischer Soße
- Sich beim *jou gra*, den „öligen Tagen", die den Höhepunkt des jährlichen Karnevals markieren, den Freuden des Lebens hingeben
- Im Meeresschutzgebiet Réserve Cousteau die Unterwasserstatue des Namengebers tätscheln
- Auf den wimmelnden Freiluftmärkten in Pointe-à-Pitre nach Klamotten, Gewürzen und Schmuck stöbern
- Faulenzen auf La Désirade, der besucherärmsten Insel des Archipels, deren Strände mit seidenweichem Sand locken

Guadeloupe hautnah

Lesen *Oiseaux*, das Gedicht von Nobelpreisträger Alexis Léger, das die Inspiration für Georges Braques *L'Ordre des Oiseaux* lieferte
Anhören Die ausdrucksstarken Lieder des Musikers, Malers und Unabhängigkeitskämpfers Francky Vincent, Guadeloupes prominentester Musikexport
Ansehen *Sucre Amer* von Regisseur Christian Lara, die hochgelobte Geschichte eines befreiten Sklavens, der während der Napoleonischen Kriege zum General aufsteigt
Essen *Crabes farcis* (pikant gefüllte Landkrabben) oder *colombo de cabri* (Ziegenfleisch-Curry)
Trinken *Ti-punch* (weißen Rum, Zuckerrohrsirup und Limettensaft, nach Geschmack gemischt)

In einem Wort

Bonjour (Guten Tag – passt immer)

Markenzeichen

Fantastische Korallen, ausgelassene Festivals, Fischerdörfer, kreolische Küche

Übrigens ...

Unter dem schwedisch-britischen Abkommen von 1813 wurde Guadeloupe Teil Skandinaviens; Schweden trat das Land aber nur 15 Monate später wieder an Frankreich ab.

1. Die Beute eines Fischers auf Grande -Terre
2. Im Karnevalskostüm
3. Der reizvolle Ausblick auf die Bourg des Saintes vom Gipfel des Le Chameau

G **HAUPTSTADT** BASSE-TERRE | **EINWOHNER** 458 000 | **FLÄCHE** 1780 KM² | **AMTSSPRACHE** FRANZÖSISCH

Guadeloupe

Zucker, Sklaverei und Rebellion haben die Geschichte dieser Inselregion befleckt. Dennoch hat sich Guadeloupe in eines der faszinierendsten französischen Überseegebiete entwickelt. Die ausgeprägte französische Kultur (Baguette und bitterer Kaffee sind hier allgegenwärtig) wird von afrikanischen, indischen und karibischen Einflüssen stark kreolisiert. Das „Festland“ besteht aus der felsigen, schmetterlingsförmigen Basse-Terre mit dem aktiven Soufrière-Vulkan (dem höchsten Gipfel in den Kleinen Antillen) und der sanfteren, von ruhigen Stränden umringten Grand-Terre. Daneben schließt Guadeloupe auch einige unberührte, kleinere Inseln wie La Désirade und Marie-Galante ein.

G

1. In den umwerfenden Sonnenuntergang von Guam paddeln
2. Der Wasserspielplatz in der Tumon Bay
3. Blick auf Tumon von den steilen Klippen des Puntan Dos Amantes (Ort zweier Liebhaber)

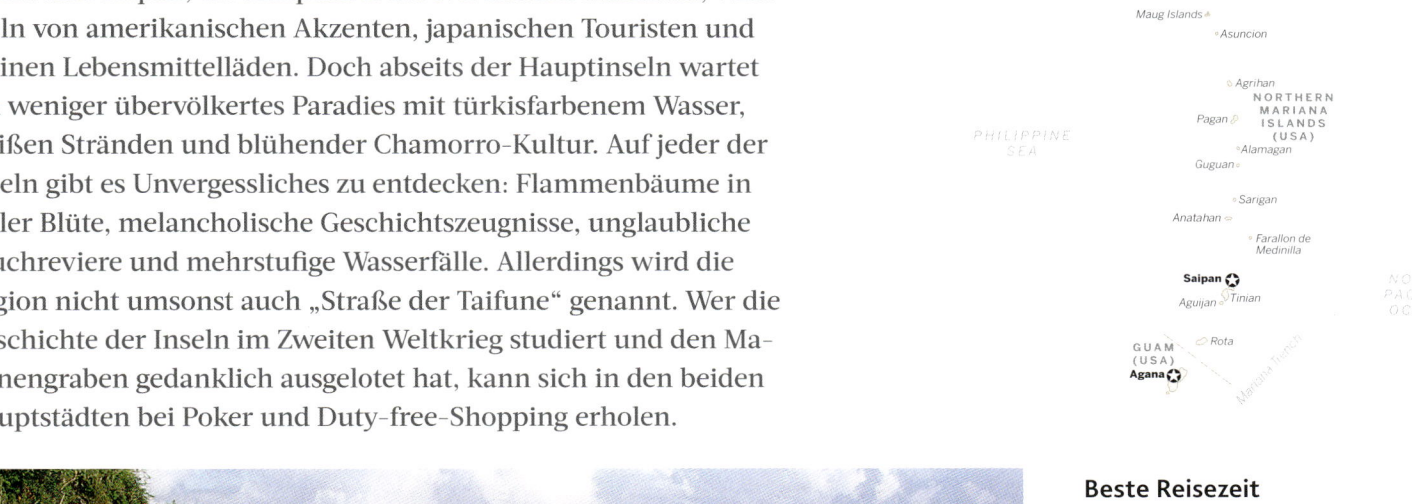

G **HAUPTSTADT** AGANA (HAGATNA, G), SAIPAN (GARAPAN, NM) | **EINWOHNER** 180000 (G), 51483 (NM) | **FLÄCHE** 549 KM² (G), 477 KM² (NM) | **AMTSSPRACHEN** ENGLISCH, CHAMORRO

Guam & Nördliche Marianen

Guam und Saipan, die Hauptinsel der Nördlichen Marianen, wimmeln von amerikanischen Akzenten, japanischen Touristen und kleinen Lebensmittelläden. Doch abseits der Hauptinseln wartet ein weniger übervölkertes Paradies mit türkisfarbenem Wasser, weißen Stränden und blühender Chamorro-Kultur. Auf jeder der Inseln gibt es Unvergessliches zu entdecken: Flammenbäume in voller Blüte, melancholische Geschichtszeugnisse, unglaubliche Tauchreviere und mehrstufige Wasserfälle. Allerdings wird die Region nicht umsonst auch „Straße der Taifune" genannt. Wer die Geschichte der Inseln im Zweiten Weltkrieg studiert und den Marianengraben gedanklich ausgelotet hat, kann sich in den beiden Hauptstädten bei Poker und Duty-free-Shopping erholen.

3

Beste Reisezeit

Die Trockenzeit von Januar bis Juni; im Oktober und November ist die Taifungefahr am größten

Unbedingt anschauen

- Guams mächtige Latte-Steine, die vielleicht ganze Häuser trugen
- Brodelnde Schwefellöcher, mikronesische Großfußhühner, die Vulkanwärme zum Ausbrüten ihrer Eier nutzen, und seltene Schnabelwale im Mariana Trench Marine National Monument
- Den erhabenen Blick vom Puntan Dos Amantes (Ort zweier Liebhaber) auf einer 125 m hohen Klippe

Nicht versäumen

- Bei den Chamorro und Mangilao Night Markets mit den Einheimischen schlemmen und feiern
- Einen Abstecher an die makellosen Strände und das azurblaue Meer von Ritidian Point
- Vor Guams Südküste oder durch die Passagen der Grotte auf Saipan tauchen

Guam & Nördliche Marianen hautnah

Lesen *Captured: The Forgotten Men of Guam,* Roger Mansells Geschichten über Kriegsgefangene auf Guam
Anhören *Guam Take Me Back*, ein melancholischer Chamorro-Gesang von Jesse Bais und Ruby Santos
Ansehen *Under the American Sun* über filipino-amerikanische Einwanderer in der Nachkriegszeit
Essen *Finadene*, scharfe Sauce, die jedes Gericht in einen echten Chamorro-Schmaus verwandelt
Trinken *Tuba*, aus dem vergorenen Saft junger Kokospalmen

In einem Wort

Inafa'maolek („gegenseitige Abhängigkeit", ein Grundpfeiler der Chamorro-Kultur)

Markenzeichen

Chamorro-Kultur, Marianengraben, Zweiter-Weltkrieg-Geschichte, japanische Touristen, spanischer Kolonialeinfluss, Latte-Steine, Schlacht um Guam

Übrigens ...

Enola Gay, der B-29-Bomber, der die Atombombe auf Hiroshima abwarf, startete auf Tinian.

Beste Reisezeit

Die Trockenzeit von November bis Mai

Unbedingt anschauen

- Versunkene Tempel im Dschungel in Tikal, der wichtigsten Maya-Stätte des Landes
- Die ungeheuer nostalgische Stadt Antigua mit ihren spanischen Klöstern, Ruinen aus der Kolonialzeit und Backpacker-Kneipen
- Den Sonnenaufgang vom Vulkan Tajumulco, Mittelamerikas höchstem Punkt
- Die Quema del Diablo, bei der Feuerwerk und Freudenfeuer den ganzen Müll des Vorjahres symbolisch verschlingen
- Die Holperpiste von Huehuetenango nach Cobán, die sich durch die Kaffeeplantagen des Hochlands windet

Nicht versäumen

- Auf dem Markt von Chichicastenango um Maya-Textilien in Regenbogenfarben feilschen
- Auf dem ruhigen Lago de Atitlán paddeln, der von einer Ehrengarde aktiver Vulkane umgeben wird
- Die Spanischkenntnisse in einer Sprachenschule in Antigua aufpolieren
- In den kühlen, smaragdgrünen Badetümpeln von Semuc Champey planschen
- Wellenreiten bei Sipacate, der kaum bekannten Surfhauptstadt des Landes

Guatemala hautnah

Lesen *Die Maismenschen* vom Nobelpreisträger Miguel Ángel Asturias, der Maya-Mystik und Sozialkritik zu einer Anklage gegen die Diktatur verbindet
Anhören *Guatemala: Celebrated Marimbas*; die bekannteste Komposition für Marimba ist *Luna de Xelaju* von Paco Pérez
Ansehen *Ixcanul – Träume am Fuße des Vulkans*: Das Debut des guatemaltekischen Autors und Regisseurs Jayro Bustamente über eine arrangierte Ehe im Stamm der Cakchiquel gewann zahlreiche internationale Preise
Essen Ein deftiges Chapín-Frühstück: Eier, Maistortilla, Bohnen, gebratene Kochbanane, Kaffee
Trinken Köstlichen Kakao und Zacapa-Rum

In einem Wort

De huevos (Cool)

Markenzeichen

Antike Götter, die Mayas, Pyramiden-Ruinen im Dschungel, erstaunliche Stoffe, Tukane, faszinierende Masken, brodelnde Vulkane, Quetzalvögel, Schätze aus der Kolonialzeit; Sorgenpüppchen der Maya

Übrigens ...

Mit Hilfe von Messungen des Sternenhimmels konnten die Maya ein Sonnenjahr bis auf wenige Minuten genau berechnen.

1. Tempel V, die zweitgrößte Pyramide in Tikal und im Amerika vor Kolumbus
2. Im hübschen Antigua finden sich viele fotogene Fassaden
3. Ein heiterer ‚Hühnerbus' in Panajachel
4. Der ruhige, stimmungsvolle Lago de Atitlán

G **HAUPTSTADT** GUATEMALA-STADT | **EINWOHNER** 14 400 000 | **FLÄCHE** 108 889 KM² | **AMTSSPRACHE** SPANISCH

Guatemala

Guatemala ist Mexikos exotischer Cousin aus dem Süden – das Herzland der Maya, deren Rhythmen nahtlos bis in die Moderne reichen. Obwohl Guatemala wie auch seine Nachbarn die Narben kolonialer Diktaturen und sozialistischer Aufstände trägt, hatten diese kurzlebigen Missstände nur einen flüchtigen Einfluss auf den Lebensstil der Guatemalteken. Diese leben noch immer nach alten Traditionen und kleiden sich in bunten Volkskostümen. Ein Besuch Guatemalas ist wie eine Reise in die innere Indiana-Jones-Fantasie: Städte aus der Kolonialzeit und Kaffeeplantagen klammern sich an die Hänge aktiver Vulkane; hinter dem nächsten Machetenhieb warten die Ruinen verschwundener Zivilisationen darauf, entdeckt zu werden. Eine lebhafte Backpacker-Szene und einige der buntesten Märkte Amerikas machen den Reiz des Landes komplett.

Beste Reisezeit

Die Trockenzeit von November bis Februar. Den Rest des Jahres ist Guinea eines der regenreichsten Länder der Welt

Unbedingt anschauen

- Die Palmenstrände der Îles de Los, Lichtjahre (oder eine Pirogenfahrt) von der Hauptstadt entfernt
- Conakry – mit Lärm, Chaos und einer erstklassigen Livemusikszene
- Den wunderschönen goldenen Sandstrand von Bel Air
- Die Quelle des Niger – ein Rinnsal, das zu einem der größten Flüsse Afrikas wird
- Die faszinierende Sahelstadt Kankan, spirituelle Heimat der Malinké

Nicht versäumen

- Von Mali-Yemberem zu La Dame du Mali – einem Felsen in Form eines Frauengesichts – wandern und den weiten Panoramablick genießen
- In Conakry das Spiel der 21-saitigen Kora oder Akrobatenkünste erlernen
- Durch das schöne, historische Hochland von Fouta Djallon wandern
- Im Wald von Bossou einigen der letzten Schimpansen Westafrikas nachstellen
- Im Tabala-Schutzgebiet nach Waldelefanten Ausschau halten

Guinea hautnah

Lesen *Einer aus Kurussa* von Camara Laye (1954), eines der meistgedruckten Werke eines afrikanischen Autors
Anhören Sekouba Bambino Diabaté und Ba Cissoko als Vorbereitung auf ihre Liveauftritte in den Clubs von Conakry oder den Bigband-Sound von Bembeya Jazz National
Ansehen Mohamed Camaras revolutionären *Dakan – Schicksal*, einen der ersten afrikanischen Spielfilme zum Thema Homosexualität
Essen *Kulikuli* (Erdnussbällchen mit Zwiebeln und Cayennepfeffer), gegrillten Fisch
Trinken Schwarzen Kaffee oder Biersorten wie Skol, Guiluxe und Flag

In einem Wort

Bonne soirée (Guten Abend)

Markenzeichen

Traditionsmusik und -tanz, das Fouta-Djalon-Hochland, politische Instabilität, Ebola

Übrigens ...

Mindestens 22 westafrikanische Flüsse entspringen im Bergland von Guinea, u. a. der Niger, der Senegal und der Gambia.

1. Mensch und Architektur Guineas blühen in voller Farbenpracht
2. In Conakry spielt sich das katholische Leben in der Cathédrale Sainte-Marie ab
3. Goldförderung von Hand bei Kouremale

G **HAUPTSTADT** CONAKRY | **EINWOHNER** 11 200 000 | **FLÄCHE** 247 857 KM² | **AMTSSPRACHE** FRANZÖSISCH

Guinea

Guinea könnte ein westafrikanisches Paradies sein. Die Selbstsicherheit, mit der es Frankreich seine Unabhängigkeit abtrotzte, und die Tatsache, dass hier fast die Hälfte der weltweiten Bauxitreserven lagern, hätten sein Gedeihen sichern sollen. Außerdem winkte ihm dank seiner lebendigen Hauptstadt, seiner Musikszene von Weltniveau und der überwältigenden Naturschönheit des Landesinneren eine rosige Zukunft als Touristenziel. Doch leider kam es anders. Jahrzehnte der Diktatur, gefolgt vom zähen Tauziehen zwischen der Armee und der unzufriedenen Bevölkerung ließen die Träume Guineas leidgeprüfter Bewohner nichts als Träume bleiben. Westafrikas verheerender Ebolaausbruch, der hier 2013 seinen Anfang nahm, schleuderte das Land noch weiter zurück. Die mangelhafte Infrastruktur macht das Reisen hier zur Herausforderung, doch die Mühe lohnt sich fast immer.

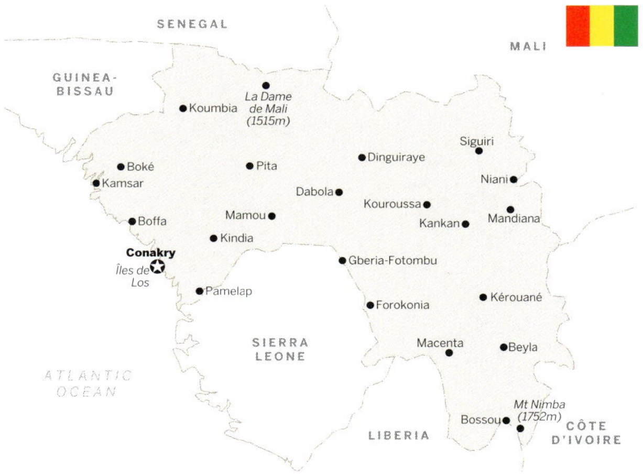

3

Beste Reisezeit

Von November bis Februar ist es trocken und relativ kühl

Unbedingt anschauen

- Bissaus bröckelnde kolonialzeitliche Altstadt, Bissau Velho
- Die bezaubernde Ilha de Bolama, die sich seit ihrer Zeit als Kolonialhauptstadt kaum verändert hat
- Die besonders leicht erreichbare Ilha de Bubaque mit ihren Luxusunterkünften
- Kere, die schönste Insel des Arquipélago dos Bijagós
- Bafatá, eine hübsche Stadt am Flussufer mit der unheimlichen Stille einer Geisterstadt

Nicht versäumen

- Eine einwöchige Kreuzfahrt durch den Arquipélago dos Bijagós
- Seltene Salzwasser-Flusspferde und -Krokodile im Orango-Nationalpark
- Bedrohten Meeresschildkröten an den fast unberührten Stränden des Marineparks João Vieira Poilão begegnen
- An den Festland-Traumstränden von Varela relaxen
- Im Cantanhez-Nationalpark Elefanten und Schimpansen entdecken

Guinea-Bissau hautnah

Lesen *Under the Neem Tree* von Susan Lowerre über ihre Erlebnisse als Entwicklungshelferin
Anhören Die altbewährte Band Super Mama Djombo und neuere Gesangstalente wie Dulce Maria Neves oder Manecas Costa (*Paraiso di Gumbe*)
Ansehen *Die blauen Augen der Yonta* von Flora Gomes über Träume und Revolution
Essen *Chabeu* (frittierter Fisch in Palmölsauce mit Reis)
Trinken *Cajeu* (geradezu eklig süßer und gefährlich starker Cashewlikör)

In einem Wort

Pode mostrar-me (no mapa)? – Können Sie mir (auf der Karte) zeigen?

Markenzeichen

Arquipélago dos Bijagós, portugiesische Kolonialära, Salzwasser-Hippos, Waldelefanten

Übrigens …

Nach der Unabhängigkeit von Portugal wurden Guinea-Bissau und Kap Verde als eine Nation regiert. Man verfolgte den Traum die beiden Länder dauerhaft zu vereinen, doch nach dem Putsch von 1980 wurden die beiden dauerhaft getrennt.

1. In Bissau bedeutet geflochtenes Haar viel Geduld
2. Ein fesselndes Damespiel auf einer Dorfstraße
3. Die Festung von Cacheu, ein ehemaliger Handelsposten und Sklavenzentrum aus der portugiesischen Kolonialzeit

G **HAUPTSTADT** BISSAU | **EINWOHNER** 1700000 | **FLÄCHE** 36125 KM² | **AMTSSPRACHE** PORTUGIESISCH

Guinea-Bissau

Guinea-Bissau ist einer von Afrikas vergessenen Winkeln, aber auch eine seiner schönsten und vielfältigsten Regionen. Auf dem Festland gibt es Regenwälder, die von Tieren wimmeln, verfallende Kolonialstädte und 23 verschiedene Volksgruppen. Wirklich atemberaubend ist der Arquipélago dos Bijagós, eine der hübschesten und am wenigsten besuchten Inselgruppen der Welt. Frieden und Stille der einsamen Buchten des Archipels stehen in krassen Kontrast zum Politchaos, das seit Jahrzehnten im Land tobt. Ein brutaler Befreiungskrieg war der Auftakt zu Guinea-Bissaus arg verspäteter Unabhängigkeit von Portugal 1980. Auch danach blieben Frieden und Wohlstand leider ein Wunschtraum. Trotzdem gehören die Einwohner von Guinea-Bissau zu den freundlichsten Menschen in ganz Afrika.

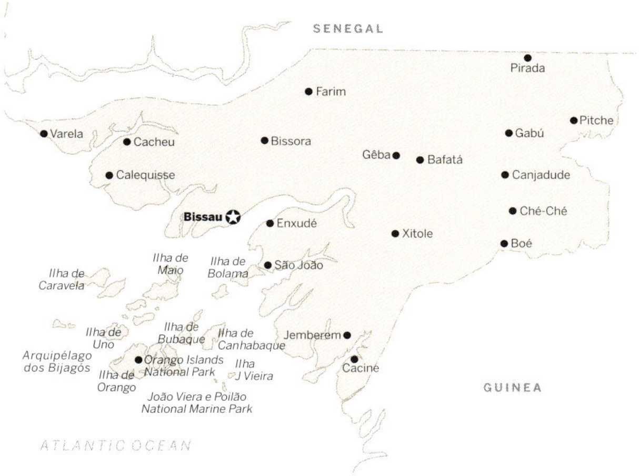

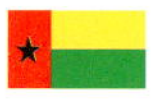

G

1. Ein Hindu-Festival in Georgetown
2. Die donnernden Kaieteur-Fälle
3. Der Makifrosch ist einer der zahlreichen Einwohner aus Guyanas Regenwäldern

1

2

G HAUPTSTADT GEORGETOWN | EINWOHNER 739 903 | FLÄCHE 214 969 KM² | AMTSSPRACHE ENGLISCH

Guyana

Guyana hat ein bunt gemischtes kulturelles Erbe und sein geographischer Standort zwischen wildem Regenwald und karibischer Küste macht das Land noch interessanter. Seine Bevölkerung stammt größtenteils von afrikanischen Sklaven und ostindischen Kontraktarbeitern ab; im Landesinneren gibt es verstreute Indiodörfer. In Guyanas Hauptstadt Georgetown herrscht eine turbulente Wildwest-Atmosphäre, doch wenn die Kricket-Nationalmannschaft spielt, sind die Spannungen meist vergessen. Hinter all den Meldungen über Korruption, Stromausfälle und Wirtschaftskrisen versteckt sich ein lebensfrohes Völkchen, das dabei ist, Guyana in ein Topziel für Natur- und Abenteuerurlauber zu verwandeln. Die unberührten Wälder und ihre unglaubliche Artenvielfalt werden allmählich als Guyanas wertvollstes Gut erkannt.

Beste Reisezeit
Mitte Oktober bis Mitte Mai

Unbedingt anschauen
- Die Kaieteur-Fälle, die vermutlich höchsten einstufigen Wasserfälle der Welt, tief im Dschungel gelegen und nur per Kleinflugzeug oder auf einer dreitägigen Wanderung zu erreichen
- Wilde Tiere wie Ameisenbären, seltene Vögel, Jaguare und Riesenotter in den zentralen Primär-Regenwäldern
- Die Rupununi-Savanne mit verstreuten Indiodörfern, Dschungel und außergewöhnlicher Tierwelt

Nicht versäumen
- Vom Einbaum aus den Rupununi-Fluss nach den bedrohten Mohrenkaimanen absuchen
- Die einheimischen *vaqueros* (Viehtreiber) auf Viehtrieb in die abgelegenen Kanuku-Berge begleiten
- Per Boot von Charity nach Shell Beach reisen, einem idyllischen Küstenabschnitt

Guyana hautnah
Lesen *Buxton Spice* vom guyanischen Schriftsteller Oonya Kempadoo, ein spannender Entwicklungsroman, der im Guyana der 1970er Jahre spielt
Anhören Hits wie *Electric Avenue* von Eddie Grant, dem berühmtesten Sohn Guyanas
Ansehen *Guiana 1838*, Rohit Jagessars mitreißende Schilderung der Geschehnisse nach der Abschaffung der Sklaverei und der Rekrutierung von Arbeitern aus Ostindien
Essen *Pepperpot* (würziger Eintopf mit verschiedenen Fleischsorten und vergorenem Manioksaft)
Trinken Kühles Banks-Bier

In einem Wort
Howdy (Wie geht's?)

Markenzeichen
Zuckerrohr, der Massenselbstmord der Jim-Jones-Sekte, Kricketlegende Clive Lloyd

Übrigens …
Geschätzte 500 000 Guyaner leben im Ausland – fast so viele wie in Guyana leben.

1

2

H **HAUPTSTADT** PORT-AU-PRINCE | **EINWOHNER** 9 900 000 | **FLÄCHE** 27 750 KM² | **AMTSSPRACHEN** HAITISCH-KREOLISCH & FRANZÖSISCH

Haiti

Haiti wurde vor 200 Jahren aus der einzig erfolgreichen Sklavenrevolution der Welt heraus geboren, ein stolzes, einzigartiges Vermächtnis. Von allen karibischen Ländern ist es seinen afrikanischen Wurzeln am nächsten und hat eine reiche künstlerische Tradition und eine tiefe Spiritualität, die aus Vodou und Christentum schöpft. Doch seine jüngste Geschichte war schwierig und belastet von politischer Instabilität und dem Erdbeben von 2010, von dem sich das Land noch immer erholt. Haiti war ganz vorne mit dabei, den karibischen Tourismus des 20. Jhs. anzukurbeln und auch heute steht der Tourismus im Zentrum der wirtschaftlichen Erholung. Der Weg zum Wiederaufbau bleibt steinig, doch die Haitianer freuen sich über Besucher und zeigen ihnen gerne ihr Land jenseits der Schlagzeilen.

Beste Reisezeit

Dezember bis Juli (außerhalb der Hurrikansaison)

Unbedingt anschauen

- Die Zitadelle, die Haiti vor einer napoleonischen Invasion schützen sollte
- Die „Zuckerbäcker"-Villen der viktorianischen Stadt Port-au-Prince
- Das Musée du Panthéon National Haïtien: Es hütet u. a. die Pistole, mit der König Christophe Selbstmord beging, und den Anker von Kolumbus' *Santa Maria*
- Die großen Feiern der Vodou-Gläubigen in Saut-d'Eau, Souvenance und Soukri
- Die cyberpunkigen Vodou-Skulpturen, die das Künstlerkollektiv Grand Rue in Port-au-Prince aus Schrottmetall kreiert

Nicht versäumen

- Mit einem bunt bemalten *tap-tap*-Bus durch Port-au-Prince schaukeln
- Den Carnaval de Jacmel, eines der tollsten Karnevalsfeste der Karibik
- Eine Vodou-Zeremonie besuchen, um neue Einsichten in diese verkannte Religion zu gewinnen
- Durch die bergigen Kiefernwälder des Nationalparks La Visite wandern
- Zu den kobaltblauen Wasserfällen und Tümpeln der Bassins Bleu wandern

Haiti hautnah

Lesen Jonathan Katz Erdbeben-Reportage *The Big Truck That Went By: How the World Came to Save Haiti and Left Behind a Disaster* oder die Kurzgeschichten von Edwidge Danticat in *The Dew Breakers*
Anhören Die Vodou-Rock'n'Roots-Band RAM oder Freshla, der König des *rabòday* (haitischer Electro-Dance)
Ansehen *The Agronomist* von Jonathan Demme über das Leben des haitianischen Journalisten und Aktivisten Jean Dominque
Essen *Griyo* und *bannan peze* (gebratenes Schweinefleisch und Kochbanane) mit *pikliz* (Krautsalat mit sauren Gurken und Chilli)
Trinken Rum (am besten Barbancourt), das einzig wahre Getränk

In einem Wort

M pa pli mal (Nicht schlechter als sonst) – die Standardantwort auf „Wie geht's?

Markenzeichen

Vodou, Wyclef Jean, Rum, Toussaint Louverture und die revolutionäre Sklavenära

Übrigens ...

Vodou ist eine Verschmelzung aus westafrikanischen und katholischen Glaubenselementen – die Schreibweise „Voodoo" wird hier wegen der Gruselassoziationen der westlichen Popkultur vermieden.

1. Vodou-Verehrer auf einer Zeremonie in Port-au-Prince
2. Farmland in Kenscoff, wo es auf 1980 Höhenmetern angenehm kühl ist
3. In Port-au-Prince ist ein Getränkeverkäufer oft ein willkommener Anblick

4

Beste Reisezeit
Mai und Juni, die Zeit der Feste

Unbedingt anschauen

- Die außergewöhnlich kunstvollen Tempel der Copán Ruinas
- Seltene Walhaie, die von Mai bis September die Karibikküste durchstreifen
- Das schläfrige Dorf Gracias im Nebelwald, einst die Hauptstadt des spanischen Zentralamerikas
- Jaguar-Tatzenabdrücke in der Wildnis des Biosphärenreservats Río Plátano
- Guancasco, eine jährliche Zeremonie der Lenca, um Frieden und Freundschaft zwischen Nachbargemeinden zu stärken

Nicht versäumen

- In den glitzernden Gewässern um Roatán erschwingliche Tauchscheine erwerben
- Einige der 400 Vogelarten am Lago de Yojoa erspähen
- Der Jungfrau von Suyapa in der früheren Herrentoilette eines Lokals in Tegucigalpa begegnen
- Den spektakulären Nebelwald des Celaque-Nationalparks entdecken
- Dschungelflüsse hinabgleiten, um Tapire an den Ufern von La Moskitia saufen zu sehen

Honduras hautnah
Lesen *El Gran Hotel* von Guillermo Yuscarán, einem der bekanntesten honduranischen Schriftsteller, oder Der *Fußballkrieg* von Ryszard Kapuscinski über den 100-stündigen Krieg zwischen Honduras und El Salvador
Anhören Die Garífuna-Band Los Menudos
Ansehen *Sin Nombre* (Ohne Namen) von Cary Fukunaga über Gangs und die Emigration in die USA; *El Espiritu de mi Mama* (Der Geist meiner Mutter) von Ali Allie über eine junge Garífuna-Frau
Essen *Sopa de caracol* frisch aus dem Wasser (Meeresschneckensuppe) oder *baleada* – Mehl-Tortillas mit pürierten Bohnen gefüllt
Trinken Eiskaltes Bier – Port Royal oder Salva Vida

In einem Wort
Todo cheque (Alles prima)

Markenzeichen
Die Moskitoküste, die Mayaruinen bei Copán, Jaguare und Brüllaffen, Nebelwälder, Bananen, üppige Tropeninseln mit erschwinglichen Tauchangeboten, rekordverdächtige Mordraten

Übrigens …
Honduras war die ursprüngliche Bananenrepublik – der amerikanische Schriftsteller O Henry prägte den Begriff in den 1890er-Jahren, um den Einfluss amerikanischer Bananenfirmen auf die Regierung von Honduras zu beschreiben.

1. Fischertukane erspäht man am ehesten im Parque Nacional Pico Bonito
2. Parque Central, der Hauptplatz des schönen Copán Ruinas
3. Ein Mann flechtet Palmen für die größte Osterprozession des Landes in Comayagua

H **HAUPTSTADT** TEGUCIGALPA | **EINWOHNER** 8 400 000 | **FLÄCHE** 112 090 KM² | **AMTSSPRACHE** SPANISCH

Honduras

Kolumbus mag Honduras entdeckt haben, doch die wenigsten könnten es heute auf einer Karte einzeichnen. Honduras ist das unauffällige Kind Zentralamerikas. Es hat zahlreiche natürliche und historische Reichtümer vorzuweisen, ist aber jenseits seiner Grenzen für wenig Konkretes bekannt. Die Tropennation ist mit außergewöhnlichen Maya-Stätten, stimmungsvollen Kolonialstädten, üppigen Regenwäldern, Inseln mit Riffen und den herrlich isolierten Buchten der Moskitoküste (La Moskitia) ausgestattet. Dennoch wurde Honduras nie von Touristen überschwemmt und der derzeitige Anstieg an Gewaltverbrechen ist nicht gerade förderlich. Heute lassen die meisten Besucher die Städte links liegen und ziehen in die Nationalparks, zu den Maya-Relikten an der guatemalischen Grenze und den wohligen Bay Islands, wo Tauchgänge mit Walhaien eine willkomene Abwechslung zu den Lastern des Festlands bieten.

H

3

1

2

H **HAUPTSTADT** HONGKONG | **EINWOHNER** 7100000 | **FLÄCHE** 1104 KM² | **AMTSSPRACHEN** KANTONESISCH & ENGLISCH

Hong Kong | Hongkong

Die am dichtesten besiedelte Stadt der Welt ist ein pulsierendes Spektakel in Neon. Als Sonderverwaltungszone Chinas und frühere britische Kolonie ist die Stadt noch immer ein Ort, an dem Ost auf West trifft: Straßenstände mit getrocknetem Fisch konkurrieren mit globalen Bekleidungsketten um Fläche, Einheimische genießen sowohl Fischbällchensuppe wie Fish & Chips, Expat-Banker parken ihre Maseratis vor alten Tempeln. Das Zentrum des Treibens bilden wie eh und je Kowloon und die Insel Hongkong mit ihren überfüllten Einkaufsstraßen und Hochhaustürmen. Die Inseln der New Territories locken dagegen mit stillen Stränden und Dschungelpfaden.

Beste Reisezeit
Oktober bis Dezember (außerhalb der Regenzeit)

Unbedingt anschauen
- Das alte Sheung Wan, wo Läden in engen Gassen getrocknete Pilze und Vogelnester verkaufen
- Die kuriosen, kräftesparenden Fahrsteige der Mid-Levels
- Das frenetische nächtliche Treiben auf dem Happy Valley Racecourse
- Der in Weihrauch gehüllte Man Mo Tempel
- Die Lightshow „Symphony of Lights" in Kowloon mit ihren Diskolichtern, die über die Wolkenkratzer am Hafen hüpfen

Nicht versäumen
- Mit der Peak Tram zum Victoria Peak hochzuckeln
- In einem traditionellen Teehaus in Kowloon Dim Sum schlemmen
- Auf der günstigen, heiteren Star Ferry über den Victoria Harbour schippern und die Skyline genießen
- In den Dschungel von Lantau Island oder Sai Kung Country Park flüchten
- Mit der Seilbahn über die Berge zur hausgroßen Tian Tan Buddha Statue fahren

Hongkong hautnah
Lesen James Clavells Erfolgsroman *Tai-Pan* oder *Die Klavierlehrerin* von Janice Y. K. Lee
Anhören Den Kanto-Pop der Four Heavenly Kings (Jacky Cheung, Andy Lau, Aaron Kwok und Leon Lai)
Ansehen *City Wolf – A Better Tomorrow* von John Woo, *Infernal Affairs – Die achte Hölle* von Andrew Lau und Alan Mak oder Wong Kar-Wais *In the Mood for Love* – ein Hong-Kong-Klassiker
Essen *Dim Sum*, *char siu* (Schweinebraten), Eiertörtchen, Brötchen mit Schweinekotelett, *Congee*, Nudeln mit Rinderbrust, Fischbällchen am Spieß
Trinken Rohrzuckersaft, Tee mit Milch oder *yuanyang* (halb Tee, halb Kaffee)

In einem Wort
Yum cha („Tee trinken" – Bezeichnung für eine genießerische Teemahlzeit mit Dim Sum)

Markenzeichen
Wolkenkratzer, Doppeldeckerbusse, Shopping-Orgien, die Skyline, die Peak Tram, Jackie Chan, chinesisches Neujahr, Dim-Sum-Schmaus

Übrigens ...
Mit mehr als 300 über 150 m hohen Gebäuden hat Hong Kong mehr Wolkenkratzer erbaut als jede andere Stadt.

1. Der Blick vom Victoria Peak auf den Wolkenkratzer-Dschungel
2. Die Peak Tram bietet auf dem Weg zum Victoria Peak schöne Aussichten
3. Eine Dschunke streift die Lichter des Victoria Harbours
4. Kunstvolle Laternen im Victoria Park während des Mondfests

3

4

Beste Reisezeit
April bis Juni und September bis Oktober

Unbedingt anschauen
- Den fantastischen Blick von der Fischerbastei auf dem Burgberg auf das Donauufer und das Budapester Parlamentsgebäude
- Die peitschenknallenden Vorführungen der sattellos reitenden *csikos* (Pferdehirten) im Hortobágy-Nationalpark
- Die Mandelblüte sowie Keramik, Stickereien und andere Volkskunst in Tihany
- Galerien, Museen, Moscheen, wunderbar erhaltene Synagogen und Bäder aus der osmanischen Ära in Pécs
- Das einwöchige Sziget-Musikfestival, eins von Europas größten, auf einer grünen Insel in der Donau

Nicht versäumen
- Sich mit den Einheimischen in Budapests eleganten Thermalbädern aalen
- In „Schönfrauental", einem Stadtteil von Eger (Erlau), die temperamentvollen Weine der Region verkosten
- Mit einer Donaufähre von Budapest zur Künstlerkolonie von Szentendre fahren
- Am Plattensee, Ungarns Süßwasser-Riviera, die Zehen ins Wasser tunken
- Einen trinken in den Ruin-Pubs, leerstehende Gebäude in Budapest und Debrecen, die für das Nachtleben einen neuen Anstrich erhalten haben

Ungarn hautnah
Lesen *Roman eines Schicksallosen* von dem Nobelpreisträger Imre Kertesz, die halbautobiografische Erzählung von einem jüdischen Jungen, der ins Konzentrationslager deportiert wird
Anhören Die *Ungarischen Rhapsodien* von Franz Liszt oder die eindringliche Volksmusik von Marta Sebestyen, in der Filmmusik *Der englische Patient* zu hören
Ansehen *Kontroll*, einen komischen Thriller um Fahrkartenkontrolleure und einen flüchtigen Serienmörder in der Budapester U-Bahn
Essen *Paprikas csirke* (Paprikahuhn) oder *gulyás* (Rindergulasch)
Trinken Den edelsüßen *Tokaji Azsú* (Tokajer Ausbruch) oder den vollmundigen Rotwein *Egri Bikavér*, bei uns besser bekannt als Erlauer Stierblut, oder das lokale Feuerwasser *pálinka*, fruchtiger Weinbrand, der oft zu Hause produziert wird

In einem Wort
Egészségére (Prost!)

Markenzeichen
Paprika, Tokajer, Gulasch, Rubiks Zauberwürfel, Thermalbäder, Pferdehirten

Übrigens ...
Der Kugelschreiber wurde von dem Ungarn Laszlo Biro erfunden.

1. Die Széchenyi-Kettenbrücke und das Parlament zieren die Donau
2. Ein Schachspiel im Széchenyi-Heilbad in Budapest
3. Die Fischerbastei und die neugotische Matthiaskirche in Budapest

H HAUPTSTADT BUDAPEST | EINWOHNER 9 900 000 | FLÄCHE 93 028 KM² | AMTSSPRACHE UNGARISCH

Hungary | Ungarn

Ungarn liegt im Karpatenbecken, mitten in Europa, und die Ungarn erklären Besuchern gern, dass ihre Heimat ein mittel- und nicht etwa ein osteuropäisches Land sei, auch wenn ihre Vorfahren aus einer Region jenseits des Urals kamen. Das Land der platten *puszta* (Steppe) lockt mit einer alles andere als öden Kultur. Mit ihrer Vorliebe für paprikagewürzte Küche, wohlige Thermalbäder an kalten Wintertagen, traditionelle Reiterakrobatik und temperamentvolle Volksmusik sowie ihrer unergründlichen Sprache heben sich die Ungarn deutlich von all ihren Nachbarn ab. Zwar huldigt Ungarn noch immer heimischen Größen wie Franz Liszt und Maler Mihály von Munkácsy, doch zwischen Monumenten und traditioneller Architektur florieren heute trendige Cafés und Ruin-Pubs.

H

Beste Reisezeit
Mai bis September, um der Dunkelheit und Kälte zu entgehen, oder Dezember bis Februar, um das „Eisland" so richtig eisig zu erleben

Unbedingt anschauen
- Die mächtige Fontäne des Großen Geysirs, die geothermale Quelle, die namensgebend für andere Geysire war
- Springende Wale und neugierige Delphine auf einer Waltour vor Húsavik
- Die schwelende Vulkanwüste Krafla
- Die Gipfel und Gletscher, Wasserfälle und Krüppelbirken des Skaftafell
- Tausende von Papageitaucher-Küken, die im August von Vestmannaeyjar losflattern

Nicht versäumen
- Die ganz große Sause: eine alkoholgeschwängerte *runtur* durch Reykjavík
- Im vulkan-erhitzten Wasser der Blauen Lagune planschen und dabei kühle Frischluft atmen
- Unter der Mitternachtssonne mit dem Kajak durch die Fjorde paddeln
- Einen luftverschmutzungsfreien Aussichtspunkt finden, der Rundum-Blicke auf das Nordlicht eröffnet

Island hautnah
Lesen *Sein eigener Herr* und andere Romane von Nobelpreisträger Halldór Laxness, Krimis von Arnaldur Indriðason, die Sagas des 12. und 13 Jhs.
Anhören Björk, die in keine Schublade passt, die Pop- und Folksängerin Emilíana Torrini, den unirdischen Sound von Sigur Rós
Ansehen *101 Reykjavík* nach dem Roman von Hallgrimur Helgason, die tragisch-komische Story eines Losers, der sich mit der Geliebten seiner Mutter einlässt
Essen Gewöhnungsbedürftige Spezialitäten wie *hakarl* (gammeliges Haifleisch) oder gesengten Schafskopf samt Augäpfeln
Trinken *Brennivín* (Brennwein): Kartoffelschnaps mit Kümmelaroma, der den unheilverkündenden Spitznamen *svarti dauði* (schwarzer Tod) trägt

In einem Wort
Skál! (Prost!)

Markenzeichen
Björk, die Blaue Lagune, Geysire, Gletscher und Vulkane, Islandpferde, Papageitaucher, Wikingerlegenden, Walbeobachtungen, Trolle und Elfen

Übrigens …
Wegen der isländischen Namensgebung (der Nachname besteht aus dem Vornamen des Vaters, bei Frauen mit dem Zusatz -dóttir für „Tochter", bei Männern mit dem Zusatz -son) sind die Einträge im Telefonbuch nach Vornamen geordnet.

1. Die geothermale Blaue Lagune in Grindavík
2. Abgehärtete, sanftmütige Islandpferde haben einen Sonderstatus in der isländischen Kultur
3. Hallgrímskirkja, die gewaltige Kirche in Reykjavík aus weißem Beton
4. Hinter den Fällen von Seljalandsfoss

I **HAUPTSTADT** REYKJAVÍK | **EINWOHNER** 315 281 | **FLÄCHE** 103 000 KM² | **AMTSSPRACHE** ISLÄNDISCH

Iceland | Island

Island ist ein vulkanisches Riesenlabor, dessen gewaltige Kräfte die Landschaft formen und seine Beobachter zu unbedeutenden Tupfern schrumpfen lässt. Es überwältigt Besucher mit sprühenden Geysiren, blubbernden Schlammtümpeln, speienden Vulkanen und malmenden Gletschern. Wer in seinen Thermen badet, mit dem Kajak die Fjorde erkundet, Wale am Horizont erspäht oder durch knisternde Eisdecken stiefelt, erfährt die Essenz dieses Landes. Das frühere Wikingerland – einst ein Vorzeigebeispiel des Wohlstands – litt kurz und schwer in der Finanzkrise, hat sich aber erholt. Den meisten Besuchern sind die niedrigeren Preise willkommen, denn sie machen isländische Rituale wie die *runtur*, eine wochenendlange Kneipentour mit den partywütigen Reykjavikern, etwas erschwinglicher.

1

2

I **HAUPTSTADT** NEU-DELHI | **EINWOHNER** 1 200 000 000 | **FLÄCHE** 3 287 263 KM² | **AMTSSPRACHEN** HINDI, ENGLISCH, BENGALI, TELUGU, MARATHI, TAMIL, URDU, GUJARATI, MALAYALAM, KANNADA, ORIYA, PUNJABI, ASSAMESISCH, KASCHMIRI, SINDHI & SANSKRIT

India | Indien

Bekrönt vom Himalaja, von heiligen Flüssen durchzogen, von Weltreichen wie Persien bis hin zum Britischen Raj begehrt – Indien ist ein Kaleidoskop der Kulturen und Geburtsstätte von mindestens zwei großen Weltreligionen. Unzählige Zivilisationen sind zwischen Reisfeldern, Wüsten und Dschungeln entstanden und wieder untergegangen, Indien jedoch besteht weiter. Überbevölkerung, Armut, religiöse Spannungen und eine lähmende Bürokratie machen den Alltag zu einer Herausforderung. Für die Einheimischen sind diese nur Teil des Flickenteppichs, der sich Leben nennt. Dafür entschädigen Augenblicke heiterer Stille, wenn über einem heiligen Teich der Morgen anbricht, ein Tiger aus dem Dickicht des Dschungels erscheint oder ein Mönch seine Stimme zu den Tönen des Universums erhebt.

Beste Reisezeit
November bis März im Flachland, Juli bis September im Himalaja

Unbedingt anschauen
- Die weiße Marmorpracht des Taj Mahal
- Die unzähligen Pilger am Ufer des Ganges in der heiligen Stadt Varanasi
- Die atemberaubenden Menschenmassen in Mumbai und Kolkata
- Die Bergpanoramen und die Hinterlassenschaften der britischen Herrschaft in Shimla und Darjeeling, urtypische indische Hill Stations
- Die umgestürzten Tempel verschwundener Zivilisationen, die im Ödland von Hampi zwischen Granitbrocken verstreut sind

Nicht versäumen
- Eine Kamelsafari durch die Sandwüste Rajasthans
- In einem der grandiosen Nationalparks im Dschungel nach Tigern Ausschau halten
- An den palmengesäumten Stränden von Goa die Seele baumeln lassen
- In der indischen Yoga-Hauptstadt Rishikesh den Körper auf ungeahnte Weise verbiegen
- Auf den hohen Pässen des indischen Himalayas auf die Suche nach mystischen Klöstern und majestätischen Bergen gehen

Indien hautnah
Lesen *Mitternachtskinder* von Salman Rushdie, *Eine gute Partie* von Vikram Seth oder *Erbin des verlorenen Landes* von Kiran Desai
Anhören Bollywood-Filmmusik von Allah Rakha Rahman
Ansehen Ramesh Sippys Bollywood-Klassiker *Sholay* oder Satyarjit Rays eindringliches Werk *Apus Weg ins Leben: Auf der Straße*
Essen Köstliche *thalis* (Reis, Curry-Gerichte, *chapatis*, *pappadams* und würzige Beilagen, serviert auf einem Metallteller oder einem Bananenblatt)
Trinken *Lassi* (süßer oder salziger Joghurt-Shake) oder *chai* (süßer indischer Tee) oder ein Kingfisher-Bier

In einem Wort
Jai hind! (Lang lebe Indien!)

Markenzeichen
Hindugötter, Maharadschas, heilige Kühe, Gandhi, das Taj Mahal, Hill Stations, der Himalaja, Tempeltürme, endlose Slums, Bollywood, Chillum-rauchende Sadus, religiöse Auseinandersetzungen

Übrigens …
Ein Gewürz mit Namen „Curry" gibt es in Indien nicht – das südindische Wort *kari* bedeutet einfach „gebraten" oder „Sauce".

1. Drachen über den Häuserdächern während des Uttarayan, dem Drachenfest in Ahmedabad
2. Feierlichkeiten während des Holi, dem Fest der Farben
3. Mumbai bei Nacht
4. Eine militärische Zeremonie in Wagah an der Grenze zu Pakistan

3

4

I

Beste Reisezeit

Mai bis September (fast überall die trockene Zeit)

Unbedingt anschauen

- Die perfekte Symmetrie des buddhistischen Stupas in Borobudur
- Schattentheater, Batikfärberei und andere uralte Künste in Yogyakarta
- Todesrituale wie aus Indiana Jones im weltabgewandten Tana Toraja
- Reisterrassen und Stufentempel auf der touristischen, aber paradiesischen Insel Bali
- Ausblicke über eine dampfende Vulkanlandschaft vom Gipfel des Gunung Bromo

Nicht versäumen

- Auf den wunderschönen Gili-Inseln das tropische Leben genießen
- In Ulu Watu, dem Surfmekka Balis, die perfekte Welle erwischen
- An Tauchplätzen im ganzen Land in ein Meer aus Farben eintauchen
- Im Nationalpark Komodo den größten Echsen der Welt begegnen
- In Papuas Baliem-Tal durch zeitlose Dani-Dörfer wandern

Indonesien hautnah

Lesen *Saman* von Ayu Utami, ein Roman über Geschlechtertabus, politische Repressionen und religiöse Intoleranz
Anhören Den unverkennbaren Sound eines *Gamelan*, das traditionelle Orchester auf Java, Bali und Lombok
Ansehen Indonesisches Arthaus wie die vielschichtigen Filme von Garin Nugroho
Essen Das allgegenwärtige *nasi goreng* (gebratener Reis) oder sämig-würziges *rendang* (langsam gegartes Rindfleisch mit Kokosnuss und Zitronengras)
Trinken *Bintang*-Bier und *Kopi* (Kaffee)

In einem Wort

Tidak apa-apa (Kein Problem)

Markenzeichen

Rumorende Vulkane, Kaffee, Palmölplantagen, traumhafte Inselstrände, legendäre Surfwellen, Gamelan-Orchester, Komodowarane, Schattenmarionetten, Null Toleranz bei Drogendelikten

Übrigens …

Beim jährlichen Nyepi, dem „Tag der Stille" auf Bali, kommt die ganze Insel – einschließlich des internationalen Flughafens – für 24 Stunden zum Stillstand.

1. Der Gunung Agung über den Reisfeldern von Rendang
2. Ein Mitglied des Dani-Stammes im Baliem-Tal auf Papua
3. Kleine Stupas auf dem prächtigen Borobodur
4. Ein Segelschoner passiert die Waiaginseln im marinen El Dorado von Raja Ampat

I **HAUPTSTADT** JAKARTA | **EINWOHNER** 251 000 000 | **FLÄCHE** 1 904 569 KM² | **AMTSSPRACHE** INDONESISCH

Indonesia | Indonesien

Der größte Archipel der Welt reicht von der Südspitze der Malaiischen Halbinsel bis zur westlichen Hälfte Papua-Neuguineas und schließt dabei Teile der Inseln Borneo und Timor ein. Ständig verändern Erdbeben und Vulkanausbrüche die Landschaft – bei der letzten Zählung bestand Indonesien aus über 17 000 Inseln mit einer unglaublichen Vielfalt an Völkern und Kulturen, vom muslimisch-dominierten Java und den Hindus auf Bali bis zu den animistischen Stämmen von Papua. Dazu kommen spektakuläre Tempel, herrliche Strände, schillernde Riffe, üppiger Dschungel und nur hier vorkommende Tiere – kein Wunder also, dass Indonesien einen solch starken Reiz ausübt.

Beste Reisezeit
April bis Juni und September bis November

Unbedingt anschauen
- Die Marktarkaden und schönen Moscheen am Imam-Platz in Isfahan
- Verwinkelte Gassen und Windtürme in der Altstadt von Yazd
- Die Teeterrassen und Berge bei Masuleh am Kaspischen Meer
- Die Ruinen des prächtigen Persepolis
- Die Kuppeln und Minarette des Imam-Reza-Mausoleums in Meschhed

Nicht versäumen
- Einen Nachmittag mit Feilschen und Teetrinken beim Kauf eines Teppichs verbringen
- Inmitten der Dattelpalmen der Oase Garmeh der Stille lauschen
- Eine Einladung zum Abendessen bei jemandem zu Hause annehmen und iranische Gastfreundschaft aus erster Hand erleben
- Dem Smog von Teheran in den Ausläufern der Alborz-Berge entfliehen

Iran hautnah
Lesen *Die Erfahrung der Welt* von Nicolas Bouvier, ein ausgelassener Bericht über eine Autoreise in den 1950er-Jahren, und *Persien: Gottes vergessener Garten* von Jason Elliot, eine Betrachtung des modernen Iran
Anhören Die getragenen Melodien persischer epischer Dichtung, die zu traditioneller Begleitung gesungen werden
Ansehen *Gabbeh* von Mohsen Makhmalbaf, ein buntes Bild vom Leben der Nomaden, oder *Marmoulak – Die Eidechse* von Kamal Tabrizi, eine erfolgreiche Komödie
Essen Köstliche *mirza ghasemi* (Auberginenpüree mit Knoblauch, Ei und Tomate) oder *Kebabs* in allen möglichen Variationen
Trinken *Chay* (Tee) in einem *chaykhane* (traditionelles Teehaus)

In einem Wort
Khosh amadin (Willkommen!)

Markenzeichen
Teppiche, Basare, Wüstenzitadellen, Ölraffinerien, Dichtkunst, die islamistische Revolution, das Persische Reich

Übrigens ...
Die Iraner verwenden die arabische Schrift, aber ihre Sprache, Farsi, ist mit europäischen Sprachen verwandt.

1. Im Cabrio durch den modernen Iran fahren
2. Der Freiheitsturm (Azadi) ist das Wahrzeichen Teherans
3. Der Damavand nordöstlich von Teheran ist der höchste Berg im Mittleren Osten

I **HAUPTSTADT** TEHERAN | **EINWOHNER** 79900000 | **FLÄCHE** 1648195 KM² | **AMTSSPRACHE** FARSI (PERSISCH)

Iran

Der Iran ist mit seinen fabelhaften Kachelmoscheen und -palästen, seinem reichen Erbe an Dicht- und Erzählkunst und seinen sagenhaften Seen und Bergen der Traum jedes Abenteurers. Lang ersehnte politische Änderungen machen das Land langsam zugänglicher für Reisende, die schon lange darauf warten seine berühmte Gastfreundschaft und duftende Küche zu erleben. Irans gegenwärtige und antike Geschichte ist nichts als dramatisch: Überall liegen die Geschichten vergangener Helden und Schurken in der Luft, ob in den Ruinen des Persischen Reichs oder in den liebevoll aufbereiteten Ausstellungen in Teherans Museen. Auch die Moderne ist dem Iran nicht fremd – zum Lifestyle gehören Snowboarding im Elburs, durch die zeitgenössischen Kunstgalerien der Hauptstadt bummeln und eine genußvolle Kaffeekultur.

I **HAUPTSTADT** BAGDAD | **EINWOHNER** 31 900 000 | **FLÄCHE** 438 317 KM² | **AMTSSPRACHEN** ARABISCH & KURDISCH

Iraq | Irak

Im Irak – oder Mesopotamien, wie es früher hieß – waren viele der Hochkulturen der Antike beheimatet und Bagdad galt als kulturelles Kraftzentrum des Mittleren Ostens. Viele Zeugnisse dieser goldenen Ära wie der Löwe von Babylon oder die Zikkurat des Mondgottes Nanna stehen noch heute und verteilen sich auf ein Land, das sonst größtenteils vom Krieg verwüstet ist. Friede bleibt für die meisten Iraker ein weit entfernter Traum, doch die Zukunft des stabileren Nordens, des halb-autonomen Kurdistans, ist aussichtsreicher. Die auffällig widerstandsfähigen Kurden verfügen über eine ausgeprägte und lebhafte Kultur, einige der schönsten, grünen Bergpanoramen im Mittleren Osten und einen unstillbaren Durst nach Tee und Konversation.

Beste Zeit
April bis September

Interessante Orte
- Die Zitadelle von Arbil, eine der ältesten, kontinuierlich bewohnten Städte der Welt
- Das atemberaubend gelegene Dorf Amediye in den Bergen
- Die Bergstadt Akre und die Zeugnisse jüdischen Lebens im Norden des Landes
- Ur, laut Altem Testament Geburtsort Abrahams, mit einer der besterhaltenen Zikkurate der Welt
- Die faszinierenden Jesiden-Tempel im Lalisch-Tal

Lokale Bräuche
- In den Hügeln den perfekten Platz für ein ausgiebiges und lautes Familienpicknick finden
- In der ansteckend optimistischen Kulturszene von Sulaimaniya die Grenzen des Machbaren austesten
- Im nordöstlichen Irakisch-Kurdistan die reizende Hamilton Road entlangfahren
- In Arbils christlichem Viertel Ankawa ein Bierchen schlürfen
- Im Hochland um Ahmadawa herumwandern

Irak hautnah
Lesen Die phantastischen Geschichten aus *Tausendundeiner Nacht*, um das alte Bagdad zu erleben, oder *The Occupation of Iraq* von Ali A. Allawi, um zu erfahren, was heute daraus geworden ist
Anhören Den irakischen Superstar Kazem (Kadim) al-Saher oder die eindringliche *Oud* (Kurzhalslaute) von Naseer Shamma auf *Le Luth de Baghdad*
Ansehen *My Sweet Pepperland* von Hiner Saleem, eine bewegende und lustige Geschichte der Spannungen in Irakisch-Kurdistan
Essen *Masgouf* (Fisch aus dem Tigris, über Holzfeuer gebraten)
Trinken Dicken schwarzen Kaffee und dunklen, süßen Tee

In einem Wort
Salaam aleikum (Friede sei mit dir/euch)

Markenzeichen
Einer der Brennpunkte der Erde, schwer geprüfte Menschen, die Wiege der Zivilisation

Übrigens ...
Der biblische Garten Eden lag einigen Archäologen und Amateurhistorikern zufolge im Irak.

1. Die Jalil-Khayat-Moschee im kurdischen Arbil
2. Die Gedenkstätte der Märtyrer in Bagdad erinnert an die Opfer des Ersten Golfkriegs (1980-1988)
3. Ein Junge stellt seine Ware in einem Suq aus

2

3

I

Beste Reisezeit

Mai bis September, wenn es wärmer ist und die Tage länger sind

Unbedingt anschauen

- Die Dingle-Halbinsel mit klassischen irischen Küstenlandschaften und schönen Örtchen
- Unglaublich urige und malerische Straßen inmitten der grünen Felder von Donegal
- Die antike Festungsanlange des Rock of Cashel, die sich über dem Flachland von Tipperary erhebt
- Boote, enge Gassen und Küstenwege in und um Kinsale
- Dunkle Tunnel und uralte Monumente im neolithischen Brú na Bóinne

Nicht versäumen

- In der irischen Metropole Dublin seine vorgefassten Meinungen und Erwartungen über Bord werfen
- Den Wild Atlantic Way mit seinen ikonischen Attraktionen an der surftauglichen Westküste entlangfahren
- Im munteren Galway von einem Musikpub zum nächsten ziehen
- In einem versteckten Pub im County Clare authentische Volksmusik hören
- Sich im Labyrinth der reizenden kleinen Landstraßen verirren

Irland hautnah

Lesen *Die Asche meiner Mutter* von Frank McCourt zum besseren Verständnis der Tatsache, dass der wichtigste Exportartikel Irlands jahrhundertelang Menschen waren; James Joyce, um das irische Sprachtalent zu erkunden
Anhören U2 für Musik, die über das Land hinausweist; die Chieftains für traditionellere Klänge aus dem Land
Ansehen Roddy Doyles Prosa glänzt in der Musikkomödie *Die Commitments*; *The Snapper* zeigt die komischen Widrigkeiten des modernen Alltags
Essen Schinken mit Kohl, Meeresfrüchtesuppe, Räucherlachs mit Sodabrot
Trinken Guinness und danach eventuell ein Gläschen hochprozentigen Whiskeys mit Torfaroma

In einem Wort

What's the craic? (Was geht ab?)

Markenzeichen

Kartoffeln, Harfen, vierblättrige Kleeblätter, Guinness, Kobolde, Technologieunternehmen, unendliche Grüntöne, Begrüßungen über 20 Minuten

Übrigens ...

Irland ist das einzige Land mit einem Musikinstrument als Nationalsymbol (bis ins 19. Jh. zeigte die Flagge eine goldene Harfe auf blauem Hintergrund).

1. Der Long Room in der Bibliothek des Trinity College in Dublin beherbergt 200 000 Bücher
2. Ein typischer Pub in Ballyshannon: Die Pubkultur ist im irischen Alltag tief verwurzelt
3. Die schwindelerregenden Steilklippen der Cliffs of Moher
4. Die Ha'penny Bridge (oder Half Penny Bridge, nach ihrer ursprünglichen Maut benannt) zieht sich über den Liffey in Dublin

I HAUPTSTADT DUBLIN | EINWOHNER 4 800 000 | FLÄCHE 70 273 KM² | AMTSSPRACHEN ENGLISCH & IRISCH (GAEILGE)

Ireland | Irland

Genau wie ein richtig gezapftes Guinness (oder freundliches Geplauder) genießt man die Zwergnation in Europas westlichstem Winkel am besten langsam. Nur so kann man die eindringlichen Töne der traditionellen keltischen Musik, den Singsang alltäglicher Unterhaltungen und die Feinheiten der Landschaft richtig erleben. Letztere lockt mit gewellten Mooren, grünen Feldern von Schafen und schrägen Steinmauern durchzogen, ruhigen von steilen Tälern eingeschlossenen Seen, in Nebel gehüllten Berggipfeln und einer filigranen Küstenlinie. Selbst in seinen lebhaften Städten und bunt bemalten Dörfern verlockt Irland dazu, innezuhalten, die Umgebung in sich aufzusaugen und Teil dieser Heiterkeit (oder *craic*) zu werden, die sich von nichts stören lässt.

Beste Reisezeit

Ganzjährig; während der großen jüdischen Feiertage, wenn Verkehrsmittel und Unterkünfte voll sind, kann das Reisen allerdings beschwerlich sein

Unbedingt anschauen

- Jerusalems glänzend-goldener Felsendom
- Das antike Mar Saba Kloster an einer Klippe im Westjordanland gelegen
- Das strandverwöhnte Tel Aviv, eine moderne Stadt, in der immer etwas los ist
- Die römischen Ruinen und die Kreuzfahrerburg von Caesarea
- Die Geburtskirche im stimmungsvollen Bethlehem

Nicht versäumen

- Sich auf dem Toten Meer treiben lassen
- In einem Ramallah-Café warmes Brot und Hummus verschlingen
- Die Brauerei Taybeh besuchen und lokale Biere verkosten
- Die Wildnis der Wüste Negev erkunden und den Ramon-Krater erklimmen
- Den Berg Tsfahot ersteigen, um bei Sonnenaufgang auf das Rote Meer und nach Jordanien, Ägypten und Saudi-Arabien zu blicken

Israel und Palästina hautnah

Lesen *My Promised Land: The Triumph and Tragedy of Israel* von Ari Shavit, *The Iron Cage: The Story of the Palestinian Struggle for Statehood* von Rashid Khalidi
Anhören The *Idan Raichel Project*, israelische Liebeslieder, äthiopische Instrumente, jamaikanische Rhythmen und jemenitische Stimmen
Ansehen Den Oscar-nominierten Film *Omar* von Hany Abu-Assad, eine Liebesgeschichte vor dem Hintergrund des israelisch-palästinensischen Konflikts
Essen *Hummus*, eine nationale Obsession
Trinken Preisgekrönte Weine aus den aufstrebenden kleinen Winzereien des Landes

In einem Wort

Shalom (Hallo; Frieden)

Markenzeichen

Der Felsendom, politische Debatten, Jugendliche aus aller Welt in den Kibbuzim, biblische Landschaften

Übrigens ...

Die Ufer des Toten Meeres sind die Tiefsten der Welt. Der Wasserstand sinkt etwa einen Meter pro Jahr, angeblich weil das Wasser vom einströmenden Jordan umgeleitet wird.

1. Jerusalems goldene Kuppeln: der Felsendom und die Maria-Magdalena-Kirche
2. Backgammon ist das Lieblingsspiel der Palästinenser
3. Der Jerusalem Beach in Tel Aviv verwandelt sich freitagnachts in ein Partyzentrum

I **HAUPTSTADT** JERUSALEM (STRITTIG, I); RAMALLAH (P) | **EINWOHNER** 12 100 000 | FLÄCHE 26 770 KM² | **AMTSSPRACHE** HEBRÄISCH & ARABISCH

Israel & Palestinian Territories | Israel & Palästina

Israel und Palästina strotzen vor ergreifenden heiligen Stätten, archäologischen Schätzen, pulsierenden Städten und faszinierender natürlicher Schönheit. Die Region ist eine der am heftigsten Umkämpften der Welt – Israelis und Palästinenser ringen seit Jahrzehnten um sie. Vor diesem Hintergrund ist es unvermeidlich, dass die Politik viele Erlebnisse prägt – nicht zuletzt ein Besuch der prächtigen Jerusalemer Altstadt. Dabei hat dieser Ort viel mehr zu bieten als Schlagzeilen. Künstlerische, liberale Zentren, bildhübsche Strände und Szenen tiefster Spiritualität sind nur einige der Besucher-Highlights, die nur von unerwarteten Entdeckungen der zahlreichen Orte getoppt werden, wo sich arabische und jüdische Kulturen überschneiden.

I | HAUPTSTADT ROM | EINWOHNER 61500000 | FLÄCHE 301340 KM² | AMTSSPRACHE ITALIENISCH

Italy | Italien

So elegant wie eine liebevoll inszenierte Oper, so ausgelassen wie ein Straßenkarneval, so erdverbunden wie ein weißer, frisch ausgegrabener Trüffel – Italien schafft es, alles gleichzeitig zu sein. Es ist fast schon ein Klischee, Italiens reiche Schätze aufzuzählen, so weltberühmt wie sie sind. Das stiefelförmige Land macht praktisch jeden erdenklichen Urlaub möglich, vom Skitrip in den Alpen bis hin zur kultivierten Stadtbesichtigung und zum Strandurlaub auf Sizilien. Italien bietet für jeden etwas – seien es römische Ruinen und Skulpturen aus der Renaissance oder Laufsteg-Mode und Europas leidenschaftlichste Küche. Die Schwierigkeit besteht darin, sämtliche Architektur-Touren, Verkostungen und zweistündige Mittagsmahle unterzubringen.

Beste Reisezeit
April, Juni, September

Unbedingt anschauen
- Das antike Rom – alles davon, aber unbedingt Kolosseum, Forum, Palatin und Pantheon
- Meisterwerke von unschätzbarem Wert in den Uffizien in Florenz und den *David* in der Galleria dell'Accademia
- Das barocke Sizilien mit seiner florierenden Steinmetzkunst und seinen kräuselnden architektonischen Motiven
- Die Piazza di San Marco in Venedig mit dem Markusdom
- Die romantischen Überreste von Pompeji, bis zum Ausbruch des Vesuvs 79 n. Chr. eine blühende Handelsstadt

Nicht versäumen
- In den Straßen Roms oder den Kopfsteingassen Neapels nach Italiens bester Pizza suchen
- Eine unvergessliche Spritztour entlang der Küstenstraße der Amalfiküste
- Skifahren in den Alpen, wandern in den Dolomiten, die Klippen Sardiniens erklimmen oder mit dem Mountainbike durch die Hügellandschaft am Gardasee
- In der Mailänder Scala eine Opernaufführung besuchen
- Eine Feinschmecker-Pilgerreise durch die Gourmetstädte des Piemont oder der Emilia Romagna, wo man legendären Käse, Wein, Aufschnitt und Trüffel kosten kann

Italien hautnah
Lesen *Vroom by The Sea*, ein genial geschriebener Reisebericht von Peter Moore
Anhören Andrea Bocellis aufmunternde Interpretationen beliebter Opernklassiker
Ansehen Fellinis Klassiker *La Dolce Vita*, oder *Der Postmann*, *Cinema Paradiso* und *Ein Herz und eine Krone* zur Einstimmung
Essen *Trippa alla romana* (Kutteln mit Kartoffeln, Tomaten und Pecorino) in Rom, *bistecca alla fiorentina* (T-Bone-Steak) in Florenz und Pizza in Neapel
Trinken Brunello di Montalcino in der Toskana, Barolo im Piemont

In einem Wort
Ciao bella! (Hallo/Tschüss Hübsche!)

Markenzeichen
Römische Ruinen, Kunst der Renaissance, Pizza, Pasta und Olivenöl, Mode, Espresso, Pavarotti, verrückte Autofahrer, Vespas, das beste Eis der Welt

Übrigens …
Jeden Tag werden durchschnittlich 3000 € in die Fontana di Trevi geworfen, den Glücksbrunnen, der für eine Münzgabe eine Rückkehr nach Rom verspricht.

1. Ein Venedigbesuch ist erst mit einer Gondelfahrt komplett
2. Die imposanten Ruinen des antiken Forum Romanums in Rom
3. Manarola, eines der fünf Dörfer an der dramatischen Küstenstraße von Cinque Terre

3

I

1. Die Blue Mountains sind nach dem azurblauen Dunst benannt, der sich um die Gipfel legt

2. Die Somerset-Fälle bei Hope Bay erkundet man am besten mit dem Bambusfloss

3. Ein Strandverkäufer in Negril

J HAUPTSTADT KINGSTON | EINWOHNER 2 900 000 | FLÄCHE 10 991 KM² | AMTSSPRACHE ENGLISCH

Jamaica | Jamaika

Ab dem 16. Jh. war Jamaika Mittelpunkt einer brutalen karibischen Wirtschaft, in der afrikanische Sklaven Zucker und Rum für Europa und Amerika produzierten. In der früheren spanischen, später britischen Kolonie lebt die Vergangenheit spürbar fort. Das Land hat sich seine starke Verbindung zu Afrika bewahrt, was sich in der Gastronomie, Kultur und Politik zeigt. Der Sound der Insel, Reggae, geht zurück auf afrikanische Volksmusik und ist der wichtigste Exportschlager des Landes – in den Tonstudios von Kingston werden allmonatlich 500 Songs produziert. Und die überall aus den Lautsprechern plärrende Musik ist nur ein Teil des Klangteppichs dieser dicht bevölkerten Insel.

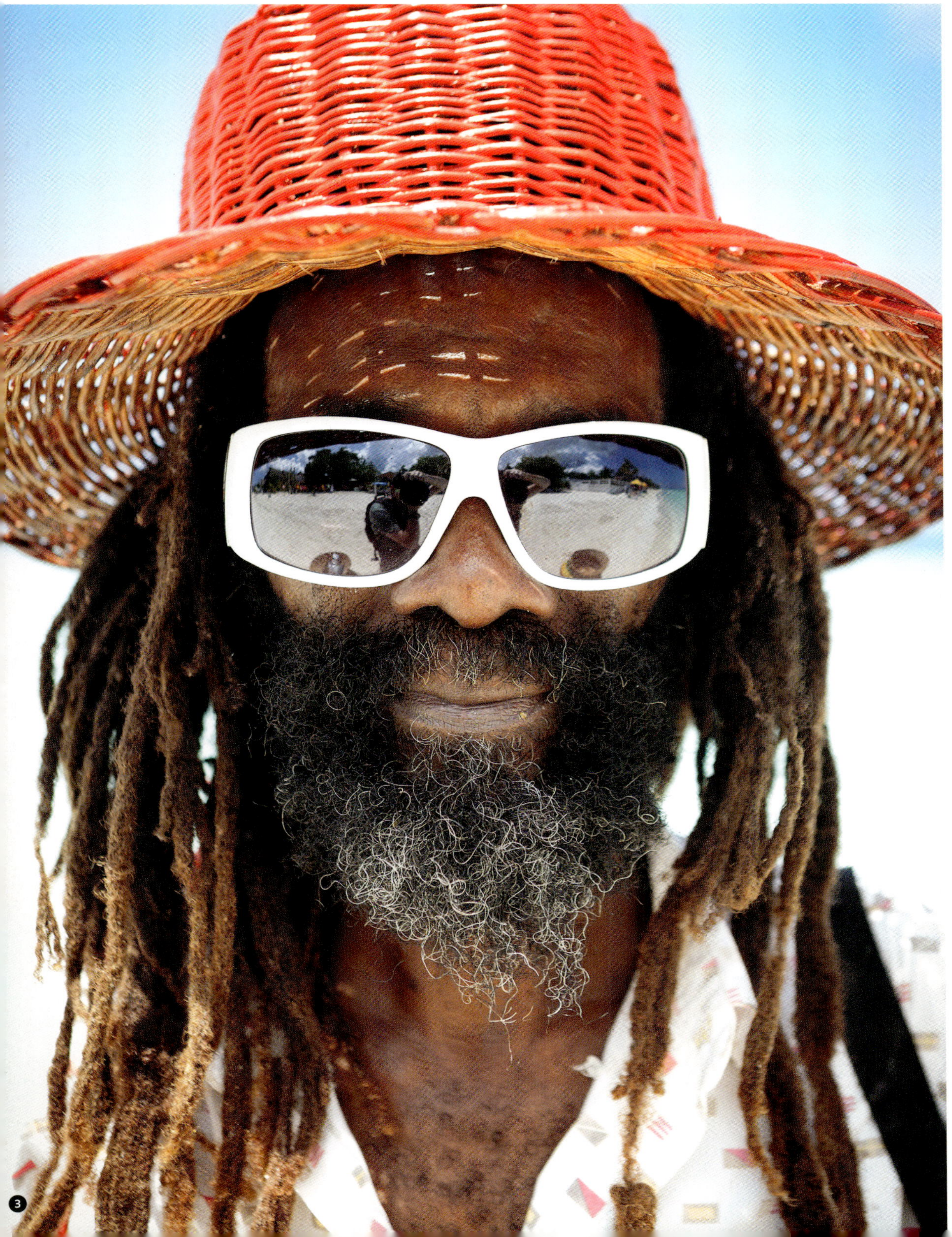

Beste Reisezeit

Das ganze Jahr über herrscht gutes Wetter, die Hochsaison geht von Dezember bis April

Unbedingt anschauen

- Den Sonnenuntergang von einer der Strandbars an der 11 km langen Long Bay bei Negril
- Das Bob Marley gewidmete Museum mit seinem Haus und Studio
- Eine der Kaffeeplantagen in der kühlen, grünen Hügellandschaft
- Die Ruinen von Port Royal, der ehemaligen Piratenhauptstadt der Karibik

Nicht versäumen

- Den 2256 m hohen Blue Mountain Peak erklimmen, der Teil eines üppig bewaldeten Unesco-Weltnaturerbes ist
- Im aufgeschäumten, grünen Wasser des Rio Bueno raften
- An den Dunn's River Falls, die sich auf einen Strand ergießen, auf Kalksteinkanten balancieren
- Zum urjamaikanischen Sound, dem Reggae, tanzen

Jamaika hautnah

Lesen *Sargassomeer* von Jean Rhys, eine Geschichte aus dem Jamaika nach der Sklavenbefreiung
Anhören Bob Marley in seinem Heimatland
Ansehen *The Harder They Come*, ein Kultkrimi von 1972 mit der Reggae-Legende Jimmy Cliff, der den Reggae zu den Massen gebracht haben soll
Essen *Jerk* (höllisch scharfes Grillfleisch)
Trinken Den berühmten Blue-Mountain-Kaffee sowie Rum verschiedenster Sorten

In einem Wort

Evert'ing cool, mon? (Alles okay?)

Markenzeichen

Reggae, Rum, Bob Marley, Rastafari, Kingston, Palmenstrände, freizügige Ferienanlagen

Übrigens …

Jonkanoo, einst das größte Fest der Sklaven, ist eine Weihnachtsparty mit Straßenumzügen von Maskenträgern.

J

3

1

2

J **HAUPTSTADT** TOKIO | **EINWOHNER** 127 300 000 | **FLÄCHE** 377 915 KM² | **AMTSSPRACHE** JAPANISCH

Japan

Japan ist eines der Länder, die die Vorurteile der Besucher sowohl bestätigen als auch widerlegen. Alle Klischees – Zen-Gärten, Sumo-Ringer, Hochgeschwindigkeitszüge, Geishas – sind leicht zu finden. Was aber viele Reisende umwirft, wie Japan immer wieder mit Unerwartetem besticht. Für jeden Shinto-Schrein und jede futuristische Metropole gibt es eine tropische Insel mit Traumstränden oder einen Wanderweg hoch zu einem schneebedeckten Gipfel. Und dann sind da noch die japanischen Eigenarten, wie Verkaufsautomaten für Unterhosen und Bier oder Leute, die sich als Manga-Figur verkleiden, was genauso normal ist wie täglich die Nachrichten zu prüfen, um zu sehen, wann die Kirschblüte im Frühjahr beginnt.

Beste Reisezeit
März bis Mai, nach dem Schnee des Winters und vor dem Regen des Sommers

Unbedingt anschauen
- Die unglaubliche menschliche Flut rund um den Bahnhof von Shibuya in Tokio
- Zen-Gärten, Tempel, Shinto-Schreine und Geishas im alten Kyoto
- Die Künstler-Insel Naoshima im Seto-Inlandsee, auf der Skulpturen und moderne Kunst verstreut liegen
- Welterbestätten in Nara, der alten Hauptstadt Japans
- Mount Fuji – ob aus dem Fenster eines Shinkansen-Zugs, auf einer Gipfelwanderung oder in der Reflektion im Wasser der nahen fünf Fuji-Seen

Nicht versäumen
- Auf Festivals wie dem Gion in Kyoto die ausgelassene Seite der Japaner kennenlernen
- Im einem *Onsen* (Heilbad) wie dem historischen Dogo Onsen in Matsuyama oder dem ruhigen Takawagara in Gunma alle Sorgen vergessen
- In Hiroshima und Nagasaki eigene Lehren aus der Geschichte ziehen
- Sich eine unvergessliche Nacht in einem *Ryokan* (traditionellem Hotel) wie dem Tawaraya in Kyoto gönnen
- Im perfekten Weiß der Skipisten von Niseko oder den Japanischen Alpen die Ski anschnallen

Japan hautnah
Lesen Natsume Sosekis satirisches *Ich der Kater;* Shikibu Murasakis *Die Geschichte vom Prinzen Genji*, angeblich der älteste Roman der Welt oder *Naokos Lächeln* von Nobelpreisträger Haruki Murakami
Anhören Den sentimentalen Klang des *Enka*-Musikgenres, japanischen Pop (J-pop) der Chartstürmer Mr. Children, die Punkrock-Legenden Guitar Wolf und die rein weibliche Punkpop-Gruppe Shonen Knife, die es schon seit den 80er Jahren gibt
Ansehen *Die sieben Samurai* von Akira Kurosawa; die Märchengeschichte *Chihiros Reise ins Zauberland* vom Animateur-Meister Hayao Miyazaki oder Hideo Nakatas Horrorfilm *Ring – Das Original*

Essen Rohen Fisch, am besten als *sashimi* – dünne Scheiben, die mit Sojasauce, *wasabi* (Meerrettich) und eingelegtem *daikon* (Rettich) serviert werden
Trinken *Shochu*, den japanischen Nationalschnaps, oder *sake*, japanischen Reiswein, am besten warm zur Belebung der Sinne

In einem Wort
Sugoi (drückt Überraschung, Verwunderung oder Abscheu aus)

Markenzeichen
Der Fuji, Ninjas, Sumo, Sushi, Kimonos, *shinkansen* (Schnellzüge), Papierwände, Verbeugungen, Cosplay (Verkleidung nach dem Vorbild von Manga-Figuren), Anime und Manga-Comics, Kirschblüte

Übrigens …
Früchte zu schenken ist für Japaner üblich, denn Obst wird als Luxusprodukt betrachtet. Eine der teuersten Früchte ist die seltene, schwarzrindige Densuke-Wassermelone, die Tausende von Dollar kosten kann.

1. Junge Sumo-Kämpfer trainieren im Ring
2. Die Kirschblüte in ihrer ganzen Pracht entlang des Philosophenwegs in Kyoto
3. Eine von Neon beleuchtete Gasse in Shinjuku, Tokyo
4. Tokyos faszinierender Tsukiji-Fischmarkt

3

4

1. Ein Beduine führt seine zwei Dromedare durch das Wadi Rum
2. Die gemeißelte Fassade von Petras „Schatzhaus" (Al Khazneh) im Kerzenschein
3. Ein junger Beduinen-Guide: In Jordanien bieten sich viele Gelegenheiten, die Kultur der Beduinen zu erleben

J **HAUPTSTADT** AMMAN | **EINWOHNER** 6 500 000 | **FLÄCHE** 89 342 KM² | **AMTSSPRACHE** ARABISCH

Jordan | Jordanien

Auf allen Seiten von Konflikten umringt könnte Jordanien mit Recht sein Schicksal verfluchen. Und dennoch bleibt dieses bemerkenswerte Land eine Oase der Stabilität in einer äußerst unruhigen Nachbarschaft. Biblische Geschichten, geheimnisumwitterte verlorene Städte und Lawrence von Arabien – dies und noch viel mehr hat Jordanien schon seit Urzeiten ins Zentrum großer historischer Ereignisse gerückt, und die Zeugnisse der epischen Vergangenheit des Landes bilden nach wie vor die wichtigsten Sehenswürdigkeiten, darunter Petra, das Wadi Rum und das Tote Meer. Doch am nachhaltigsten beeindruckt die Besucher die Wärme und Gastfreundschaft der Bewohner.

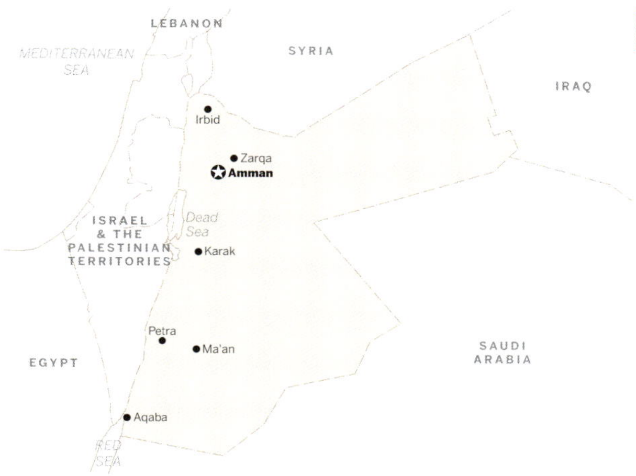

J

Beste Reisezeit
April/Mai oder September/Oktober

Unbedingt anschauen
- Die rosarote, aus dem Fels geschlagene Nabatäerstadt Petra
- Die römischen Ruinen von Gerasa, denen nur Petra die Schau stiehlt
- Die Kreuzfahrerburgen in Kerak und Shobak
- Die byzantinischen Mosaiken von Madaba und den Berg Nebo, von dem Moses auf das Gelobte Land blickte
- Abgelegene Wüstenschlösser, die bis in die Zeit der Omaijaden zurückgehen

Nicht versäumen
- Mit den Beduinen im Wadi Rum zelten und Lawrence von Arabien nachspüren
- Durch die wunderbare Unterwasserwelt des Roten Meeres tauchen
- Mühelos auf dem Toten Meer treiben
- Das Dana-Biosphärenreservat, das eindrucksvollste Ökotourismusprojekt des Nahen Ostens
- In Amman eintauchen, eine der hippsten und kultiviertesten Städte der arabischen Welt

Jordanien hautnah
Lesen *Die sieben Säulen der Weisheit* von T. E. Lawrence oder *Petra: Lost City of the Ancient World* von Christian Augé und Jean-Marie Dentzer
Anhören Sakher Hattar, verehrt als bester Oud-(Kurzhalslauten-)Spieler der arabischen Welt
Ansehen *Lawrence von Arabien*
Essen *Mensaf*, eine Spezialität der Beduinen: gewürztes Lammfleisch auf Reis und Pinienkernen
Trinken Tee – Symbol jordanischer Gastfreundschaft

In einem Wort
Ahlan wa sahlan (Willkommen)

Markenzeichen
Petra und das Wadi Rum, Beduinen und Palästinenser mit *kufiya* (Palästinensertuch), Gastfreundschaft

Übrigens …
Bei Bethanien östlich des Jordans soll Jesus getauft worden sein.

3

Beste Reisezeit

Mai bis September

Unbedingt anschauen

- Die leuchtenden blauen Kuppeln und das timuridische Fliesendekor aus dem 15. Jh. im Yasawi-Mausoleum in Türkistan
- Die futuristische Hauptstadt Kasachstans, Astana, mit ihrem tropischen Strandresort im größten Zelt der Welt
- Das kosmopolitische Almaty mit orthodoxen Kathedralen und Cafés in belaubten Gassen
- Fischerboote auf dem zur Wüste gewordenen Meeresgrund von Aralsk, heute weit vom Aralsee entfernt

Nicht versäumen

- Zum Fuß des Belucha-Berges im überwältigenden Altai-Gebirge reiten
- Zu den drei Kulsai-Seen im südöstlichen Transili-Alatau-Gebirge wandern
- Im riesigen Eisstadion von Medeo Schlittschuh laufen oder im nahen Wintersportort Chimbulak Snowboard fahren
- Im Naturreservat Korgalzhyn Flamingos in ihrem nördlichsten Habitat erspähen
- Sich in den Arasan-Bädern in Almaty mit Birkenzweigen eine Abreibung verpassen

Kasachstan hautnah

Lesen *Apples are from Kazakhstan: The Land that Disappeared* von Christopher Robbins, ein witziger und fesselnder Reisebericht
Anhören *The Silk Road: A Musical Caravan*, eine Sammlung traditioneller Musik aus Zentralasien, darunter mehrere Stücke aus Kasachstan
Ansehen Sergei Bodrows *Nomad*, Kasachstans 40-Millionen-Dollar-Kinohit, in dem kasachische Horden gegen dsungarische Armeen kämpfen
Essen *Kasi* (geräucherte Pferdewurst) – der ultimative Nomadensnack
Trinken *Schubat* (vergorene Kamelmilch), *kumis* (vergorene Stutenmilch), oder mit einem lokalen Derbes-Bier auf Nummer sicher gehen

In einem Wort

Salametsyz be? (Hallo/Wie geht's?)

Markenzeichen

Steppe, exzentrische Architektur, Aralsee, Öl, Tienschan-Gebirge, Weltraumbahnhof Baikonur, Atomwaffentestgelände Semipalatinsk, Pferde, Borat

Übrigens ...

Kasachstan sitzt auf geschätzten 100 Mrd. Barrel Öl, das meiste davon entlang der Küste des Kaspischen Meeres.

1. Adlerjäger im traditionellen Kostüm mit ihren trainierten Steinadlern
2. Der Klangbrunnen und Bajterek-Turm von Astana sind Teil des surrealen Stadtbilds
3. Das unvergessliche und lebensfeindliche Ustjurt-Plateau

K HAUPTSTADT ASTANA | EINWOHNER 17700000 | FLÄCHE 2724900 KM² | AMTSSPRACHEN KASACHISCH & RUSSISCH

Kazakhstan | Kasachstan

Kasachstan ist das neuntgrößte Land der Erde und bleibt den meisten Reisenden dennoch verborgen. Hauptbesuchermagneten sind die wunderbaren Berglandschaften des Altai und des Tienschan-Gebirges an der Grenze zu China, aber auch die öde Steppe lockt mit ihren surrealen Geheimnissen, von Kosmodromen aus der Sowjetzeit und unterirdischen Moscheen bis zu den rostigen Schiffswracks am Aralsee. Heute schenkt das Öl den einstigen Reitern der Goldenen Horde Reichtum, sie müssen jedoch mit der Tatsache fertigwerden, dass das Land den Sowjets in erster Linie als Müllkippe diente. Die Kasachensteppe bietet Reisenden heute eines der letzten unentdeckten Grenzgebiete.

K

K **HAUPTSTADT** NAIROBI | **EINWOHNER** 44 000 000 | **FLÄCHE** 580 367 KM² | **AMTSSPRACHEN** ENGLISCH & SWAHILI

Kenya | Kenia

Die Erde bebte, als Kenia geboren wurde. Und der Beweis dafür ist glücklicherweise klar zu sehen mit dem Großen Afrikanischen Grabenbruch, der sich dramatisch durch das gesamte Land zieht. Die Steilhänge, Seen, Savannen und Vulkane gehören zu den schönsten Landformen des Kontinents. Sie bieten Lebensraum für eine erstaunliche Vielfalt typischer afrikanischer Tiere und geheimnisvolle Menschen wie die Massai, Samburu, Turkana, Kikuyu und Luhya. Ökotourismus und lokale Schutzgebiete in der Masai Mara und im Laikipia schützen heute mehr Ökosysteme denn je zuvor. Die atemberaubende Swahili-Küste bleibt unter den vielen Safarigebieten ein Juwel – der nördliche Abschnitt ist derzeit allerdings aufgrund der Nähe zu Somalia für Reisende tabu.

Beste Reisezeit
Januar/Februar, Juni bis Oktober

Unbedingt anschauen
- Hunderttausende von Gnus und Zebras, die auf der großen Tierwanderung den Mara durchqueren und dabei versuchen Krokodilen auszuweichen
- Riesige Horden an Elefanten im Schatten des Kilimandscharos im Amboseli-Nationalpark
- Das herausragende Lewa-Naturschutzgebiet mit seinen Spitzmaulnashörnern und den seltenen Grevyzebras
- Den Sonnenaufgang in Point Lenana auf 4979 m auf dem Mount Kenya: ein gebührender Lohn für fünf anstrengende Wandertage
- Den Blick auf das schöne Laikipia-Plateau in Segera vom Fenster des originalen G-AAMY-Doppeldeckers aus *Jenseits von Afrika*

Nicht versäumen
- Mit einem Leihfahrrad durch die Wildnis des Hell's-Gate-Nationalparks fahren
- Mit einem Massai-Guide zu Fuß durch eines der privaten Schutzgebiete der Masai Mara gehen
- In Loyangalani auf Turkana treffen und ihr traditionelles Land am legendären Jademeer erkunden
- Den gezackten Kraterrand des Mount Longonots entlanglaufen und in eine vergessene Welt hinunterblicken
- Am schönen Diani Beach südlich des historischen Mombasas Kitesurfen lernen

Kenia hautnah
Lesen *Die Menschenfresser von Tsavo* von John Henry Patterson oder *The Lunatic Express* von Charles Miller über die Geschichte der Eisenbahnstrecke von Mombasa nach Uganda
Anhören *Benga*, die beliebte fröhliche Tanzmusik Kenias – am besten zu erkunden in den Stücken von Extra Golden, Okatch Biggy und Dola Kabarry
Ansehen Robert Redford und Meryl Streep in Sydney Pollacks *Jenseits von Afrika* nach dem berühmten Roman von Karen Blixen
Essen *Nyama choma* (gebratenes Fleisch nach kenianischer Art)
Trinken Wer sich traut: mit Rinderblut gemischte Milch, bei einer Massai-Feier

In einem Wort
Hakuna matata (Kein Problem!)

Markenzeichen
Safaris, die „Big Five" (Löwen, Elefanten, Nashörner, Büffel und Leoparden), der Große Grabenbruch, der „Sprungtanz" der Massai-Krieger, Schuhe aus Autoreifen, Marathonläufer Nairobbery

Übrigens ...
Der Nairobi-Nationalpark ist der einzige Nationalpark der Welt, der in einer Hauptstadt liegt. In seiner Savanne kann man Nashörner, Löwen, Giraffen und andere Tiere vor der City-Skyline beobachten.

1. Massai beim *adumu*, dem Sprungtanz
2. Seltene Netzgiraffen im Laikipia-Plateau
3. Ein Dau segelt durch den Lamu-Archipel

K

2

3

1. Ein Kanu segelt durch ein unberührtes Atoll
2. Das Millennium Atoll ist eines der abgelegensten Korallenatolle der Welt
3. Einheimische auf Kiritimati Island (Weihnachtsinsel)

1

2

K HAUPTSTADT TARAWA | EINWOHNER 103 248 | FLÄCHE 811 KM² | AMTSSPRACHEN ENGLISCH & GILBERTESISCH

Kiribati

Kiribati („Kiribas“ gesprochen) reizt nicht nur mit seinen wunderbaren Lagunen und Sonnenuntergängen, sondern auch mit der Einfachheit des Lebens. Das vom weiten Pazifik isolierte und vom Tourismus unverdorbene Land besteht aus 33 flachen Inseln und Atollen in Äquatornähe. Das Meer bestimmt das Leben, Hauptnahrungsmittel ist Fisch, Hauptverkehrsmittel sind Boote. Besucher werden mit einem sonnigen Lächeln willkommen geheißen. Während Tarawa dicht besiedelt und moderner ist, bieten die anderen Inseln die Gelegenheit, das einfache Inselleben zu erleben. Aber wo auch immer – feste Fahrpläne und Luxus darf man nicht erwarten und am besten schwimmt man einfach mit dem Strom.

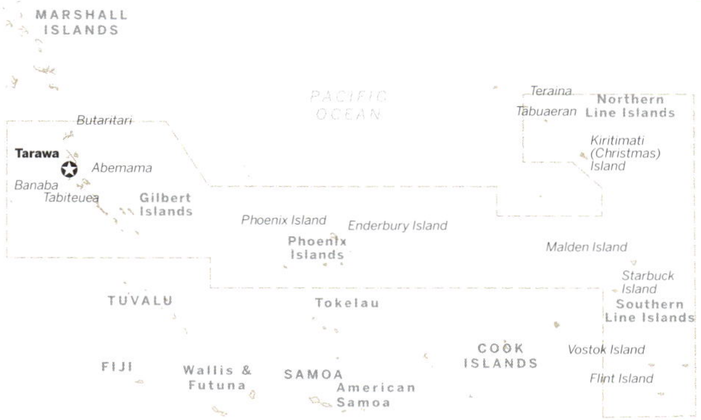

Beste Reisezeit

Die Trockenzeit von März bis Oktober

Unbedingt anschauen

- Traditionelle Tänze, die die Bewegungen des Fregattvogels nachahmen
- Die Massen an Seevögeln, Krebsen und Schildkröten im größten Meeresschutzgebiet des Pazifiks, der abgelegenen Phoenix Islands Protected Area
- Rostige Panzer, Schiffe und Flugzeuge auf dem Riff, Zeugnisse der Schlacht um die Gilbertinseln im Zweiten Weltkrieg
- Kunsthandwerk von den äußeren Inseln, z. B. *te wii ni bakua* (handgesmokte Tops) und konische Fischerhüte aus Pandanus-Blättern

Nicht versäumen

- Auf den berüchtigten Grätenfisch fliegenfischen
- Die Surfbreaks English Harbour und Whaler's Anchorage vor Fanning Island reiten
- In den wunderbar klaren Gewässern vor Christmas Island tauchen oder schnorcheln
- Auf den äußeren Inseln seinen Fang selbst räuchern

Kiribati hautnah

Lesen *A Pattern of Islands* von Sir Arthur Grimbal, der die Inseln liebte
Anhören Die schönen Gesänge, die aus den *maneaba* (traditionellen Versammlungshäusern) erschallen
Ansehen *Tinau (My Mother)*, ein Dokumentarfilm über die Gefahr des steigenden Meeresspiegels
Essen Frischen Fisch, Brotfrucht und Reis
Trinken *Kaokioki*, auch *sour toddy* genannt, gebraut aus dem Saft der Kokospalme

In einem Wort

Mauri-i-Matang! (Hallo Fremder!)

Markenzeichen

Abgelegene Korallenatolle, tiefblauer Ozean, Grätenfisch, Fregattvögel, die Schlacht um die Gilbertinseln, Weihnachtsinsel, Wasserstoffbombentests

Übrigens ...

Kiribati erstreckt sich über eine Meeresfläche von 3,55 Mio. km², das größte Verhältnis von Wasser- zu Landfläche aller Länder der Welt.

3

Beste Reisezeit
Mai bis September

Unbedingt anschauen
- Die Altstadt von Prizren mit ihren Kopfsteinpflastergassen, ihrer osmanischen Bogenbrücke, der Sinan-Pascha-Moschee und dem *hamam* (türkisches Bad)
- Das Kloster Dečani mit seiner wohltuenden Stille und den freundlichen Mönchen, die Käse und Honig herstellen
- Die Stalagmiten in der Höhle von Gadime
- Sonnenstrahlen, die die stimmungsvolle Düsternis im Kloster Gračanica durchbrechen

Nicht versäumen
- Mit den Kneipenbesuchern in Priština über Philosophie diskutieren
- Prištinas exzellentes Bärenrefugium, wo einst in Käfigen eingesperrte Bären heute unter tierfreundlichen Bedingungen leben
- Den Ausblick auf Prizren von der Kaljaja-Festung genießen
- Im Balkan-Friedenspark an der Grenze zwischen dem Kosovo, Albanien und Montenegro durch wilde Berglandschaften wandern
- Im schönen Skigebiet Brezovica dem Wintersport huldigen

Kosovo hautnah
Lesen *Kosovo: What Everyone Needs to Know* von Tim Judah, ein kurzer und lobenswert unparteiischer Überblick über das sehr komplexe Problemfeld Kosovo
Anhören Traditionelle Volksmusik mit Flöten und Ziegenfelltrommeln
Ansehen *Kukumi* von Isa Qosja, eine lyrische Geschichte über drei Ausbrecher aus einer Anstalt und die Bedeutung von Freiheit
Essen Verschiedene Balkan-Gerichte wie türkischen Döner, serbische *Cevapcici* oder phantastisch cremigen Joghurt und Ziegenkäse
Trinken Tee in einem traditionellen Teehaus, ausgewählte Sorten von Macchiatos im caféreichen Priština oder ein lokal gebrautes Peja-Bier

In einem Wort
Tungjajeta/Zdravo (Hallo auf Albanisch/Serbisch)

Markenzeichen
Friedenstruppen, orthodoxe Kirchen, Moscheen, Kriegsschäden und Wiederaufbau, Allradfahrzeuge der Hilfsorganisationen, ethnische Spannungen, mit Stacheldraht geschützte Klöster

Übrigens ...
Tony Blair war im Kosovo der späten 90er so beliebt, dass heute zahlreiche junge Erwachsene den Namen des früheren britischen Premiers tragen.

1. Kosovaren feiern auf einem Festival in Priština ihr kulturelles Erbe
2. Der Blick auf Mitrovica von einem benachbarten Hügel
3. Ein Kirchenchor bei der Probe in Prizren, Kosovos Kulturhauptstadt

K **HAUPTSTADT** PRIŠTINA | **EINWOHNER** 1800000 | **FLÄCHE** 10887 KM² | **AMTSSPRACHEN** ALBANISCH & SERBISCH

Kosovo

Der Kosovo ist noch immer ein Synonym für den brutalen ethnischen Krieg, der hier in den späten 1990er Jahren tobte, und den Teil des jugoslawischen Puzzles, der sich als letzter abspaltete. Seit der Kosovo 2008 die Unabhängigkeit erklärte, ist es das jüngste Land Europas. Noch immer ist sein Status vielerseits umstritten, vor allem bei den Serben, denen die Region heilig ist. Dennoch ist es heute ein funktionierender und sicherer Ort für Besucher und wird hauptsächlich von EU- und UN-Agenturen verwaltet. Reisenden bietet der Kosovo hervorragende Bergpanoramen und Wandergelegenheiten, die reizvollen alten Viertel von Prizren und Peja, orthodoxe Klöster, die von der NATO geschützt werden, und die reizende und freundliche Hauptstadt Priština.

1. Studenten beraten sich an der Kuwait Universität in Kuwait-Stadt
2. Die Große Moschee in Kuwait-Stadt kann 5000 Gläubige in ihrer Haupthalle beherbergen
3. Der Al Hamra Tower stellt die Wolkenkratzer von Kuwait-Stadt in den Schatten

1

2

K HAUPTSTADT KUWAIT-STADT | EINWOHNER 2 700 000 | FLÄCHE 17 818 KM² | AMTSSPRACHE ARABISCH

Kuwait

Das winzige Ölemirat Kuwait, auf drei Seiten von Großmächten umgeben, liegt auf einem geschichtlich heiß umkämpften Gebiet. Im allgemeinen Bewusstsein präsent ist sicher die irakische Invasion von 1990, aber die Geschichte des Landstrichs reicht Jahrtausende zurück bis zum sagenumwobenen Dilmun-Reich. Heute zählt Kuwait zu den faszinierendsten Anrainern des Persischen Golfs. Fesselnde alte Märkte und Dhau-Häfen wechseln sich mit atemberaubender moderner Architektur sowie einigen der besten Museen des Nahen Ostens ab. Als Heimat von traditionsverhafteten Beduinen und modernen Ölscheichs und als Land, in dem sich langsam Forderungen nach Frauenrechten und Liberalisierung regen, verkörpert Kuwait auf kleinster Fläche Vergangenheit, Gegenwart und Zukunft der Golfregion.

LOOK DIE BILDAGENTUR DER FOTOGRAFEN / ALAMY // WAEL HAMDAN / GETTY IMAGES // GAVIN HELLIER / GETTY

Beste Reisezeit

Februar bis April

Unbedingt anschauen

- Die umwerfende moderne Architektur der Wassertürme von Kuwait-Stadt
- Die außergewöhnliche Sammlung islamischer Kunst im Tareq-Rajab-Museum
- Riesige Seespinnen und Krokodile im größten Aquarium des Nahen Ostens im Scientific Center
- Die Insel Failaka mit einigen der bedeutendsten archäologischen Stätten am Golf

Nicht versäumen

- Im Nationalmuseum in Kuwait-Stadt etwas über die Geschichte des Emirats erfahren
- Auf dem ausgedehnten Basar von Kuwait-Stadt feilschen
- Im Restaurant Al-Boom im Rumpf einer uralten Dhau Fisch aus dem Persischen Golf speisen

Kuwait hautnah

Lesen *Days of Fear* von John Levin, ein Augenzeugenbericht von der irakischen Invasion und Besatzung
Anhören Abdullah al-Rowaishid, der Popmusik mit traditionellen Elementen mischt
Ansehen *Das Flammenmeer von Kuwait* von David Douglas, eine Dokumentation über die Löscharbeiten auf den brennenden Ölfeldern nach dem Irakkrieg
Essen Fisch aus dem Golf mit Koriander, Gelbwurz, Paprika und Kardamom gegart
Trinken Kaffee auf arabische Art

In einem Wort

Gowwa (Hallo)

Markenzeichen

Der irakische Einmarsch 1990 und die Befreiung 1991, die Wassertürme von Kuwait-Stadt, die Mischung aus tief verankerten Traditionen und schleichender Liberalisierung

Übrigens …

Während der irakischen Invasion und Besatzung mauerten die Verwalter des Tareq-Rajab-Museum die Tür zu und schütteten Müll auf die Treppen, um Plünderer zu täuschen und fernzuhalten.

1

2

K **HAUPTSTADT** BISCHKEK | **EINWOHNER** 5 500 000 | **FLÄCHE** 199 951 KM² | **AMTSSPRACHEN** KIRGISISCH & RUSSISCH

Kyrgyzstan | Kirgisistan

Kirgisistan, ein Land voller Bergtäler, glitzernder Seen und Filzjurten, ist ein Traum für Abenteurer, verantwortungsbewusst Reisende und aufstrebende Nomaden. Nach dem Zusammenbruch der UdSSR wandte sich das winzige Land dem Tourismus zu und schuf ein innovatives Netz an Ökotourismusprojekten und Privatunterkünften. Furchtlose können sich in Abenteuer von Pferdetrecks und Jurtenaufenthalten bis zum Heliskiing stürzen und sich dabei sicher sein, dass ihr Geld den einheimischen Familien zugutekommt. Dazu kommen Seidenstraßen-Basare, zwei spektakuläre Bergpässe hinüber nach China und eine offene Gastfreundschaft, die Kirgisistan zu einem der Top-Reiseziele Zentralasiens machen.

Beste Reisezeit
Juni bis September

Unbedingt anschauen
- Issykkul, ein riesiger, von Stränden und schneebedeckten Gipfeln gesäumter See
- Tasch Rabat, die stimmungsvollste *Karawanserei* (historisches Hotel für Seidenstraßenhändler) Zentralasiens
- Die zweitgrößte Stadt Kirgisistans, Osch, eine alte Handelsstadt an der Seidenstraße am Rande des Fergana-Tals
- Den Nationalsport *Buzkaschi*, bei Besuchern umgangssprachlich als „Ziegenpolo“ bekannt
- Die Herstellung von *shyrdak* (Filzteppichen), dem typischen Mitbringsel aus Kirgisistan

Nicht versäumen
- Auf einer zweitägigen Reitexpedition zum abgelegenen See Songkul wie ein Nomade leben
- In einer Jurte oder bei einer Familie übernachten, um einen Einblick in den traditionellen Alltag zu gewinnen
- In der Nähe der Stadt Karakol durch die unberührten alpinen Täler des Tienschan-Gebirges wandern
- Heliskiing im Tienschan-Gebirge, nur eine Stunde von der Hauptstadt Bischkek entfernt
- Den Irkeschtam- oder den Torugart-Pass auf dem Weg nach China passieren, zwei der spannendsten Grenzübergänge Asiens

Kirgisistan hautnah
Lesen *Dshamilja* von Tschingis Aitmatow, dem bekanntesten Romanschriftsteller Zentralasiens
Anhören *Music of Central Asia Vol 1: Mountain Music of Kyrgyzstan* (Smithsonian Folkways), kirgisische Musik des traditionellen Ensembles Tengir-Too
Ansehen *Beschkempir – Der fremde Sohn* von Aktan Abdikalikow
Essen *Beschbarmak* („fünf Finger“), ein traditionelles Gericht aus Bandnudeln und Lamm, in einer Brühe gekocht und mit der Hand gegessen
Trinken *Kumis* (vergorene Stutenmilch), die im Frühling und Sommer an Landstraßen verkauft wird

In einem Wort
Ishter kanday? (Wie stehen die Dinge?)

Markenzeichen
Pferde, Jagd mit Adlern, Tienschan-Gebirge, Jurten, gemeindebasierter Tourismus, *kalpak*-Hüte, Berggipfel, Filzteppiche

Übrigens …
Die mündlich überlieferte kirgisische Dichtung *Manas* ist das längste Gedicht der Welt, zwanzigmal länger als die *Odyssee*, und wird von der Unesco als unantastbares Kulturerbe anerkannt.

1. Ein kirgisischer Friedhof im Naryn-Gebiet wird von den Bergen geschützt
2. Ein Mädchen mit den sechs geflochtenen Zöpfen einer Unverheirateten in der Jurte seiner Familie
3. Ein Einheimischer aus Jaman Echki Jailoo trägt einen *kalpak*-Hut und traditionelle Seide

3

K

1

2

L **HAUPTSTADT** VIENTIANE | **EINWOHNER** 6 700 000 | **FLÄCHE** 236 800 KM² | **AMTSSPRACHE** LAOTISCH

Laos

Wie seine Nachbarn Vietnam und Kambodscha verlor Laos während des Vietnamkriegs seinen Status als Reiseland. Erst eine Generation später hatte sich das Buddhistennest vollständig erholt zum Backpackertreff zurückverwandelt. Heute ist Laos das Land in Südostasien, in das sich jeder verliebt, teils wegen des entspannten Lebenstils und der reichen Kultur, aber hauptsächlich wegen der superfreundlichen Menschen. Dem Trubel zu entkommen ist die Lieblingsbeschäftigung vieler Laos-Besucher: sei es bei einem Beerlao im verschlafenen Luang Prabang, beim Wandern durch Stammesdörfer im bergigen Norden, beim Bummel durch die übersichtliche Hauptstadt Vientiane oder beim Treiben auf dem Mekong bei Si Phan Don.

Beste Reisezeit
November bis Februar, um die Zeiten der schlimmsten Feuchtigkeit zu meiden

Unbedingt anschauen
- Ein Wald aus goldenen Turmspitzen beim Pha That Luang in Vientiane
- Die Vision eines Mönches von Himmel und Hölle im Skulpturengarten von Xieng Khuan
- Irawadi-Delphine, die sich im Mekong um die 4000 Flussinseln bei Si Phan Don tummeln
- Königliche Ruinen und alte Klöster im Weltkulturerbe Luang Prabang
- Rund um die dramatischen Karstfelsen bei Vieng Xai und Vang Vieng raften, höhlenwandern und klettern

Nicht versäumen
- In einem laotischen *wat* (buddhistische Tempel- und Klosteranlage) mit den Novizen ins Gespräch kommen
- Im Schutzgebiet Nam Ha zu Stammesdörfern wandern
- Mit dem Boot auf dem Mekong von Luang Prabang nach Nong Kiau fahren
- Am Mekong ein laotisches Mittagessen mit gegrilltem Schweinefleisch und Klebreis zu sich nehmen
- In der bewaldeten Heimat des Schwarzen Schopfgibbons in einem Baumhaus nächtigen, das nur mit der Seilrutsche erreichbar ist

Laos hautnah
Lesen *Another Quiet American* von Brett Dakin oder *One Foot in Laos* von Dervla Murphy für eine persönliche Bestandsaufnahme der Volksrepublik Laos
Anhören Die wogenden Melodien der *khene*, der traditionellen Rohrflöte laotischer Volksgruppen
Ansehen *Good Morning, Luang Prabang*, den ersten privat finanzierten laotischen Film
Essen *Laap* (würziges gehacktes Fleisch) oder *tam maak hung* (grüner Papaya-Salat)
Trinken *Lao-lao* (Reisschnaps) oder *Beerlao*, das Lieblingsbier der Laoten

In einem Wort
Su kwan (Der Ruf der Seele)

Markenzeichen
Kantige *Stupas*, Mönche mit Schirmen, Monsun und Reisfelder, Drachenbootrennen auf dem Mekong, unentschärfte Blindgänger

Übrigens …
Laos hält den wenig beneidenswerten Status, das meistbombardierte Land der Erde zu sein – geschätzte 80 Mio. Blindgänger aus dem Vietnamkrieg stellen noch immer eine Bedrohung dar.

1. Buddhistische Mönche laufen um den Pha That Luang in Vientiane
2. Zerklüfteter Karst um Vang Vieng
3. Straßenmärkte bieten eine Auswahl an Kunsthandwerk
4. Traditionelle Papierschirme zum Verkauf

L

Beste Reisezeit
Mai bis September

Unbedingt anschauen

- Die mittelalterliche Burganlage von Cēsis mit dem Herrenhaus aus dem 18. Jh.
- Das abgelegene und ergreifend schöne Kap Kolka
- Das Schloss von Rundale, eine Miniaturversion von Versailles (nur ohne die Menschenmassen)
- Das auf einem Hügel gelegene Museumsreservat Tuaida mit seinem mittelalterlichen Schutzwall und seinen grünen Pfaden
- Die windgepeitschte Küste und Jugendstilbauten von Liepāja
- Das Lettische Okkupationsmuseum und das Freiheitsdenkmal in Riga

Nicht versäumen

- Im Seegebiet von Lettgallen smaragdgrüne Seen und zarte Blaubeerfelder entdecken
- In Sigulda mit 80 km/h eine 16-kurvige Bobbahn hinuntersausen
- Im schicken Kurort Jurmala mit Angehörigen des russischen Jetsets plaudern
- Sich auf dem üppigen Zentralmarkt von Riga durch das Angebot an kleinen Speisen futtern
- Im Nationalpark Gauju tiefgründige Höhlen, Naturpfade und Sowjetbunker entdecken

Lettland hautnah
Lesen *The Merry Baker of Riga* von Boris Zemtzov, die witzige Geschichte eines Amerikaners, der sich Anfang der 1990er-Jahre in Riga als Bäcker niederließ
Anhören Prata Vetra (auch bekannt als Brainstorm), Rock von der wiedergegründeten Band Otra Puse, ursprünglich in den 1990er-Jahren aus der Taufe gehoben
Ansehen Von Janis Streičs: *The Child of Man* über einen Jungen, der im sowjetisch besetzten Lettland aufwächst und sich verliebt, und *The Mystery of the Old Parish Church* über die Kollaboration von Letten mit Nazis und Sowjets im Zweiten Weltkrieg
Essen Schweinefleisch und Kartoffeln, Würste, Räucherfisch, Betesuppe, Nesseln und Sauerampfer mit schwarzem Roggenbrot, im Sommer frisch gepflückte Beeren, im Winter Pilze
Trinken Den berühmten Schwarzen Balsam, ein pechschwarzes Gebräu mit 45 % Alkohol, das Goethe „Lebenselixier" nannte

In einem Wort
Labdien (Hallo)

Markenzeichen
Bernstein, Jugendstil, Schwarzer Balsam, Balletttänzer Michail Barischnikow, Künstler Mark Rothko, Entdecker Aleksandrs Laime, Sänger- und Tanzfeste

Übrigens ...
Das alle fünf Jahre stattfindende Sänger- und Tanzfest vereinigt bis zu 40 000 Teilnehmer in einer umwerfenden patriotischen Darbietung.

1. Der hippste Club Rigas, das Piens, hat sogar einen kleinen Velodrom
2. Retro-Straßenbahnen durchfahren Rigas Jugendstildistrikt
3. Rigas lebendige Altstadt

L HAUPTSTADT RIGA | EINWOHNER 2 200 000 | FLÄCHE 64 589 KM² | AMTSSPRACHE LETTISCH

Latvia | Lettland

Wer sich eher für die weniger ausgetretenen Touristenpfade Europas interessiert, der ist in Lettland genau richtig. Das zwischen Estland und Litauen gelegene Land ist quasi die herzhafte bunte Füllung des baltischen Sandwiches. Für das Grün sorgen die mit Burgruinen gespickten Kiefernwälder im Gauja-Tal – heutzutage lockt der Abenteuersport allerdings genauso viele Besucher wie die mittelalterlichen Schätze. Orthodoxe Kathedralen mit Zwiebeltürmen zieren das Land von der Hafenstadt Liepaja bis zum düsteren Daugavpils, während am Strand in Jurmala russischer Pop erschallt. Das muntere Riga verleiht dem Ganzen noch etwas kosmopolitisches Flair und beeindruckt mit der größten und schönsten Ansammlung von Jugendstilbauten in Europa und mit versteckten Gässchen.

1

2

3

Beste Reisezeit
Im Sommer wegen der Strände, im Winter zum Skifahren und im Frühjahr und Herbst zum Wandern

Unbedingt anschauen
- Die Pigeon Rocks, riesige natürliche Felsbögen vor der Küste von Beirut
- Die Kunstmuseen und -galerien in der Hauptstadt, einschließlich des wiedereröffneten Sursock-Museums
- Byblos; die Hafenstadt gehört zu den ältesten ununterbrochen bewohnten Siedlungen der Menschheit
- Das Qadischa-Tal, ein Unesco-Weltkulturerbe mit Felsenklöstern
- Das hübsche Bergdorf Bischarri, der Geburtsort des Künstlers und Dichters Khalil Gibran

Nicht versäumen
- Eine Fahrt mit der Seilbahn Jounieh Teleferique für schwindelerregende Aussichten auf die Berge
- Die 6-km-Wanderung zwischen den Stalaktiten und Stalagmiten der Jeita-Grotte
- Eine Bergtour in der Chouf-Region, für viele die schönste Landschaft des Libanons
- In den wilden, rund um die Uhr geöffneten Clubs von Beirut die Nacht zum Tag machen

Libanon hautnah
Lesen *Sabra und Schatila: Ein Augenzeugenbericht.* Libanon 1982 von Robert Fisk sowie Amin Maaloufs Roman *Die Felsen des Tanios*
Anhören Fairuz, eine der beliebtesten Sängerinnen im Nahen Osten
Anschauen *West Beirut*, eine Geschichte über den Bürgerkrieg von Ziad Doueiri, oder die Geschichte fünf libanesischer Frauen in *Caramel* von Nadine Labaki
Essen *Mezze* (ein Reigen kleiner Vorspeisen) und *kibbeh* (frittierte Bulgurbällchen, gefüllt mit würzigem Lammhack)
Trinken Libanesische Weine, Arrak mit Wasser und Eis, *Almaza* (lokale Biermarke)

In einem Wort
Ahlan wa sahlan (Willkommen)

Markenzeichen
Tummelplatz der Nahost-Schickeria, römische Ruinen, multikonfessionell

Übrigens ...
Es ist zwar kaum noch etwas davon übrig, aber einst lag das Kernreich der Phönizier an der Südküste des Libanons zwischen Tyre und Sidon.

1. Das Wadi Qadischa beheimatet abgelegene Klöster, Wildblumen und wilde Tiere
2. Die Corniche in Beirut ist nachmittags bei Spaziergängern beliebt
3. Von der Bar des Le Gray Hotels blickt man auf die Mohammed-al-Amin-Moschee in Beirut
4. Der Bacchustempel zählt unter den römischen Ruinen von Baalbek zu den Highlights

L **HAUPTSTADT** BEIRUT | **EINWOHNER** 4100000 | **FLÄCHE** 10400 KM² | **AMTSSPRACHE** ARABISCH

Lebanon | Libanon

Der Libanon ist mit seinen hübschen grünen Tälern, seiner mediterranen Küstenlinie, den Weinregionen und 1500 Jahre alten Zedernbäumen eines der schönsten Reiseziele im Mittleren Osten. Er ist die Heimat vieler Volksgruppen, die hier seit Jahrhunderten zusammenleben, mal im Frieden, mal im Krieg, und immer mal wieder in die Konflikte der Region verwickelt. Doch die Libanesen sind für ihre Widerstandsfähigkeit berühmt, und in den Cocktailbars, Restaurants und Nachtclubs von Beirut würde man nie erahnen, dass es jemals auch nur einen Hauch von Konflikt gegeben hat. Das frühere „Paris des Mittleren Ostens" hat sich seine Feierfreude und Eleganz bewahrt. Anderswo im Land gibt es noch immer antike Städte und römische Ruinen. Und ganz egal, wohin es einen verschlägt, es fehlt nie an gutem Essen.

Beste Reisezeit
Mai bis Oktober, um Regen und Nebel zu meiden

Unbedingt anschauen
- Saftige Weiden und Wildblumen im Sehlabathe-be-Nationalpark
- Panorama auf dem Gipfel des Thaba-Bosiu (Berg in der Nacht), dem Sitz von König Moshoeshoe dem Großen, der hier die Basotho-Nation begründete
- Teppichknüpfer bei der Arbeit in Teyateyaneng, dem für Kunsthandwerk berühmten „Ort des Treibsands"
- Atemberaubende Berglandschaft rund um den Moteng-Pass und Oxbow
- Felsmalereien der San im Gebiet von Malealea und dem Bergpass mit dem passenden Namen „Tor zum Paradies"

Nicht versäumen
- Auf trittsicheren Basotho-Ponys durch das karge Landesinnere reiten
- Den Sani-Pass bezwingen und die Aussicht auf dem Sani-Gipfel genießen
- In einer traditionellen Handelsstation übernachten und einen Eindruck vom Dorfleben erhalten
- Durch den wunderschönen Ts'ehlanyane-Nationalpark oder das Naturschutzgebiet Bokong wandern
- Bei Quthing, Leribe und Morija nach den versteinerten Fußabdrücken von Dinosauriern suchen

Lesotho hautnah
Lesen *Basali! Stories by and about Women in Lesotho*, herausgegeben von K. Limakatso Kendall, oder *Singing Away the Hunger* von Mpho 'M'atsepo, die vom Leben der Frauen in Lesotho erzählt
Anhören Schafhirten, die auf der flötenähnlichen *lekolulo* spielen
Ansehen Das Kunst- und Kulturfestival in Morija
Essen *Papa* (Maisbrei) und *moroho* (Gemüse)
Trinken *Joala* (Hirsebier) – wenn eine weiße Fahne weht, wurde gerade frisch gebraut

In einem Wort
Khotso (Friede)

Markenzeichen
Basotho-Ponys, schneebedeckte Berge, Hüte und Wolldecken der Basotho, tiefster Punkt des Landes auf 1400 m – Lesotho liegt damit als einziges Land der Welt komplett über dieser Höhe, Besuche von Prinz Harry

Übrigens …
Die Basotho beerdigen ihre Toten in Sitzposition, das Gesicht der aufgehenden Sonne zugewandt – bereit, aufzuspringen, sobald sie gerufen werden.

1. Vieh wird an den Rundhütten eines Dorfes vorbeigetrieben
2. Bei den Basotho ist die Wolldecke ein unverzichtbares Kleidungsstück und Statussymbol
3. Der atemberaubende Maletsunyane-Wasserfall ist fast doppelt so hoch wie die Viktoriafälle

L **HAUPTSTADT** MASERU | **EINWOHNER** 1900000 | **FLÄCHE** 30355 KM² | **AMTSSPRACHEN** SESOTHO & ENGLISCH

Lesotho

Im winzigen Lesotho – dem „Königreich im Himmel“ – ist nur die Hauptstadt Maseru urban angehaucht. Ansonsten dominiert die traditionelle Basotho-Kultur mit Schafhirten in der steilen Hügellandschaft, in *kobos* (Wolldecken) gehüllten Reitern auf stämmigen Ponys und mit ausgelassenen Dorffesten als Höhepunkte des kargen Lebens in abgelegenen Tälern. Der Einfluss des großen Nachbarn Südafrika hält sich in Grenzen, dafür sorgen schon die hohen Berge, aber auch der Stolz der Basotho auf ihre Traditionen. Für alle, die Abenteuer, Wildnis, entspannten Lebensrhythmus und die Begegnung mit einer ursprünglichen Welt lieben, ist Lesotho ein faszinierendes Reiseziel.

1

2

L **HAUPTSTADT** MONROVIA | **EINWOHNER** 3 990 000 | **FLÄCHE** 111 369 KM² | **AMTSSPRACHE** ENGLISCH

Liberia

Lange war Liberia Synonym für Kindersoldaten und einen der grausamsten afrikanischen Bürgerkriege. Das Land erhob sich gerade aus den Trümmern, als es vom schlimmsten Ebolaausbruch aller Zeiten heimgesucht wurde. Der Tourismus kann bei seiner wirtschaftlichen Genesung zweifellos eine große Rolle spielen, denn trotz aller Verwüstung hat sich eines nicht geändert: Seine Strände und der undurchdringliche Regenwald sind nach wie vor atemberaubend. Liberia wurde im 19. Jh. von befreiten amerikanischen Sklaven gegründet, aber schon lange zuvor siedelten hier Volksstämme, die für ihr Kunsthandwerk und ihre Geheimbünde bekannt waren. Die zerstörte Infrastruktur erschwert das Reisen, dennoch hat Liberia das Potenzial, eines der faszinierendsten Ziele Westafrikas zu werden.

Beste Reisezeit
November bis April (Trockenzeit)

Unbedingt anschauen
- Monrovia, das sich von einem Kriegsnest in eine vom Frieden angetriebene Hauptstadt verwandelt hat
- Den schwer beschädigten, aber weiter bestehenden Sapo-Nationalpark mit seinen Waldelefanten, Zwergflusspferden und Schimpansen
- Buchanan, eine lebendige Hafenstadt und Zentrum des Volksstammes der Fanti
- Harper mit spannender Vergangenheit und kleinstädtischem Charme
- Die Firestone-Plantage, um zu sehen, wie Kautschuk hergestellt wird, einer der wenigen Exportartikel Liberias

Nicht versäumen
- Mit Einheimischen an den Stränden südöstlich der Hauptstadt baden
- Die perfekte Brandung bei Robertsport surfen
- Ein Picknick am Halbkratersee Bomi, nicht weit von Tubmanburg
- Die Landschaft um Yekepa genießen und auf den höchsten Berg Liberias, den Goodhouse Hill, kraxeln
- Sich in das Gewühl des Waterside Market in Monrovia stürzen

Liberia hautnah
Lesen *Der Weg nach Afrika* von Graham Greene, der in den 1930er-Jahren durch Liberia und Sierra Leone reiste, oder das aktuellere Buch *Blutsbrüder: Unsere Freundschaft in Liberia* von Michael Jentzsch
Anhören *We Want Peace* von Gebah & Maudeline Swaray
Ansehen *Johnny Mad Dog*, eine französisch-belgisch-liberianische Koproduktion von 2008 über ehemalige Kindersoldaten
Essen Suppe mit Ziegenfleisch und traditionelles Reisbrot mit zerdrückten Bananen
Trinken Ingwerbier, *poyo* (Palmwein), starken Kaffee

In einem Wort
Peace, man (Friede, Mann)

Markenzeichen
Diamantenschmuggler, Kautschukplantagen, eine der feuchtesten Gegenden der Welt, Ebola

Übrigens …
2005 triumphierte die Ex-Weltbankmitarbeiterin Ellen Johnson-Sirleaf über den Fußballstar George Weah und wurde Afrikas erste Präsidentin.

1. Ein Mann liest den Koran; Liberia ist vorwiegend christlich, aber die Muslime stellen eine bedeutende Minderheit dar
2. Eine Frau legt in West Point, dem Armenviertel Monrovias, Fisch zum Räuchern aus
3. Liberianische Kinder versammeln sich vor einer Moschee bei Bolahun; mehr als die Hälfte der Bevölkerung ist jünger als 24

3

L

Beste Zeit
Oktober bis März, wenn es kühler ist

Interessante Orte
- Die hübsche Römerstadt Leptis Magna am Mittelmeer
- Cyrene, das beeindruckende architektonische Erbe der Griechen und Römer auf afrikanischem Boden
- Ghadames, eine bezaubernde Oase und Karawanenstadt in der Sahara
- Die aufgeschlossene Hauptstadt Tripolis mit ihrer sehr gut erhaltenen osmanischen Medina und einem Museum von Weltrang
- Jabal Akakus, das faszinierende Wüstenmassiv im Herzen der Sahara mit 12 000 Jahre alten Felszeichnungen

Lokale Bräuche
- Mit Picknickkorb zum Strand an der unberührten Mittelmeerküste ziehen
- Sich im Schatten riesiger Dünen im Salzwasser der Ubari-Seen in der Sahara treiben lassen
- Sich am Martyrs Square in Tripolis mit Freunden in einem Alfresco-Restaurant zum *shay* (Tee) oder Essen verabreden
- In den Berglandschaften der Dschabal Nafusa im Westen oder der al-Dschabal al-Achdar im Osten der Hitze an der Küste entkommen

Libyen hautnah
Lesen *Im Land der Männer*, ein Roman über das moderne Libyen von Hisham Matar
Anhören *Malouf*, ein traditioneller Musikstil mit andalusischen Wurzeln, der die meisten festlichen Anlässe untermalt
Ansehen *Der englische Patient*: Der oscar-gekrönte Film mag zwar nicht in Libyen gedreht worden sein, vermittelt aber dennoch einen guten Einblick in das alte Libyen von Tobruk bis zur Sahara
Essen Frisches Brot, das unter dem Sand der Sahara gebacken und unter den Sternen genossen wird
Trinken Drei Gläser süßen, starken Tee mit den Tuaregs am Lagerfeuer in der Sahara

In einem Wort
Bari kelorfik (Danke, es war mir eine Ehre)

Markenzeichen
von der Unesco geschützte antike Städte und Felszeichnungen, riesige Sandmeere, Wüstenseen im Herzen der Sahara

Übrigens …
Neunzig Jahre lang hielt Libyen den Rekord der höchsten Lufttemperatur, die jemals verzeichnet wurde (57,8°C), bis die Messung von der Weltorganisation für Meteorologie im Jahre 2012 als unrichtig erklärt wurde.

1. Ein Kupferschmied bei der Arbeit in der Altstadt
2. Ein Targi lässt den Blick über die Ubari-Seen wandern; die zu den Berbern gehörigen Tuareg sind traditionsgemäß nomadische Hirten
3. Prächtige römische Ruinen in Leptis Magna
4. Die Oase der Ubari-Seen vor dem Meer aus Sanddünen

L **HAUPTSTADT** TRIPOLIS | **EINWOHNER** 6 000 000 | **FLÄCHE** 1 759 540 KM² | **AMTSSPRACHE** ARABISCH

Libya | Libyen

Libyen ist mit sich selbst im Krieg. Nach dem Ende der Gaddafi-Ära teilte die Miliz, die sich zum Teil offen gegen Ausländer aus dem Westen stellt, das Land in eine Reihe kleiner Einzelstaaten auf. Es wird Jahre dauern, bis es wieder sicher für Reisende ist. Aber dann können Besucher sich wieder an der atemberaubenden Küste, griechischen und römischen Ruinen sowie ergreifenden Zeugnissen aus dem Zweiten Weltkrieg erfreuen. Außerdem bietet Libyen einen der schönsten Abschnitte der Sahara, deren wandernde Dünen uns stets daran erinnern, dass nichts für die Ewigkeit ist.

L

Beste Reisezeit

Dezember bis März für Wintersportler, Mai bis September für Wanderer

Unbedingt anschauen

- Schloss Vaduz, das betürmte Märchenschloss, das über die Stadt wacht
- Briefmarken, die das Fürstentum seit 1912 ausgibt und im Postmuseum von Vaduz ausstellt
- Die schneebedeckten Hänge von Malbun, wo Prinz Charles Skifahren lernte
- Österreich, die Schweiz und fast ganz Liechtenstein – aus der Adlerperspektive auf dem Rundwanderweg „Fürstin Gina“ in Malbun

Nicht versäumen

- Am 15. August mit Seiner Durchlaucht anstoßen – an diesem Tag öffnet das Schloss in Vaduz seine Tore und alle sind zum Aperitif und zum Feuerwerk eingeladen
- Sich im Torkel, einem von Efeu bewachsenen Restaurant in Vaduz, mit erlesenen Speisen und Weinen fürstlich verwöhnen lassen
- Ein Konzert in der malerischen Burg Gutenberg aus dem 13. Jh. in Balzers
- Eine Wanderung auf dem Fürstensteig – was jeder Liechtensteiner mindestens einmal im Leben macht
- Auf Langlaufskiern das Väluna-Tal entdecken

Liechtenstein hautnah

Lesen *Liechtenstein: A Modern History* von David Beattle, die Geschichte darüber, wie Liechtenstein fast von der Landkarte gewischt wurde
Anhören Musik des in Vaduz geborenen Komponisten Joseph Gabriel Rheinberger (1831–1901)
Ansehen Filme unterm Sternenhimmel auf dem stimmungsvollen Filmfestival im Juli in Vaduz
Essen Typische Traditionsgerichte wie *Käsknöpfle* (kleinere Version von Käsespätzle) und *Ribel* (Süßspeise aus Maisgrieß, die mit Kompott oder Marmelade serviert wird)
Trinken Heimischen Wein, der selten exportiert wird

In einem Wort

Guten Tag (Guten Tag)

Markenzeichen

Hoher Lebensstandard, Skifahren, trutzige Burgen, herrliche Ausblicke, Fürst Hans-Adam II. und Erbprinz Alois, konstitutionelle Erbmonarchie, Steueroase, Export von Gebissen und Wurstdärmen

Übrigens ...

Liechtenstein ist weltweit die einzige Nation, die nach ihrem Käufer benannt wurde.

1. Die Hauptstadt Vaduz
2. Die traditionelle Tracht am Nationaltag (15. August)
3. Schloss Vaduz: Palast und offizielle Residenz des Prinzen von Liechtenstein

L HAUPTSTADT VADUZ | EINWOHNER 37 009 | FLÄCHE 160 KM² | AMTSSPRACHE DEUTSCH

Liechtenstein

Die Geschichte und die Monarchie dieses wohlhabenden Landes sind genau so märchenhaft wie seine von Burgen durchsetzte Berglandschaft, die vor allem im Winter bezaubert. Liechtenstein hat außerdem den Vorteil, dass es in einem bis maximal drei Tagen „abgehakt" werden kann. Der zwischen der Schweiz und Österreich in die Alpen eingebettete Zwergstaat misst von Norden nach Süden nur 25 km und besteht zu zwei Dritteln aus Bergen, den Rest teilen sich die Minihauptstadt inklusive Schloss und Rebhänge.

L | **HAUPTSTADT** VILNIUS | **EINWOHNER** 3 500 000 | **FLÄCHE** 65 300 KM² | **AMTSSPRACHE** LITAUISCH

Lithuania | Litauen

Mutter Natur hat Litauen mit einer großzügigen Portion Zauberpulver überpudert. Aber auch der Mensch hinterließ hier teils großartige, teils bizarre Spuren. Weiße Sandstrände säumen die Kurische Nehrung, eine malerische Landzunge im Nordwesten, und dunkle Märchenwälder spiegeln sich in klaren Seen. Die Hauptstadt Vilnius fasziniert mit originellen Künstlern, verwunschenen Innenhöfen, alten Pflasterstraßen und Barockschönheiten. Seinen unverwechselbaren, etwas schrägen Touch verdankt Litauen Skurrilitäten wie einem Hügel voller Kreuze, einem Wald voller geschnitzer Hexen oder einem Skulpturenpark voller Lenin-Statuen. Zusammen mit einer bewegten Geschichte, heidnischen Wurzeln und tief katholischen Traditionen wird daraus eine Wundertüte voller Überraschungen.

Beste Reisezeit

Mai bis September

Unbedingt anschauen

- Vilnius, das barocke Schmuckstück des Baltikums
- Tausende von Kreuzen – von winzig bis gigantisch – auf dem Kreuzberg bei Šiauliai im Norden
- Die Schlangenlinien der Wanderdünen, die die Kurische Nehrung bilden, mit dem mysteriösen Hexenberg
- Das romantische Wasserschloss Trakai in schönster roter Backsteingotik
- Die zweitgrößte Stadt Kaunas mit ihrer Art-Déco- und Straßenkunst, ihrem pulsierenden Nachtleben und dem Teufelsmuseum

Nicht versäumen

- Angeln, Boot fahren, baden und Beeren suchen im beliebten Seengebiet
- Dem Winter die Stirn bieten und eisfischen auf der Kurischen Nehrung
- In das seidige Wasser im Kurort von Druskininkai eintauchen
- Einen nostalgischen Spaziergang durch den Grūtas Park, auch „Stalin World" genannt
- In der Hafenstadt von Klaipėda ein Bier schlürfen und dabei den Blick auf's Meer genießen

Litauen hautnah

Lesen *The Last Girl* von Stephan Collishaw: der Geschichtsroman lässt das Vilnius vom Zweiten Weltkrieg bis in die 1990er-Jahre zum Leben erwachen
Anhören Avantgardejazz des Ganelin Trio, Rockmusik von Andrius Mamontovas, der Litauen schon seit 20 Jahren rockt, und den coolen Mix aus Hip-Hop, R&B und Funk von Skamp
Ansehen *Dievų miškas* (englisch: Forest of the Gods) erzählt von einem Mann, den sowohl die Nazis wie die Sowjets ins Straflager steckten
Essen Das leckere Nationalgericht *cepelinai* (längliche, mit Käse, Pilzen und Fleisch gefüllte Kartoffelklöße mit Sauerrahmsauce), zum Nachtisch *šimtalapis* (Mohnkuchen)
Trinken *Midus* (Met) – Honig mit Wasser, Beeren und Gewürzen gekocht, mit Hopfen versetzt und vergärt – und *stakliskes* (Honiglikör), lokale Biersorten wie Utenos und šimtalapis sowie frischer Kaffee

In einem Wort

Labas (Hallo)

Markenzeichen

Barockarchitektur, katholische Kirche, *cepelinai*, Folkfestivals, „Stalin World", Heilbäder und Schönheitsbehandlungen mit Bernstein

Übrigens ...

Basketball ist in Litauen fast eine Religion und das Basketballmuseum in Joniškis sein Tempel. Die heiß geliebte Nationalmannschaft ist auf Siegeswelle: Bei den letzten fünf Olympischen Spielen erreichte sie mindestens den vierten Platz.

2

1. Der Kreuzberg: ein Pilgerort etwas nördlich der Stadt Šiauliai
2. Litauens zweitgrößte Stadt Kaunas ist das Zentrum der Industrie, Kultur und Akademik
3. Die Kirche des Heiligen Michaels beherbergt heute ein religiöses Museum

3

L

L HAUPTSTADT LUXEMBURG | EINWOHNER 514 862 | FLÄCHE 2586 KM² | AMTSSPRACHEN FRANZÖSISCH, DEUTSCH & LUXEMBURGISCH

Luxembourg | Luxemburg

Das Großherzogtum Luxemburg ist eine Hinterlassenschaft aus den Zeiten, als Europa ein sich ständig änderndes Flickwerk kleiner Staaten war. Regiert wird es von Großherzog Henri und seiner aus Kuba stammenden Gattin. Das Herz schlägt in der Hauptstadt Luxemburg, ein von der Unesco geschütztes Prachtwerk am Zusammenlauf der Alzette und der Petruss. Im Norden liegt das Gutland mit seinen Dörfern, Weiden und Weingütern an der Mosel und dahinter der luxemburgische Teil der Ardennen mit seinen zahlreichen Flüssen und so perfekt erhaltenen Städten wie Esch-Sauer und Vianden. Überall im Land trifft man auf Einwohner, die ebenso stolz und weltgewandt wie freundlich sind.

Beste Reisezeit
Mai bis August sind die sonnigsten Monate

Unbedingt anschauen
- Moderne Kunst im Musée d'Art Moderne Grand-Duc Jean, entworfen von I. M. Pei (der auch den Louvre verschönerte)
- Den herrlichen Ausblick auf Altstadt und Flusstäler vom Passerelle, dem dramatischen Viadukt aus dem 19. Jh. in der Hauptstadt
- Urzeitliche Felsformationen in der Region Müllerthal, auch als Luxemburger Schweiz bekannt
- Echternach, eine Stadt mit bewegter Vergangenheit und waldreicher Umgebung
- Die weißen Wände der Burg Vianden, die sich gebieterisch über den Kopfsteinpflastergassen der Stadt und den umgebenden Wäldern erhebt

Nicht versäumen
- Einen Ausflug in das labyrinthartige Innenleben der 1744 angelegten Kasematten von Luxemburgs Befestigungsanlagen
- Einen Spaziergang durch die Altstadt von Luxemburg mit Mittagessen auf einer Terrasse an der von Bäumen gesäumten Place d'Armes
- Auf der Route du Vin die Weingüter des Moseltals abklappern
- Die fünfstöckigen Überreste der zertrümmerten Burg Beaufort erkunden
- In einem Schloss in Clervaux die Werke des Luxemburger Fotografen Edward Steichen (1879–1973) anschauen, die zum Unesco-Kulturerbe zählen

Luxemburg hautnah
Lesen In *How to Remain What You Are* wirft der Autor und Psychologe George Erasmus einen humorvollen Blick auf luxemburgische Eigenarten
Anhören Die Luxemburger Philharmoniker
Ansehen *Lèif Lëtzebuerger* (englisch: Charlotte: A Royal at War), der Luxemburg im Zweiten Weltkrieg durch die Augen der Großherzogin Charlotte im Exil betrachtet
Essen *Quetschentaart* (Zwetschgenkuchen), traditionell mit Kriechenpflaumen, aber heutzutage auch mit anderen Früchten belegt
Trinken Sekt oder fruchtigen Weißwein von der Mosel mit dem Prädikat *„Marque Nationale du Vin Luxembourgeois"*

In einem Wort
Moien (Hallo)

Markenzeichen
Banken, Märchenschlösser, hübsches Porzellan, traditionelle Wollkleidung, dreisprachige Einwohner, fünffacher Eurovision-Gewinner

Übrigens ...
Luxemburgs Einsatz für ein vereintes Europa wurde im Jahr 1985 bestätigt, als die Schengener Abkommen im gleichnamigen südluxemburgischen Dorf abgeschlossen wurden.

1. Der Europäische Gerichtshof (links) und die Philharmonie Luxemburg (rechts) in der Hauptstadt
2. Eine enge Steinbrücke für Fußgänger über die Alzette in Luxemburg
3. Der historische Stadtteil Grund mit der Abtei Neumünster in Luxemburg

3

Beste Reisezeit
Oktober bis Dezember, um den schwülen Sommer zu umgehen

Unbedingt anschauen
- Die freistehende Fassadenruine der Pauluskirche
- Verschlungene Gassen und prächtige Kolonialbauten auf der Ilha de Coloane
- Der von duftenden Rauchschwaden eingehüllte A-Ma-Tempel
- Gelbe und schwarze Sandmassen am Hac-Sa-Strand
- Statuen von Matsu, der Göttin des Meeres, und Kun Iam, der Göttin des Mitleids

Nicht versäumen
- Auf der Spitze des Macau Tower die Aussicht genießen oder – nichts für Angsthasen! – sich am Bungee-Seil in die Tiefe stürzen
- Macauische Feinkost wie portugiesische Eiertörtchen, afrikansches Hühnchen und *minchi* (Schweinegeschnetzeltes und Hackfleich mit Kartoffel in Sojasoße) probieren
- Sich beim Großen Preis von Macao von röhrenden Motoren volldröhnen lassen
- Vom Turm des Guia Fort aus nach Lantau Island hinüberspähen, das zu Hongkong gehört
- Im Casino des Venetian Macao ein paar Hundert Pataca gewinnen

Macao hautnah
Lesen Austin Coates' *City of Broken Promises*, die Lebensgeschichte von Macaos berühmtester *taipan* (Händlerin) Martha Merop in Romanform
Anhören Die hypnotischen Klänge kantonesischer Opern, die bei den ständig stattfindenden religiösen und kulturellen Festen aufgeführt werden
Ansehen Cai Yuan-yuans *The Bewitching Braid*, der erste in Macao produzierte Spielfilm
Essen *Galinha à Portuguesa* („Hühnchen portugiesisch" in Kokossauce)
Trinken Portugiesischen *vinho verde* (Weißwein) oder Macau Beer

In einem Wort
Dou bok (zocken)

Markenzeichen
Kasinos und Risikozocker, portugiesische Architektur, buntes Karnevalstreiben, Fusionsküche, Mandelkuchen

Übrigens ...
Mit über einer halben Million Einwohner, die sich auf 28,2 km² drängen, ist Macao der am dichtesten bevölkerte Ort der Welt.

1. Der Senado Square im Herzen der Altstadt
2. Der kleine Na-Tcha-Tempel im Schatten der Ruinen der Pauluskirche
3. Der Macau Tower und die Skyline

M **EINWOHNER** 583 003 | **FLÄCHE** 28,2 KM² | **AMTSSPRACHE** KANTONESISCH & PORTUGIESISCH

Macau | Macao

Dieser letzte Außenposten des portugiesischen Reichs wurde 1999, zwei Jahre nach der Übergabe Hongkongs, ein Teil Chinas. Aber barocke Kathedralen, Pflastergassen, Häuser im Kolonialstil und prächtige öffentliche Plätze haben dem Stadtstaat am Pearl River sein iberisches Flair bis heute erhalten. Chinesische Einflüsse machen sich in Form von klappernden Essstäbchen, Buddhastatuen, nach Räucherstäbchen duftenden Tempeln und Neonreklamen mit hanzi-Schriftzeichen bemerkbar. Touristen vom Festland kommen vor allem wegen der Spielkasinos nach Macao, während sich Besucher aus dem Rest der Welt über die portugiesischen Relikte, die Einkaufsmöglichkeiten und die Strände von Coloane an der Südspitze der Halbinsel freuen.

1

2

M **HAUPTSTADT** SKOPJE | **EINWOHNER** 2100000 | **FLÄCHE** 27713 KM² | **AMTSSPRACHEN** MAZEDONISCH & ALBANISCH

Macedonia | Mazedonien

Mazedonien ist ein faszinierender Mix aus Volksgruppen, Geschichte und Kulturen, die in diesem kleinen, wunderschönen Binnenland im Herzen des Balkans miteinander verschmelzen. Die multikulturelle Republik beheimatet eine slawisch-orthodoxe Mehrheit, albanische, serbische, türkische und jüdische Minderheiten sowie winzige Roma- und Walachengebiete. Im Gegensatz zu seinen Nachbarn schafft es Mazedonien allerdings dabei, dass das Zusammenleben harmonisch ist. Die Regierung bemüht sich stark darum, ein - aus ihrer Sicht schwer nötiges - nationales Bewußtsein zu schaffen und hat zu diesem Zweck überall in der Hauptstadt Denkmäler historischer Mazedonier aufgestellt. Außerhalb Skopjes warten Berggipfel, der wunderschöne Ohridsee und Wiesen voller feuerroter Mohnblumen.

Beste Reisezeit
April bis September

Unbedingt anschauen
- Die 800 Jahre alte Kirche Sveti Jovan Kaneo mit eleganten Kuppeln und wunderschönen Ausblicken auf den Ohrid-See
- Skopjes bizarre Sammlung an skurrilen Statuen, Brücken und neoklassischen Gebäuden, die als Teil der umstrittenen städtischen Verschönerung errichtet wurden
- Malerische Weinberge und Seen in der Weinregion Tikveš
- Fresken, römische Ruinen und Gräber im Kloster Treskavec
- Die Bunte Moschee mit floralen Mustern im osmanischen Stil und das Derwischkloster Arabati-Baba-Tekke in Tetovo

Nicht versäumen
- Auf dem türkischen Basar im Čaršija-Viertel im Herzen Skopjes um Teppiche und Puppen feilschen
- Am Grab von Sveti Naum im gleichnamigen Kloster am schönen Ohridsee niederknien
- Die Gastfreundschaft und das leckere Essen im Villa Dihovo genießen, einem Gasthaus im gleichnamigen Dorf in der Nähe von Bitola
- Eine Wanderung im Pelister-Nationalpark mit Rast im Walachendorf Malovište

Mazedonien hautnah
Lesen *Schwarzes Lamm und grauer Falke*, ein Reisebericht von Rebecca West, oder *Hidden Macedonia* von Christopher Deliso
Anhören alles von Toše Proeski, ein auf dem ganzen Balkan verehrter mazedonischer Sänger, der 2007 im Alter von 26 Jahren bei einem Autounfall ums Leben kam
Ansehen *Vor dem Regen* des Regisseurs Milco Mancevski
Essen Die Leibspeise der Mazedonier, *skara* (gegrilltes Fleisch), mit *nafora* (Röstbrot mit Käse) und *ajvar* (rote Paprikapaste)
Trinken *Rakija* (Weinbrand) oder kräftige Rotweine aus der Region Kavardaci

In einem Wort
Haydemo (Gehen wir)

Markenzeichen
Ohrid-See, unberührtes Hinterland, Basar von Skopje, orthodoxe Klöster, römische Ruinen, die vom Aussterben bedrohte Ohrid-Forelle, Namensstreit

Übrigens ...
2008 pflanzten 200 000 Mazedonier (also jeder zehnte) am ersten „Mazedonischen Tag des Baums" zwei Millionen Bäume. Seither wird dieser Tag gefeiert.

1. Die Kliment-von-Ohrid-Kirche in Skopje hat eine mazedonisch-orthodoxe Gemeinde
2. Die traditionelle mazedonische Volkstracht ist aufwendig bestickt
3. Die Samuel-Festung, die die Altstadt von Ohrid überblickt, ist eine Unesco-Welterbestätte

3

1

M HAUPTSTADT ANTANANARIVO | EINWOHNER 22600000 | FLÄCHE 587041 KM² | AMTSSPRACHEN MALAGASY & FRANZÖSISCH

Madagascar | Madagaskar

Behauptet da jemand, Erdgeschichte sei langweilig? Das große Experiment Madagaskar begann vor rund 165 Mio. Jahren, als die Insel sich von Afrika löste und im neu entstandenen Indischen Ozean dümpelte. Abgeschnitten vom Rest der Welt entwickelten sich auf Madagaskar Tausende von Tier- und Pflanzenarten, die es sonst nirgendwo gibt. Der Waldbestand ist zwar stark zurückgegangen, aber seine originellen Bewohner entlocken Besuchern auch heute noch Begeisterungsrufe. Genau so faszinierend sind die Madegassen, die sich erst sehr viel später ansiedelten. Die Familie ist Dreh- und Angelpunkt ihres Lebens und Exhumierungsrituale zeigen, dass ihnen die Toten genau so wichtig sind wie die Lebenden. Klingt verrückt? Ja, aber so ist Madagaskar: einzigartig!

Beste Reisezeit

April bis Oktober (Trockenzeit)

Unbedingt anschauen

- *Tsingy*, surreale Kalksteinformationen, auf die Antoni Gaudí stolz wäre
- Das Hinterland von einer Piroge aus, die den Manambolo River hinunterfährt
- Die Allée des Baobabs, eine von alten Baumriesen gesäumte Straße
- Famadihana, die „Umbettung der Toten", ein heiliges Zeremoniell
- Das madagassische Leben in den bunten Straßen von Antananarivo

Nicht versäumen

- Durch den faszinierenden „Dornenwald" im Parc National d'Andohahela wandern – ohne sich aufspießen zu lassen
- Im Parc National de Ranomafana Lemuren in die Augen schauen
- Am Strand von Andilana auf der Insel Nosy Be Teil einer Postkartenidylle werden
- Die geologischen, biologischen und spirituellen Wunderwelten des Parc National de l'Isalo beim wandern, Rad fahren oder schwimmen entdecken
- Im Riff vor Nosy Ve, einem alten Piratenversteck, nach einer Schatzkiste tauchen

Madagaskar hautnah

Lesen *Kämpfer der Hoffnung: Wie ich den Kindern Madagaskars eine Zukunft gab* von Pedro Opeka, der als männliche Mutter Teresa ein Hilfsprojekt aufbaute
Anhören *Hira gasy*, Musikfeste mit Tanz und Theater im Hochland von Madagaskar
Ansehen *Quand les étoiles rencontrent la mer* über einen Jungen, der während einer Sonnenfinsternis geboren wurde, und *Tabataba* über den blutigen Aufstand gegen die Franzosen 1947, beide von Raymond Rajaonarivelo
Essen *Vary hen'omby* (Reis mit gekochtem oder geschmortem Zebufleisch)
Trinken *Rano vola* (Reiswasser), ein dunkles Gebräu – gewöhnungsbedürftig!

In einem Wort

Manao ahoana ianao (Wie geht's?)

Markenzeichen

Lemuren, *tsingy*, Chamäleons, Allée du Baobabs, von Zebus gezogene Karren, aggressive Forstwirtschaft, Wirtschaftsstagnation

Übrigens ...

Reis ist für die madagassische Kultur so wichtig, dass sein Wachstum mit denselben Worten beschrieben wird wie die Schwangerschaft und die Geburt bei Menschen.

1. Ein Larvensifaka mit Baby im Réserve Privée de Berenty
2. Einheimische unter den Baumriesen in der Allée des Baobabs
3. *Tsingy*, erodierte Kalksteinfelsen im Nationalpark Tsingy de Bemaraha

M

M **HAUPTSTADT** LILONGWE | **EINWOHNER** 17300000 | **FLÄCHE** 118484 KM² | **AMTSSPRACHEN** ENGLISCH & CHICHEWA

Malawi

Bei Malawi denkt jeder an den Malawisee, auch Nyasasee oder „Lake of Stars“ genannt, an freundliche Volksstämme und angenehmes Reisen. Aber das ist längst nicht alles: Kühne Gipfel, saftige Weiden, sanfte Hügel, Wasserfälle und tropische Uferstreifen zieren die Landschaft. Seine Nationalparks sind heute wieder die Heimat der „Big Five“ (Löwen, Leoparden, Nashörner, Büffel und Elefanten) sowie anderer faszinierender Kreaturen wie Zebras, Impalas, Krokodile, Flusspferde und unendlich viele Vogelarten. Dörfer und die Inseln des Malawisees bezaubern durch traditionelle Lebensweise. Wer sich genug Zeit nimmt, um am See zu relaxen, durch die Berge zu wandern und das Nyika-Plateau zu erklimmen, wird dabei die Einheimischen kennen- und das Land lieben lernen.

Beste Reisezeit

April/Mai bis September

Unbedingt anschauen

- Das Sumpfgebiet und Vogelparadies Elephant Marsh
- Über tausend farbenfrohe Buntbarscharten im klaren Wasser des Malawisees
- Strände und Baobabs und Mangobäume sowie die Kathedrale auf der hübschen Insel Likoma
- Elefanten, Impalas und Büffel im Naturschutzgebiet Vwaza Marsh
- Das jährliche Festival Lake of Stars, vielleicht das grandioseste Musikfestival Afrikas

Nicht versäumen

- Im wunderschönen Nyika-Nationalpark an Zebras und Antilopen vorbeiwandern (oder zu Pferd vorbeigaloppieren)
- Den majestätischen Mount Mulanje besteigen
- Auf der *MV Ilala*, Malawis großer alter Dame unter den Flussschiffen, über den Malawisee schippern
- Im Einboot am Ufer des Malawisees entlangpaddeln, begleitet von den Schreien der in den Lüften kreisenden Fischadler
- Im Liwonde-Nationalpark den Shire River nach Krokodilen und Flusspferden absuchen

Malawi hautnah

Lesen *The Rainmaker*, ein poetischer Roman von Steve Chimombo, oder *The Looming Shadow* von Legson Kayiras, in dem es um den Konflikt zwischen traditionellen und modernen Anschauungen geht
Anhören Lucius Bandas malawische Reggae-Variante
Ansehen *Up in Smoke*, ein Dokumentarfilm über die Tabakindustrie in Malawi
Essen *Nsima* (Maisbrei) und *chambo* (eine Fischart aus dem Malawisee)
Trinken *Chibuku* (shake-shake beer), eine lokale Biermarke

In einem Wort

Zikomo (Danke)

Markenzeichen

Malawisee, geschnitzte Häuptlingsstühle, relaxte Seebadeorte, freundliche Einheimische, Tabak, Fähre *MV Ilala*, wilde Tiere

Übrigens ...

In Malawi sind über 600 Vogelarten heimisch. Im Malawisee leben mehr Fischarten (über 1000) als in jedem anderen Binnensee weltweit.

1. Otter Point am Malawisee: Der See ist seit Jahrtausenden eine wichtige Nahrungsquelle
2. Ein Radfahrer passiert die üppige Teeplantage des Satemwa Tea Estate
3. Elefanten waren einst weit verbreitet in Malawi, aber illegale Wilderei hat ihre Anzahl dezimiert
4. Eine Frau trägt ihr Kind auf dem Rücken; fast die Hälfte der Bevölkerung ist unter 14

M

3

4

Beste Reisezeit
Mai bis September lassen auf klares Wetter hoffen (obwohl es diesig sein kann)

Unbedingt anschauen
- Kuala Lumpurs Petronas Towers, die nachts erleuchten
- Teeplantagen in den Cameron Highlands
- Das Bergpanorama vor der aufgehenden Sonne auf dem Mount Kinabalu, Malaysias höchstem Gipfel
- Koloniale Pracht und mit Drachen verzierte Tempel in George Town (Penang)
- Irre Beispiele von Selbstkasteiung während des Thaipusam-Festivals bei den Batu Caves

Nicht versäumen
- Im Sepilok Orangutan Rehabilitation Centre mit den „Waldmenschen" auf Augenhöhe kommen
- In einem Langhaus der Iban am Fluss Batang Rejang in Sarawak übernachten
- Mit Haien und Wasserschildkröten zwischen den Riffen von Sipadan tauchen
- Tropisches Inselflair auf Pulau Perhentian oder Pulau Langkawi genießen
- Sich in einem traditionellen Kaffeehaus in Melaka an *nasi lemak* (in Bananenblättern gedämpfter Kokosreis mit Beilagen) satt essen

Malaysia hautnah
Lesen Tash Aws *Die Seidenmanufaktur „Zur schönen Harmonie"* und Shamini Flints *Die tödliche Familie Lee: Inspektor Singh ermittelt in Malaysia*
Anhören *Dondang sayang* (chinesisch inspirierte Liebesballaden) oder den eingängigen malaiischen Pop von Siti Nurhaliza und Mawi
Ansehen Den preisgekrönten Film *Sepet* von Yasmin Ahmad, der die Tabus kulturübergreifender Beziehungen in Malaysia aufdeckt
Essen *Roti canai* (gebratenes Fladenbrot mit Curry-Dip) in einem der rund um die Uhr geöffneten *mamak*-Lokale (halal/südindisch-malaiische Küche)
Trinken *Teh tarik* („gezogener" Tee mit Kondensmilch) oder *tuak* (Reiswein aus Borneo)

In einem Wort
Malaysia boleh! (Malaysia kann das!)

Markenzeichen
Petronas Towers, Orang-Utans, dichter Dschungel, Kahlschlag, Michelle Yeoh, Langhäuser, koloniale Überreste, Imbissstände, Mt Kinabalu, Großer Preis von Malaysia (Formel 1)

Übrigens …
In Malaysia wächst die größte Blume der Welt, die (stinkende) Rafflesia arnoldii. Der Durchmesser ihrer Blüten kann über einen Meter betragen.

1. Ein Angehöriger des Iban-Volkes paddelt den Jelia River in Sarawak hinunter
2. Kuala Lumpurs schwindelerregende Skyline mit den leuchtenden Petronas Towers
3. Orang-Utans in den Ästen des Semenggoh Wildlife Centres
4. Teepflücker bei der Arbeit in den Cameron Highlands

M **HAUPTSTADT** KUALA LUMPUR | **EINWOHNER** 29 600 000 | **FLÄCHE** 329 847 KM² | **AMTSSPRACHE** MALAIISCH

Malaysia

Malaysia bietet zwei völlig unterschiedliche Gebiete zum Preis von einem – die malaiische Halbinsel mit wuchernden Städten, waldigen Hochebenen und vorgelagerten Inseln und der malaiische Teil Borneos, dessen dichter Regenwald ein Refugium für Orang-Utans und indigene Volksgruppen ist. „Einigkeit durch Vielfältigkeit" lautet das Motto der Multi-Kulti-Gesellschaft mit u. a. malaiischen, chinesischen, indischen und sogar animistischen Einflüssen, die die Orang Asli („ursprüngliches Volk") aus Sabah und Sarawak beisteuern. Koloniales Flair liegt in der feuchten Luft über den Großstädten George Town, Melaka und Kuala Lumpur, während Ostmalaysia Tauchern, Wanderern und Entdeckernaturen als Abenteuerspielplatz dient.

M

Beste Reisezeit

Dezember bis April wegen des schönen Wetters, der Riesenmantas und der Walhaie, Mai bis Dezember wegen der Hammerhaischwärme

Unbedingt anschauen

- Sonnenaufgang über den Wellen vor einem Korallensandstrand mit Palmen
- Zauberhafte Unterwasserwelten, nur ein paar Schritte vom Strandhandtuch entfernt
- Moscheen und der quirlige Fischmarkt in Male', der Mini-Hauptstadt der Malediven
- Verträumte Dörfer und die Ruinen eines britischen Luftstützpunkts aus dem Zweiten Weltkrieg auf der Insel Gan
- Walhaie, Riesenmantas und Hammerhaie, die im Indischen Ozean tanzen

Nicht versäumen

- In spektakulären *thilas* und *giris* (geschlossene Riffe) und *kandus* (Tiefwasserkanäle) tauchen oder schnorcheln
- Mit einem Wasserflugzeug die Malediven von oben anschauen
- Im *dhoni* (traditionelles Boot) zu einer abgelegenen Insel übersetzen
- In einem Café in Male' wie die Einheimischen *hedika* (kleine Häppchen) bestellen

Malediven hautnah

Lesen Imogen Edward-Jones' *Beach Babylon*, das angeblich auf wahren Begebenheiten in einer Luxushotelanlage auf den Malediven beruht
Anhören *Bodu beru* („große Trommel"), die traditionelle Musik dieser Inseln
Ansehen *The Island President*, eine preisgekrönte Dokumentation über die Bemühungen des damaligen Präsidenten Mohamed Nasheed, dem steigenden Meeresspiegel Herr zu werden
Essen *Garudia* (Suppe mit Räucherfisch) oder *hedika* (köstliche, würzige Häppchen auf Fischbasis)
Trinken *Raa* (süßer, leckerer Wein, für den Kokospalmen angezapft werden)

In einem Wort

Mabuti naman (Mir geht's gut)

Markenzeichen

Korallenatolle, weißer Sand, Palmen, Kokosnüsse, Flitterwochen, Hotelanlagen wie aus Hochglanzmagazinen, Taucherparadies, politische Festnahmen, Klimawandel als Damoklesschwert

Übrigens ...

Der höchste Punkt der Malediven liegt nur 2,4 m über dem Meeresspiegel – wenn er weiter steigt, muss die gesamte Bevölkerung umgesiedelt werden; an entsprechenden Plänen wird bereits getüftelt.

1. Ein Hauch von einer Insel vor dem dem Nord-Malé-Atoll; ein Traum für Schiffbrüchige
2. Jungen, die in der Hauptstadt Male' spielen
3. Ein traditionelles *dhoni* segelt durch das blaue Wasser vor dem Nord-Malé-Atoll

M **HAUPTSTADT** MALE' | **EINWOHNER** 396 988 | **FLÄCHE** 298 KM² | **AMTSSPRACHE** DHIVEHI

Maldives | Malediven

Die flachen Inseln direkt an der Oberfläche des Indischen Ozeans sind der schillernde Abenteuerspielplatz für Sonnenanbeter. Auf den Malediven werden Reisebroschüren Wirklichkeit. Die im Meer verstreuten Atolle beherbergen einige der exklusivsten Ferienanlagen der Welt, jede auf ihrem eigenen tropischen Inselparadies. Die Inseln, auf denen die gewöhnlichen Malediver leben, waren für Besucher einst tabu, doch die muslimischen Gemeinden der so genannten „bewohnten Inseln" öffnen allmählich ihre Türen. Die Postkartenidylle über Wasser wird nur noch durch die Korallenriffe zwischen den Atollen übertroffen. Leider liegt ein Schatten über dem Paradies: der ungeschickte Führungsstil der autokratischen Regierung sowie die wachsenden Folgen des Klimawandels.

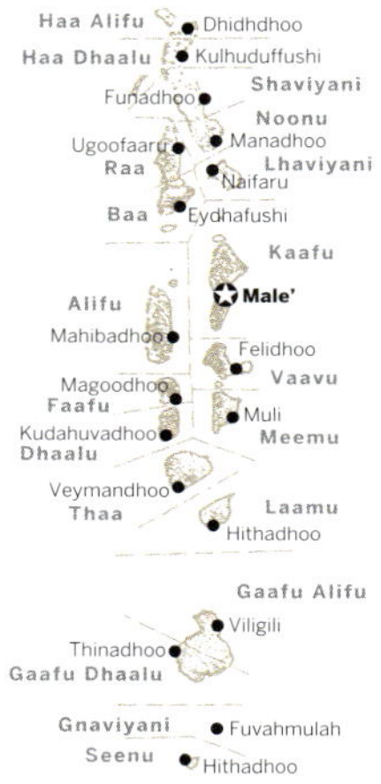

M

1

2

Beste Zeit
Oktober bis Februar

Interessante Orte
- Die Große Moschee von Djenné, die größte (und beeindruckendste) Lehmstruktur der Erde
- Die sagenhafte (aber unaufgeregte) Stadt Timbuktu mit ihren historischen Manuskripten und Moscheen
- Bamakos Musikschuppen, wo die berühmtesten Musiker Malis live auftreten
- Das verschlafene Städtchen Ségou am Flussufer, wo Workshops für *bogolan* (mit Schlamm gefärbte Stoffe) stattfinden
- Der geschäftige Hafen und das Salzhandelszentrum Mopti am Zusammenfluss des Nigers und des Bani
- Zeitlose Dogon-Dörfer am Fuße der dramatischen Felsen von Bandiagara

Lokale Bräuche
- Teilen und Schenken sind Kernelemente der malischen Gesellschaft
- Wenn die nomadischen Fulani-Frauen nicht gerade mit der Eselkarawane durchs Land ziehen, erschaffen sie Kunsthandwerk wie ausgeschnitzte Kürbisse
- Tee formt den täglichen Rhythmus in der Tuaregkultur und gilt als Freund der Konversation
- Auf der fünftägigen Dogon Fête des Masques tragen Männer Masken, die Büffel, Hyänen oder die Schöpfungsgöttin Amma darstellen

Mali hautnah
Lesen *Ségu* von Maryse Condé, eine packende Familiensaga, die die Geschichte Malis und seiner Volksgruppen auf den Punkt bringt
Anhören Tinariwen, Toumani Diabaté, Amadou und Mariam, den bereits verstorbenen Ali Farka Touré, Salif Keita, Oumou Sangaré … die Liste ist endlos
Ansehen *Yeleen – Das Licht* von Souleymane Cissé, der damit 1987 den Spezialpreis der Jury in Cannes gewann
Essen *Capitaine* (Viktoriabarsch)
Trinken *Bissap*- oder *djablani*-Saft (aus Hibiskusblüten), Castel (Bier aus Mali)

In einem Wort
Bonjour, ça va? (Hallo, wie geht's?)

Markenzeichen
Lehmarchitektur, Mali- und Songhaïreich (Mittelalter), Timbuktu, Holzschnitzereien der Bambara, *bogolan*-Stoffe, Tuareg-Nomaden, UN-Friedenstruppen

Übrigens …
Kankan Musa, König des Malireichs im 14. Jh., warf auf seiner Pilgerreise nach Mekka so verschwenderisch mit Gold um sich, dass es eine Generation dauerte, bis sich der Goldpreis wieder erholte.

1. Dogon-Männer führen einen traditionellen Maskentanz auf, um ihre Vorfahren zu ehren
2. Die Große Moschee von Djenné gilt als Meisterwerk der sudanisch-sahelischen Architektur
3. Getreidespeicher und Häuser im Dogon-Dorf von Banani im Bandiagara-Felsmassiv, Dogon-Land

M **HAUPTSTADT** BAMAKO | **EINWOHNER** 16 400 000 | **FLÄCHE** 1 240 192 KM² | **AMTSSPRACHE** FRANZÖSISCH

Mali

Mehr als tausend Jahre bevor Mali zu Mali wurde lag es im Herzen Westafrikas, und die heute sagenumwobene Stadt Timbuktu am Südrand der Sahara war ein Bildungszentrum von Weltrang sowie ein wichtiger Handelsposten eines gold- und salzreichen Imperiums. Das legendäre Timbuktu und andere fesselnde kulturelle Highlights – das Land der Dogon, die aus Lehm gebaute Große Moschee von Djenné, der Flusshafen von Mopti und die mitreißende moderne Musikszene – sicherten der Nation im 20. Jahrhundert einen Platz auf der Hitliste westafrikanischer Reiseländer. Leider ist das Land seit der bewaffneten Tuareg-Rebellion und dem Einmarsch militanter Islamisten infolge des Zusammenbruchs von Libyen im Jahre 2011 ein schwer kalkulierendes Reiseziel.

1

M HAUPTSTADT VALLETTA | EINWOHNER 411 277 | FLÄCHE 316 KM² | AMTSSPRACHEN MALTESISCH & ENGLISCH

Malta

Das winzige Malta bewacht den Eingang zum östlichen Mittelmeer und hat damit eine zur Inselgröße überproportionale strategische Bedeutung. Weltreiche fochten jahrhundertelang um diesen Vorposten, um ihre Flotten vor Rivalen vom anderen Ufer zu schützen. Heutzutage sind die drei maltesischen Inseln v. a. für ihre Strände, ihr Nachtleben, und immer mehr für Taucherlebnisse bekannt. Wer etwas tiefer bohrt, erhält Einblicke in die älteste Zivilisation Europas: Auf Malta liegen Felstempel, die Jahrhunderte bevor die alten Ägypter auch nur an die Pyramiden dachten, aus dem Stein geschlagen wurden. Und dann ist da noch die heutige Kultur: Etwas britisch, etwas italienisch mit nahöstlichen Einflüssen durchzogen und geprägt von Erinnerungen an Piraten, Ritter und Sultane.

Beste Reisezeit
Februar bis Juni

Unbedingt anschauen
- Die befestigte, vom Malteserorden erbaute Hauptstadt Valletta mit ihrem neuen City Gate, dem Parlament und Opernhaus von Renzo Piano
- Der Blick von der eleganten Zitadelle der „stillen Stadt" Mdina
- Das Hypogäum von Ħal-Saflieni, eine geheimnisvolle unterirdische Nekropole
- Die prächtigen megalithischen Tempel von Malta: Ġgantija, Ħaġar Qim und Mnajdra
- Marsaxlokk, ein Fischerdorf wie auf der Ansichtskarte mit köstlichen Meeresfrüchten

Nicht versäumen
- Sich in römischer, maltesischer und britischer Geschichte verlieren – im beeindruckenden Maritime Museum von Vittoriosa oder im gepflasterten Gassengewirr der Stadt
- Eine Aufführung in Vallettas prächtigem Manoel Theatre aus dem Jahr 1731, eines der ältesten Theater Europas
- Sich wie ein Fisch im türkisblauen Wasser der Blue Lagoon fühlen
- Unter den Wellen Meereshöhlen, Riffe und Legionen von Schiffswracks erkunden
- Mit den Maltesern eine *festa* feiern und sich von Musik, Essen und Feuerwerk verzaubern lassen

Malta hautnah
Lesen *Der Schild Europas*, in dem der britische Historiker Ernle Bradford die legendäre Schlacht zwischen osmanischen Türken und den Rittern des Johanniterordens 1565 äußerst spannend schildert
Anhören *Għana*, maltesische Volksmusik, die sizilianische Balladen mit dem Wehklagen arabischer Melodien mischt und Geschichten vom Dorfleben und aus der Vergangenheit erzählt
Ansehen *Simshar* von Rebecca Cremona, der auf einer wahren tragischen Begebenheit basiert, sowie *By the Sea* mit Angelina Jolie, in dem Malta als Côte d'Azur dient
Essen *Pastizza* (mit Ricotta gefüllter Blätterteig), *aljotta* (Fischsuppe mit Tomaten, Knoblauch und Reis) und *fenek* (Kaninchen) mit Spaghetti oder als Auflauf

Trinken Rum mit Kinnie (Softdrink aus Bitterorangen und Kräutern), eiskaltes maltesisches Bier wie Cisk Lager oder Hopleaf Pale Ale

In einem Wort
Kif inti (Wie geht's?)

Markenzeichen
Kreuzritter, Falken, Malteserkreuz, alte Ruinen, Kriegsfestungen, Sonne und Sand, britische Touristen, grell bemalte Fischkutter

Übrigens ...
Die schöne, unterentwickelte Landschaft Maltas diente vielen Filmen und Fernsehproduktionen als Kulisse, darunter *Gladiator*, *Troja*, *Captain Phillips* und *Game of Thrones*

1. Die alte Festungsstadt Vittoriosa mit dem Grand Harbour
2. Die vom Malteserorden errichtete St John's Co-Cathedral in Valletta, ein Meisterwerk der barocken Architektur

2

M

Beste Reisezeit

Im Süden geht die Trockenzeit von Dezember bis August, auf den nördlichen Marshall-Inseln ist es fast das ganze Jahr über trocken, sodass mögliche Regenfälle zwischen September und November höchst willkommen sind

Unbedingt anschauen

- Blutroter Sonnenuntergang über der Lagune von Dalap-Uliga-Darrit (DUD)
- Stabkarten, *korkor*-Kanumodelle und Muschelwerkzeuge im Alele Museum & Library
- Verbeulte Wracks japanischer Zero- und Betty-Jagdbomber und andere Hinterlassenschaften des Zweiten Weltkriegs im Dschungel des Maloelap-Atolls
- Wunderschöne geflochtene Matten, Fächer, Körbe und „Kili Bags" (Taschen vom Kili-Atoll), auf die schon Jackie Onassis scharf war

Nicht versäumen

- Vor dem Bikini-Atoll nach Wracks aus dem Zweiten Weltkrieg tauchen
- In einem *walap* (traditionelles Meereskanu) durch die Majuro-Lagune paddeln
- In einem *boom boom* (Motorboot) auf *jambo* (Spritztour) zu den äußeren Inseln hinaus gehen
- Tiefseeangeln vor Longar Point auf dem Arno-Atoll
- Einen Tauchgang unter Haien im weltgrößten Hai-Schutzgebiet

Marshall-Inseln hautnah

Lesen *Stories from the Marshall Islands*, eine Sammlung traditioneller Geschichten, von Jack A. Tobin ins Englische übersetzt
Anhören Den Beat des *beet*, ein traditioneller marshallischer Tanz mit Einflüssen spanischer Volksmusik
Ansehen *Jilel: The Calling of the Shell*, eine erfundene Geschichte zur globalen Erwärmung auf den Marshall-Inseln von 2015
Essen Die gekochten süßen Früchte des Pandanus-Baums (Vorsicht, sind innen haarig!)
Trinken Eine eisgekühlte Trinkkokosnuss

In einem Wort

Yokwe yuk (Love to you)

Markenzeichen

Kanus, Stabkarten, Sportfischen, Tauchen, Atomtests, US-Militär, Haie

Übrigens …

Am Bikini-Atoll wurde 1946 die erste Atombombe in Friedenszeiten gezündet. Später war es Namensgeber für den zweiteiligen Badeanzug.

1. Einheimische segeln auf einem traditionellen Boot; die Marshaller waren schon immer herausragende Seeleute und für ihre Stabkarten berühmt

2. Ein Junge vom Majuro-Atoll; die Hälfte der Bevölkerung ist unter 24 Jahre jung

3. Ein Tropenparadies wie geträumt

M **HAUPTSTADT** MAJURO | **EINWOHNER** 70983 | **FLÄCHE** 181 KM² | **AMTSSPRACHEN** MARSHALLESISCH & ENGLISCH

Marshall Islands | Marshall-Inseln

Die Marshall-Inseln liegen in einer neonblauen Wasserwelt, die man von jedem Punkt der schlanken, flachen Korallenatolle aus sehen, hören, riechen und schmecken kann. Kein Wunder, dass sich die Bewohner zu erstklassigen Fischern, Bootsbauern und Steuermännern entwickelt haben. In der Vergangenheit erhoben Briten, Spanier, Deutsche, Japaner und Amerikaner Anspruch auf die strategisch günstig gelegenen Inseln; die Militärpräsenz der USA ist bis heute stark und die traumatischen Folgen der Atombombenversuche sind immer noch spürbar. Aber zumindest auf den Inseln am Rand der beiden Hauptketten ist das paradiesische Idyll noch intakt.

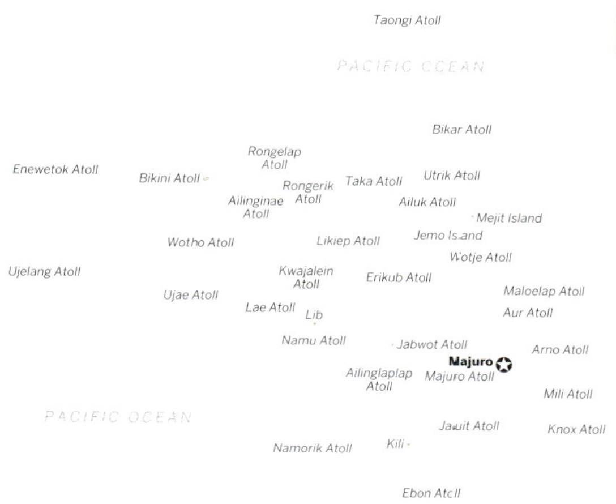

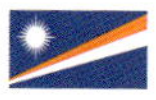

M

Beste Reisezeit
Dezember bis Mai, wenn es nicht so viel regnet und Hurrikane selten sind

Unbedingt anschauen
- Sainte-Luce, ein bezauberndes Fischerdorf mit attraktiven Tauchgebieten
- Die Ruinen der früheren Hauptstadt Saint-Pierre, die der Ausbruch des Mont Pelée 1902 auslöschte
- Presqu'île de la Caravelle, eine romantische Halbinsel mit tropischem Zauber und winzigen, von der Zeit unberührten Dörfern
- Die einsamen schwarzen Sandstrände entlang der Nordküste
- Fort-de-France, dessen bröckelnder kreolischer Charme durch spektakuläre Meerblicke wettgemacht wird

Nicht versäumen
- In Pointe du Bout, dem Yachtie-Treffpunkt der Insel, die Champagnerkorken knallen lassen
- Sich am Sandstrand von Les Salines ausstrecken, dem vielleicht schönsten Traumstrand der Insel
- Vor der Kulisse aus Sand und Palmen in Anse l'Etang auf den Wellen surfen
- Der Route de la Trace durch den Regenwald im Inselinneren folgen
- Sein Französisch ausprobieren – auch wenn es nur für ein *Bonjour* reicht

Martinique hautnah
Lesen *Notizen von einer Rückkehr in die Heimat* von Dichter und Politiker Aimé Césaire, der den Stolz auf die schwarze Identität propagierte und die Négritude-Bewegung gründete, *Texaco* von Patrick Chamoiseau und *Zersplitterte Welten* von Édouard Glissant
Anhören Dédé Saint-Prix, einem führenden Vertreter landestypischer Musikarten wie *chouval bwa* und *zouk*
Ansehen *Sugar Cane Alley* von Euzhan Palcy, die das von Liebe und Aufopferung geprägte Leben einer armen schwarzen Plantagenarbeiterfamilie auf Martinique in den 1930er-Jahren erzählt
Essen *Daube de lambis*, Konche in Tomate, Limette und Chili gedünstet
Trinken *St-James Fleur de Canne*, weißer Rum mit ausgeprägtem Zuckerrohraroma

In einem Wort
Bonjou (Guten Tag)

Markenzeichen
Kreolische Küche, grüne Berge, Bananenplantagen, *Zouk* (ein Musikstil), Frangipani und Hibiskus

Übrigens …
Obwohl Französisch nach wie vor Amtssprache ist, sprechen die meisten Bewohner auch *Créole Martiniquais*, eine Nebenform des Antillen-Kreolisch.

1. Zuckerernte für die Produktion des ikonischen AOC Martinique Rums
2. Die stimmungsvolle Kirche von Les Anses-d'Arlet
3. Ein junger Mann findet einen Seestern in Anse Mitan; Martinique ist für seine reiche Unterwasserwelt berühmt

M **HAUPTSTADT** FORT-DE-FRANCE | **EINWOHNER** 405 000 | **FLÄCHE** 1128 KM² | **AMTSSPRACHE** FRANZÖSISCH

Martinique

Das sonnige, korallenumsäumte Überseegebiet Frankreichs in der östlichen Karibik präsentiert seine reiche und bunte Geschichte vor einer atemberaubenden Naturkulisse. Dominiert wird sie vom Mont Pelée, dem noch immer aktiven Vulkan, der die einstige Hauptstadt Saint-Pierre 1902 in Schutt und Asche legte. Das urbane Herz Martiniques schlägt im sich ausbreitenden, teils lauten Fort-de-France. Doch hinter den Märkten und Museen der Hauptstadt liegen verschlafene Fischerdörfer, Tauchreviere wie Rocher du Dimant („Diamantenfels"), Strände mit Entspanngarantie und üppiger Regenwald. Und auf der gesamten „Blumeninsel" werden Besucher mit Essen, Musik und der typisch kreolischen Geselligkeit empfangen.

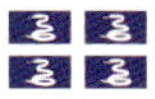

M

3

Beste Zeit
November bis März

Interessante Orte
- Ben Amira, mit 633 m Höhe einer der größten Felsmonolithen der Welt
- Terjît, eine der grünsten Oasen der Sahara
- Die malerische Altstadt von Ouadâne aus braunem Sandstein
- Die Felsenbecken des Matmata, in denen sich Afrikas ungewöhnlichste Krokodile tummeln
- Die von Nomaden als Tor zur Wüste erbaute Hauptstadt Nouakchott
- Die reizvollen Überreste von Chinguetti, ein früheres islamisches Bildungszentrum in der Sahara
- Nationalpark Banc d'Arguin mit seinem Vogelreichtum an der Atlantikküste

Lokale Bräuche
- Ein großes Familiennetzwerk ist der Eckpfeiler der maurischen Gesellschaft
- Eine ausgeprägte Tradition für Kunst und Kunsthandwerk, insbesondere Silberarbeiten
- Viele Nomaden wurden von der anhaltenden Dürre und Verödung in die Hauptstadt Nouakchott getrieben
- Der Glaube an verschiedenen übernatürliche Geister ist in der islamischen Tradition Mauretaniens verankert; dennoch wird Allah als alleiniger Gott anerkannt

Mauretanien hautnah
Lesen *Travels in Mauritania* von Peter Hudson, der Mauretanien Anfang der 1990er-Jahre zu Fuß, per Esel und Kamel bereiste
Anhören Malouma, der die traditionelle maurische Musik modernisierte
Ansehen *Heremakono* (Warten auf das Glück), den der mauretanische Regisseur Abderrahmane Sissako in Nouâdhibou drehte
Essen Lamm, das auf einem *méchui* (traditionelles Nomadenfest) mit Reis gefüllt und im Ganzen über offenem Feuer gegrillt wird
Trinken Süßer, schwarzer Tee oder das Nomadengetränk *zrig* (geronnene Kamel- oder Ziegenmilch)

In einem Wort
Salaam aleikum (Hallo oder Friede sei mit dir)

Markenzeichen
Schönheit der Sahara und Gefahr der Verwüstung, wertvolle arabische Schriften mitten in der Wüste, einige der längsten und schwersten Züge der Welt

Übrigens …
Als letztes Land der Welt schuf Mauretanien die Sklaverei erst 2007 ab; Schätzungen zu Folge werden aber noch immer Zehntausende Menschen als Sklaven gehalten.

1. Das unverwechselbare Fort Saganne Hotel in Chinguetti
2. Von November bis Februar herrschen am Cap Blanc, einer Halbinsel, die in den Atlantik ragt, beste Surfbedingungen
3. Am Cap Blanc liegen viele Schiffswracks, darunter die *United Malika*

M **HAUPTSTADT** NOUAKCHOTT | **EINWOHNER** 3400000 | **FLÄCHE** 1030700 KM² | **AMTSSPRACHE** ARABISCH (HASSANIYA)

Mauritania | Mauretanien

Mauretanien liegt am kalten Atlantik, verfügt jedoch über ein weitaus größeres Meer aus Sand. Die Wanderdünen der Sahara dominieren das Land, das sich von Algerien und Mali im Westen bis zur Küste erstreckt. Die Wüste wird nur von Steinmonolithen und abgelegenen Oasen unterbrochen sowie von alten maurischen Städten wie Chinguetti, das vom 13. Jahrhundert an ein islamisches Bildungszentrum war. Mauretanien unterscheidet sich spürbar vom Rest des Kontinents: Der hier tief verwurzelte Islam und die Kombination arabischer und afrikanischer Einflüsse haben ein ganz individuelles Muster in den Sand gezeichnet. Einst war es die sicherste Landroute auf dem Weg durch die Sahara von Europa nach Westafrika, heute macht eine unzulängliche Sicherheitslage Reisen in Mauretanien nahezu unmöglich.

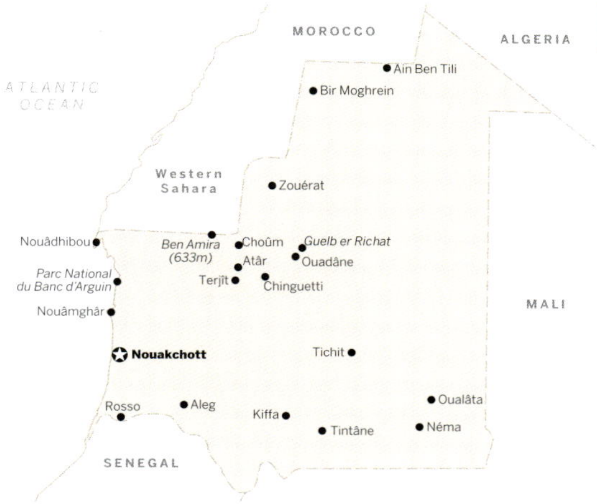

M

3

1. Musik ist ein wichtiger Bestandteil des mauritischen Alltags
2. Im Südwesten der Insel ragt der Le Morne Brabant (556 m) aus dem Indischen Ozean
3. Der üppige Sir Seewoosagur Ramgoolam Botanical Garden in Pamplemousses

M **HAUPTSTADT** PORT LOUIS | **EINWOHNER** 1300000 | **FLÄCHE** 2040 KM² | **AMTSSPRACHEN** ENGLISCH

Mauritius

Seit Vulkane dieses Inselparadies in den Indischen Ozean spuckten, sind viele Lebewesen an seinen tropischen Gestaden gestrandet – der Mensch war einer der Letzten. Heute freuen sich Besucher über die asiatischen, afrikanischen und europäischen Einflüsse, die sich auf Küche, Architektur und Sozialleben auswirken. Daneben locken azurblaue Fluten, weiße Sandstrände und jungfräuliche Regenwälder. Trotz gelegentlicher Spannungen zwischen der Hindumehrheit, Muslimen und Kreolen ist das Zusammenleben auf Mauritius von Respekt und Toleranz geprägt. Allerdings erwies sich dieser Schmelztiegel der Kulturen für andere als zu heiß: Die berühmteste endemische Tierart, der Dodo, ist mittlerweile ausgestorben.

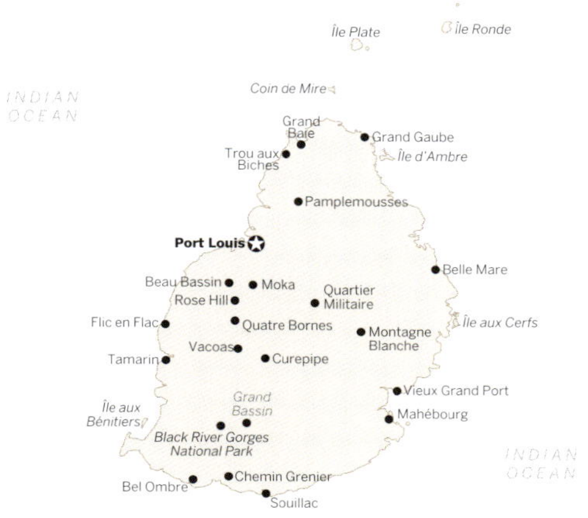

Beste Reisezeit
Mai bis November, wenn das Klima am trockensten und angenehmsten ist

Unbedingt anschauen
- Seerosen in den Sir Seewoosagur Ramgoolam Botanical Gardens in Pamplemousses
- Rempart Serpent, La Passe St François und Colorado, drei der schönsten Tauchreviere von Mauritius
- Unberührte tropische Regenwälder in La Vanille Réserve des Mascareignes
- Trou d'Argent, den überwältigend schönen Strand der abgelegenen Insel Rodrigues

Nicht versäumen
- Zwischen Kasuarinen und Wasserfällen durch den Nationalpark Black River Gorges streifen
- Mauritiern beim Sonntagspicknick am Belle-Mare-Strand Gesellschaft leisten
- Im Seilgarten von St Felix an einem 2 km langen Hochseil über die Rivière des Galets, durch dichte Wälder und vorbei an Wasserfällen sausen

Mauritius hautnah
Lesen Bernardin de St-Pierres Klassiker *Paul et Virginie*, eine auf wahren Begebenheiten beruhende romantische Tragödie aus dem 18. Jh.
Anhören Anita von Ti-Frère, der als Sänger die Renaissance der Sega-Musik einleitete
Ansehen *Lonbraz Kann* (Der Schatten des Zuckerrohrs) über die Schließung der Zurckerrohrfabriken
Essen *Rougaille* (Fleisch oder Fisch kreolisch gewürzt mit einer Sauce aus Tomaten, Knoblauch und Chili)
Trinken *Alouda* (Mixgetränk mit Mandelgeschmack, besonders gut mit Eiscreme)

In einem Wort
Tapeta! (Prost! auf Mauritisch-Kreolisch)

Markenzeichen
Land der ausgestorbenen Vogelart Dodo, Zuckerrohrplantagen, Fusionsküche, Flitterwöchner, Sandstrände

Übrigens …
Zuckerrohr ist auf Mauritius ein wichtiger Stromlieferant: Die nach der Extraktion verbleibenden Reste werden verbrannt und treiben Dampfturbinen an.

M

3

2

M **HAUPTSTADT** MEXIKO-STADT | **EINWOHNER** 118 800 000 | **FLÄCHE** 1 972 550 KM² | **AMTSSPRACHE** MEXIKANISCHES SPANISCH

Mexico | Mexiko

Mexiko ist wie seine Küche: feurig, vollmundig und exotisch, aber dennoch vertraut. Eine Aufstellung seiner berühmtesten Highlights liest sich wie eine Liste alter Bekannter: Mexiko-Stadt, Tauchen um Cancún und Playa del Carmen, Surfen und Walbeobachtungen in Baha, ausgelassenes Feiern am Tag der Toten, Chichén Itzá und die Riviera Maya. Doch zwischen diesen touristischen Höhepunkten lungern zahlreiche Überraschungen: üppiger Dschungel, stille Wüsten, schneebedeckte Berge, Kolonialstädte und Stammeskultur. Mordkommandos mexikanischer Drogenkartelle haben Mexikos Ruf als Amerikas beliebtesten Rückzugsort angekratzt, doch heute umgehen die Touristen die kriminellen Hotspots. Wer sein Vorwissen über Bord wirft, findet ein Mexiko, das alle Erwartungen übersteigt.

Beste Reisezeit
Oktober bis Mai, um extreme Hitze zu meiden

Unbedingt anschauen
- Die Megahauptstadt Mexiko-Stadt: riesig und chaotisch, aber auch kultiviert und cool
- Mayatempel, die in Palenque aus dem dichten Dschungel ragen
- Imposanter Kolonialcharme in Oaxaca und herrliche Strände am Pazifik
- Der tiefe Abgrund der Barranca del Cobre (Kupferschlucht), der sich der Sierra Madre entlangzieht
- Das schicke Playa del Carmen nur wenige Meilen vom Pauschalreisezentrum Cancún entfernt

Nicht versäumen
- Auf den Wellen reiten, die sich an den scheinbar endlosen Stränden von Puerto Escondido brechen
- Eine mexikanische Spritztour ins wilde und wüste Landesinnere von Baja
- Echtes mexikanisches Essen aus einer einheimischen *cantina*, nicht die sterile Tex-Mex-Küche
- In der Unesco-Weltkulturerbestadt von Guanajuato Mexikos koloniales Erbe bewundern
- Den Flügelschlag von Milliarden von Schmetterlingen fühlen, die in der Reserva Mariposa Monarca überwintern

Mexiko hautnah
Lesen *Landschaft in klarem Licht* des großen mexikanischen Schriftstellers Carlos Fuentes und die Geschichte der beiden Ikonen *Frida Kahlo und Diego Rivera* von Isabel Alcantara und Sandra Egnolff
Anhören Los Tigres del Norte und Cafe Tacuba, zwei Pioniere des *rock en español*
Ansehen Das Referenzwerk über die Guerillakämpfe in den 1970er-Jahren, *El violín*, und der leicht surreale Film *Bittersüße Schokolade*
Essen Allgegenwärtige Tortillas: als Burrito, Enchilada oder Quesadilla weich und mit Füllung oder als Taquito und Tostada knusprig und als Taco gefüllt
Trinken *Jugos naturales*, vor allem den blutroten Vampirsaft aus roter Bete und Karotten, und die drei Agavenprodukte Tequila, Mezcal und Pulque

In einem Wort
Mañana (Morgen), nur nicht heute

Markenzeichen
Tacos, Mariachis (Musikkapellen), Machos, Margaritas, Schnurbärte, Pyramiden, *telenovelas*, Fiestas, unkontrollierbare Grenzstädte, Traumland USA

Übrigens …
Mexiko-Stadt sinkt bis zu 28 cm pro Jahr, während seine wachsende Bevölkerung dem Boden das Grundwasser entzieht, auf dem die Stadt gebaut ist.

1. Die frühere Bergbaustadt Guanajuato ist heute für seine Kolonialarchitektur berühmt
2. San Miguel de Allende, eine schöne Stadt mit romantischen Gassen, in die das Licht einfällt
3. Straßenmusiker unterhalten Restaurantbesucher am Mercado Juárez in Oaxaca-Stadt

M

3

DANITA DELIMONT | GETTY IMAGES // JUSTIN FOULKES // JUSTIN FOULKES

Beste Reisezeit
Oktober bis März, wenn die Passatwinde Abkühlung in die schwüle Luft bringen

Unbedingt anschauen
- Das „Steingeld“ (große Steinscheiben) in Yap, eine frühe Währungsart
- Kolonia, quirlig, baufällig und die größte Stadt Mikronesiens
- Hart arbeitende Handwerker und Vorführungen lokaler Tänze im Ethnic Art Institute of Micronesia in Yap
- Die antike Ruinenstadt Nan Madol, das „Venedig Mikronesiens“

Nicht versäumen
- Im „Unterwassermuseum“ von Chuuk nach japanischen Wracks aus dem Zweiten Weltkrieg tauchen und Yaps Riesenmantas beobachten
- Sich von den Lelu-Ruinen in der dichten tropischen Vegetation auf Kosrae in die Antike zurückversetzen lassen
- Auf den fruchtbaren zerklüfteten Vulkanrücken auf Pohnpei und Kosrae wandern
- Mit dem Kanu durch die magischen Mangrovenwälder auf Kosrae paddeln
- Von Weno auf Chuuk die Sonne hinter den Faichuk Islands verschwinden sehen

Mikronesien hautnah
Lesen Lawrence Klingmans *Seine Majestät O'Keefe, König der Südsee*, die wahre Geschichte von David O'Keefe, der Ende des 19. Jhs. in Yap an Land ging und dort ein erfolgreicher Unternehmer wurde
Anhören *Spirit of Micronesia*, eine Sammlung traditioneller Lieder aus der ganzen Region
Ansehen *The Pilote Guide to Micronesia* von und mit Megan McCormick aus der Serie *Globe Trekker*
Essen oder besser kauen: *buw* (Betelnuss), um wie die Einheimischen den Mund rot zu färben
Trinken *Sakau* (berauschendes Getränk aus den Wurzeln der Strauchpflanze Kava)

In einem Wort
Fager (Yappisch), *Kompoakepai* (Pohnpeiisch), *Pwipwi* (Chuukisch), *Kawuk* (Kosraisch) – bedeutet in den jeweiligen Inselstaaten so viel wie „Freund“

Markenzeichen
Steingeld, traditionelle Magie, Betelnuss, Wracktauchen, antike Ruinenstädte, alte Kulturen, Fisch und Meeresfrüchte

Übrigens ...
Es heißt, der berüchtigte amerikanische Betrüger Bully Hayes habe nach dem Schiffbruch seines Segelschiffs Leonora 1874 seine Beute auf Kosrae versteckt, aber bis jetzt blieb jede Schatzsuche erfolglos.

1. Das Losiep-Atoll, eine winzige Koralleninsel, die zu Yap gehört

2. Die traditionelle Kunst des Korbflechtens wird von einer Generation zur nächsten übertragen

3. Schwimmen mit einem Mantarochen vor Yap; Mikronesien hat eine unglaubliche Unterwasserwelt

M **HAUPTSTADT** PALIKIR (POHNPEI) | **EINWOHNER** 106104 | **FLÄCHE** 702 KM² | **AMTSSPRACHEN** ENGLISCH

Micronesia | Mikronesien

Mal was ganz anderes: Die Föderierten Staaten von Mikronesien bestehen aus den vier eigenständigen Inselstaaten Kosrae, Pohnpei, Chuuk und Yap. Jeder hat seine eigene Kultur und seine eigenen Traditionen, die so vielfältig, eigenwillig und farbenfroh sind wie die Fische und Korallenformationen der umliegenden Riffe. Das paradiesische Kosrae ist die vielleicht schönste Insel der Gruppe, Pohnpei besticht mit geheimnisvollen Ruinen und bizarren Küstenlinien, Chuuk ist bei Wracktauchern beliebt und Yap ist sich selbst und seinen Traditionen am treuesten geblieben. Wer trotzdem feststellt, dass Mikronesien keine Nebenwirkungen auf sein Weltbild hat, sollte seinen Arzt oder Apotheker fragen.

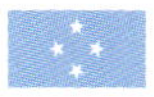

1. Das Kloster von Noul Neamț in Chițcani wurde von den Sowjets 1962 geschlossen und 1989 wiedereröffnet
2. Transnistriens Parlamentsgebäude in Tiraspol mit der Leninstatue
3. Feldarbeiter bei der Lavendelernte; Moldavien verfügt über eine lange Tradition des Lavendelanbaus

M HAUPTSTADT CHIŞINĂU | EINWOHNER 3600000 | FLÄCHE 33851 KM² | AMTSSPRACHE MOLDAUISCH

Moldova | Moldawien

Tief im früheren Ostblock vergraben und von seinen Nachbarländern eingepfercht bleibt das hügelige Moldawien den meisten Reisenden aus den Augen und aus dem Sinn. Sprache und Kultur teilt sich das Land größtenteils mit seinem Nachbarn Rumänien. Zu Moldawien zählen aber auch zwei halbautonome Gebiete: das überwiegend slawische Transnistrien an der Grenze zur Ukraine sowie Gagausien, die Heimat der türkischen Gagausen. Am ehesten ist Moldawien für seine edlen Tropfen bekannt, die die ausgedehnten Weinreben abwerfen. Doch vom überschwänglichen Nachtleben in der Hauptstadt Chişinău bis hin zum Höhlenkloster aus dem 13. Jh. bei Orheiul Vechi bietet das Land viel mehr als Qualitätswein.

Beste Reisezeit

Mai bis September

Unbedingt anschauen

- Der weitläufige Kathedralenpark mit dem Triumphbogen, dem Blumenmarkt und der Kathedrale
- Die Höhlen des Klosterkomplexes Orheiul Vechi, die von Mönchen im 13. Jh. gegraben wurden
- Die Destillerie Kvint, wo seit 1897 der beste Weinbrand Transnistriens gebrannt wird
- Das Puschkin-Museum in Chişinău, wo der Schriftsteller als Exilant einige seiner Klassiker schrieb

Nicht versäumen

- Die weltweit größte Weinkollektion im über 200 Kilometer langen Weinkeller Mileştii Mici
- Mit den Einheimischen abends in den Clubs von Chişinău chillen und ein paar Weinflaschen leeren
- Eine Zeitreise nach Tiraspol, der Hauptstadt des abtrünnigen Transnistriens, wo der Kommunismus noch nicht Vergangenheit ist

Moldawien hautnah

Lesen *Matchball in Moldawien* von Tony Hawks
Anhören Den einzigartigen Mix aus Folklore, Punk und Hip-Hop von Zdob si Zdub
Ansehen Die Filme des moldawischen Regisseurs Emil Loteanu, darunter *Wenn die Zigeuner ziehen* und *Mein liebes zärtliches Tier*
Essen *Pelmeni* (russisch inspirierte Teigtaschen) oder *sorpa* (würzige Hammelsuppe der Gaugasen)
Trinken Einheimische Weinsorten wie Fetească und Rara Neagra oder traditionell gebrannter Vodka

In einem Wort

Buna (Hallo)

Markenzeichen

Winzerhöfe und Weinkeller in malerischer Umgebung, Pferdefuhrwerke, Wiesen mit Sensen schwingenden Arbeitern, kommunistisches Erbe

Übrigens …

Der Fußball dominiert zwar wie überall in Europa, aber der Nationalsport ist und bleibt *trânta*, ein Ringsport, bei dem die Kämpfer den Stoffgürtel des Gegners greifen müssen.

3

M **HAUPTSTADT** MONACO | **EINWOHNER** 30500 | **FLÄCHE** 2 KM² | **AMTSSPRACHE** FRANZÖSISCH

Monaco

Prinz Albert II. regiert das selbstbewusste Fürstentum, das an der illustren Côte d'Azur zwischen Frankreich und Italien klemmt. Hier tummeln sich Millionäre mit teuren Luxusjachten, Steuerflüchtlinge, Promis und Glamourschickeria aus aller Welt sowie Tagesausflügler, die auf „den Fels" steigen, um einen Blick auf den Fürstenpalast zu werfen, im Café de Paris ein Glas Champagner zu schlürfen und im Spielcasino einmal auf ihre Glückszahl zu setzen. Der monegassische Glanz erstrahlt, sobald der Zug in den Untergrundbahnhof mit seinen Marmorwänden einfährt. Überirdisch recken sich Wolkenkratzer der Sonne entgegen, die an Hongkong erinnern, und wenn alles nach Plan läuft, werden bald Milliardenprojekte wie in Dubai aus den tiefblauen Wellen wachsen.

Beste Reisezeit

April bis Juni, September & Oktober

Unbedingt anschauen

- Die Wachablösung am Palais du Prince
- Haie, die im Musée Océangraphique über den Köpfen der Besucher ihre Runden drehen
- Die Gräber von Grace Kelly und ihrem monegassischen Märchenprinzen Rainier III. in der Kathedrale
- Statussymbole der Milliardäre im Yachthafen
- Die Weltspitze der Formel 1 beim Großen Preis von Monaco im Mai

Nicht versäumen

- Im prächtigen Belle-Époque-Ambiente des Casinos seinen Einsatz verdoppeln (oder verlieren)
- Sich in den Thermes Marin de Monte Carlo eine Schönheitsbehandlung aus Kaviar gönnen
- Im Le Louis XIV, Monacos elegantester Essadresse, fürstlich speisen
- Zwischen den Jahrhunderte alten Kakteen im Jardin Éxotique herumspazieren
- Auf der Grande Corniche zwischen Felsen und Meer seine Fahrkünste testen

Monaco hautnah

Lesen Graham Greenes *Heirate nie in Monte Carlo* über ein Ehepaar, das dort in den 1950er-Jahren seine Flitterwochen verbringt
Anhören *The Man Who Broke the Bank at Monte Carlo* von Charles Colbert, ein Varieté-Sänger der 1930er-Jahre
Ansehen Herbie, der durch den Tunnel der Formel-1-Strecke brettert, in Walt Disneys *Der tolle Käfer in der Rallye Monte Carlo*
Essen Spezialitäten wie *barbajuan* (mit Spinat und Käse gefüllte Teigtaschen) und *stocafi* (Stockfisch)
Trinken Apéritifs mit Champagner im Promischuppen Kare(ment) an der Uferpromenade

In einem Wort

Bon giurnu (Monegassisch für „Hallo")

Markenzeichen

Lifestyle der Reichen, Steueroase, Formel 1, Grace Kelly, Casino von Monte Carlo, Grimaldi-Dynastie

Übrigens …

Die Einwohner Monacos zahlen keine Einkommensteuer, dafür aber eine hohe Mehrwertsteuer

1. Kleine und große Jachten im Hafen von Port Hercule
2. Der Felsen von Monaco mit der Altstadt und dem Palais du Prince
3. Die Wachablösung am Palais du Prince

M

3

Beste Reisezeit
Juni bis September

Unbedingt anschauen
- Das Naadam-Fest, ein traditioneller, alljährlicher Wettkampf mit Pferderennen, Bogenschießen und traditionsgemäßen Ringkämpfen
- Khövsgöl Nuur, ein faszinierender subsibirischer See
- Den Nationalpark Altai Tavan Bogd mit schneebedeckten Gipfeln, leuchtend blauen Seen und kasachischen Jägern, die mit Adlern jagen
- Die Ruinen der ehemaligen mongolischen Hauptstadt Karakorum und das an Tibet erinnernde Kloster Erdene Zuu Khiid
- Ulaanbaatar, eine der seltsamsten Hauptstädte der Welt, wo moderne und nomadische Lebensarten aufeinandertreffen

Nicht versäumen
- Wie Dschingis Khan auf dem Pferderücken durch die endlose Steppe galoppieren
- In der epischen, endlosen Wildnis Gazellen, Argali-Schafe, Ziegen und sogar Rentiere erspähen
- Im Süden der Wüste Gobi nach Dinosaurierknochen buddeln oder eine Trekkingtour mit Trampeltieren machen
- In einem *gyr* übernachten, wo die mongolischen Gastgeber ihre Gäste mit einem Festmahl und reichlich Vodka empfangen
- Den unglaublichen Sternenhimmel bewundern

Mongolei hautnah
Lesen *Moron to Moron: Two Men, Two Bikes, One Mongolian Misadventure* von Tom Doig
Anhören Den überirdischen Klang von *khöömii* (mongolischem und tuwanischem Kehlkopfgesang)
Ansehen *Die Geschichte vom weinenden Kamel*, ein Dokumentarfilm über eine Kamelhirtenfamilie in der Gobi
Essen *Boodog* (mit heißen Steinen von innen gegartes, mit einem Schweißbrenner außen knusprig gemachtes Murmeltier)
Trinken *Airag* (fermentierte Stutenmilch) oder *suutei tsai* (salziger Milchtee)

In einem Wort
Sain baina uu (Hallo)

Markenzeichen
Grasland, endlose Steppen, Pferde, Wüste Gobi, Altai-Gebirge, Adlerjäger, Dschingis Khan, weiter, blauer Himmel, Ringen, subpolare Winter, Kehlkopfgesang

Übrigens …
Von allen Ländern der Erde hat die Mongolei die geringste Bevölkerungsdichte (1,9 Einw. pro km^2)

1. Traditionelle *Gyr* in der Steppe; *Gyr* werden in Zentralasien seit mindestens 3000 Jahren genutzt
2. Der Ringkampf gehört zu den Hauptattraktionen des jährlichen Naadam-Fests in Ulaanbaatar
3. Musiker spielen auf dem Naadam-Fest in der Archangai-Aimag die *morin khuur* (Pferdekopfgeige)
4. Eine Frau reitet in der zentralen Mongolei durch einen Bach

M **HAUPTSTADT** ULAANBAATAR | **EINWOHNER** 2900000 | **FLÄCHE** 1564116 KM² | **AMTSSPRACHE** MONGOLISCH

Mongolia | Mongolei

Endlose Horizonte ziehen sich von der Wüste Gobi bis zum Altai-Gebirge und machen alle glücklich, die viel Platz um sich brauchen. Hier gibt es kaum Zäune, Straßen oder Städte, deshalb bietet es sich an, ein Pferd (oder die moderne Version davon, ein Allradfahrzeug) zu mieten und durch die Steppe zu ziehen. Irgendwo mitten im Nichts wird todsicher ein berittener Hirte auftauchen, der dem Heer Dschingis Khans entsprungen zu sein scheint, und mit herzlichem Lächeln zum Tee in seinem Gyr (Jurte) laden. Wer nach unendlichen Gebieten unberührter Natur sucht, entdeckt in der Mongolei ein neues Gefühl für Raum und Zeit und eine Freiheit, die süchtig macht.

1

2

M **HAUPTSTADT** PODGORICA | **EINWOHNER** 653 474 | **FLÄCHE** 13 812 KM² | **AMTSSPRACHE** MONTENEGRINISCH

Montenegro

Auch wenn Montenegro (Crna Gora) jahrhundertelang kaum wahrgenommen wurde, war es Piraten der Adria, venezianischen Invasoren, osmanischen Paschas und jugoslawischen Technokraten wohlbekannt. Seine zähen Einwohner überstanden alle Heimsuchungen bis zur Wiedergeburt als unabhängige Nation im Jahr 2006. Dem selbst gewählten Motto „Mut und Menschlichkeit“ wäre noch das Attribut „Gastfreundschaft“ hinzuzufügen – und zwar eine, die mit albanischen Moscheen, orthodoxen Klöstern und allabendlichem Zusammentreffen lockt. Wie der Name suggeriert (Crna Gora bedeutet „Schwarzer Berg“), ist Montenegro rau und hoch gelegen. Steinige Berge fallen zur Küste hin steil ab, wo flammende Granatapfelbäume und das tiefblaue Wasser der Adria ihren Zauber spielen lassen.

Beste Reisezeit
April bis September

Unbedingt anschauen
- Überwältigende Ausblicke über Kotor und die türkisfarbene Adria vom St John's Hill
- Die ehemalige Hauptstadt Cetinje mit ihrem eigenwilligen Mix aus Großstadt und Dorf
- Das dramatisch in den Fels geschlagene Kloster Ostrog, das spirituelle Herz von Montenegro
- Den Durmitor-Nationalpark mit seinen Adlern, Bären, Wölfen und den gastfreundlichen Bergleuten
- Die kleine, unfassbar fotogene Insel Sveti Stefan

Nicht versäumen
- Einmal die schweißtreibende Straße von Cetinje nach Kotor hinunterbrettern
- Im Raftingboot auf dem Fluss Tara echtes Wildwasserfeeling erleben
- An den Stränden bei Budva Sonne tanken und sich dann in der Adria abkühlen
- Am Skutarisee eins der wichtigsten Feuchtgebiete Europas mit dem Fernglas erkunden
- Eine Wanderung durch den Lovcén-Nationalpark und zum Mausoleum, um dem Nationalhelden Petar II. Petrović-Njegoš Respekt zu zollen

Montenegro hautnah
Lesen *Montenegro: Eine Familiensaga im Jahrhundert der Konflikte* von Bato Tomasevic, der die Geschichte des Landes anhand des Schicksals seiner Vorfahren aufarbeitet
Anhören Poetische Lieder, von der *gusla* (entfernt mit der einsaitigen Sitar verwandt) begleitet
Ansehen *Ljepota Poroka* über alteingesessene Bergbewohner, die in einer nudistischen Kolonie mit der Moderne konfrontiert werden
Essen Gegrillter Tintenfisch an der Küste, *jagnjetina ispod sača* (Lamm, im Metallbehälter unter heißer Glut gegart) in den Bergen und *kajmak* (leicht vergorene Schlagsahne)
Trinken *Loza* (Weinbrand) oder die berühmte einheimische Biermarke Nikšićko

In einem Wort
Dobro došli (Willkommen)

Markenzeichen
Traumhafte Adriaküste, orthodoxe Klöster, Granatäpfel, Widerstand und Zähigkeit, urtümliche Berglandschaft, Steinarchitektur

Übrigens …
Während der Romantik sahen Europäer die Montenegriner plötzlich durch die rosarote Brille und schwärmten von ihnen als „Heldenrasse“ und „geborene Krieger“.

1. Sonnenaufgang über der Gletscherlandschaft des Durmitor-Nationalparks
2. Die Maria vom Felsen, eine römisch-katholische Kirche auf einer künstlichen Insel in der Bucht von Kotor
3. Das historische Kotor wurde bereits vor 2000 Jahren von den Römern besiedelt
4. Die Insel Sveti Stefan in der Budva-Bucht war einst ein Fischerdorf; heute beherbergt sie ein Luxushotel

3

4

M

Beste Reisezeit
Oktober bis April

Unbedingt anschauen

- Djemaa el-Fna, den quirligen Platz voller Musik, Märchenerzähler und Schlangenbeschwörer in Marrakesch
- Die Medina von Fez, der weltweit am besten erhaltenen arabischen Stadt aus dem Mittelalter
- Sonnenuntergang über dem endlosen Sandmeer der Sahara in Erg Chigaga
- Das ruhige Bergstädtchen Chefchaouen mit seinen kornblumenblauen Häusern
- Die Palmenoasen und roten Felsen des Dades-Tals im Atlasgebirge

Nicht versäumen

- Eine Maultier-Trekkingtour durch das Atlasgebirge mit Übernachtungen bei Berberfamilien
- In den Souks um Teppiche feilschen, die in keinen Koffer passen
- In einem angesagten *riad* (zum Boutiquehotel mutiertes Atriumhaus) abhängen
- Seine Sorgen im *hamam* (Badehaus) ausschwitzen
- Seine Lust auf Süßes mit heißem Minztee und Gebäck stillen

Marokko hautnah
Lesen *Im Haus des Kalifen* von Tahir Shah, der in Casablanca ein von *djinn* (Dämonen) heimgesuchtes Haus renovierte
Anhören Die hypnotischen, gefühlvollen Melodien des *gnawa* (von Sufi und Sklaven inspirierte Musik aus Marrakesch und Essaouira)
Ansehen *Marrakesch*, in dem Kate Winslet als Hippiefrau der 1960er-Jahre und Marokko die Hauptdarsteller sind
Essen *Seksu* (Couscous), das stundenlang gedämpft und mit Fleisch- oder Gemüsebergen serviert wird
Trinken Marokkanische Weine: rot, weiß und überraschend gut

In einem Wort

Lebas? (Wie geht's?)

Markenzeichen

Minztee, Berber, Riads in Marrakesch, Couscous, hochwertige Teppiche, Bogart und Bergman in Casablanca

Übrigens …

Die Hassan-II.-Moschee in Casablanca hat Platz für 25 000 Gläubige und ist mit 210 m das höchste Minarett der Welt.

1. Die wilden Kaskaden der Ouzou-Fälle im Atlasgebirge
2. Berberreiter stellen während der *fantasia* (traditionelle Reitkunstshow) eine *razzia* (Raubzug) nach
3. Chefchaouen im Rifgebirge ist für seine in sämtlichen Blautönen bemalten Häuser berühmt
4. Eine rote Moschee zieht im Dorf Adai in Zentral-Marokko den Blick auf sich

M HAUPTSTADT RABAT | EINWOHNER 32600000 | FLÄCHE 446550 KM² | AMTSSPRACHE ARABISCH & BERBERISCH

Morocco | Marokko

Marokko ist ein kultureller Mix aus Afrika und dem Mittleren Osten mit Einflüssen aus dem Europa der Kolonialzeit. Die Vielfältigkeit spiegelt sich in seinen bunten Handarbeiten, seiner faszinierenden Architektur und seiner deftigen Küche wider. Mancher Besucher wird sich die Augen reiben und fragen, ob ihn ein fliegender Teppich hier abgesetzt hat: Tanger und Fez wirken mit ihren Souks und Kasbahs, Gewürzbergen und Dattelpalmen wirklich wie aus 1001 Nacht. Außerhalb der lebhaften, arabischen Medinas bietet Marokko aber auch die Einsamkeit wilder Küstenstreifen, hoher Bergpässe und endloser Sanddünen.

M

Beste Reisezeit
Mai bis November ist die kühlere, trockenere Saison

Unbedingt anschauen
- Den Quirimbas-Archipel – aus der Luft so beeindruckend wie vom Bug einer Dhau
- Dugongs, Korallen und farbenfrohe Fische am Bazaruto-Archipel
- Löwen und Elefanten, die in den Gorongosa-Nationalpark zurückgekehrt sind
- Die Cahora-Bassa-Talsperre und den gewaltigen Sambesi
- Lebendige Geschichte in den engen, stimmungsvollen Gassen der Mosambikinsel (Ilha de Moçambique)

Nicht versäumen
- In einer Dhau an den einsamen, weißen Sandbänken und herrlichen Stränden abgelegener Inselgruppen vorbeisegeln
- Im Zug von Nampula nach Cuamba durch das Herz des ländlichen Afrika fahren
- Den Niassa-See (auch als Malawisee bekannt) mit kristallklarem Wasser und versteckten Buchten unter funkelndem Sternenhimmel entdecken
- Im Chimanimani-Gebirge durch kühle Bergbäche waten und über Brücken aus Baumstämmen balancieren
- In Maputos hippen Clubs die Nacht durchtanzen

Mosambik hautnah
Lesen *Unter dem Frangipanibaum* oder andere Werke von Mia Couto, deren lyrische Sprache die Seele Mosambiks offenbart
Anhören Die treibenden Rhythmen des *marrabenta*, der mosambikanischen Tanzmusik
Ansehen Eine der explosiven, rhythmischen, bunten Aufführungen der National Song and Dance Company of Mozambique
Essen *Matapa* (Maniokblätter mit Erdnusssauce)
Trinken 2M (Dois M), eine einheimische Biermarke – wenn möglich, gekühlt

In einem Wort
Paciência (Geduld)

Markenzeichen
Marrabenta-Musik, Holzschnitzereien der Makonde, Riesengarnelen, *mapiko*-Tänze, Dhaus, idyllische Strände, erfolgreiche Minenräumungs-Kampagnen

Übrigens …
Als einziges Land der Welt ist auf Mosambiks Flagge eine Waffe (eine AK 47) zu sehen.

1. Ein Straight Jump vor der katholischen Nossa Senhora da Conceição in Maputo

2. Ich bin dann mal weg auf der Ilha das Mogundula im Quirimbas-Archipel

3. Traditionelle Rondavels: die Mauern aus Stöcken und Schlamm, das Dach aus Palmwedeln

M **HAUPTSTADT** MAPUTO | **EINWOHNER** 24 100 000 | **FLÄCHE** 799 380 KM² | **AMTSSPRACHE** PORTUGIESISCH

Mozambique | Mosambik

Mosambik könnte eines der beliebtesten Reiseziele Afrikas sein, wären da nicht die Unmengen an Mißverständnissen. Prächtige Strände liegen auf dem Festland und dem abgelegenen Archipel vor hohen Dünen und die azurblauen Gewässer wimmeln voller bunter Meeresbewohner. Abseits der Küste zeigen Nationalparks wie der Gorongosa Erfolg im Tierschutz. Die Kultur zeichnet sich durch ihren geheimnisvollen Mix aus afrikanischen, arabischen, indischen und portugiesischen Einflüssen aus. Obwohl der Bürgerkrieg bereits 1992 endete, feiert Mosambik weiterhin jeden Meilenstein des Friedens: 2014 unterzeichnete das Land einen Friedenspakt mit den ehemaligen Renamo-Rebellen und 2017 wurde eine Waffenruhe vereinbart.

M

3

M **HAUPTSTADT** NAYPYIDAW | **EINWOHNER** 55700000 | **FLÄCHE** 676578 KM² | **AMTSSPRACHE** BIRMANISCH

Myanmar

Myanmar galt aufgrund seines repressiven Militärregimes lange Zeit als Pariastaat. Das frühere Burma gliedert sich allmählich wieder in die Weltgesellschaft ein und die ersten freien Wahlen im November 2015 kurbeln die Reformen an. Aung San Suu Kyi sitzt endlich im Parlament, was vielen Besuchern beim Erkunden dieses asiatischen Landes ein besseres Gefühl geben sollte. Wie überdimensionale Kerzenständer ragen überall goldene Stupas zum Himmel und der mächtige Irrawaddy gibt den Lebensrhythmus vor. Durch die Isolation hat das 21. Jh. bisher noch keinen Einzug in das Land der freundlichsten Asiaten gehalten. Doch Menschenrechtsverletzungen und die Unterdrückung der Rohingya-Minderheit stellen Myanmar immer wieder in ein negatives Rampenlicht.

Beste Reisezeit

November bis Februar (kalte Jahreszeit)

Unbedingt anschauen

- Die einzigartigen Tempel der Ebene von Bagan, von Kublai Khan in den Ruin getrieben
- Die Shwedagon Paya, das vielleicht prächtigste buddhistische Monument der Welt
- Wackelige Brücken und von Stupas bekrönte Hügel in den ruhigen Dörfern um Mandalay
- Den Inle-See, über den im Morgennebel mit dem Fuß gepaddelte Kanus fahren
- Das zeitlose Dorfleben im verschlafenen Hsipaw

Nicht versäumen

- Auf einer malerisch klapprigen Passagierfähre den Ayeyarwady entlangschippern
- Zu den faszinierenden Eingeborenendörfern bei Kalaw oder Kengtung wandern
- Sich am idyllischen Ngapali-Strand in die Brandung stürzen
- Auf dem Berg Popa mit den *nats* (animistische Geister) Kontakt aufnehmen
- Auf dem Bogyoke Aung San Market von Yangon buddhistischen Krimskrams einkaufen

Myanmar hautnah

Lesen Pascal Khoo Thwes bewegende Memoiren *From the Land of Green Ghosts* oder George Orwells Klassiker *Tage in Burma*
Anhören Maha Gita (die traditionelle birmanische Hofmusik) oder den aufpeitschenden Rock von Lay Phyu und Iron Cross
Ansehen Die satirischen Comedyshows der beiden noch lebenden Moustache Brothers in Mandalay
Essen Die typische Mahlzeit in einer birmanischen Kantine: *htamin* (Reis), *hin* (Currys), *peh-hin-ye* (Linsensuppe) und *balachaung* (feurige Paste aus Shrimps und Chili)
Trinken Dagon Beer, Myanmar Beer oder Spirulina Beer, das altershemmende Eigenschaften haben soll

In einem Wort

Mingalaba (Wir sind gesegnet)

Markenzeichen

Goldene Stupas, Brücken aus Teakholz, Mönche im Schulalter, Jademinen, der Fluss Irrawaddy, cheroots (Zigarren), Opium und das Goldene Dreieck, Aung San Suu Kyi, brutales Eingreifen des Militärs, die politisch verfolgten Rohingya

Übrigens …

Myanmar ist eines von nur drei Ländern, das nicht dem metrischen System folgt. Gewicht wird in *viss* (entspricht 1,6 kg) und kleineren Einheiten angegeben.

1. Der vergoldete Dom des heiligsten Tempels von Myanmar, die Shwedagon Paya
2. Sonnenaufgang über den alten Tempeln von Bagan in der Mandalay-Region
3. Buddhistische Mönche in Ausbildung zünden Kerzen an
4. Ein Fischer auf dem Inle-See praktiziert die hier typische (Männern vorbehaltene) Fuß-Paddel-Technik.

3

4

1

2

N **HAUPTSTADT** WINDHOEK | **EINWOHNER** 2 200 000 | **FLÄCHE** 824 292 KM² | **AMTSSPRACHE** ENGLISCH

Namibia

Nirgends fechten Leben und Tod einen so unbarmherzigen wie faszinierenden ewigen Kampf wie in den Landschaften Namibias: Atemberaubende Schönheit bedeutet hier gleichzeitig auch gnadenlose Natur. Wer in den endlosen Sandmeeren der Namib, den felsigen Schluchten, an der und im Meer vor der Skelettküste überleben will, muss besondere Fähigkeiten besitzen. So wie die Wüstenelefanten, Nashörner, Löwen, Nebeltrinkerkäfer, die Weißen Haie, seltenen Bergzebras, Goldenen Radspinnen – und einige der faszinierendsten Naturvölker dieser Erde.

Beste Reisezeit
Mai bis September (Trockenzeit)

Unbedingt anschauen
- Die klassischen Safari-Ausblicke in der flirrenden Hitze der Etosha-Pfanne
- Die nebelverhangene Skelettküste, deren Sand die riesigen, rostigen Wracks gestrandeter Schiffe langsam unter sich begräbt
- Den Fish River Canyon, an dessen Rand sich die Erde aufzutun scheint
- Die Spitzkoppe, das „Matterhorn Afrikas“, das brüsk aus den Ebenen von Damaraland aufragt
- Die Wildpferde der Namib

Nicht versäumen
- Den Caprivi-Zipfel durchstreifen und die Tier- und Pflanzenwelt am Chobe River bewundern
- Mit dem Fallschirm dort abspringen, wo Sand und Meer – die Namib-Wüste und der Atlantik – aufeinandertreffen
- Bei Sonnenaufgang den Grat einer Sanddüne im Sossusvlei entlangwandern
- In der kargen Einöde von Kaokoveld vom Aussterben bedrohte schwarze Nashörner aufspüren
- Die Röhrenden Dünen nicht weit von der Terrace Bay hinunterrutschen und ihr Grummeln hören (und fühlen!)

Namibia hautnah
Lesen *Born of the Sun*, in dem Joseph Diescho beschreibt, wie sein politisches Bewusstsein erwachte
Anhören Damara Punch (auch als *ma /gaisa* bekannt), ein Tanzmusikstil, der sich aus der traditionellen Damara-Musik heraus entwickelt hat
Ansehen Wolf von Lojewskis Dokumentation *Namibia – Was heißt denn hier deutsch?* über die deutsche Vergangenheit Namibias und was davon übrig ist
Essen *Oshiwambo* (geschmackliches Highlight aus Spinat und Rindfleisch)
Trinken Schnaps aus Kaktusfeigen

In einem Wort
Goegaandit?/Matisa?/Kora? („Wie geht's?“ auf Afrikaans/Damara/Herero)

Markenzeichen
Riesige Paraboldünen, Schiffswracks, Sperrgebiet (auch Diamond Area 1 genannt), Skelettküste, Sandboarding

Übrigens ...
Die Welwitsche (*Welwitschia mirabilis*), die in der Wüste Namib wächst, kann bis zu 2000 Jahre alt werden – kein Wunder also, dass sie als lebendes Fossil bezeichnet wird.

1. Der Wüste angepasst: Spießböcke überqueren eine Düne in der Wüste Namib
2. Portugiesische Seeleute bezeichneten die Skelettküste als „das Tor zur Hölle"
3. Die unverwechselbare Frisur der Himba-Frauen besteht aus Ziegenhaar, Butter und Ocker
4. Löwen in der Sonne bei Okonjima: Namibia ist für seine wilden Tiere berühmt

3

4

N

Beste Reisezeit

Das ganze Jahr über ist es heiß und schwül, zwischen März und Oktober ist es am trockensten

Unbedingt anschauen

- Die gespenstischen freischwingenden Kräne, die früher für den Phosphatexport genutzt wurden
- Relikte aus dem Zweiten Weltkrieg, darunter ein japanisches Gefängnis, das am Command Ridge erbaut wurde
- Ein Football-Spiel nach australischen Regeln oder Gewichtheben – die beiden Nationalsportarten
- *Ekawada*, Fadenspiele mit Figuren wie „Diadem" oder „Hexenbesen", zu denen Sagen erzählt werden
- Die Ruinen des einst prächtigen Präsidentenpalasts, der bei Unruhen 2001 niedergebrannt wurde

Nicht versäumen

- Zwischen den Kalksteinzacken der mittlerweile geschlossenen Phosphatminen herumklettern
- Mit den einheimischen Fischern Marlin, Gelbflossenthun, Barrakuda und anderes fangen, kennzeichnen und wieder freilassen
- Bei einem kühlen Bier dabei zusehen, wie die feurige Südseesonne hinter den Kokospalmen verschwindet
- Am Strand in der Nähe des Menem Hotels schwimmen und schnorcheln

Nauru hautnah

Lesen *Nauru: Australia's Stressed Client State*, ein 2015 erschienener Artikel über Staatsangelegenheiten von Enthüllungsjournalist Michael J Field
Anhören Die seltsamen *kik-kirrik*-Schreie der Bindenfregattvögel
Ansehen *Nauru – Paradise Ruined*, ein Dokumentarfilm über Aufstieg und Fall von Nauru von 2011
Essen Fisch und Meeresfrüchte vom Grill
Trinken *Demangi*, Palmwein aus Kokospalmen nach nauruischem Rezept

In einem Wort

Kewen (vorbei, tot)

Markenzeichen

Phosphat, australische Lager für Asybewerber, Gewichtheben, Bindenfregattvögel, Kalksteinzacken, Stammeskiege von 1878-88, Höhenflug in den 1970er- und 1980er-Jahren

Übrigens …

Während des Phosphat-Booms in den 1980er-Jahren war Nauru, gemessen am Pro-Kopf-Einkommen, das zweitreichste Land der Erde. 35 Jahre später beträgt das durchschnittliche Jahreseinkommen rund 1800 €.

1. In der kleinsten Republik der Welt ist die Auswahl an Essbarem beschränkt
2. Fast die Hälfte der Bevölkerung Naurus ist unter 24
3. Kinder baden im Meer, um der berüchtigten Hitze auf Nauru zu entkommen

N HAUPTSTADT KEINE | EINWOHNER 9434 | FLÄCHE 21 KM² | AMTSSPRACHE NAURUISCH

Nauru

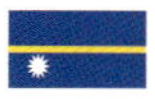

Naurus begrenzte Schönheit offenbart sich an der Küste – Seevögel schweben über grünen Felsen neben dem tosenden Meer und für die Sonnenuntergänge gibt es nur ein Wort: spektakulär. Im Inselinneren dagegen hat der Phosphat-Abbau zu Kahlschlag geführt und Kalksteinzacken lassen die Landschaft gespenstisch erscheinen. Blanke Felsen reflektieren die Sonne und vertreiben Wolken, sodass meist Dürre herrscht. Die verschwenderische Ausbeutung der Minen und die auswuchernde Arbeitslosigkeit haben Nauru fast kollabieren lassen. Die isolierte Lage und der Mangel an Attraktionen hält die Touristen fern. Die einzigen, die anreisen, sind Hunderte von Geflüchteten, die die australische Regierung im Gegenzug für finanzielle Hilfen hierher verfrachtet.

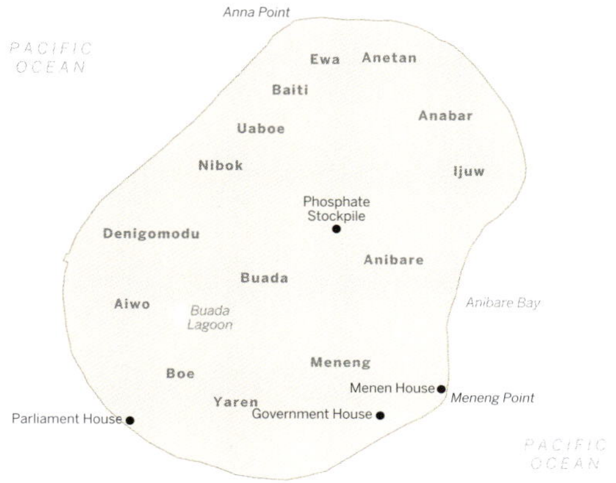

N

1

2

N **HAUPTSTADT** KATHMANDU | **EINWOHNER** 30400000 | **FLÄCHE** 147181 KM² | **AMTSSPRACHE** NEPALI

Nepal

Das ehemalige Königreich Nepal - eines der angesagtesten Reiseziele weltweit – kassierte in seiner jüngsten Vergangenheit heftige Tiefschläge, von den zehn Jahre anhaltenden maoistischen Aufständen bis hin zur Erdbebenserie, die monumentale Wahrzeichen des Landes und ganze Dörfer entlang der besten Wanderrouten zerstörte. Aber irgendwie kommt Nepal immer wieder auf die Beine. Das ist wohl der natürlichen Widerstandsfähigkeit seiner Bewohner zu verdanken. Der Wiederaufbau nach den Erdbeben von 2015 ist noch nicht abgeschlossen, doch allmählich kehren auch die Touristen zurück. Kein Wunder, denn die läutenden Tempelglocken, die Gesänge buddhistischer Mönche, die mittelalterliche Hoheit des Kathmandu-Tals und die ewige Anziehungskraft der schneebedeckten Wanderpfade locken wie eh und je.

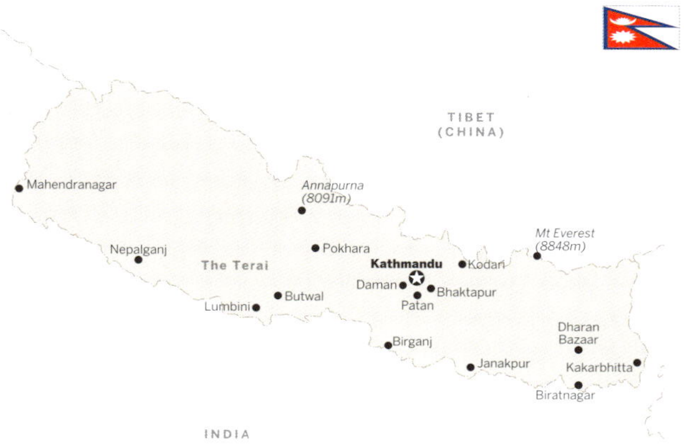

Beste Reisezeit

September bis November und März bis Mai, um Sommermonsun und eisigen Wintern aus dem Weg zu gehen

Unbedingt anschauen

- Die verschlungenen, von Tempeln gesäumten Gassen von Kathmandu
- Die prächtigen Stupas von Bodhnath und Swayambhunath
- Die beeindruckenden Königsplätze von Patan und Bhaktapur, trotz der Erdbebennarben noch immer prächtig
- Prozessionen von Tempelwagen und andere regenbogenfarbene Feste im Kathmandu-Tal
- Blicke auf die höchsten Berge der Welt beim Wandern in den Regionen von Annpurna und Solukhumbu

Nicht versäumen

- Die Muskeln am Berg erproben auf einer Trekkingtour zum Basislager des Mount Everest
- Im Ruderboot die stillen Wasser des Phewa-Sees in Pokhara durchpflügen
- Auf den Märkten von Thamel in Kathmandu um Klangschalen und tibetischen Teppiche feilschen
- Im Schlauchboot oder Kajak die Wildwasser von Bhote Kosi oder Sun Kosi bezwingen
- Tiger und Nashörner im Elefantengras des Chitwan-Nationalparks sichten

Nepal hautnah

Lesen *Der Liebesguru von Samrat Upadhyay* oder *Everest Solo* von Bergsteigerguru Reinhold Messner
Anhören Die packende nepalesische Volksmusik von Sur Sudha
Ansehen Eric Vallis Klassiker *Himalaja – Die Kindheit eines Karawanenführers*, in dem alle Rollen von Laiendarstellern aus einem Dolpo-Dorf gespielt werden oder *Manakamana* von Stephanie Spray und Pacho Velez mit Interviews mit Tempelpilgern
Essen *Dal bhat* (Linsen mit Gemüse und Reis) – auf allen Trekkingtouren gibt's das zweimal am Tag
Trinken Salziger Buttertee, *chang* (milchiges Reis- oder Gerstenbier), heißes *tongba* (Hirsebier)

In einem Wort

Ke garne? (Was tun?)

Markenzeichen

Höhenrausch, Himalaja, beeindruckende Tempel, buddhistische Lamas, Maoisten, Bergsteiger mit Eiszapfen im Bart, Gebetsfahnen, Mandalas, Yaks und Yetis, Büffelsteaks, Naturgefahren

Übrigens ...

Der Sagarmatha (Mount Everest) rückte beim Erdbeben von 2015 3 cm in südwestliche Richtung.

1. Ein Yak-Zug unter dem Nuptse (7861m)
2. Traditionelle Boote und die kleine Insel des Tal Barahi Tempels auf dem Phewa Lake in Pokhara
3. Der scharfe Blick einer hinduistischen Gottheit
4. Das bemalte Gesicht eines Sadhu – ein heiliger Hindu – aus Kathmandu

3

4

N

1. Die Meervogel-Windmühle in Groningen überblickt das Flachland und den weiten Horizont

2. Die Farben der industriellen Landwirtschaft; Tulpen sind in den Niederlanden äußerst geschäftsträchtig

3. Staunende Betrachter vor Rembrandts *Die Nachtwache* im Rijksmuseum

1

2

N **HAUPTSTADT** AMSTERDAM (REGIERUNGSSITZ: DEN HAAG) | **EINWOHNER** 16 800 000 | **FLÄCHE** 41 526 KM² | **AMTSSPRACHE** NIEDERLÄNDISCH

Netherlands | Niederlande

Die Niederlande ist das europäische Land, in dem Moderne und Tradition natlos ineinander übergehen. Kreativität ist allgegenwärtig: von innovativen Jungunternehmen und hochmoderner Architektur bis hin zu Öko-Initiativen und der florierenden Gastronomie. All dies liegt eingegliedert in eine Landschaft mit Grachten aus dem 17. Jh., Tulpenfeldern, Windmühlen, alten Kirchen, stimmungsvollen „braunen" Cafés und den Meisterwerken von Van Gogh und Rembrandt. Schöne alte Städte wie Amsterdam, Haarlem, Leiden, Delft oder Utrecht bezeugen den Reichtum, der den Niederlanden das Wachstum sicherte. Das tolerante Volk war schon immer Meister darin, das Beste aus dem zu machen, was es hat. So entstand aus den Sümpfen und Untiefen ein komfortables Land und Fahrradparadies.

Beste Reisezeit

April wegen der Tulpen, Mai bis Oktober wegen der Straßencafés

Unbedingt anschauen

- Amsterdam, eine der am besten erhaltenen Großstädte Europas mit Grachten, Schmuckstücken aus dem 17. Jh. und einem bunten ethnischen Mix
- Die herausragende, hochmoderne Architektur Rotterdams, eine der innovativsten Städte Europas
- Das Rijksmuseum und Stedelijk Museum in Amsterdam mit niederländischen Meisterwerken von Rembrandt, Vermeer, Van Gogh und Mondrian
- Millionen von Tulpen, die den Keukenhof im Frühling in eine Farborgie verwandeln

Nicht versäumen

- Nach Herzenslust Rad fahren auf einigen der besten Radwegen der Welt wie der Nordseeküsten-Radweg von Den Haag nach Zandvoort
- Sich in Delft auf die Spuren von Vermeer begeben
- Einen Nachmittag in einem gemütlichen alten *Bruine Café* (Braunes Café)

Niederlande hautnah

Lesen *Das Tagebuch der Anne Frank*, ein Klassiker, dessen Wirkung sich nie abnutzt
Anhören Tiësto, die Ikone der verrückten Clubszene
Ansehen *Türkische Früchte*, den Paul Verhoeven drehte, bevor er in Hollywood groß rauskam
Essen Kross gebackene *frites* mit Mayonnaise oder einer der vielen anderen Saucen
Trinken Würzige Biersorten wie Palm

In einem Wort

Dag (Hallo/Auf Wiedersehen)

Markenzeichen

Fahrräder, Deiche, Windmühlen, Tulpen, Rotlichtviertel, Kiffen, Van Gogh, Kanäle, Rembrandt

Übrigens ...

Von der Fläche der Niederlande stehen 20 % unter Wasser (Kanäle, Seen, Sümpfe usw.); weitere 20 % liegen unter dem Meeresspiegel, geschützt von Deichen, die zusammen 2400 km lang sind.

1. Der Phare Amédée wurde in Paris gebaut und auf der gleichnamigen Insel montiert
2. Noumeas Tjibaou-Kulturzentrum bewahrt die Kultur der einheimischen Kanaken
3. Vorbereitungen für eine traditionelle Tanzzeremonie auf der Île des Pins

1

2

N **HAUPTSTADT** NOUMEA | **EINWOHNER** 264 000 | **FLÄCHE** 18 575 KM² | **AMTSSPRACHEN** FRANZÖSISCH & KANAKEN-SPRACHEN

New Caledonia | Neukaledonien

Très français, aber mit melanesischer Wärme bietet sich Neukaledonien für Gourmetküche unter Palmen an – zu Designerklamotten werden hier gerne auch mal Flip-Flops getragen. Ein riesiges, von der Unesco als Weltnaturerbe geschütztes Barriereriff umgibt die Hauptinsel Grande Terre, das die Küste in sämtliche Blauschattierungen färbt. Mit der weltoffenen Hauptstadt Noumea, der roten, eisenreichen Erde im Süden, den Araukarien auf der Île des Pins und den tiefblauen Lagunen wirkt Neukaledonien viel größer als andere Inselstaaten – zu Recht, denn Grande Terre ist die drittgrößte Pazifikinsel und die sie umgebende Lagune die größte der Welt.

MORENC CAMILLE / HEMIS.FR | GETTY IMAGES // VINCENT TALBOT | GETTY IMAGES // ALTRENDO TRAVEL | GETTY IMAGES

Beste Reisezeit
September bis Dezember, da sind die Temperaturen am angenehmsten und Regenfälle unwahrscheinlich

Unbedingt anschauen
- Noumeas Highlights: das Tjibaou-Kulturzentrum, die Suppenschildkröten des Aquarium des Lagons und das koloniale Musée de la Ville de Noumea
- Le Marché in Noumea, wo Fischer ihren Fang abladen und Bands am Wasser spielen
- La Roche Percée mit Blick auf bizarre Felsformationen und das Reich der Wasserschildkröten

Nicht versäumen
- Auf der Île des Pins Hummer zum Mittagessen speisen und dann in einem Naturpool baden
- Auf den traumhaften Loyalty Islands sonnenbaden und dabei nach Buckelwalen Ausschau halten
- Im äußersten Süden bei Vollmond paddeln, sich an einem Wasserfall abseilen und wandern
- Das Alltagsleben der Kanaken in einer Privatunterkunft in Hienghène kennenlernen

Neukaledonien hautnah
Lesen *Nights of Storytelling*, ein Einblick in die Kultur der Eingeborenen und der Einfluss der Europäer
Anhören Den gechillten Ok! Ryos, der traditionelle, melanesiche Klänge mit Pop mischt
Ansehen *Rebellion*, eine fesselnde, wahre Geschichte im modernen Neukaledonien
Essen *Bougna* (Mahl aus Yams, Süßkartoffeln, Taro sowie Fleisch oder Fisch in Kokosmilch, das in Bananenblätter gewickelt und im Erdofen gekocht wird)
Trinken Guter Kaffee, von den Franzosen eingeführt

In einem Wort
Ti-Va-Ouere (Brüder der Erde, wie die Kanaken sich selbst bezeichnen)

Markenzeichen
Kanakensiedlungen, französische Touristen, Grashütten am Strand, Riesenlagune von Grande Terre, Clans

Übrigens …
Der seltene Kagu-Vogel (französisch: Cagou) ist in Neukaledonien endemisch, kann kaum fliegen und sein Schrei klingt wie Hundegebell oder Hahnkrähen.

1

2

N **HAUPTSTADT** WELLINGTON | **EINWOHNER** 4 400 000 | **FLÄCHE** 267 710 KM² | **AMTSSPRACHEN** ENGLISCH, MAORI & NEUSEELÄNDISCHE GEBÄRDENSPRACHE

New Zealand | Neuseeland

In einer Welt, die sich ökologisch und politisch erhitzt, ist es beruhigend zu wissen, dass es Neuseeland gibt. Die unbeengte, grüne, friedliche und tolerante Nation ist der ultimative Rückzugsort. Mutter Natur hat offensichtlich beschlossen, ihre schönsten Gaben auf dieses Insel-Juwel zu konzentrieren, und bedachte es mit erhabenen Wäldern, unberührten Stränden, schneebedeckten Bergen, Fjorden und Vulkanen. Die Landschaft ist nicht nur zum Angucken da – man muss sie erwandern, mit dem Gleitschirm überfliegen, hinaufkraxeln und auf Skiern hinuntersausen. Anschließend fährt man die verschlafenen Landstraßen entlang zu exzellenten Weingütern, Stätten blühender Maori-Kultur und schließlich in die lebhaften Weltstädte. Kein Wunder, dass es so leicht ist, sich in das Land zu verlieben.

Beste Reisezeit
November bis April für Sonnenanbeter, Juni bis August für Schneehasen

Unbedingt anschauen
- Vulkanische Schlammblasen, Geysire und neonfarbene Thermalfelder in Rotorua
- Seltene Kiwis (Schnepfenstrauße) in der Wildnis auf Stewart Island
- Die eisige Pracht von Franz und Fox Gletscher, vom Boden oder aus der Luft
- Das erstaunliche Labyrinth aus unterirdischen Höhlen, Canyons und Flüssen in Waitomo
- Das erstklassige Panorama des Milford Sound mit Wasserfällen, Gipfeln und grünen Klippen

Nicht versäumen
- Zu Fuß oder im Kajak die Strände und Buchten im Abel-Tasman-Nationalpark auskundschaften
- In den Winzerkellern und Gourmetrestaurants der Weinregion Marlborough weltberühmten Sauvignon Blanc probieren
- Sich in Queenstown von einer Brücke oder aus einem Flugzeug stürzen
- Die in Neuseeland tonangebende Café- und Clubszene in Wellington testen
- An der schönen Bay of Islands Orcas erspähen und die rund 150 Inseln auskundschaften

Neuseeland hautnah
Lesen *Unter dem Tagmond* von Keri Hulme, ein Booker-Preis-gekrönter, magisch-realistischer Roman über Neuseelands Identität
Anhören Die komplette Doppel-CD *Great New Zealand Songbook* mit den besten neuseeländischen Songs der letzten zwei Jahrhunderte
Ansehen *Whale Rider*, ein mystischer Einblick in die Maori-Kultur von heute
Essen Weidelamm vom Grill und zum Dessert *Pavlova*, ein Traum aus Baiser, Früchten und Sahne
Trinken „Craft beer" aus dem wachsenden Angebot von Mikrobrauereien

In einem Wort
Sweet as, bro (affengeil)

Markenzeichen
Schafe, Maori, Rugbyteam All Blacks, atomfreie Zone, Bungee-Jumping, *Der Herr der Ringe*, Kiwis (Vögel und Früchte), *Flight of the Conchords*

Übrigens …
Von jedem Punkt Neuseelands ist das Meer höchstens 120 km entfernt.

1. Wharariki Beach am Cape Farewell liegt am nördlichen Zipfel der Südinsel
2. Die Abenteuerhauptstadt Queenstown vor dem Lake Wakatipu und den Remarkables
3. Alle Straßen führen zum Aoraki/Mt Cook (3724 m), dem höchsten Gipfel Neuseelands
4. Marlborough am oberen Ende der Südinsel ist Neuseelands führende Weinregion

3

4

Beste Reisezeit

Juni bis März, vor dem staubigen Ende der Trockenzeit

Unbedingt anschauen

- Mondaufgang über der Kathedrale im kolonialen Granada
- Die Isla de Ometepe mit zwei Vulkanen und dem größten See Zentralamerikas
- Vom Dschungel überwucherte spanische Festungen entlang dem Río San Juan
- Buntes Kunsthandwerk, das sich auf dem Mercado Viejo von Masaya stapelt
- Das saphirblaue Wasser der Laguna de Apoyo

Nicht versäumen

- Sich im relaxten Surferparadies San Juan del Sur in die Wellen stürzen
- Auf den Cerro Negro klettern und mit dem Sandboard über seine Abhänge brettern
- Vor Little Corn Island zwischen Hammerhaien und Adlerrochen tauchen
- Mit den Intellektuellen der reizvollen Universitätsstadt León Kaffee trinken und über Politik reden
- Sich im weißen Sand der Pearl Keys wie Robinson vorkommen

Nicaragua hautnah

Lesen Gedichte von Rubén Darío, dem Begründer des lateinamerikanischen Modernismo, *Das Lächeln des Jaguars: Eine Reise durch Nicaragua* von Salman Rushdie und *Die Verteidigung des Glücks* von Gioconda Belli
Anhören Die Göttin des Elektro-Pop, Cara Grun, den Bossanova-Pop von Belén, den von Manu Chau inspirierten Songwriter Perrozompopo und die legendären Marimbavirtuosen Los Mejía Godoy
Ansehen *Nicaragua Was Our Home*, ein Dokumentarfilm über die Miskito-Indianer, und *Alsino und der Condor* über einen Jungen im kriegsgebeutelten Nicaragua
Essen *Nacatamales* (Maisgrieß, Kartoffeln, Schweinefleisch, Tomaten, Zwiebeln und milde Chilis, in Bananenblätter gewickelt und gedämpft)
Trinken Flor de Caña (Rum), *pinol* (geröstetes Maismehl mit Wasser und Zucker oder Kakao)

In einem Wort

¡Va pue'! (In Ordnung!)

Markenzeichen

Contras und Sandinistas, Reis und Bohnen, Vulkane, Kaffee, entlegene weiße Strände, Baseball

Übrigens ...

Nicaragua ist die am spärlichsten besiedelte Nation Zentralamerikas und ein echter Kinderspielplatz: 72 % der Bevölkerung sind unter 30 Jahre alt.

1. Der Geoffroy-Klammeraffe ist in Nicaragua vom Aussterben bedroht
2. Die Kathedrale von Granada überragt die bunten Straßen der Stadt
3. Der rauchende Volcán Telica, einer der aktivsten Vulkane des Landes

N HAUPTSTADT MANAGUA | EINWOHNER 5 800 000 | FLÄCHE 130 370 KM² | AMTSSPRACHE SPANISCH

Nicaragua

Der Dichter Rubén Darío nannte das Land „Unser Amerika, das von Hurrikans und Liebe erschüttert wird“. Trotz Diktaturen, Revolution, Bürgerkrieg und Wirtschaftskrise ließen sich die stolzen Nicas nicht unterkriegen. Heute gehört Nicaragua zu den sichersten Staaten Zentralamerikas, auch wenn die politische Lage von Stabilität noch weit entfernt ist. Davon lassen sich Besucher jedoch nicht abschrecken: Bezaubernde Kolonialbauten, umwerfende Strände und eine poetische Ader machen das Land zum Hotspot, in dem harte Dollars begehrt sind. Mit einem warmen Lächeln helfen die Einheimischen über Anpassungsschwierigkeiten hinweg und nehmen nur eines krumm: wenn sie „das Costa Rica von morgen“ genannt werden.

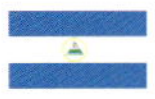

N

1

2

N **HAUPTSTADT** NIAMEY | **EINWOHNER** 16 900 000 | **FLÄCHE** 1 267 000 KM² | **AMTSSPRACHE** FRANZÖSISCH

Niger

Die Sahara ist zugleich unglaublich lebensfeindlich und unsäglich schön. Im abgelegenen Norden von Niger liegen zwei ihrer erstaunlichsten Attraktionen: das Aïr-Gebirge und die gewaltigen Dünen der Ténéré-Wüste. Eine Volksgruppe, die es schafft sich in dieser unwirtlichen Umgebung durchzuschlagen, sind die Tuareg. Die ökonomische Realität anderswo im Land macht das Leben unerbittlich hart für die verschiedenen Ethnien, sogar für die, die am Ufer des Nigers im Südwesten wohnen. Aber alle tragen die Situation mit erstaunlicher Würde. Niger ist sowohl an der von Frankreich geführten Intervention in Mali als auch am regionalen Kampf gegen Boko Haram beteiligt und die Sicherheitslage hat sich leider derart verschlechtert, dass das Reisen derzeit nicht möglich ist.

Beste Zeit
Von Oktober bis Februar ist es trocken und relativ kühl

Interessante Orte
- Agadez, eine der romantischsten Karawanenstädte der Sahara mit einer charakteristischen Lehmbaumoschee in Pyramidenform
- Die entspannte, am Flussufer gelegene Hauptstadt Niamey, die mit einem spannenden Museum und Fahrten in traditionellen Pirogen aufwartet
- Zinder, das ehemalige Hausa-Sultanat mit Palast, Wochenmarkt und einer hübschen Altstadt
- Ayorou am Niger, dessen Attraktionen der großartige Sonntagsmarkt, Pirogenfahrten und Flusspferde sind
- Kouré, die Heimat der letzten Giraffenherde der Sahelzone
- Das ungewöhnliche Aïr-Gebirge, ein ödes, schönes Wüstenmassiv
- Der Nationalpark W, wo noch immer Elefanten und Löwen leben

Lokale Bräuche
- Geschminkte Männer tanzen auf dem Fest Cure Salée, um die Aufmerksamkeit einer Frau zu erregen
- Busse, Taxis und das ganze Land kommen während des *salat* (muslimisches Gebet) zum Stillstand
- Traditionelles Ringen ist äußerst beliebt und schließt auch Gebet, Poetik und das Tragen eines *grigri* (Amulett) ein
- Aufgrund der harten Bedingungen in der Sahara verzichten einige Tuareg darauf, während des Ramadans zu fasten

Niger hautnah
Lesen *Riding the Demon: On the Road in West Africa* von Peter Chilson, der Niger durch die Fensterscheiben von Buschtaxis betrachtet
Anhören Mamar Kassey (*Alatouni*) oder die für ihren Desert-Blues berühmte Band Etran Finatawa (*Desert Crossroads*), in der Tuareg und Wodaabe zusammen spielen
Ansehen *Himmel über der Wüste* von Bernardo Bertolucci, teils in Agadez gedreht
Essen Datteln, Joghurt, Hammel, Reis mit Sauce und Couscous
Trinken Bière Niger, eine lokale Lagerbiersorte

In einem Wort
Bonjour (Hallo)

Markenzeichen
nomadische Tuareg, Salzkarawanen, Dinosaurierknochen und antike Felszeichnungen in der Wüste, hartes Leben, Uran-Abbau

Übrigens ...
Der Arbre du Ténéré war die letzte Schirmakazie im Herzen der Sahara und der einzige Baum in einem Umkreis von 400 km. Doch 1973 wurde sie von einem Lastwagen umgefahren.

1. Die endlosen Dünen von Agadez im Aïr-Gebirge
2. Ein junger Wodaabe-Fulani-Mann nimmt am Guérewol, dem jährlichen Brautwerbefest, teil
3. Jungen beim Pfeifespielen
4. Die leuchtenden Farben einer Salzmine in der Sahara

3

4

JOHNNY HAGLUND | GETTY IMAGES // TUUL AND BRUNO MORANDI | GETTY IMAGES // GRANT FAINT | GETTY IMAGES // PHILIPPE BOURSEILLER | GETTY IMAGES

N

1

2

N **HAUPTSTADT** ABUJA | **EINWOHNER** 174 500 000 | **FLÄCHE** 923 768 KM² | **AMTSSPRACHE** ENGLISCH

Nigeria

Nigeria kann ziemlich überwältigend sein. Deswegen wagen sich nur wenige Traveller in den bevölkerungsreichsten Staat des Kontinents. Aber es ist auch das spannendste Land Westafrikas, man denke nur an die alle Sinne überflutende Stadt Lagos oder die Wildnis des Nationalparks Gashaka Gumpti, wo stille Wälder Büffel, Schimpansen und rund eine Million Vögel schützen. Die Reichtümer des streng muslimischen Nordens mit seinen geschichtsträchtigen Handelsstädten werden derzeit leider von der Gewalt der aufstrebenden Boko Haram überschattet. Aber die meisten Nigerianer jeglicher Glaubensrichtung verschwenden keinen Gedanken an die unsichere Zukunft, sondern richten ihre ganze Energie auf das Hier und Jetzt. Wer das versteht, wird auch Nigeria verstehen.

Beste Reisezeit
November bis Februar

Unbedingt anschauen
- Lagos, die aufregende, strapaziöse und inoffizielle Hauptstadt
- Benin City, das wohlhabende Erbe des ehemaligen Reiches Benin mit Messinggießern, schönem Museum und Oba-Palast
- Die moderne, maßgeschneiderte Hauptstadt Abuja mit allen Annehmlichkeiten
- Die Hauptstadt des Bundesstaates Cross River, Calabar, mit ihrem historischen Flusshafen und dem Schutzzentrum für Primaten
- Der Zuma Rock, ein riesiger, freistehender Granodiorit, dessen runde Schultern sich 750 m über der Ebene von Abuja erheben

Nicht versäumen
- Elefanten, Löwen und Flusspferde im grandiosen Gashaka Gumpti National Park aufspüren
- Durch den Unesco-geschützten Heiligen Hain in Yoruba Oshogbo wandeln
- Sich durch dichten Regenwald bis zur Afi Mountain Drill Ranch durchschlagen, die sich um heimatlose Drills (Pavianart) kümmert
- Den Oumo Rock in Abeokuta besteigen und die Schreine, heiligen Bäume, Kriegsverstecke und unglaublichen Ausblicke auf die Stadt bewundern
- Eine Musikpilgerfahrt zum New Afrika Shrine antreten, dem Epizentrum des Afrobeat in Lagos

Nigeria hautnah
Lesen Alles von Chinua Achebe, Ben Okri, Chimamanda Ngozi Adichie und Nobelpreisträger Wole Soyinka
Anhören Afrobeat, den unverwechselbaren nigerianischen Musikstil, den der bereits verstorbene Fela Kuti meisterlich beherrschte und an seinen Sohn Femi Kuti weitergab
Ansehen Streifen aus „Nollywood", der drittgrößten Filmschmiede der Welt
Essen *Chop* (Essen), wie Paprikasuppe und *suya* (würziges Kebab)
Trinken Die Biermarken Star und Guinness

In einem Wort
Dash (Schmier- oder Trinkgeld)

Markenzeichen
Treibende Kraft im englisch geprägten Afrika für Musik, Literatur und andere Künste, verpulverte Öldollars, Boko Haram, #bringbackourgirls

Übrigens ...
Über den Daumen gepeilt ist jeder fünfte Afrikaner Nigerianer.

3

1. Busse und Taxis vor der Cathedral Church of Christ in Lagos
2. Der Wüste gut angepasst: Fulani-Vieh trinkt an einem Brunnen bei Yusufari
3. Feierlichkeiten während des Durbar-Festivals in Maiduguri
4. Die Nigerianische Nationalmoschee; etwa die Hälfte der Bevölkerung ist muslimisch

4

N

Beste Reisezeit

April, wegen der Feiern des Nationaltags, und September/Oktober, wenn es weniger schwül ist

Unbedingt anschauen

- Die vier Kilometer lange Entmilitarisierte Zone mit ihren Landminen und Warnschildern, eines der am höchsten militarisierten Gebiete der Welt
- Malerische Berglandschaften in der Tourismusregion Kumgangsan
- Kinder bei patriotischen Aktivitäten im Kinderpalast von Mangjongdae
- Den heiligen Paekdusan – Geburtsstätte von Hwanung, Gründer des ersten koreanischen Königreiches
- Den Juche-Turm in Pjöngjang, Verkörperung des koreanischen Prinzips der Eigenständigkeit

Nicht versäumen

- Den Einheimischen beim ungezwungenen Picknick auf dem friedlichen Moran-Berg zusehen
- In Kaesong, der alten Hauptstadt des Königreichs Goryeo, eine Zeitreise in Koreas Vergangenheit unternehmen
- Kim Il-sung beim Großmonument Mansudae die Referenz erweisen (zwingend)
- Im Gedenkpalast Kumsusan die einbalsamierten Kim Il-sung und Kim Jong-il besuchen
- Das surreale Spektakel des Arirang-Festivals in sich aufsaugen oder synchronisierte Akrobatik in kleinerer Ausführung im Pyongyang Circus erleben

Nordkorea hautnah

Lesen *Im Land des Flüsterns: Geschichten aus dem Alltag in Nordkorea* von Barbara Demick oder *The Impossible State: North Korea, Past and Future* von Victor Cha

Anhören Die patriotischen Begeisterungshymnen in der U-Bahn von Pjöngjang

Ansehen Daniel Gordons *A State of Mind*, ein Dokumentarfilm über das Leben zweier junger nordkoreanischer Turnerinnen

Essen *Naengmyeon* (kalte Nudeln aus Kudzu- oder Buchweizenmehl)

Trinken *Soju* (Schnaps) oder Taedonggang, das Nationalbier Nordkoreas

In einem Wort

Juche (die National-Ideologie der Autarkie)

Markenzeichen

Die verehrte Familie Kim inklusive des Großen Führers Kim Jong-un, Militärparaden, Arirang-Festival, die Teilung Koreas entlang des 38. Breitengrads, 1,2 Mio. Tretminen in der Entmilitarisierten Zone

Übrigens …

Der verstorbene ehemalige Große Führer Kim Jong-il sprach in der Öffentlichkeit nur sechs Wörter: „Ruhm den heldenhaften Soldaten der Volksarmee!".

1. Ein Gruß an Kim Il Sung und Kim Jong-il beim Großmonument Mansudae in Pyongyang
2. Die beliebte Ferienregion Mount Kumgan in Herbstfarben
3. Tänzer auf dem Arirang-Festival im Stadion Erster Mai in Pyongyang

N HAUPTSTADT PJÖNGJANG | EINWOHNER 24700000 | FLÄCHE 120538 KM² | AMTSSPRACHE KOREANISCH

North Korea | Nordkorea

Das Wort „verschlossen" umschreibt Nordkorea sicher nur unzureichend. Am Ende des Koreakrieges schloss das Land seine Pforten, heute stehen sie wieder einen Spalt weit offen, um bis zu 1500 Besuchern pro Jahr auf streng reglementierten Touren Einlass zu gewähren. Wenn die Nation am östlichen Ende der „Achse des Bösen" nicht gerade dabei ist, Südkorea gegenüber mit dem Säbel zu rasseln, verbringt sie ihre Zeit damit, extravagante Propaganda einzustudieren – ein spektakuläres, wenn auch surreales Besuchserlebnis. Unter der Aufsicht von offiziellen Begleitern können Reisende makellose, leerstehende staatliche Institutionen besichtigen, Bergkurorte und uralte Hauptstädte durchstreifen und der riesigen Statue des Großen Führers ihre Ehre erweisen (Letzteres ist keine bloße Option).

N

1

2

Beste Reisezeit

April ist der trockenste Monat; Mai bis September versprechen die wärmsten Temperaturen

Unbedingt anschauen

- Titanic Belfast, eine erstklassige multimediale Touristenattraktion an der Stelle, an der das berühmte Schiff gebaut wurde
- Die 40 000 sechseckigen Basaltsäulen des Giant's Causeway, eine Unesco-Welterbestätte
- Downpatrick, wo die Mission des heiligen Patrick begann und endete, und die mächtige Kathedrale
- Die uralten Mauern, die die geschichtsträchtige Stadt Derry umgeben
- Das Herrenhaus von Castle Ward am Strangford Lough, einem *Game-of-Thrones*-Drehort

Nicht versäumen

- Das Ulster Folk Museum bei Belfast mit nachgebildeten Bauernhäusern, Schmieden und Mühlen
- Über die enge, schwingende Carrick-a-Rede Rope Bridge an der Causeway Coast schwanken
- Atlantische Wellen an den weitläufigen Stränden bei Portrush surfen
- Auf einer Tour durch die Old Bushmills Distillery in das Geheimnis des Whiskey-Brennens eingeweiht werden
- Auf dem verehrten Royal County Down Golf Course in Newcastle abschlagen

Nordirland hautnah

Lesen *Eureka Street* von Robert McLiam Wilson über die Situation vor und nach dem Waffenstillstand von 1994 oder *The Eggman's Apprentice* von Maurice Leitch über das zeitgenössische Dorfleben
Anhören Die aufrüttelnden Kindheitserinnerungen von Van Morrison
Ansehen *Good Vibrations* über den Plattenladenbesitzer Terri Hooley, der die Belfaster Punkrockszene prägte, oder der kurze, Oscar-gekrönte Film *The Shores* über den Nordirlandkonflikt
Essen Ein reichhaltiges Ulster-Fry-Frühstück mit knusprigem, goldbraunem Soda Bread und irischem Kartoffelbrot
Trinken Bushmills Whiskey oder vollmundiges „Craft Beer" aus der 1981 eröffneten Hilden Brewery

In einem Wort

Bout ye? (How are you?)

Markenzeichen

Titanic, Nordirlandkonflikt, *Game of Thrones*, politische Wandmalerei, Causeway Coast, Bushmills Whiskey, Bettwäscheindustrie

Übrigens …

Mit 392 km² ist Lough Neagh der größte Süßwassersee im Vereinigten Königreich und könnte ganz Birmingham verschlingen.

1. Titanic Belfast in Ulster, Wahrzeichen des maritimen Erbes Belfasts

2. Verwachsene Buchen über einer Straße der Dark Hedges in Ballymoney

3. Laut Legende wurde der Giant's Causeway in der Provinz Antrim vom irischen Riesen Fionn mac Cumhaill gebaut

N **HAUPTSTADT** BELFAST | **EINWOHNER** 1800000 | **FLÄCHE** 14130 KM² | **AMTSSPRACHE** ENGLISCH

Northern Ireland | Nordirland

Surreale Steinformationen, eine grandiose Surfküste, magische Bergschluchten und stehende Steine verleihen der nordöstlichen Ecke der „grünen Insel" ihre Faszination. Die komplexe Geschichte tut ihr Übriges. Seit der Teilung Irlands 1921 unter dem Government of Ireland Act 1920 ist Nordirland ein eigener Staat. Damals stimmten sechs Grafschaften der Provinz Ulster dafür, aus dem Irischen Freistaat auszutreten und Teil des Vereinigten Königreichs zu bleiben. Nach langem Konflikt hat das Land in den letzten Jahrzehnten einen vielversprechenden Friedenspfad eingeschlagen. Mit seiner blühenden Restaurant- und Nightlifeszene und seiner fotogenen Landschaft hat sich Nordirland außerdem zu einem florierenden Reiseziel entwickelt.

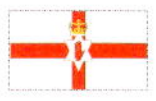

N

1

N HAUPTSTADT OSLO | EINWOHNER 5 100 000 | FLÄCHE 323 802 KM^2 | AMTSSPRACHE NORWEGISCH

Norway | Norwegen

Norwegen ist die Vorzeigenation Skandinaviens, ein mit Gipfeln und Fjorden verwöhntes Land, auf das alle Nachbarn neidisch schielen. Nicht umsonst bringt es Künstler, Fotografen und Outdoorfreaks ins Schwärmen: An allen Ecken zeigt sich die Natur von ihrer besten Seite. Ein großer Teil Norwegens liegt jenseits des Polarkreises, wo die Mitternachtssonne leuchtet, der Winter alles in permanentes Dunkel taucht und das Nordlicht geheimnisvoll flackert. Nirgends finden Skifahrer und Wanderer eine stimmungsvollere Kulisse. Irgendwie wirkt alles wie nicht von dieser Welt, aber die nächste hippe Bar oder das nächste Hotel in typisch skandinavischem Design liegen immer in Reichweite.

Beste Reisezeit

Mai bis September für Sonnenhungrige, Dezember bis Februar für Fans von Wintersport und Nordlicht

Unbedingt anschauen

- Die perfekt erhaltenen Hütten der Bergbauarbeiter in der Unesco-Welterbestätte Røros
- Die Lofoten – bergige Inseln mit Fischerdörfern, fast zu idyllisch, um echt zu sein
- Den Geirangerfjord, ein atemberaubender Anblick vom Wasser wie vom Land
- Bryggen, das mittelalterliche Stadtviertel von Bergen mit langen Holzhäusern, in denen sich Museen, Restaurants und Läden verbergen
- Den Vigeland Park in Oslo, an dessen Wegen Statuen von weinenden Babys und eng umschlungenen Liebespaaren fotogen posieren

Nicht versäumen

- Mit einem Hurtigruten-Postschiff ab Bergen in Richtung Norden schippern
- Auf der siebenstündigen Zugfahrt von Oslo nach Bergen gebannt aus dem Fenster blicken
- Auf der arktischen Inselgruppe Spitzbergen Eisbären sichten, die unschlagbare Destination für Polarabenteuerlustige
- Auf der Felsplattform von Preikestolen hoch über dem Lysefjord das ultimative Selfie schießen und dabei nicht in die Tiefe stürzen
- Im Jotunheimen-Nationalpark zwischen Gipfeln und Gletschern herumkraxeln

Norwegen hautnah

Lesen Die kontroverse, sechsteilige Serie *Das autobiographische Projekt* von Norwegens unvergleichlichem Verlagsphänomen Karl Ove Knausgaards
Anhören Synthie-Pop der 1980er-Jahre von a-ha, düsteren norwegischen Black Metal, die coolen elektronischen Soundteppiche von Röyksopp
Ansehen *Max Manus – Man of War*, Norwegens erfolgreichste Billigproduktion über einen Widerstandskämpfer im Zweiten Weltkrieg, nach einer wahren Geschichte
Essen *Laks* (Räucherlachs), heiße *moltebær syltetøy* (Moltebeerenkonfitüre) mit Eiscreme
Trinken Kaffee und *akevitt* (Aquavit)

In einem Wort

Skal vi gå på ski? (Gehen wir Skifahren?)

Markenzeichen

Fjorde, Gletscher, Henrik Ibsen, Mitternachtssonne, Edvard Munch (Maler), hohe Steuern und Preise, Erdölmultis, Polarforscher und Eisbären, Skifahren, Stabkirchen, Trolle, Wikinger

Übrigens …

„Ski" ist ein norwegisches Wort: Aufgrund uralter Felszeichnungen, auf denen Jäger auf Skiern zu sehen sind, behaupten die Norweger, sie hätten diesen Sport erfunden.

3

4

1. Die Inselgruppe Spitzbergen nördlich des Festlands ist der beste Ort, um Eisbären zu sichten
2. Der von Gletschern geformte Geirangerfjord mit dem Wasserfall Sieben Schwestern
3. Die Fjorde Norwegens sind herrlich zum schwimmen, wenn auch kühl
4. Das Nordlicht über der kleinen Lofoten-Insel Hamnøy mit seinen Fischerdörfern

1

2

Beste Reisezeit
Von Oktober bis April ist es im ganzen Land angenehm. In Dhofar ist es während des *khareefs* (Monsun) am grünsten.

Unbedingt anschauen
- Maskat, eine Hafenstadt mit hübscher Bucht, stimmungsvollem Souk und portugiesischen Befestigungsanlagen
- Den unberührten Yiti-Strand vor felsigen Bergen
- Die Palmenoasen, Ansichtskartenstrände und Flamingos der Insel Masira
- Nizwa, eine bezaubernde Stadt mit Fort aus dem 17. Jh. und weitläufigem Souk
- Die Bucht von Mughsail mit schroffen Felsen und Weihrauchbäumen, nicht weit von Jemen

Nicht versäumen
- Staunend Wadi Shab durchwandern, eine üppig grüne, paradiesische Schlucht
- Die kupferroten Dünen der Wahiba Sands per Kamel oder Jeep entdecken
- Omans spektakulärste Route von Al-Hamra über die Hajar-Berge nach Wadi Bani Awf abfahren
- Über das Rätsel von Ubar, Arabiens unter Sand begrabenem „Atlantis", sinnieren
- Auf der Halbinsel Musandam entspannen, die im nördlichsten Zipfel Omans direkt am Eingang zum Persischen Golf liegt

Oman hautnah
Lesen *Sultan in Oman* des berühmten Reiseschriftstellers Jan Morris, *Im Paradies ist es heiß: Briefe aus Oman 1982–1985* von Dagmar Boerner-Josten
Anhören Salid Rashid Suri, auch "singender Seefahrer" genannt, ein *sawt*-Sänger und Kurzhalslautenspieler aus dem 20. Jh.
Ansehen Al-Boom von Regisseur Khaled Abdul Raheem Al-Zadjali, gedreht in einer kleinen Fischerstadt an der Küste: der erste omanische Spielfilm,
Essen *Harees* aus eingeweichter Weizen, Fleisch, Zwiebeln und Gewürzen, bestreut mit *ma owaal* (getrocknetem Haifisch), oder *shuwa* (mariniertes Fleisch, im Erdofen gegart)
Trinken Kamelmilch

In einem Wort
Tasharrafna (Schön, Sie zu treffen)

Markenzeichen
Weihrauchbäume, Forts, Beduinen, Sandformationen von Rub al-Chali („Leeres Viertel")

Übrigens …
Sindbad der Seefahrer machte die Küstenstadt Suhar unvergesslich, da seine abenteuerliche Geschichte aus 1001 Nacht hier ihren Anfang nahm.

1. Unter den Sternen der Rub al-Chali (dem „Leeren Viertel") kampieren
2. Das „Leere Viertel": endlose Dünen und die größten Ölvorkommen der Welt
3. Die beeindruckenden Befestigungen des Nizwa Forts aus dem 17. Jh. in Nizwa

O **HAUPTSTADT** MASKAT | **EINWOHNER** 3 200 000 | **FLÄCHE** 309 500 KM² | **AMTSSPRACHE** ARABISCH

Oman

Das Sultanat Oman ist vielleicht das lohnendste Reiseland der Arabischen Halbinsel – zugänglicher als Saudi-Arabien, wesentlich sicherer als der Jemen und in vielerlei Hinsicht traditioneller als die Emirate. Außerdem bietet Oman mindestens genauso viele Attraktionen. Die Kultur der Beduinen zeigt sich in grandiosen Forts und anderen Exemplaren traditioneller Architektur. Mit seinen schweren Düften gleicht der golden glänzende Mutrah Souk von Maskat einem Basar aus 1001 Nacht. Omans höchster Trumpf ist jedoch seine Natur: formidable Strände, wild zerklüftete Bergketten und die perfekten Sandformationen der berühmten Rub al-Chali.

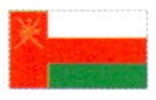

O

3

1

P HAUPTSTADT ISLAMABAD | EINWOHNER 193 200 000 | FLÄCHE 796 095 KM² | AMTSSPRACHE URDU & ENGLISCH

Pakistan

Pakistan tanzt gerne aus der Reihe und bleibt deshalb eine Herausforderung für abenteuerlustige Reisende. Politische Instabilität und unzählige Unruhen schrecken viele Besucher zu Recht ab. Tatsächlich besteht die pakistanische Regierung darauf, dass große Teile des Landes nur mit bewaffnetem Leibwächter bereist werden. Schade, denn es gibt eine Menge zu sehen: Ruinenstädte, überwältigende Moscheen, faszinierende Stammeskulturen, bröckelnde Relikte der Kolonialzeit und grandiose Himalajapanoramen. Nicht zu vergessen eine der weltberühmtesten Autorouten über den Karakorum-Highway. Mit etwas Planung ist eine Pakistanreise aber durchaus möglich und belohnt mit der Begegnung mit der faszinierenden islamischen Kultur, die sich seit den Zeiten des Mogulreichs nur oberflächlich verändert hat.

Beste Reisezeit
November bis April im Süden, Mai bis Oktober im Norden

Unbedingt anschauen
- Die Badshahi-Moschee und die Festung von Lahore als brillante Beispiele für die Macht der Moguln
- Den Innenhof der Faisal-Moschee in Islamabad mit Platz für 300 000 Gläubige
- Die Ruinen einer der ältesten asiatischen Zivilisation in Mohenjo-Daro
- Sufi-Schreine und beeindruckende Mausoleen aus der Mogulzeit in der historischen Stadt Multan
- Pantomimisches Säbelrasseln am Grenzübergang Wagah–Attari zwischen Pakistan und Indien

Nicht versäumen
- In den Basaren von Hyderabad Hammel-Biryani essen – die perfekte schnelle Mittagsmahlzeit
- Sich am Data Darbar von Lahore im Takt der *qawwali*-Gesänge (sufistische Lobgesänge) wiegen
- Über den holprigen Karakoram Highway nach Kaschgar in China ruckeln
- Die fantasievollen Muster auf den bunt verzierten pakistanischen Lastwagen und Bussen bewundern
- Im pakistanischen Himalaja, Karakoram, Pamir, oder Hindukusch durch elementare Landschaften wandern

Pakistan hautnah
Lesen *Verglühte Schatten* von Kamila Shamsie oder *Der Fundamentalist, der keiner sein wollte* von Moshin Hamid, um die pakistanische Sicht zu verstehen
Anhören Die Balladen des berühmtesten *qawwali*-Interpreten Nusrat Fateh Ali Khan
Ansehen Shoaib Mansoors *Khuda Kay Liye* (In Gottes Namen), eine gedankenanstoßende Betrachtung der Schlüsselprobleme des heutigen Pakistan
Essen Hähnchen-*karahi*, das pakistanische Nationalcurry
Trinken Frisch gepressten Mangosaft, *chai* (Tee), *badam*-Milch (mit Mandelaroma)

In einem Wort
Insha'Allah (So Gott will)

Markenzeichen
Mangos, Moscheen, Berge, Karakoram-Highway, Besteigung des K2, Kricket, militante und tyrannische Generäle, atomare Pat-Situation mit Indien

Übrigens ...
Die sufistischen Mystiker im Süden Pakistans folgen einer esoterischen Auslegung des Islam mit den Schwerpunkten Musik, Tanz und Marihuanakonsum.

1. Das Fort Baltit beschützt Karimabad im Hunza-Tal schon seit über 700 Jahren
2. Jungen mit bunten, traditionellen Turbanen
3. Pakistanische Lastwagenfahrer dekorieren ihre Fahrzeuge, um Aufmerksamkeit zu erregen

P

1

2

P **HAUPTSTADT** NGERULMUND | **EINWOHNER** 21 186 | **FLÄCHE** 458 KM² | **AMTSSPRACHEN** PALAUISCH & ENGLISCH

Palau

Unter wie über Wasser zeigt Palau das Beste, was Mikronesien zu bieten hat. Taucher genießen tolle Riffe, blaue Löcher, Schiffswracks, Höhlen, Tunnel, gigantische Muscheln und über 60 Steilwände. An Land bezirzen exotische Vögel, Mangrovensümpfe mit Krokodilen und Orchideen. Korallenatolle gehören ebenso zur Inselvielfalt wie abgeschiedene Flecken, wo Überbleibsel aus dem Zweiten Weltkrieg dunkle Zeiten heraufbeschwören. Babelthuap ist die größte Insel des Archipels und Sitz der Hauptstadt. Fröhliche Schilder mit Abkürzungen wie WAVE – Welcome All Visitors Enthusiastically (WINKEN – Bitte alle Besucher begeistert willkommen heißen) sind nur ein Grund, sich in die paradiesischen Inseln und ihre Bewohner zu verlieben.

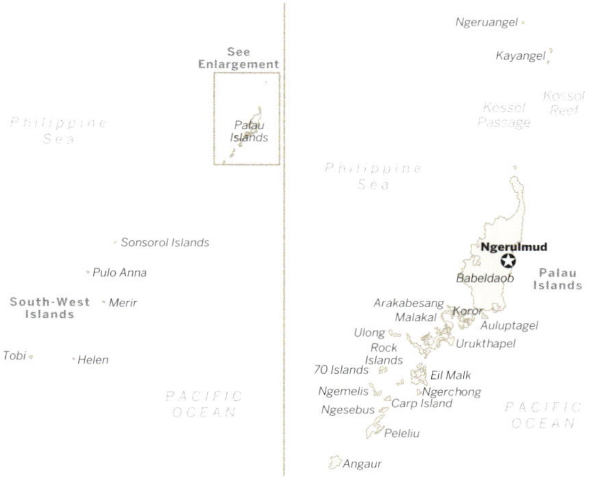

Beste Reisezeit
Von Februar bis April ist es am trockensten, aber warm ist es immer und regnen kann es jederzeit

Unbedingt anschauen
- Die pilzförmigen Kalksteininseln von Rock Island – am besten auf einem Rundflug
- Die bunte Unterwasserwelt am Blue Corner, einer der magischsten Tauchreviere Palaus
- Kunst und Geschichte Palaus im Nationalmuseum Belau
- Die Ngardmau-Wasserfälle – die höchsten von ganz Mikronesien
- Gespenstische japanische Relikte aus dem Zweiten Weltkrieg auf der kleinen Insel Peleliu

Nicht versäumen
- Rund um Peleliu zwischen schwarzen Korallenbäumen, gigantischen Seefächern, Haien und Wasserschildkröten tauchen
- Mit Schnorchel und Flossen die außerirdische, ungiftige Quallenwelt des Jellyfish Lake entdecken
- Sich auf der Insel Angaur eine Auszeit gönnen
- Mit den Einheimischen per Schiff von Koror nach Peleliu fahren
- Eine Spritztour mit dem Geländewagen über die Inseln Koror oder Babelthuap
- Eine Schifffahrt über den majestätischen Ngerdorch River

Palau hautnah
Lesen *Words of the Lagoon: Fishing and Marine Lore in the Palau District of Micronesia*, in dem der Meeresbiologe R. E. Johannes das Wissen der Fischer von Palau gesammelt hat
Anhören *Natural …*, das erste Album der beliebten palauischen Band InXes
Ansehen *The Last Reef: Cities Beneath the Sea*, spektakuläre 3D-Aufnahmen der Unterwasserwelt
Essen Palauische Spezialitäten wie Suppe aus Taro-Blättern
Trinken Ein kaltes Amberbier von Red Rooster aus Palaus einziger Mikrobrauerei

In einem Wort
Omelengmes (Prinzip von Höflichkeit und Respekt)

Markenzeichen
Riesenmuscheln, Geschichtsbretter, Jellyfish Lake, Steilwandtauchen, Überbleibsel aus dem Zweiten Weltkrieg, Herzlichkeit, soziale Verantwortung

Übrigens …
Bis heute liegt im Buschland scharfe Munition aus dem Zweiten Weltkrieg herum; wer sich daran vergreift (und nicht dabei hochgeht) muss mit Geldstrafen von rund 13 000 Euro rechnen.

1. Palau: mal für eine (oder drei) Wochen so richtig weg sein
2. Neben ihren beeindruckenden Kalksteinformationen bietet die Rock Island auch eine reiche Unterwasserwelt
3. Auf Palau werden überlieferte Geschichten oft in „Geschichtsbretter" graviert

3

P

CALLE 12
8B-2077
PACORA
Calle 12
TOCUMEN
RIO ABAJO
CALIDONIA
CALLE 12
LOS PUEBLOS
VIA ESPAÑA
MAS GRANDE QUE
DIOS QUIEN...?

P **HAUPTSTADT** PANAMA-STADT | **EINWOHNER** 3 600 000 | **FLÄCHE** 75 420 KM² | **AMTSSPRACHE** SPANISCH

Panama

Auf der Gürtellinie des amerikanischen Kontinents gelegen verbindet Panama Erdteile miteinander. Der Panamakanal, ein 80 km langer Schleusengürtel vom Atlantik zum Pazifik, bildet eine wichtige Handelsstraße und war im letzten Jahrhundert prägend für dieses Land. Was dahinter liegt könnte prägend für das Nächste sein: unberührte Strände, üppiger Regenwald und das Nachtleben der Großstädte. Die Skyline des Finanzzentrums Panama-Stadt erinnert an Manhatten, doch nur eine Autostunde entfernt paddeln Embera-Indianer im Einbaum herum und etwas weiter in der Provinz Darién liegt eine der größten Wildnisse der Welt versteckt. Die Erweiterung des Panamakanals unterstreicht zwar den Aufschwung Panamas, aber für Aussteiger bleiben noch genug einsame Inseln entlang der Küste.

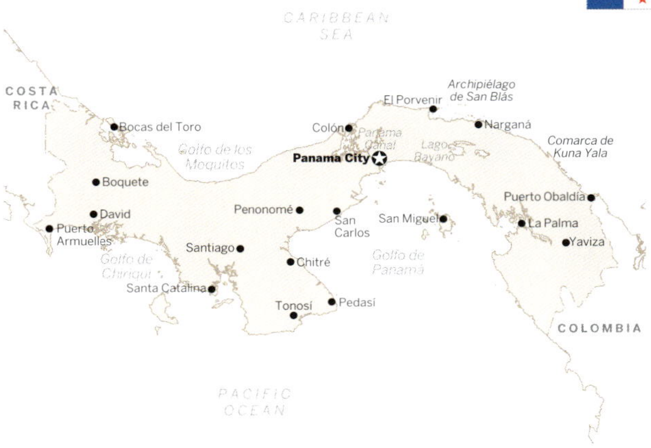

Beste Reisezeit
Mitte Dezember bis Mitte April (Trockenzeit)

Unbedingt anschauen
- Riesenfrachter und Kapuzineraffen am Panamakanal
- Das grandiose Ruinengelände von Casco Viejo, der Stadt aus dem 17. Jh., die heute zu Panama-Stadt gehört
- Perfekte Strände und giftige Frösche auf der Inselgruppe Bocas del Toro
- Das straßenlose Niemandsland der Wildnis Tapón del Darién
- Der ruhige, geschwungene, 13 km lange Playa las Lajas am Golf von Chiriqué – bei Surfern ein Geheimtipp

Nicht versäumen
- Im Coiba-Nationalpark zwischen Meeresschildkröten und Haien schnorcheln
- Im Nationalpark Volcán Barú scheue Quetzals (Vogelart) erspähen
- Sich tropfnass und mit Rum gestärkt in das Gewühl der Carnavales en Azuero stürzen
- Auf den sonnigen San-Blas-Inseln mit Kunas (eine autonome indigene Volksgruppe) feilschen
- In der kühlen Bergluft von Boquete einheimischen Kaffee schlürfen

Panama hautnah
Lesen *Sie teilten die Erde* von David McCullough über das Mammutbauprojekt Panamakanal
Anhören Salsa von Rubén Blades oder panamesische Volksmusik von Samy und Sandra Sandoval
Ansehen *The Panama Deception* von Barbara Trent über die US-Invasion in Panama; der Dokumentarfilm wurde mit einem Oscar ausgezeichnet
Essen *Sancocho* (Suppe aus Hühnchen, Yamwurzel – *ñame* genannt – und frischem Koriander) oder *carimañolas* (mit Fleisch gefüllte Küchlein aus Yuccawurzelmehl)
Trinken *Chicheme* (Milch mit Zuckermais, Zimt und Vanille) und *seco* (Zuckerrohrlikör mit Milch und Eis)

In einem Wort
¡Chuleta! (Wow!)

Markenzeichen
Die berühmteste Abkürzung der Welt, Manuel Noriega, Panamahut, Baseball, Tapón del Darién

Übrigens …
Der Panamahut stammt eigentlich aus Ecuador. Seinen Namen erhielt er allerdings erst, nachdem er von Ecuador nach Panama verschifft wurde, um von hier aus an alle Welt verkauft zu werden.

1. Die hohen Wolkenkratzer von Panama-Stadt
2. Kunst auf öffentlichen Transportmitteln in Panama-Stadt
3. Das Hoffmann-Zweifingerfaultier im Nationalpark Soberanía lebt weitgehend auf Bäumen

3

Beste Reisezeit
Juni bis September ist die trockenste, kühlste Zeit, in der auch die meisten Provinzfeste stattfinden

Unbedingt anschauen
- Eine Partie Trobriand-Kricket, bei dem das dicht gedrängte Publikum tanzt, singt, pfeift und manchmal sogar schwarze Magie anwendet
- Ein traditionelles *sing sing*, mit dem die Ernennung eines Chiefs, Initiationsriten und anderes gefeiert werden
- Die Kette grummelnder, rauchender Vulkane in New Britain, die oft ihren Lavazauber spielen lassen
- Der Nationalpark Varirata (und andere Waldgebiete) mit seiner erstaunlichen Artenvielfalt, einschließlich 35 Arten an Paradiesvögeln

Nicht versäumen
- Auf dem Sepik River in die Schatzkammer pazifischer Kunst fahren
- Eine Wanderung ins Hochland, um Einblicke in die erstaunliche Stammeskultur zu erhalten und den Ausblick vom Gipfel des Mt Wilhelm zu genießen
- Nach Schiffswracks, verlorenen Flugzeugen aus dem Zweiten Weltkrieg und Riffen voller großer und kleiner Lebewesen wie Walhaien und Rochen tauchen
- Auf dem schwierigen, mit Blutegeln gespickten Kokoda-Track den Fußstapfen der Soldaten des Zweiten Weltkriegs folgen

Papua-Neuguinea hautnah
Lesen *Dschungelpfade* des Biologen Tim Flannery, der sich auf die Suche nach Baumkängurus machte oder Kira Salaks Reisebericht *Four Corners: A Journey into the Heart of Papua New Guinea*
Anhören Teleks CD *Serious Tam*, auf der die außergewöhnliche Stimme des auf Papua-Neuguinea geborenen Sängers besonders gut rüberkommt
Ansehen Die Trilogie *First Contact*, *Joe Leahy's Neighbours und Black Harvest* von Bob Connelly und Robin Anderson, die die ersten Kontakte der Bergvölker mit der Außenwelt und ihre Anpassung an das moderne Leben beschreiben
Essen *Sasak* (Sago), das Hauptnahrungsmittel in der Sepik-Region, *kaukau* (Süßkartoffeln) in den Highlands und leckeren Fisch und Hummer an der Küste
Trinken Hochlandkaffee der Sorte Arabica

In einem Wort
Em nau! (Super! Weiter so!)

Markenzeichen
Penisfutteral, Betelnuss, *sing sing*, bilum (traditionelle Tasche), Stammeskunst, Traumstrände und -riffe, Kokoda-Track, Schlammmenschen von Asaro, Yam-Kult, *The Phantom*, *raskols*

Übrigens ...
In Papua-Neuguinea werden über 820 Sprachen gesprochen, ein Erwachsener beherrscht im Schnitt drei davon.

1. Ein Stammesangehöriger aus Mount Hagen, bereit für einen spirituellen Tanz in der Province Western Highlands
2. Das Parlament in Port Moresby wurde in Anlehnung an traditionelle Bethäuser aus der Sepik-Region erbaut
3. Jungen springen von einem rostigen Wrack, im Hintergrund der aktive Vulkan Tavurvur in Rabaul, New Britain

P **HAUPTSTADT** PORT MORESBY | **EINWOHNER** 6 400 000 | **FLÄCHE** 462 840 KM² | **AMTSSPRACHE** ENGLISCH

Papua New Guinea | Papua-Neuguinea

Gerade einmal 3,7 km trennen Papua-Neuguinea von Australien, doch die Unterschiede könnten offensichtlicher nicht sein. Während Australien trocken und flach ist, liegt das bergige Papua in dampfenden Regenwald gehüllt. Während die Australier eine Lebensqualität von Weltklasse genießen, liegt PNG ganz unten auf der Liste verarmter asiatischer Staaten. Ein tieferer Einblick zeigt dennoch Gemeinsamkeiten: Die faszinierenden Volksstämme PNGs teilen ihre Geschichte mit den Aborigines und die exotischen Vögel und Tiere im dichten Dschungel sind das Bindeglied zwischen der australischen und asiatischen Fauna. Die meisten Besucher lassen die zwielichtige Hauptstadt links liegen und entdecken lieber die unberührten Korallenriffe oder die fesselnde Stammeskultur im Landesinneren.

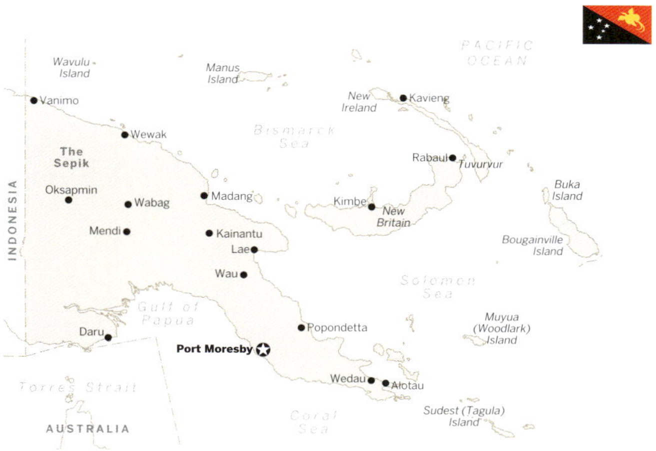

1

2

Beste Reisezeit

Mai bis September (Winter)

Unbedingt anschauen

- Itaipu, eines der weltgrößten Wasserkraftwerke, das 90 % des Energiebedarfs Paraguays deckt
- Trinidad und Jesu, die beiden Missionsstationen der Jesuiten aus dem 18. Jh., die auf der Weltkulturerbeliste der Unesco stehen
- Den Nationalpark Cerro Corá mit Savannen, Wäldern, Höhlen und Felszeichnungen
- Den Carnaval von Encarnación – nicht so groß, aber mindestens ebenso bunt und ausgelassen wie in Rio

Nicht versäumen

- Im Reserva Natural del Bosque Mbaracayú, eines der artenreichsten Gebiete der Welt, Tiere beobachten
- An der Laguna Blanca reiten, campen oder einfach nur ihre Schönheit bewundern
- Auf einer relaxten Bootsfahrt auf dem Río Paraguay wilde Tiere wie Affen und Papageien entdecken
- Die beeindruckenden Mennonitensiedlungen im Chaco besuchen

Paraguay hautnah

Lesen *Ich, der Allmächtige* von Augusto Roa Bastos, eine faszinierende Reise in die Gedankenwelt eines Diktators
Anhören Das Lied *Pajaro Campana*, dessen Rhythmus vom bizarren Ruf des Nachtkehl-Glockenvogels (Paraguays Nationalvogel) inspiriert ist
Ansehen Roland Joffes Filmdrama *Mission*, das von Guaraní und Jesuiten im kolonialen Paraguay erzählt
Essen Saftige *tapa de cuadril* (ähnlich wie Rumpsteak) und *chipas* (Teigröllchen aus Maniok, Käse und Maismehl)
Trinken *Terere* (geeister Kräutertee) und *mosto* (Zuckerrohrsaft)

In einem Wort

Mba'eichapa? („Wie geht's?" auf Guaraní)

Markenzeichen

Fußball, Jaguare, Schmuggel, Jesuitenmissionen, unpassierbare Dschungelstraßen

Übrigens ...

Der Tripel-Allianz-Krieg (1864–70) gegen Argentinien, Brasilien und Uruguay verwüstete ein Viertel der Landesfläche und kostete 50 % der Bevölkerung das Leben.

1. Der Itaipú-Damm, eine riesige Hochwasserentlastungsanlage und die Quelle des fast gesamten Strombedarfs Paraguays
2. Die Jesuitenmission La Santísima Trinidad de Paraná aus dem 17. Jh.
3. Wilde Criollo-Pferde, für ihre Ausdauer bekannt

P **HAUPTSTADT** ASUNCIÓN | **EINWOHNER** 6600000 | **FLÄCHE** 406752 KM² | **AMTSSPRACHEN** SPANISCH & GUARANÍ

Paraguay

Eingeklemmt zwischen Brasilien und Argentinien wird das kleine Paraguay oft „das vergessene Land Südamerikas" genannt. Wie bei seinen bekannteren Nachbarn stehen Fußballfieber, Rinderzucht und die katholische Kirche im Vordergrund – Letztere unterstrichen von Ruinen der Jesuiten. Doch die Geschichte des Landes verlief anders: Die Einwohner stammen von den Guaraní-Indianern ab, sind stolz auf ihre Wurzeln und daher meist zweisprachig. Ihr Brot verdienen sie in Kleinstbetrieben oder als Subsistenz-Bauern. Pferdekarren fahren neben Luxuslimousinen, im kargen Chaco grenzen riesige Mennonitenfarmen an die Äcker der *campesinos* (Kleinbauern). Trotzdem sind die Paraguayer erstaunlich entspannt und immer bereit, mit Besuchern ein Glas *terere* (geeister Kräutertee) zu teilen.

Beste Reisezeit

Juni bis August (Trockenzeit)

Unbedingt anschauen

- Machu Picchu, die berühmte Ruinenstadt der Inkas im Nebelwald
- Cuzco mit Inka-Mauern, Pflasterstraßen und Kirchen aus der Kolonialzeit
- Den Titicacasee, eines der am höchsten gelegenen schiffbaren Gewässer der Welt, mit zauberhaften Inseln
- Arequipa mit kolonialem Charme sowie grummelnden Vulkanen und abgrundtiefen Schluchten in nächster Nähe
- Den Manu-Nationalpark mit Regen- und Nebelwäldern und einer überwältigenden Artenvielfalt

Nicht versäumen

- In einem Club in Lima ein Livekonzert mit *trova* (Volksmusik) anhören
- Auf dem Santa Cruz Trail zwischen den imposanten Gipfeln der Cordillera Blanca wandern
- Über die vor über 1000 Jahren in den Boden gescharrten Nazca-Linien fliegen
- Die Ruinen von Chan Chan besichtigen, in präkolumbischen Zeiten die größte Stadt des amerikanischen Kontinents

Peru hautnah

Lesen Mario Vargas Llosas *Gespräch in der „Kathedrale"* dreht sich um Politik und Macht im Peru der 1950er-Jahre, bleibt aber immer aktuell
Anhören Beats der afro-peruanischen Susana Baca
Ansehen Claudia Llosas preisgekröntes Filmmärchen *Madeinusa* über die Konfrontation von Alt und Neu in einer leicht surrealen Andenstadt
Essen *Ceviche* (mit Limettensaft und Chili marinierter roher Fisch)
Trinken Inka Kola, Limonade mit Kaugummigeschmack, *pisco* (klarer Weinbrand)

In einem Wort

Buenos dias (Guten Tag)

Markenzeichen

Panflöte, Andengipfel, Lamas, Inka-Ruinen, farbenfrohe Textilien, Indígena-Dörfer, spanische Artefakte und Architektur aus dem 16. Jh.

Übrigens …

Perus präkolumbische Kulturen hinterließen so viel Arbeit für Archäologen, dass bis heute gegraben wird – z. B. an der erst kürzlich entdeckten „Verlorenen Stadt der Nebelmenschen", einer Festung mit Felszeichnungen und 1000-jährigen Steinhäusern.

1. Die Farben der Kolonialzeit: Die Cathedral de Trujillo und der Plaza Mayor in Trujillo
2. Marinera ist ein peruanischer Tanzstil, bei dem Stofftaschentücher als Requisite genutzt werden
3. Eine Frau in traditioneller Tracht mit Baby auf einem Markt in Cuzco
4. Die verwinkelten Terrassen von Machu Picchu aus dem 15. Jh. mit dem Huayna Picchu im Hintergrund

P **HAUPTSTADT** LIMA | **EINWOHNER** 29900000 | **FLÄCHE** 1285216 KM² | **AMTSSPRACHEN** SPANISCH, QUECHUA & AYMARA

Peru

In Peru, der Wiege der Inka-Kultur, lebt die Geschichte sichtbar fort: Fast die Hälfte der Einwohner hat indianische Wurzeln. In einer einzigartig schönen Natur bevölkern Quechuas bunte Märkte unter Andengipfeln, Uros wohnen auf schwimmenden Inseln des Titicacasees. Abgeschieden vom Rest der Welt leben im Amazonasbecken Volksstämme nach ihren ureigenen Traditionen. Ein echter Kontrast dazu sind Perus Städte: hektische, moderne Viertel, gemischt mit Einsprengseln der spanischen Kolonialzeit und peruanischer Folklore in Musikclubs. Innovative Ideen, wie die von der indigenen Bevölkerung initiierten Projekte für nachhaltigen Tourismus, helfen, Perus Schätze für kommende Generationen zu erhalten.

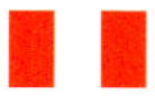

P

1

2

P **HAUPTSTADT** MANILA | **EINWOHNER** 105 700 000 | **FLÄCHE** 300 000 KM² | **AMTSSPRACHE** FILIPINO

Philippines | Philippinen

Über 7000 palmenbewachsene und korallengesäumte Inseln lagen lange wie unentdeckte kleine Edelsteine im Pazifik verstreut, doch die Zeiten ändern sich: Immer mehr Reisende entdecken die Reize der Philippinen. Kulturell liegt Asiens größtes katholisches Land irgendwo zwischen amerikanischer Kühnheit, chinesischem Unternehmergeist, Stammeskultur und spanischer Mystik. Korallenstrände, Vulkane und Regenwald sorgen für das klassische Südostasien-Feeling. Überschattet wird dieses vom Sextourismus, einem dunklen Erbe aus der Zeit des Vietnamkriegs; aber der Fokus richtet sich zunehmend auf die weißen Strände, Inselhopping per Auslegerboot sowie die spektakulären Tauch- und Surfspots entlang der unglaubliche 36.000 km langen Küste.

Beste Reisezeit

Oktober bis Mai, um der Taifunsaison zu entgehen

Unbedingt anschauen

- Die Strände der Insel Boracay – fast zu schön, um wahr zu sein
- Reisterrassen bis zum Horizont in Banaue
- Butanding (Walhaie), deren jährliche Wanderroute an der Insel Luzon vorbeiführt
- Mindestens ein philippinisches Fest – großartig, dynamisch und exzentrisch wie die Einwohner selbst
- Die unheimlichen "Hängenden Särge" von Sagada, eine Reise in vorchristliche Stammesrituale

Nicht versäumen

- In einem *Jeepney* fahren – die zu Minibussen umgebauten, knallbunt bemalten alten Jeeps sind das Hauptverkehrsmittel der Filipinos
- Bei Coron auf Busuanga zu einem Schiffsfriedhof des Zweiten Weltkriegs hinabtauchen
- Eine Nacht durch Manila cruisen – Asiens berüchtigtster Metropole
- Die Fauna erkunden, z. B. Fuchshaie und Koboldmakis (den mit kleinsten Primaten der Erde)
- Auf dem Mountainbike über die felsige Insel Palawan

Philippinen hautnah

Lesen *Inselfieber* von Roland Hanewald, der 25 Jahre auf den Philippinen lebte, oder *Szenen aus Manila* vom philippinischen Experten für Kolonialismus und Klassenkampf, F. Sionil José
Anhören Die sentimentalen Schnulzen (und Karaoke-Favoriten) von Jose Mari Chan und den eingängigen *Pinoy*-Rock von Eraserheads
Ansehen Ishmael Bernals Klassiker *Himala* oder Chito Ronos erfolgreichen Mainstreamstreifen *Sukob* mit Kris Aquino, der Tochter der ehemaligen Präsidentin Corazón Aquino
Essen Das Nationalgericht *Adobo* (in Sojasauce und Essig geschmortes Schweinefleisch oder Huhn) oder *Pasit canton* (gebratene Nudeln), ein Vorgeschmack auf die inseltypische Fusion aus chinesischer und europäischer Küche
Trinken Cuba Libre mit Tanduay-Rum

In einem Wort

Mabuti naman (Mir geht's prima)

Markenzeichen

Jeepneys, San-Miguel-Bier, Hahnenkämpfe, katholische Kirche, Korallenriffe, US-Luftwaffenstützpunkte, Revolutionen, unzählige Strände, Schuhe von Imelda Marcos

Übrigens …

Zu Ostern melden sich jedes Jahr Dutzende besonders gläubiger Katholiken, um in San Fernando de Pampagna mit echten Nägeln ans Kreuz geschlagen zu werden.

1. Kadayawan sa Dabaw in Davao zelebriert die Stammeskultur
2. Mit dem Kajak durch die spektakulären Sandsteinformationen von Palawan
3. Die außergewöhnlichen Chocolate Hills auf Bohol
4. *Jeepneys* sind das Transportmittel Nummer eins der Philippinen

3

4

P

LAST RESTING PLACE OF
H.M.S. BOUNTY
50 M
Welcome to
PITCAIRN ISLAND
MOSS

1

2

P HAUPTSTADT ADAMSTOWN | EINWOHNER 65 | FLÄCHE 47 KM² | AMTSSPRACHE ENGLISCH

Pitcairn Islands | Pitcairn-Inseln

Das kleinste Land der Welt liegt isoliert mitten im Südpazifik und löst bei manchen Platzangst, bei den meisten aber ein euphorisches Inselfeeling aus. Die 4,5 km² große Fläche der einzigen bewohnten Insel Pitcairn besteht fast nur aus Hügeln, mal felsig schroff, mal mit dichtem Urwald bewachsen. Hauptattraktion der Insel ist ihre winzige Bevölkerung, Nachfahren der Meuterer der *Bounty*, die sich hier mit polynesischen Frauen niederließen. Wer auf seinen Inselexkursionen mit ihnen ins Gespräch kommt, versteht schnell, warum sie auf ihre Heimat so stolz sind und alles tun, um deren Ursprünglichkeit zu bewahren. Neben der Hauptinsel Pitcairn umfasst der Archipel noch zwei Korallenriffe und das gehobene Atoll Henderson, dessen unberührte Natur mit endemischen Vogelarten wirklich einzigartig ist.

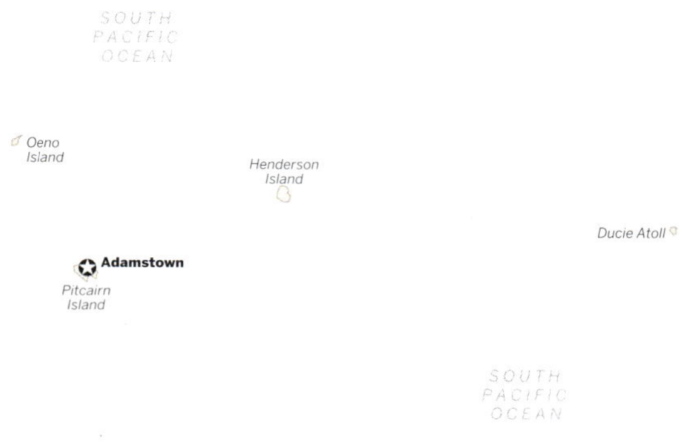

Beste Reisezeit
Im Juli und August ist es hier am trockensten

Unbedingt anschauen
- Die Überreste der *Bounty* im Inselmuseum – von der verrosteten Kanone und dem Anker bis hin zur zerfledderten Bibel
- Kecke, flugunfähige Tuamotu-Sumpfhühner auf Henderson, wo es keine Mücken gibt
- Mysteriöse polynesische Ritzzeichnungen an Pitcairns einzigem Strand, dem Down Rope
- Mrs Turpin, eine Galapagos-Riesenschildkröte, die in Tedside Quartier bezogen hat
- Das Grab des letzten überlebenden Meuterers, John Adams

Nicht versäumen
- Ein Bad im tiefblauen Wasser des St. Paul's Pool, umrahmt von kirchturmartigen Felsen
- Über die steilen Klippen zum Down Rope hinunterklettern und dort angeln
- Als Sozius auf einem Quad über steile, rote Sandpisten brettern
- Auf den Spuren des Meuterers Fletcher Christian zur Christian's Cave hochkraxeln und den Blick auf Adamstown genießen
- In Christian's Café einkehren und Einheimische kennenlernen

Pitcairn-Inseln hautnah
Lesen *Schlange im Paradies* von Dea Birkett, ein schonungsloser Bericht über die Zeit der Journalistin auf der Insel
Anhören Pitkern, eine witzige Mischung aus altem Seemannsenglisch und Tahitianisch
Ansehen *Die Bounty* (1984) mit Anthony Hopkins und Mel Gibson, die beste Verfilmung der berühmten Meuterei
Essen Frittierte Meeresfrüchte wie *Nanwi* (Blaubarsch) sind hier ein Grundnahrungsmittel
Trinken Ein Gläschen mit den Einheimischen am Freitagabend in Christian's Cafe

In einem Wort
Whutta-waye? (Wie geht's?)

Markenzeichen
Meuterei auf der *Bounty*, Fletcher Christian, Piraten, gefährliche Abhänge, Siebenten-Tags-Adventisten, Honig, Isolation, Vogelparadies

Übrigens …
Die Pitcairner sind zwar Siebenten-Tags-Adventisten, gehen aber selten in die Kirche und trinken fast alle Alkohol.

1. Zu Pitcairns großer Diva
2. Eine Feenseeschwalbe macht Rast auf dem Ducie-Atoll
3. Pitcairns winziger, schwer navigierbarer Hafen

3

P

Beste Reisezeit
Mai bis September

Unbedingt anschauen

- Die architektonischen Schätze der ehemaligen Hauptstadt Krakau – besonders die Altstadt und den Wawel-Hügel
- Das Museum des Warschauer Aufstandes, das Mut und Entschlossenheit der Polen dokumentiert
- Die Marienburg (Malbork), Europas größte gotische Burg und einstmals Sitz der Deutschordensritter
- Die Hafenstadt Danzig mit ihren Solidarność-Denkmälern, der reizenden Altstadt und weißen Stränden
- Die unzähligen Seen und Kanäle der Masurischen Seenplatte

Nicht versäumen

- In den Konzentrationslagern von Auschwitz und Birkenau der Naziopfer gedenken
- Ein Wisent aus dem Unterholz des Białowieża-Nationalparks brechen sehen
- Im statuenreichen Breslau auf Zwergensuche gehen oder das unfassbare 114 m lange Panorama von Racławice bestaunen
- Mit den Pilgern die Schwarze Madonna im Kloster von Jasna Góra besuchen
- In der Hohen Tatra, dem höchsten Gebirgszug der Karpaten, wandern oder mit der Seilbahn auf den Kasprowy Wierch fahren
- Im schönen Zakopane zwischen schneebedeckten Kiefern skifahren

Polen hautnah
Lesen *Im Herzen Europas: Geschichte Polens* des berühmten Geschichtsexperten Norman Davies
Anhören Musik von Frédéric Chopin oder Henryk Goreckis 3. Sinfonie
Ansehen Filme von Krzysztof Kieślowski, z. B. die schwarze Komödie *Drei Farben: Weiß* oder Paweł Pawlikowskis Oscar-prämierten Film *Ida*
Essen *Pierogi* (mit Hackfleisch gefüllte Teigtaschen), *Oscypek* (Schafskäse mit Beerenkompott), *Borschtsch* (Eintopf, je nach Saison heiß oder kalt) und *Bigos* (herzhafter Jägereintopf mit Sauerkraut, Wurst und Wacholder)
Trinken Wodka, vor allem in Geschmacksrichtungen wie Cranberry und Bisongras, oder polnisches Bier wie Tyskie und Okocim

In einem Wort
Dzien dobry (Guten Tag)

Markenzeichen
Chopin, *Pierogi*, Bernstein, Solidarność, Wodka, Nikolaus Kopernikus (Astronom), Joseph Conrad (Schriftsteller), Papst Johannes Paul II.

Übrigens …
Physikerin und Nobelpreisträgerin Marie Curie machte ihren Studienabschluss in Paris, da Frauen damals an der Krakauer Universität nicht zugelassen wurden.

1. Das vom finnischen Architekten Rainer Mahlamäki entworfene Museum der Geschichte der polnischen Juden (Polin)
2. Warschauer Stadtzentrum
3. Eurasischer Elch im geschützten Roten Sumpf

P **HAUPTSTADT** WARSCHAU | **EINWOHNER** 38 400 000 | **FLÄCHE** 312 685 KM² | **AMTSSPRACHE** POLNISCH

Poland | Polen

Zwischen Ostsee und Karpaten liegt Polen, dessen Schicksal und Grenzen im Verlauf der Jahrhunderte großen Schwankungen unterworfen waren. Nachdem die sowjetische Zwangsjacke abgeschüttelt ist, nimmt das Land beherzt Kurs auf die moderne Welt. Die quirlige Hauptstadt Warschau, das zeitlos elegante Krakau, Industriezentren und Unesco-Biosphärenreservate sorgen für Abwechslung. Die Polen sind Familienmenschen und eifrige Kirchgänger, aber die Zeiten ändern sich auch hier: Junge Leute ziehen Reisen, Rockmusik und vegetarisches Essen Klößen und Sonntagsmessen vor. Besucher werden mit herzlichem Händedruck und einem Glas Wodka empfangen, das natürlich auf Ex hinuntergestürzt werden muss – gefolgt von einem zweiten, und einem dritten …

P

2

P **HAUPTSTADT** LISSABON | **EINWOHNER** 10800000 | **FLÄCHE** 92090 KM² | **AMTSSPRACHEN** PORTUGIESISCH & MIRANDÉS

Portugal

Charme, gutes Aussehen und klares Atlantiklicht: Lissabon hat alles. Die sieben Hügel der Stadt sind gespickt mit *Miradouros* (Aussichtspunkten), nostalgische Straßenbahnen passieren *Azulejo*-geflieste Häuser, alte Läden, Retro-Bars und schneeweiße Monumente aus der Zeit der Entdeckungen und bieten betörende Ausblicke auf den Rio Tejo. Nördlich der Hauptstadt locken die wellengepeitschten Küsten von Estremadura, Coimbra und die würdevolle, 500 Jahre alte Universität sowie das herzliche Porto mit seiner Hafenfront, der mittelalterlichen Altstadt und dem regen Nachtleben. Im hohen Norden blicken Granitgipfel auf tiefe Flusstäler hinab. Im südportugiesischen, ländlichen Alentejo kommen Feinschmecker auf ihre Kosten und die felsigen Strände und weißgetünchten Dörfer der Algarve verzaubern zahlreiche Touristen. Die grünen Vulkaninseln Madeira und die Azoren sind ein Paradies für Wanderer.

Beste Reisezeit
März bis Juni und September; Sonnenanbeter zieht es im Juli und August an die Strände der Algarve

Unbedingt anschauen
- Die windig-wilde Schönheit Cabo de São Vincente am Ende der Welt
- Das kunstvolle und ehrfurchtgebietende Mosteiro dos Jerónimos im Lissabonner Stadtteil Belém – der Höhepunkt der Manuelinik
- Maurische Architektur, Märchenpaläste und moderne Kunst vom Feinsten in Sintra
- Coimbra, das „Cambridge" Portugals mit mittelalterlichem Stadtkern und Studentenkneipen, wo Fado live gespielt wird
- Évora, die Stadt aus dem 14. Jh. mit ihren alten Gemäuern – ein Weltkulturerbe

Nicht versäumen
- Im coolen Lissabon die versteckten Seitenstraßen nach schnuckeligen Boutiquen, aufregenden Bars, Restaurants und Clubs abklappern
- Durch die bezaubernde Alfama streifen, das alte maurische Viertel Lissabons
- Bizarre Klippen, goldene Sandstrände und Buchten voller Muscheln an der Algarve
- Portwein probieren – Portugals berühmtester Tropfen schmeckt in den Kellern der angesagten Hafenstadt Porto besonders gut
- Im Peneda-Gerês-Park auf felsige Gipfel steigen

Portugal hautnah
Lesen *Das Memorial,* eine amüsante Liebesgeschichte aus dem 18. Jh. von Nobelpreisträger José Saramago
Anhören Mariza, deren Album *Terra* traditionellen Fado mit Weltmusik kombiniert
Ansehen *Night Train to Lisbon* – Jeremy Irons reist einer mysteriösen Dame in die portugiesische Hauptstadt nach
Essen *Cataplana* (Meeresfrüchte und Reis im Kupferkessel geschmort) und *Pastéis de nata* (portugiesische Blätterteigtörtchen)
Trinken Barca Velha (Weinsorte) von Sogrape zum Essen, danach alten Portwein aus dem Douro-Tal

In einem Wort
Bom dia (Guten Tag)

Markenzeichen
Fado, Fußball, *Pastéis de nata*, Salzfisch, Algarve, Kork, Portwein

Übrigens …
Über die Großstädte Portugals haben die bodenständigen Einwohner Portos folgenden Spruch parat: „Porto arbeitet, Coimbra studiert, Braga betet und Lissabon spielt".

1. Weingut in den portugiesischen Farben Rot und Grün
2. Anmut und Geschichte in Porto, der zweitgrößten Stadt des Landes
3. Lissabons fotogene Festung, Torre de Belém
4. Ein Ziegenhirte schnuppert Höhenluft im Parque Nacional da Peneda-Gerês

3

4

1. Paseo de la Princesa, eine Esplanade aus dem 19. Jh. in San Juan
2. Die gesamte Insel Palomino ist ein einziges privates Luxusressort
3. Das alte San Juan ist buchstäblich ein heißes Pflaster.

P HAUPTSTADT SAN JUAN | EINWOHNER 3 600 000 | FLÄCHE 9104 KM² | AMTSSPRACHEN SPANISCH & ENGLISCH

Puerto Rico

Das Spanien von einst lebt in der von Mauern umgebenen Altstadt der riesigen, modernen Inselhauptstadt San Juan weiter. Die gepflasterten Straßen säumen einige der angesagtesten Shops, Restaurants und Bars der ganzen Karibik, wie es sich für das langjährige Lieblingsreiseziel der Amerikaner gehört. Als Schutzmacht haben die USA das Land mit ihrem Wirtschafts- und Kulturkolonialismus entscheidend mitgeprägt, doch das lebhafte Latinotemperament bleibt ungebrochen. Aus den Bars dröhnen einheimische Salsa- und Bombarhythmen, und am Wochenende kann man die Puertoricaner bei ihrer typischen Freizeitbeschäftigung sehen: *Lechón* – ein ganzes Schwein wird am Spieß gegrillt, freudig verspeist und mit kaltem Bier heruntergespült.

3

SEAN PAVONE | GETTY IMAGES // JEAN DU BOISBERRANGER | GETTY IMAGES // DOMINIK DABROWSKI | GETTY IMAGES

Beste Reisezeit

Im milden November ist noch nicht so viel los; die Hauptsaison geht von Dezember bis April

Unbedingt anschauen

- Old San Juan, das 500 Jahre alte Herz und lebhafte Fenster in die Vergangenheit des Landes
- Ponce, schmucke Kolonialstadt mit kreolischer Architektur und Zentrum für traditionellen Tanz
- Das vielfältige Tierleben in den Trockenwäldern Bosque Estatal de Guánica
- Die Produktionsstätten von Bacardi, auch „Kathedrale des Rums" genannt

Nicht versäumen

- Der Stille im Naturschutzgebiet Vieques lauschen
- In El Yunque, dem größten tropischen Regenwald Puerto Ricos, den Fröschen nachstellen
- Sich wie die Schildkröten im warmen Sand von Culebra eingraben
- Surfen und Tauchen in Rincón, das durch relaxtes 1960er-Jahre-Hippie-Flair überzeugt

Puerto Rico hautnah

Lesen Rosario Ferrés Geschichten aus Puerto Rico in *Das halbe Hühnchen auf dem Weg zum Palast* oder Hunter S Thompsons *The Rum Diary*
Anhören Musik von Tito Puente und Willie Colon
Ansehen Den Klassiker *West Side Story,* bis heute typisch für in den USA lebende Puerto Ricaner, und Rachel Ortiz' Dokumentarfilm *Mi Puerto Rico*
Essen Gerichte mit Kochbananen wie *Mofongos* und *Tostones, Tembleque* (Kokospudding) und *Comida criolla* (Eintopf in tausend Varianten)
Trinken Piña Colada; den phänomenalen Kaffee, den die Haciendas in der Cordillera Central produzieren

In einem Wort

Qué pasa? (Was läuft?)

Markenzeichen

La vida loca, Surfen, Bacardi-Cocktails, Baseballspieler

Übrigens …

Unabhängigkeit und politische Souveränität werden heiß debattiert: Es geht um die Zukunft der Insel.

P

1

2

Q HAUPTSTADT DOHA | EINWOHNER 2 100 000 | FLÄCHE 11 586 KM² | AMTSSPRACHE ARABISCH

Qatar | Katar

Katars Herrscher scheinen entschlossen zu sein, dem glamourösen Dubai als Öl- und Finanzzentrum am Golf kräftig Konkurrenz zu machen und damit international an Profil zu gewinnen. Besonders zu beobachten ist dieses ehrgeizige Streben in Doha, wo extravagante Hotels und einzigartige Wolkenkratzer das Stadtbild prägen und die moderne Kultur dank großzügiger Investitionen in Galerien und Museen floriert. Natürlich gibt es hier auch das traditionelle Golf-Feeling: ein renovierter Souk (die Falken sollte man sich nicht entgehen lassen), Wüstenexkursionen durch Sanddünen, antike Felszeichnungen und natürlich genug Gelegenheiten, sich bei einem Schluck traditionellem Mokka zu erholen.

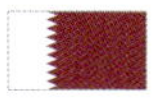

Beste Reisezeit

November bis März, wenn es weniger heiß und feucht ist

Unbedingt anschauen

- Al-Corniche: Der 7 km lange Küstenstreifen mit innovativer Architektur und altmodischen Dhaus steht sinnbildlich für das ganze Emirat
- Palm Tree Island: Dohas Antwort auf Dubais Wunder der Ingenieurskunst im Arabischen Golf
- Das sensationelle, vom Architekten IM Pei entworfene Museum für Islamische Kunst in Doha
- Al-Wakrah: prächtige Moscheen, überwältigende Strände und seichte Gewässer, durch die Flamingos stelzen
- Die Jahrtausende alten Felszeichnungen von Jebel Jassassiyeh

Nicht versäumen

- Am Chaur al-Udaid übernachten, einem bezaubernden, von Sanddünen eingerahmten Gewässer
- In den Restaurants von Al-Bandar in Doha fürstlich schlemmen
- In den glitzernd-luxuriösen Einkaufszentren Dohas shoppen, bis die Kreditkarte streikt
- In den Mangrovensümpfen und Gärten von Al-Khor Vögel beobachten
- Die Nordspitze Katars mit malerischen Stränden und geheimnisvollen Geisterdörfern entdecken

Katar hautnah

Lesen *Arabian Time Machine: Self-Portrait of an Oil State*, das in Interviews mit Einwohnern Katars ein Bild der dortigen Gesellschaft zeichnet
Anhören Ali Abdel Sattar, Katars unsterblicher Musikexport
Ansehen *Qatar: A Quest for Excellence*, in dem es um Musik und Kunst in Katar geht
Essen *Labneh* (eine Art Frischkäse aus Ziegenmilch)
Trinken Starken schwarzen Kaffee, Fruchtsäfte, Alkohol in den Bars und Restaurants der Luxushotels

In einem Wort

Salaam (Hallo)

Markenzeichen

Traditionelle Windtürme neben Avantgarde-Architektur, unerträgliche Hitze, Oryxantilopen

Übrigens ...

Auf ausländischen Karten aus dem 19. Jh. ist Katar nicht eingezeichnet.

3

1. Dohas futuristische Skyline
2. Waqif in Doha, ein architektonisch durchdachter Souk aus dem 19. Jh.
3. Traditionelle Laternen an einem Marktstand
4. Das außergewöhnliche Museum für Islamische Kunst in Doha

4

Q

1

2

R HAUPTSTADT BUKAREST | EINWOHNER 21 800 000 | FLÄCHE 238 391 KM² | AMTSSPRACHE RUMÄNISCH

Romania | Rumänien

Fraglos ist Transsylvanien bzw. Siebenbürgen die bekannteste Region Rumäniens und Graf Dracula sein prominentester Einwohner. Aber das Land hat mehr auf dem Kasten als alte Vampirgeschichten. Mit einem Löwenanteil der Karpaten, weißen Sandstränden am Schwarzen Meer, ländlichen Idyllen, orthodoxen Kirchen und einer ganzen Schar mittelalterlicher Festungsstädte spottet Rumänien Bram Stokers dürftigen Beschreibungen. Und auch in Sachen Kultur hat das Land einige Perlen zu bieten: das Künstlerkollektiv Fabrica de Pensule in Cluj-Napoca, Bukarests nervenaufreibende Escape Rooms und die gefeierten Filmfestivals in Braşov und Co. Rumänen sind gesellig, immer für ein Plauderstündchen unter blühenden Birnenbäumen zu haben, leben im Rhythmus der Jahreszeiten und genießen die Sonne, wenn sie scheint.

1. Schneebedeckte Dächer des Dorfes Bran in Siebenbürgen
2. Bukarests monströser Präsidentenpalast ist ein Sinnbild Ceauşescus Maßlosigkeit
3. Milchbauern in Maramureş, dem ursprünglichen Herzen Rumäniens

Beste Reisezeit

Mai/Juni und September/Oktober

Unbedingt anschauen

- Die Holzkirchen von Maramureş mit ihren kunstvollen Schnitzereien und gotischen Türmchen
- Das zweitgrößte Gebäude der Welt, Ceauşescus monströses Parlamentsgebäude in Bukarest
- Farbenprächtige Ikonen und Fresken mit Bibelszenen, Allegorien und Parabeln in den Moldauklöstern der Bukowina
- Märchen und makabere Mythen in Buntglas im Spiegelsaal von Târgu Mureş
- Auf dem Fröhlichen Friedhof in Săpânţa erzählen bunte Grabsteine unehrbietige Geschichten

Nicht versäumen

- Das mittelalterliche Braşov im ländlichen Siebenbürgen lockt mit gotischen Kirchen und der engsten Straße Europas
- Beim Besuch des sog. Dracula-Schlosses in Bran einen wachsamen Blick über die Schulter werfen oder sich historisch korrekt in der Festung Vlad des Pfählers in Poenari gruseln
- Die Ausblicke von der mittelalterlichen Zitadelle von Sighişoara, die auf einem Hügel thront und von Wachtürmen aus dem 14. Jh. eingefasst wird
- Sich in die Riemen legen und durch das vogelreiche Sumpfgebiet des Donaudeltas rudern
- Sonne tanken in Mamaia, dem beliebtesten Badeort am Schwarzen Meer

Rumänien hautnah

Lesen *Der König verneigt sich und tötet* von Nobelpreisträgerin Herta Müller, eine Collage ihrer Kindheit in Ceauşescus Rumänien
Anhören Die fantasievolle, improvisationsreiche Zigeunermusik von Taraf de Haidouks
Ansehen Cannes-Gewinner *4 Monate, 3 Wochen und 2 Tage* von Cristian Mungiu, der die Diktatur unter Ceauşescu eindrucksvoll schildert, und *Gadjo Dilo* von Tony Gatlif über einen Franzosen auf der Suche nach einer rumänischen Sängerin
Essen *Mămăligă* (Maisbrei); *Sarmale* (Krautwickel) oder *Ciorbă de burtă* (Kuttelsuppe, soll bei Kater helfen)
Trinken Rumänische Weine wie Murfatlar, Odobeşti und Târnave; *Tuică* (Branntwein)

In einem Wort

Buna (Hallo)

Markenzeichen

Graf Dracula und sein Reich Siebenbürgen, malerische Landschaften, Tyrannei unter Ceauşescu, Stör aus dem Donaudelta, Handarbeiten wie Holzlöffel, bemalte Eier, Stickereien und Lederwaren

Übrigens …

1884 bekam Timişoara als erste Stadt in Europa elektrische Straßenbeleuchtung.

3

R

1. Sankt Petersburgs prunkvolle Auferstehungskirche

2. Das Moskauer GUM-Kaufhaus mit seinen exklusiven Läden, Restaurants und der einzigartigen Architektur

3. Schneeberge in der sibirischen Stadt Tynda

1

R **HAUPTSTADT** MOSKAU | **EINWOHNER** 142 500 000 | **FLÄCHE** 17 098 242 KM² | **AMTSSPRACHE** RUSSISCH

Russia | Russland

Russland erstreckt sich über unvorstellbare Distanzen von der Ostsee bis zur Beringsee. An der Grenze zu Europa wuchs einst das Reich Rus mit Königsstädten wie Moskau und Sankt Petersburg, die noch heute Erhabenheit versprühen. Abgelöst wurden die extravaganten Zaren von der strengen Sowjetunion, die ihre eigenen Touristenattraktionen hervorbrachte. Das goldene Zeitalter lebt jedoch in Prachtbauten und Opernhäusern weiter, welche einige der besten Opern- und Ballettkompanien der Welt beheimaten. Russlands anderes Gesicht ist geprägt von endlosen Wäldern, stillen Seen und bescheidenen Hütten, wo einen die Menschen mit großer Herzenswärme willkommen heißen. Kommen Sie ohne Vorurteile und seien Sie allzeitbereit, ein Gläschen Wodka auf Mutter Russland zu trinken.

Beste Reisezeit
Mai bis Oktober

Unbedingt anschauen
- Den Kreml in Moskau mit seinen legendären Kirchen, Zarenschätzen und Regierungsbauten
- St. Petersburgs beeindruckende Eremitage aus dem 18. Jh., die eine der schönsten Kunstsammlungen der Welt beherbergt
- Kamtschatka, das „Land von Feuer und Eis" mit schneebedeckten Vulkanen und Rentierherden
- Ausgelassene Einheimische am Schwarzen Meer, Russlands Spielplatz Nummer 1

Nicht versäumen
- In malerischen Städtchen wie Susdal und auf der Insel Kischi das ländliche Russland entdecken
- In Weliki Nowgorod durch den Kreml streifen und eine Bootsfahrt auf dem Wolchow machen
- Mit der Transsib die 9 289 km lange Strecke von Moskau nach Wladiwostok fahren

Russland hautnah
Lesen *Krieg und Frieden* von Leo Tolstoi, am besten in der entstaubten Neuübersetzung von Barbara Conrad
Anhören Rachmaninows Klavierkonzerte, Tschaikowskys lyrische Musik und Strawinskys moderne Kompositionen
Ansehen *Russian Ark*, eine Oneshot-Filmreise durch den Winterpalast in St. Petersburg
Essen *Pelmeni* (Teigtaschen mit Fleisch) und *Borschtsch* mit *Smetana* (Sauerrahm)
Trinken Wodka, Baltika-Bier und kochend heißen Tee aus dem Samowar

In einem Wort
Zdrastvuyte (Hallo)

Markenzeichen
Wodka, prassende Oligarchen, Sowjetsymbolik, gigantische Militärparaden, Matruschka-Puppen, Pelzmützen, Kaviar, Kartoffeln und Kraut

Übrigens …
In Sankt Petersburgs Eremitage leben ca. 70 Katzen, die seit der Zeit von Katharina der Großen Nagetiere fernhalten.

1. Die drei Rümpfe und langen Buge der Fischerboote dienen dazu, die Netze für den Fischfang auf dem Kiwusee zu befestigen
2. Berggorillafamilie beim Spiel im Volcanoes-Nationalpark
3. Ein Ruander beim traditionellen Tanz

R **HAUPTSTADT** KIGALI | **EINWOHNER** 12 000 000 | **FLÄCHE** 26 338 KM² | **AMTSSPRACHEN** KINYARWANDA, ENGL. & FRANZÖSISCH

Rwanda | Ruanda

Ruanda, das *Pays des Milles Collines* (Land der tausend Hügel) sprüht nur so vor Leben: Hier spielen Berggorillas in unberührten Regenwäldern, leuchtet das Patchwork der Felder an steilen Hängen und die Einwohner strahlen unbezähmbaren Lebenswillen und Stärke aus. Angesichts dieser Schönheit zerfallen Vorurteile und Erinnerungen an den Völkermord treten in den Hintergrund. Wer hier unterwegs ist, wird ungeahnte Highlights erleben, aber auch in tiefste Abgründe des menschlichen Daseins vorstoßen. Mittlerweile haben sich die Ruander aus eigener Kraft aufgerappelt und gehen einer hoffentlich friedlichen Zukunft entgegen.

Beste Reisezeit
Mitte Mai bis Mitte März, um Dauerregen zu vermeiden

Unbedingt anschauen
- Das Nationalmuseum in Butare mit einer der besten völkerkundlichen Ausstellungen Afrikas
- Papyruswürger und andere seltene Vogelarten in den Nyabarongo-Feuchtgebieten
- Elefanten, Büffel und Giraffen in der Savanne des Akagera-Nationalparks

Nicht versäumen
- Im Regenwald des **Volcanoes**-Nationalparks mit Berggorillas spielen
- Den Kivu-See abfahren und einen Traumstrand nach dem anderen entdecken
- Eine Konfrontation mit der dunkelsten Seite der Menschheit im Kigali Memorial Centre, das den Opfern des Genozids gewidmet ist
- Schimpansen, Östliche Vollbartmeerkatzen und Schwarzweiße Stummelaffen in den immergrünen Feuchtwäldern des Nyungwe-Forest-Nationalparks entdecken

Ruanda hautnah
Lesen *Wir möchten Ihnen mitteilen, dass wir morgen mit unseren Familien umgebracht werden* von Philip Gourevitch, der die Gräueltaten von 1994 beschreibt
Anhören Jean-Paul Samputu, ein international bekannter und preisgekrönter Interpret traditioneller, modern bearbeiteter ruandischer Musik
Ansehen *Gorillas im Nebel*, basierend auf Dian Fosseys Autobiografie über ihre Arbeit mit Gorillas
Essen Gegrillten Tilapia (Viktoriabarsch)
Trinken *Icyayi* (süßer Tee mit Milch)

In einem Wort
Muraho („Hallo" auf Kinyarwanda)

Markenzeichen
Gorillas im Nebel, Genozid von 1994, Verzeihen, Vulkane, *Le Pays des Milles Collines*

Übrigens …
Ruander, die sich bis zu den Massakern über Stammeszugehörigkeit definierten, sollen heute keine Hutu und Tutsi mehr sein – nur Ruander.

R

1

2

S **HAUPTSTADT** BASSETERRE | **EINWOHNER** 51 134 | **FLÄCHE** 261 KM² | **AMTSSPRACHE** ENGLISCH

Saint Kitts & Nevis

Verwilderte Zuckerrohrfelder beherrschen den Norden von St. Kitts, denn die riesigen Plantagen, von denen die Insel einst lebte, wurden längst aufgegeben. Dafür dröhnen die Strände vor Baulärm, da das Land neuerdings auf Tourismus setzt. Die Züge, die früher Zuckerrohr transportierten, karren jetzt Besucher durch die Gegend. Aber trotz des rapiden Wandels hat sich die Karibikperle ihren wichtigsten Charakterzug bewahrt: den entspannten Lebensstil mit Hang zu ausgelassenen Festen und einer spontanen Abneigung gegen alles, was nach Stress aussieht. Nevis bietet dasselbe in Grün – was auch ganz wörtlich gemeint ist, denn die Landschaft dort ist noch betörender: Eine zweistündige Inselrundfahrt gehört zu den vergnüglichsten Bummeleien, die das Leben zu bieten hat.

Beste Reisezeit

Immer, allerdings ist das Risiko von Wirbelstürmen von Juni bis Oktober größer

Unbedingt anschauen

- Basseterre, die aufstrebende, aber chaotische Hauptstadt von St. Kitts
- St. Kitts' Brimstone Hill Fortress, eine von der Unesco geschützte, weitläufige Befestigungsanlage aus dem 18. Jh.
- Das relaxte Charlestown auf Nevis, das verführt, sich bequem auf einer Parkbank zurückzulehnen
- Pflanzervillen mit Wahnsinnsblick auf St. Kitts
- Die Frigate Bay auf St. Kitts mit vielen kleinen Buden, die Hummer zum Abendessen und Drinks bis zum Morgengrauen servieren

Nicht versäumen

- Mit einer der Fähren zwischen den Inseln hin- und herfahren
- Bei einer Bummelfahrt auf dem malerischen Scenic Railwal entlang der Küste von St. Kitts einen Cocktail schlürfen
- Eine geführte Wanderung durch die blühende Berglandschaft von Nevis machen
- Windsurfen in der Oualie Bay auf Nevis, die beste Voraussetzungen für diesen Sport bietet
- Unterhalb der Festungsmauern von Brimstone Hill in der Sandy Point Bay tauchen

Saint Kitts und Nevis hautnah

Lesen *Only God Can Make a Tree* von Bertram Roach: halb Liebe, halb Geschichte mit zahlreichen Einblicken in das Inselleben
Anhören Weihnachtslieder: Als Calypso oder in anderen karibischen Spielarten richtig fetzig
Ansehen Die Filmstudios, die gerade auf St. Kitts hochgezogen werden – vielleicht treibt sich dort ja ein Star von morgen herum
Essen Salzfisch und Kokostäschchen zum Frühstück, dazu gebratene Kochbanane
Trinken CSR, ein starker Zuckerrohrschnaps, der gern mit *Ting* (Grapefruitlimonade) verdünnt wird

In einem Wort

Menono (Keine Ahnung)

Markenzeichen

Schnorcheln, relaxte Lebenseinstellung, alte Pflanzervillen, super Strände, Kricket

Übrigens …

Das föderale Inselduo bildet den kleinsten Staat der westlichen Hemisphäre.

1. Herrlicher Blick von Cockleshell Beach (St. Kitts) auf Nevis
2. Hafen von Basseterre im Abendlicht
3. Am Oualie Beach, Nevis, wird der Fang eingeholt

S

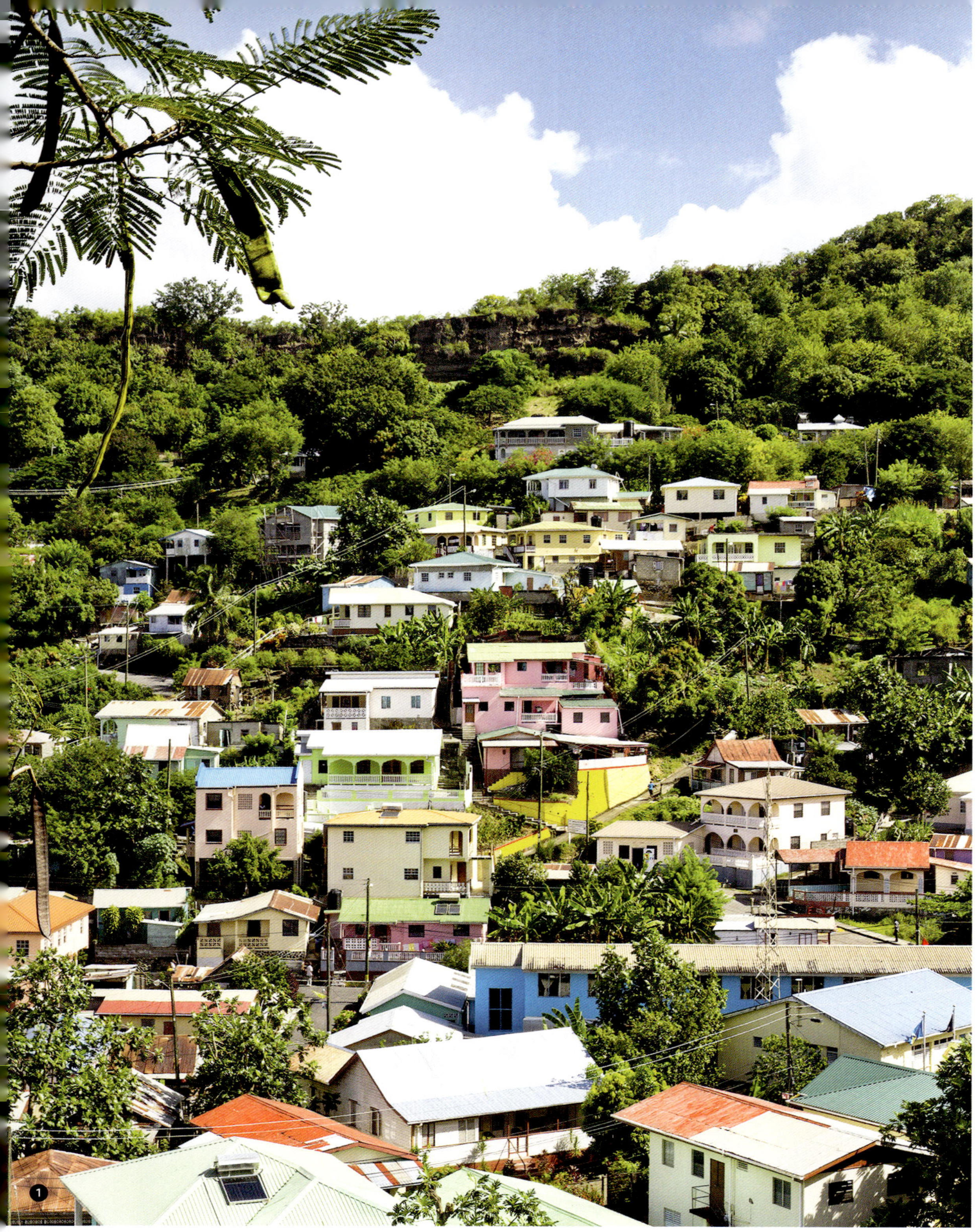

Beste Reisezeit
Perfektes Wetter und Besucherscharen dominieren von Dezember bis Mai, ansonsten warten Regen und Einsamkeit

Unbedingt anschauen
- Pigeon Island, eine ehemalige Zuflucht von Piraten mit so malerischen Namen wie *Jambe de Bois* (Holzbein)
- Die Blaumaskenamazone, eine farbenfrohe, nur auf St. Lucia lebende Papageienart
- Soufrière, ein trotz Touristenandrang freundliches und ursprünglich gebliebenes Fischerdorf
- Die quirligen Märkte der Hauptstadt Castries mit allem, was die Insel hergibt
- Gros Islet mit seinem genialen Mix aus Hippies, Rastas und Beach Boys

Nicht versäumen
- Tauchen oder Schnorcheln im Meerpark von Anse Chastanet
- Klettern auf den Pitons, den beiden Vulkankegeln, die über der Insel thronen
- Bei der Crew auf einer der Jachten in der Marigot Bay als Gastmitglied anheuern
- Den Königsboas auf den Frigate Islands mit genügend Abstand begegnen
- An der Südküste in der frischen Brise kitesurfen

Saint Lucia hautnah
Lesen *Erzählungen von den Inseln*, eine Anthologie des von St. Lucia stammenden Nobelpreisträgers Derek Walcott
Anhören *Bwa poye*, die lokale Version eines Banjos
Ansehen Zu den vielen Filmen, die für Szenen mit Palmen auf St. Lucia zurückgriffen, gehören *Doktor Dolittle* (1967), *Superman II* (1980) und *Reißende Strömung* (1996)
Essen Salzfisch mit grünen Feigen, gesalzener Kabeljau gekocht mit unreifen Bananen
Trinken Piton, eine lokale Lagerbiersorte

In einem Wort
Bon jou („Guten Tag" auf Kwéyòl, dem französisch-kreolischen Dialekt)

Markenzeichen
Piratenverstecke, undurchdringlicher Dschungel, Bananen bis zum Abwinken

Übrigens …
Nach der britischen Invasion 1778 zogen sich die Franzosen 1814 aus St. Lucia zurück, hinterließen aber bleibende Spuren: Die meisten Insulaner sprechen einen französisch gefärbten Dialekt und sind katholisch, viele Orte haben französische Namen.

1. Das idyllische Fischerdorf Canaries schmiegt sich an die malerische West Coast Road
2. Das Wrack des Frachtschiffs *Lesleen* vor Castries ist heute ein blühender Korallengarten
3. Über Soufrière ragen die Pitons hoch in den Himmel

S **HAUPTSTADT** CASTRIES | **EINWOHNER** 162 781 | **FLÄCHE** 616 KM² | **AMTSSPRACHE** ENGLISCH

Saint Lucia

Drei Farben dominieren auf St. Lucia: das üppige Grün der tropischen Vegetation, das Weiß der Strände und das strahlende Blau des Meeres. Aber wer genau hinsieht, entdeckt auch andere Schattierungen – Blumen sorgen für Rot-, Orange- und (durch die vielen Bananenplantagen) Gelbtöne, und die Häuser der kleinen Inseldörfer leuchten sowieso in allen Farben des Regenbogens. Wichtig ist, genug Zeit mitzubringen, um die Freizeitmöglichkeiten von Meer und Strand sowie das Lebenselixier aus lautem Reggae, feuriger Küche und langen Nächten mit viel Rum zu genießen. Im Inselinneren warten Regenwälder mit zwei imposanten Pitons (erkaltete Vulkankegel); rauschende Wasserfälle sorgen auf Wanderungen für den Soundtrack.

MUDSLINGER
1

2

S HAUPTSTADT KINGSTOWN | EINWOHNER 103 220 | FLÄCHE 389 KM² | AMTSSPRACHE ENGLISCH

Saint Vincent & die Grenadinen

Diese Ansammlung von 32 Inseln am Südende der Kleinen Antillen ist die Erfüllung sämtlicher Karibikfantasien. Auf Mustique wird in Luxusvillen gefeiert wie bei Rockstars, auf St. Vincent laden Einheimische unter Reggae-Berieselung zum Chillen und Fischer zum Segeltörn ein, auf den Tobago Cays kann jeder seinen Traum von der einsamen Insel ausleben. Die SVG (wie die Inselgruppe genannt wird) sind perfekt, um sich eine Jacht zu mieten und gelassen abzuwarten, wohin einen Lust, Laune und Wind verschlagen – schön ist es überall. Wer sich eher als Matrose fühlt und keine Verantwortung übernehmen will, heuert bei anderen Jachtbesitzern an. Dem Inselhopping sind jedenfalls keine Grenzen gesetzt.

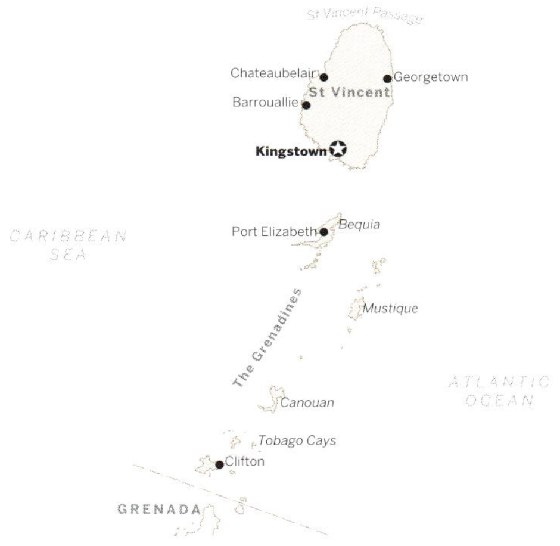

Beste Reisezeit
Die meisten Besucher kommen zwischen Dezember und Mai, aber auch in feuchten Sommermonaten ist es schön – und nicht so voll.

Unbedingt anschauen
- Die Tobago Cays, ein Fünferpack winziger Inseln mit typischem Karibikfeeling
- Kingstown, die quirlige Hauptstadt mit unübersichtlichem Gassengewirr zwischen Säulengängen
- St. Vincents Windward Highway, eine Insel wie im Film: von Gischt umspülte Strände mit urigen Hütten und Dörfern in Pastellfarben
- Fort Charlotte, 1806 in Kingstown erbaut, mit Top-Ausblicken auf ein gutes Dutzend Inseln
- Port Elizabeth im Bogen Bequias jachtgesäumter Admiralty Bay

Nicht versäumen
- Durch Bergwälder hinauf zum La Soufrière wandern
- Auf Bequia ein Modellboot kaufen, am Strand relaxen oder die skurrile Moonhole-Community bestaunen
- Zwischen den bunten und vielfältigen Korallenriffs und Schiffswracks nach Schätzen tauchen
- Sich am Strand der überirdisch schönen Saltwhistle Bay auf Mayreau ein Plätzchen erobern
- Unter dem Segel der *Friendship Rose* einen Luxustörn durch die Tobago Cays und Mustique unternehmen

St. Vincent & die Grenadinen hautnah
Lesen *The Moon is Following Me* von Cecil Browne über das Dorfleben in St. Vincent
Anhören Reggae, Steel Bands und den lokalen Aufsteiger Kevin Lyttle
Ansehen Alle drei Teile von *Fluch der Karibik*, die größtenteils in SVG gedreht wurden
Essen *Bul jol* (Salzfisch, Tomaten und Zwiebeln, serviert mit gebratener Brotfrucht)
Trinken Sunset – die lokale Rummarke

In einem Wort
Check it? (Verstehst du, was ich meine?)

Markenzeichen
Rockstars und High Society, Jachten, Vulkane, Piratenfilme

Übrigens …
Nachdem sie die Franzosen 1783 hinausgeworfen hatten, träumten die Briten davon, die Inseln in üppige Plantagen zu verwandeln. Vulkanausbrüche, Wirbelstürme, die Abschaffung der Sklaverei und andere Hindernisse machten ihre Pläne zunichte.

1. Admiralty Bay strotzt meist vor Jachten aus aller Welt
2. Black Point, Windward Coast, St. Vincent
3. Ein Modellbootbauer in seiner Werkstatt

3

1

2

S

HAUPTSTADT APIA (S); PAGO PAGO (AS) | **EINWOHNER** 195476 (S); 54343 (AS) | **FLÄCHE** 2831 (S); 199 (AS) KM² | **AMTSSPRACHE** SAMOANISCH

Samoan Islands | Samoa-Inseln

Wer nach Samoa kommt, muss mindestens einen Gang zurückschalten. Nur das gelegentliche Bellen eines Hundes oder ein vorbeifahrender Pick-up stören den Frieden. Ansonsten herrscht hier das reinste Paradies: Wasserfälle, Dschungel, tiefblaue Lagunen. Abgesehen von einigen wenigen Ferienanlagen hat der Tourismus noch keine Spuren hinterlassen, sodass hier authentische Erlebnisse warten. Überall ist Musik: Auf den *Fiafias* (Tanzfesten) wird wild getrommelt, sonntags dringen Chorklänge aus den Kirchen und samoanischer Hip-Hop läuft hier Tag und Nacht. Die Samoa-Inseln umfassen das US-Außenterritorium Amerikanisch-Samoa und den unabhängigen Staat Samoa – gemeinsam haben sie einen großen kulturellen Einfluss im pazifischen Raum.

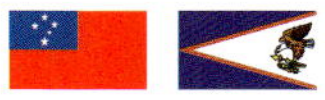

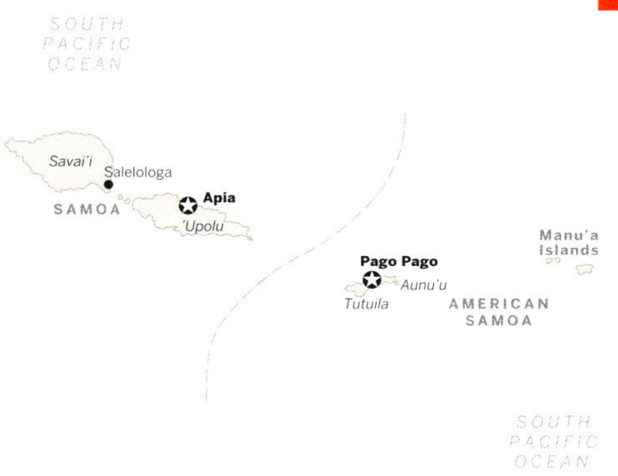

Beste Reisezeit

Von Mai bis Oktober (Trockenzeit) werden die wichtigsten samoanischen Feste gefeiert

Unbedingt anschauen

- Das Robert Louis Stevenson Museum in der hübschen Villa Vailima, in der der Schriftsteller lebte
- Das Saleula-Lavafeld mit seiner gespenstischen Atmosphäre
- Einen Sonnenuntergang am Ende der Welt – am Cape Mulinu'u
- Ein *Kirikiti*-Match: Bei der samoanischen Kricket-Version ist Tanzen so wichtig wie das Fangen des Balls
- Traditionelle geometrische Pe'a (männliche Tätowierungen), die auf brauner Haut besonders gut wirken

Nicht versäumen

- Im Wasser des gigantischen To Sua Ocean Trench driften und dabei in den Himmel schauen
- Durch die spektakulären Korallenformationen der Palolo Deep Marine Reserve schwimmen
- Sich im Becken der Afu Aau Falls im Dschungel erfrischen und dann den pyramidenförmigen Pulemelei Mound erklimmen
- Über die Insel Manono bummeln und sich von ihrem Flair betören lassen
- Wandern auf Tutuila und den Gipfel des Alava bezwingen

Samoa-Inseln hautnah

Lesen *Alofa* von der einheimischen Autorin Sia Figiel, die samoanischen Aberglauben, westliche Warenwelt und Jungmädchenträume zu einem Roman verstrickt
Anhören Samoanischen Hip-Hop der Lokalgröße Mr Tee oder die in Neuseeland ansässigen samoanischen Künstler King Kapisi und Scribe
Ansehen *O Le Tulafale* (The Orator), das unterschwellige Drama aus dem Jahr 2011 wurde auf Upolu gedreht
Essen Lokale Spezialitäten wie *Oka* (roher Fisch mit Limettensaft und Kokosmilch) und *Palusami* (in Kokoscreme gekochte Taro-Blätter)
Trinken Eiskaltes Valima – eine der besten Biermarken im Pazifik

In einem Wort

Fa'a Samoa (auf samoanische Art)

Markenzeichen

Tätowierungen, Robert Louis Stevenson, paradiesische Naturpools, polynesisch inspirierter Hip-Hop, *Fiafia*-Tanzfeste, Tsunami von 2009

Übrigens …

Der Palolo-Wurm überschwemmt jedes Jahr die Riffe und wird als salziges Aphrodisiakum geschätzt.

1. Ein Bad in der Märchengrotte im To Sua Ocean Trench
2. Kinder in einem *Fale*: ohne Wände kommt Wind ins Haus
3. Der „Return to Paradise"-Strand, benannt nach dem 1953 hier gedrehten Film
4. Uhrturm im Zentrum von Apia

3

4

MICHAEL RUNKE | GETTY IMAGES // CARINI JOE | GETTY IMAGES // PETER HENDRIE | GETTY IMAGES // TOM COCKREM | GETTY IMAGES

S

1

2

Beste Reisezeit
Mai, Juni und September – im Juli und August wimmelt es vor Touristen

Unbedingt anschauen
- Den Palazzo Pubblico mit seiner reich verzierten Fassade
- Die Reliquien des hl. Marinus in der klassizistischen Basilica del Santo
- Das 8 m tiefe Verlies aus dem 13. Jh., ein dunkles Loch unten im Turm Montale
- Kniespalter, Nürnberger Jungfrau und andere gruselige Folterwerkzeuge im Museo della Tortura

Nicht versäumen
- Im Überangebot an Souvenirläden im puren Kitsch schwelgen
- Schnappschüsse von republikanischen Soldaten und Jagd auf Euromünzen mit San-Marino-Prägung machen (oder das Sammlerset kaufen) und eine Ansichtskarte mit Briefmarke aus San Marino nach Hause schicken
- Auf die drei Türme steigen, die das Wappen des Landes zieren: Guaita, Cesta und Montale bieten einen atemberaubenden Ausblick (an klaren Tagen kann man sogar Kroatien entdecken)

San Marino hautnah
Lesen *A Freak of Freedom*, anschauliches Porträt von San Marino, das der englische Forscher James Theodore Bent 1879 zeichnete
Anhören Die Sonaten und Chorkonzerte von Cesare Franchini Tassini, dem berühmtesten zeitgenössischen Komponisten des Landes
Ansehen *In den Klauen des Borgia* von Henry King, der die ganze Republik „mietete", um dort sein Historiendrama aus dem 16. Jh. zu drehen
Essen *Zuppa di Ciliege*, eine „Suppe" aus Kirschen, Zucker und Wein, die man mit Brot genießt
Trinken Kraftvollen roten Brugneto, trockenen weißen Biancale oder den süßen Dessertwein Oro dei Goti von San Marinos steilen Terrassen

In einem Wort
Ciao (Hallo/Tschüss)

Markenzeichen
Beliebt bei Münz- und Briefmarkensammlern, Festungen, Monte Titano, Ansichtskarten en masse, bunte Armee-Uniformen

Übrigens …
San Marino konnte erst 2004 seinen ersten Erfolg im internationalen Fußball erringen. Das 1:0 gegen Liechtenstein bleibt bis heute der einzige Sieg.

1. Die *Funivia* zur Città di San Marino an der Spitze des Monte Tinto
2. Die größte und älteste Festung des Landes: Torre Guaita
3. Palastwache vor dem Palazzo Pubblico

S **HAUPTSTADT** CITTÀ DI SAN MARINO | **EINWOHNER** 32 448 | **FLÄCHE** 61 KM² | **AMTSSPRACHE** ITALIENISCH

San Marino

San Marino ist die älteste Republik der Welt, Europas drittkleinstes Land und lockt mit seiner besonderen Geschichte und der Unesco-gelisteten Bilderbuch-Hauptstadt Città di San Marino jährlich Millionen von Touristen aus aller Welt an. Seit dem Jahr 301 ist das Land eine Insel der Unabhängigkeit inmitten der Wirrungen der italienischen Politik und hat seit 1600 eine eigene Verfassung – die älteste der Welt. Es verfügt über eine eigene Armee und Währung. Jenseits der mittelalterlichen Città an der Spitze des 750 m hohen Monte Titiano überzeugen die malerische Landschaft der Apenninen und die san-marinesischen *Castelli* (Gemeinden) wie Serravalle, Borgo Maggiore und Domagnano.

1. Die Festung St. Sebastian in São Tomé Stadt stammt aus dem 16. Jh.
2. Kinder spielen auf einem Fischerboot am Strand von Praia das Burros (Principe)
3. Auf dem Weg durch die Plantage Rio do Ouro (Goldfluss) im Norden der Insel São Tomé

S HAUPTSTADT SÃO TOMÉ | EINWOHNER 186 817 | FLÄCHE 964 KM² | AMTSSPRACHE PORTUGIESISCH

São Tomé & Príncipe

Das Leben kann so schön sein – São Tomé ist der Beweis! Sanfte Hügelketten mit dichtem Regenwald, magische Strände, tropische Vögel, bizarre Vulkanfelsen, unberührte Küsten und die Schätze des Meeres ... Aber es gab auch Schatten in diesem Paradies. Als die Portugiesen 1470 hier Anker warfen, waren die fruchtbaren Inseln noch unbewohnt. Schon bald wurden hierher afrikanische Sklaven und *Degredados* (Vertriebene und Strafgefangene aus Portugal) als Zwangsarbeiter für die neu angelegten Zuckerrohrplantagen verfrachtet. Relikte dieser harten Zeiten sind prächtige Kolonialbauten, der katholische Glaube und die portugiesische Sprache. Aber das friedliche, entspannte Inselflair ist so überwältigend, dass es mehr als alles andere in Erinnerung bleibt.

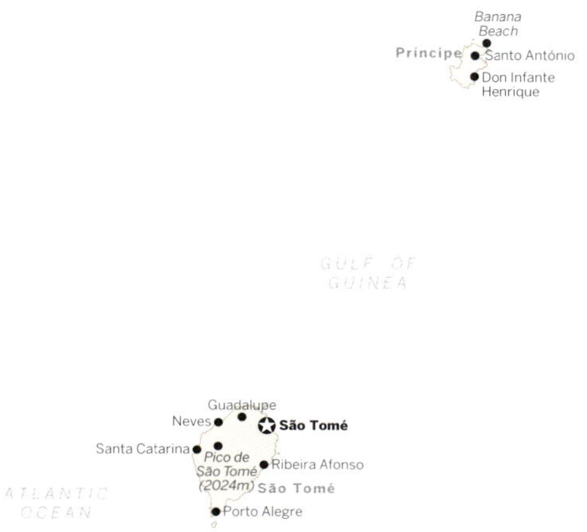

MICHAEL RUNKEL | GETTY IMAGES // CAMILLA WATSON | GETTY IMAGES // CAMILLA WATSON | GETTY IMAGES

Beste Reisezeit
Juni bis September (Trockenzeit)

Unbedingt anschauen
- Frisch geschlüpfte Schildkröten, die die Nase aus dem Sand strecken und in Richtung Meer krabbeln
- Cão Grande, ein Koloss von Vulkanfelsen, der sich aus dem Dschungel erhebt
- Einmalige Wälder, Orchideen und Vögel beim Wandern auf den Pico São Tomé
- Urwüchsige Klippen, glasklares Wasser und mehr Fische, als Bläschen aus dem Tauchgerät steigen

Nicht versäumen
- In São Tomé in einem Café sitzen und die *Bica* (Espresso) Schluck für Schluck genießen
- Sich auf Príncipe beim ersten Blick auf den Banana Beach in den Arm kneifen
- Durch die alten, verfallenen Gemäuer von Roça Agostinho Neto, dem einstmals prächtigen Plantagenanwesen, schlendern

São Tomé & Príncipe hautnah
Lesen Miguel Sousa Tavares' *Am Äquator*, ein bezaubernder Roman über den frisch aus Portugal angereisten Insel-Gouverneur
Anhören *Vôa Papagaio, Vôo!*, das legendäre Album von Gilberto Gil Umbelina
Ansehen *Extra Bitter: The Legacy of the Chocolate Islands* von Derek Vertongen über die Sklaverei
Essen *Calulu* (Räucherfisch mit einer Sauce aus Süßkartoffelblättern, Palmöl, Chilis und frischen Kräutern)
Trinken Palmwein

In einem Wort
Lévé lévé (Sachte, sachte) – Willkommensgruß und Motto von São Tomé

Markenzeichen
Kakao, *Roças* (Plantagenanwesen), Traumstrände, warmes Atlantikwasser, *Motoqueiros* (Motorradtaxis), *Bica (Espresso)*

Übrigens ...
Auf der Insel Príncipe hat Arthur Stanley Eddington am 29. Mai 1919 Albert Einsteins Relativitätstheorie durch ein Experiment bewiesen.

S

1

2

Beste Reisezeit
November bis Februar

Unbedingt anschauen
- Mada'in Salih, die aus dem Fels gehauene Nabatäer-Stadt mitten in der Wüste
- Dschidda, die bezauberndste Stadt Saudi-Arabiens mit Souks und einer Altstadt aus Korallen und Holz
- Nadschran, das mit seinen Befestigungsanlagen und mehrstöckigen Lehmhäusern an den Jemen erinnert
- Supermoderne Architektur im glamourösen Riad
- Die nostalgischen Bahnhöfe der Hedschasbahn, von der schon Lawrence von Arabien schrieb

Nicht versäumen
- Im Roten Meer tauchen oder schnorcheln, ohne anderen Tauchern zu begegnen
- Mit der Seilbahn am Steilhang entlang zum hängenden Dorf Habalah gondeln
- Eine der berühmtesten Wüsten der Welt entdecken: Rub' al-Khali, das „leere Viertel"
- In Diriyya auf einer Zeitreise ins 19. Jh. die Ursprünge des Wahhabiya-Islam und der Herrscherfamilie al-Saud kennenlernen
- Als Moslem in der heiligen Stadt Mekka dem Ruf des Glaubens folgen

Saudi-Arabien hautnah
Lesen *Die Brunnen der Wüste* von Wilfred Thesiger, der mit Beduinen durch das „leere Viertel" zog
Anhören Den Ruf der Muezzine oder Abdou Majeed Abdullah, der einem westlichen Rockstar schon recht nahekommt
Ansehen *Pilgerfahrt nach Mekka – Hinter den Kulissen* von National Geographic (Nichtmoslems bekommen die Stadt nur auf Fotos oder Videos von innen zu sehen)
Essen *Khouzi* (Lamm, gefüllt mit Huhn, das wiederum mit Reis, Nüssen und Sultaninen gefüllt ist)
Trinken Mit Kardamom gewürzten Kaffee

In einem Wort
Allahu akbar (Gott ist groß)

Markenzeichen
Ölscheichs, Beduinen, Mekka und Medina (die heiligsten Städte des Islam), gigantische Einkaufspassagen, *Mutawwa* (islamische Religionspolizei)

Übrigens …
Während Beduinenfesten gelten lebhafte Gespräche unter den ansonsten sehr redseligen Beduinen als äußerst unhöflich.

1. In Stein gehauene Grabstätte in Madain Saleh
2. Ein Hirte mir seiner Herde in der Östlichen Provinz
3. Pilger wandern entgegen des Uhrzeigersinns um die Ka'ba in Mekka (Das Foto wurde vor den Modernisierungsmaßnahmen aufgenommen.)

S HAUPTSTADT RIAD | EINWOHNER 26 900 000 | FLÄCHE 2 149 690 KM² | AMTSSPRACHE ARABISCH

Saudi Arabia | Saudi-Arabien

Das Königreich lebt ganz in sich zurückgezogen und spielt doch international eine wichtige Rolle – Außenstehenden gibt das Land oft Rätsel auf. Touristenvisa sind schwer zu kriegen, andererseits strömen Jahr für Jahr Millionen Expats und muslimische Pilger aus aller Welt in das Geburtsland des Islam und die heiligsten aller Städte, Mekka und Medina. Wer es aber hierher schafft, den erwarten unter anderem eine antike Nabatäer-Stadt, die Petra ebenbürtig ist, Tauchgebiete ersten Ranges, futuristische Architektur und alte, aus Korallen gebaute Siedlungen.

S

S HAUPTSTADT EDINBURGH | EINWOHNER 5 200 000 | FLÄCHE 78 772 KM² | AMTSSPRACHE ENGLISCH

Scotland | Schottland

Schottland ist wie ein prächtiges Ölgemälde. Es überwältigt mit seiner gekonnten Mischung aus vornehmem Stadt- und rustikalem Landleben, selbst wenn es wie aus Kübeln schüttet und der Wind die Wolken jagt. Ob Burgen hoch auf Klippen, eine inselgesäumte Küste mit Robben, Delfinen und Walen oder der unglaubliche Himmel, der sich im Wasser unzähliger, einsamer Lochs spiegelt – Schottland ist eine der letzten Ecken Europas, wo die wilde Schönheit der Natur noch lebendig ist. Die Hauptstadt Edinburgh verwöhnt Kulturfreaks mit Museen und Festivals, ihre Erzrivalin Glasgow bietet innovative Architektur, Top-Gastronomie und Nachtleben, und so richtig genießen lässt sich das alles mit einem Glas schottischem Malt Whisky.

Beste Reisezeit
Mai bis September; das Edinburgh-Festival läuft im August

Unbedingt anschauen
- Der Firth of Forth – vom Edinburgh Castle aus gesehen
- Ben Nevis, das Wahrzeichen der Scottish Highlands
- Das 3100 v. Chr. erbaute Steinzeitdorf Skara Brae auf den Orkney-Inseln
- Einsame Strände und Wege auf den Äußeren Hebriden: Balsam für die Seele
- Die Festival-Saison: Besonders lohnend sind Up Helly Aa auf den Shetland-Inseln sowie Edinburghs Hogmanay- und Fringe-Festivals

Nicht versäumen
- In St. Andrews auf einem der ältesten Golfplätze der Welt einlochen
- Auf den nördlichen Orkney-Inseln über spektakuläre Riffe balancieren
- Im Royal Deeside Lachs angeln, Schlösser besichtigen und Waldspaziergänge machen – nicht umsonst hat hier die britische Königsfamilie ihren Landsitz Balmoral
- Im quirligen Glasgow shoppen und viktorianische Fassaden bewundern
- Glasgows lebendige Musikszene, z. B. im King Tut's oder im Barrowland

Schottland hautnah
Lesen Alasdair Graysс *Lanark*, eine dunkel-leidenschaftliche Fantasiereise durch Schottland, Glasgow und das Geschichtenerzählen
Anhören The Corries, die echten schottischen Folk produzieren
Ansehen *Trainspotting* von Danny Boyle über einen Jugendlichen, der versucht, aus der Drogenszene Edinburghs zu entkommen
Essen *Haggis* mit *Neeps'n'Tatties* (Schafsmagen gefüllt mit Pastinaken und Kartoffeln)
Trinken Single Malt Whisky – und um einem Kater vorzubeugen: Barr's Irn-Bru, einen giftig-orangen, nach Kaugummi schmeckenden Softdrink

In einem Wort
Slàinte mhath (Prost!)

Markenzeichen
Haggis, Malt Whisky, Räucherlachs, Sean Connery, Baumstammwerfen, Schottenröcke (Kilts), Dudelsack, die Forth Bridge, die Schriftsteller Stevenson und Burns, Ungeheuer von Loch Ness

Übrigens ...
Bevvied, blootered, hammered, fleein', fou, steamin', stotious, plastered und just plain pished – schottische Ausdrücke für „betrunken sein".

1. Die Princes Street, das Rückgrat von Edinburgh
2. Hochlandrinder durchstreifen das schottische Moorland
3. Der Ring of Brodgar mit seinen urzeitlichen Steinpfeilern entführt in eine andere Zeit

2

3

S

S HAUPTSTADT DAKAR | EINWOHNER 13 300 000 | FLÄCHE 196 722 KM² | AMTSSPRACHE FRANZÖSISCH

Senegal

Bescheiden, aber lebenslustig – die Senegalesen machen ihr Land zu einem der lohnendsten Reiseziele Westafrikas. Der Soundtrack zu ihrem Leben könnte spannender nicht sein: Ein abwechslungsreicher und wilder Mix der besten Musiker des Kontinents zieht einen unweigerlich auf die Tanzflächen Dakars. Ebenso vielfältig ist die Landschaft – von Meeresstränden über Mangrovenwälder und Savanne bis hin zur dürren Sahelzone. Senegal ist ein Paradies für Vogelliebhaber: Millionen von Zugvögeln machen hier auf ihrem Weg von und nach Europa Station, und auch die Kultur kommt nicht zu kurz: Hinterlassenschaften des Sklavenhandels treffen auf eine aufregende Fusion aus französischen und afrikanischen Einflüssen.

Beste Reisezeit

Von November bis Februar ist es trocken und relativ kühl

Unbedingt anschauen

- Die lebendigste und fesselndste Hauptstadt im frankophonen Westafrika: Dakar
- Auf der autofreien, ruhigen Île de Gorée erinnern Mahnmale an den Sklavenhandel
- Touba, die Heimat der Muridiyya und ihrer außergewöhnlichen Großen Moschee
- Die Mangrovenwälder und Tiere im Parc National du Delta du Saloum
- Cap Skiring, das zu den schönsten Stränden Westafrikas zählt

Nicht versäumen

- Die betörenden Melodien des Saint-Louis Jazz Festivals genießen, eines der besten Musikereignisse des Kontinents
- Im Kloster Keur Moussa auf Wolof gregorianischen Gesänge lauschen
- Im Nationalpark Oiseaux du Djoudj Millionen von Zugvögeln zuschauen
- In einer Piroge durch den vogelreichen Nationalpark Langue de Barberie paddeln
- Sich im Nationalpark Niokolo-Koba, einem Weltnaturerbe, durch das Dickicht kämpfen und nach bedrohten Tierarten fahnden

Senegal hautnah

Lesen *Gottes Holzstücke* von Ousmane Sembène, eine typisch westafrikanische Kolonialgeschichte, oder *Ein so langer Brief: Ein afrikanisches Frauenschicksal* von Mariama Bâ
Anhören Youssou N'Dour oder Orchestra Baobab
Ansehen *Moolaade – Bann der Hoffnung*, in dem Sembène die Beschneidung von Frauen thematisiert
Essen *Tiéboudienne* (Reis mit Tomatensauce, Gemüse, Fischstücken und Gewürzen) und *Yassa Poulet* (gegrilltes Huhn in einer Marinade aus Zwiebeln und Zitrone)
Trinken *Bissap* (Hibiskustee), *Gingembre* (Ingwerbier) und *Bouyi* (Baobabsaft)

In einem Wort

Asalaa-maalekum („Friede sei mit dir" auf Wolof)

Markenzeichen

Wolof und Mandinka (Volksstämme), Millionen von Zugvögeln, international berühmte Musikszene, *Marabouts* (heilige Männer)

Übrigens ...

Touba ist einer der wichtigsten Pilgerorte Afrikas: 48 Tage nach dem islamischen Neujahr strömen 2 Mio. Menschen zum Grand Magal in die Stadt.

1. Fulani-Frauen in der Lompoul-Wüste
2. Ein Fischerboot befördert Einheimische in Saint-Louis
3. Minarette der Großen Moschee von Touba, eine der größten Afrikas
4. Aus dem rosaroten Wasser des Lac Rose (Lac Retba) wird Salz gewonnen

3

4

S

1

2

S HAUPTSTADT BELGRAD | EINWOHNER 7 200 000 | FLÄCHE 77 474 KM² | AMTSSPRACHE SERBISCH

Serbia | Serbien

Die ehemaligen Jugoslawien-Kollegen Kroatien und Montenegro haben zwar die Küsten abbekommen, aber auch ohne Zugang zum Meer macht den Serben in Sachen Charakter, Kultur und Lebensfreude keiner etwas vor. Die ausgelassene Clubszene Belgrads trifft auf die einsamen Klöster von Fruška Gora, die grünen Berge von Zlatibora auf die staubigen Türme von Djavolja Varoš, charmante Dorfhütten auf kommunistische Stadtarchitektur – Serbien lebt und liebt den Gegensatz. Die Serben selbst sind schon fast beängstigend gastfreundlich: Besucher erwarten herzliche Begrüßungsküsse im Dreierpack, nicht enden wollende Aufrufe zum Essen und immer ein Glas Hochprozentiges in der Hand. Mit Blick in Richtung EU und Moderne überrascht Serbien jeden Tag aufs Neue.

Beste Reisezeit
Mai bis September

Unbedingt anschauen
- Die Festung Kalemegdan in Belgrad am Zusammenfluss von Donau und Sava
- Die liebliche Hügellandschaft Fruška Gora mit Weinbergen, Obstplantagen und orthodoxen Klöstern
- Perlen der Jugendstilarchitektur im ungarisch geprägten Subotica
- Die prächtigen Fresken des Klosters Manasija mit ihren kyrillische Inschriften
- Die gut erhaltenen Kirchen und Fresken des Studenica-Klosters, einem der heiligsten Orte des Landes
- Die mehr als 200 schaurig-schönen Steinsäulen von Djavolja Varoš (Teufelsstadt)

Nicht versäumen
- Entlang Belgrads Flussufer in schwimmenden Bars und Clubs (Splavovi) bis zum Morgengrauen (und darüber hinaus) feiern
- Auf dem EXIT-Festival in der Festung Petrovaradin an der Donau tanzen
- Die Pisten von Serbiens Top-Wintersportort Kopaonik testen und im Tara-Nationalpark Wandern gehen
- Dem inneren Physiker im Nikola Tesla Museum in Belgrad freien Lauf lassen: Hier kann man sich an interaktiven Sci-Fi-Elementen austoben und einiges über die Erfindungen Teslas lernen

Serbien hautnah
Lesen *Serbien nach den Kriegen*, hg. von Jens Becker und Achim Engelberg, in dem Serben und Deutsche die Dinge aus ihrer individuellen Sicht schildern
Anhören *Trubači*, mitreißend-wilde Blasmusik zwischen türkischen Melodien und österreichischer Militärmusik
Ansehen Die Filme von Emir Kusturica, z. B. *Schwarze Katze, weißer Kater* (eine bunte Komödie über Roma) oder *Underground*, eine skurrile Geschichte über den scheinbar niemals endenden Balkankonflikt
Essen *Cevapčići* (Hackfleischröllchen) oder *Pljeskavica* (würzige Hacksteaks)
Trinken *Rakija,* feuriger Schnaps aus fermentiertem Obst

In einem Wort
Živeli (Prost!)

Markenzeichen
Blaskapellen, schwimmende Clubs und Restaurants, pikantes Fleisch vom Grill, Begrüßungsküsse im Dreierpack, Tennis-Ass Novak Djoković, orthodoxe Klöster

Übrigens …
Serben benutzen sowohl die kyrillische wie auch die lateinische Schrift und wechseln problemlos zwischen beiden.

1. Docks am Fluss Sava in Belgrad
2. Hügelige Felder vor Novi Sad, Ausläufer des Fruška-Gora-Mittelgebirges
3. Zwei Teilnehmer des Trompetenfestivals in Guča (Dragačevo Assembly) legen eine Pause ein

3

S

Beste Reisezeit

März bis Mai und September bis November

Unbedingt anschauen

- Vogelschwärme, die wie dunkle Wolken über Bird Island kreisen
- Anse Source d'Argent, ein himmlisches Fleckchen weißen Sands mit bizarren, von der Natur geformten Granitskulpturen und glasklarem Wasser
- Die seltenen Seychellenpalmen mit ihren eigenwillig geformten Samen im urwüchsigen Vallée de Mai auf der Insel Praslin
- Die abgelegenen Korallenriffe des gehobenen Aldabra-Atolls, wo rund 150 000 Riesenschildkröten leben
- Meeresfrüchte – am besten essfertig auf einer Platte angerichtet

Nicht versäumen

- Inmitten großer und kleiner Fische an der Shark Bank tauchen und dabei trotz des Namens nicht an *Der weiße Hai* denken
- Zu den Outer Islands fahren und sich dort wie Robinson Crusoe fühlen
- Auf der wunderschönen Granitinsel La Digue eine kostenlose Antistresstherapie machen
- Sich wie Indiana Jones durch den Dschungel des Nationalparks Morne Seychellois kämpfen
- An einem der unübertroffenen Seychellenstrände liegen und einfach mal nichts tun

Seychellen hautnah

Lesen *Seychellen – eine Anleitung zum Inselglück* von Heike Mallad
Anhören Jean-Marc Volcy, der modernen Kreolpop mit traditioneller Musik kombiniert
Ansehen *Die schweigende Welt*, Jacques Cousteaus herausragender Dokumentarfilm, der größtenteils auf der Seychelleninsel Assomption gedreht wurde
Essen *Trouloulou* (Krabbenart) und *Teck teck* (Muschelart)
Trinken *Calou* (Palmwein, ein beschwingender Genuss!)

In einem Wort

Bonzour („Guten Tag" auf Seychellenkreol)

Markenzeichen

Aldabra-Riesenschildkröten, Seychellenpalmen, Postkarten-Strände, Korallenatolle

Übrigens ...

Die Samen der Seychellenpalme können bis zu 20 kg wiegen (pro Stück!) und sind damit die größten des Pflanzenreichs.

1. Mit dem Ochsenkarren über die Insel La Digue
2. Granitformationen auf Anse Source d'Argent
3. Faszinierende Landschaft und unglaublicher Meeresblick auf Mahé

S **HAUPTSTADT** VICTORIA | **EINWOHNER** 90 846 | **FLÄCHE** 455 KM² | **AMTSSPRACHEN** ENGLISCH, FRANZÖSISCH & KREOLISCH

Seychelles | Seychellen

Auch wenn hier ein millionenschwerer Piratenschatz begraben läge – es würde keinen kümmern. In diesem Tropenparadies im Indischen Ozean mit weißen Sandstränden, tiefblauem Meer und sich sanft wiegenden, mit Früchten beladenen Palmen fühlt sich jeder unendlich reich; wer denkt da noch ans Buddeln? Die 115 aus Granit und Korallen entstandenen Seychellen-Inseln waren bis ins 18. Jh. unbewohnt – manche sind es bis heute. Dann siedelten sich Afrikaner an, ihnen folgten Franzosen, Inder, Chinesen und Araber und bereicherten die Inselkultur. Das einzige, was die friedliebende Bevölkerung auf die Palme bringen kann, ist ihre Regierung, die sich bis jetzt hartnäckig hält.

S

1

2

Beste Reisezeit
November bis April

Unbedingt anschauen
- Die geschäftige Hauptstadt Freetown, ein Symbol der Unverwüstlichkeit des Landes
- Bunce Island, das in der Geschichte der Sklaverei eine tragische Rolle spielte
- Den Nationalpark Outamba-Kilimi, in dem sich Elefanten, Leoparden und Flusspferde wohlfühlen
- Turtle Islands, ein kleines, selten besuchtes Stück Paradies vor der Küste Sierra Leones
- Die Stadt Sulima, eine Oase, um sich von afrikanischen Straßenabenteuern zu erholen

Nicht versäumen
- An traumhaften Stränden nicht weit von Freetown faulenzen
- Im Wildschutzgebiet Tiwai Island Affen und Zwergflusspferde aufspüren
- Durch die Regenwälder des Naturschutzgebiets Gola Forest wandern und 333 Vogelarten entdecken
- Auf den Gipfel des Mount Bintumani steigen und unterwegs Tiere beobachten

Sierra Leone hautnah
Lesen *Tanz mit dem Teufel* (Memoiren) und *Abies Steine* (Roman) von Aminatta Forna mit faszinierenden Einblicken in das heutige Sierra Leone
Anhören *Maringa* („Palmweinmusik"), deren bester Vertreter der leider verstorbene S. E. Rogie war
Ansehen *Blood Diamond* von Edward Zwick, eine brutale, aber optimistische Bürgerkriegsgeschichte mit Leonardo DiCaprio, oder den beklemmenden Dokumentarfilm *Cry Freetown* von Sorius Samura
Essen Reis mit *Plasas* (Sauce mit Kartoffeln oder Maniokblättern, Palmöl und Fleisch oder Fisch)
Trinken Star, die populärste Biermarke, und den leichten, fruchtigen *Poyo* (Palmwein)

In einem Wort
Owdibody (Wie geht's? – wörtlich „Wie ist der Körper"?)

Markenzeichen
Bürgerkrieg, Blutdiamanten, Kriegsversehrte, beeindruckende Rückkehr des Friedens, Ebola, Unverwüstlichkeit

Übrigens …
Am Valentinstag des Jahres 1972 entdeckten Minenarbeiter in der Region Koidu den Star of Sierra Leone, einen 968,9-karätigen Diamanten – bis heute der größte alluviale Diamant der Welt.

1. Der farbenfrohe Hafen Kent Harbour auf der Halbinsel Freetown
2. Eine Schale mit Cashew-Früchten bereit zum Verkauf in Tombo
3. Auf den einsam-verträumten Turtle Islands kommen Surfer auf ihre Kosten

S HAUPTSTADT FREETOWN | EINWOHNER 5 600 000 | FLÄCHE 71 740 KM² | AMTSSPRACHE ENGLISCH

Sierra Leone

Nachdem in den 1990er-Jahren Warlords die Diamantenressourcen des Landes an sich reißen wollten und das Land in blutige Konflikte stürzten, begannen die Menschen 2002, ihr Land mit Mut und Kraft wieder aufzubauen. Schon bald zog Sierra Leone mutige Reisende an, die mit idyllischen Stränden, bergigen Regenwaldlandschaften und atemberaubenden Safaris belohnt wurden. Und auch die Bewohner des Landes mit ihrer stets freundlichen, offenen und direkten Art sind eine Reise wert. Das Ebola-Virus, das sich 2014 vom benachbarten Guinea aus ausbreitete, bedeutete einen herben Rückschlag. Und so hoffen die Menschen hier vor allem auf anhaltenden Frieden und Gesundheit, die ihrem Land (und dem hiesigen Tourismus) eine rosige Zukunft bescheren dürften.

S

Beste Reisezeit
Ganzjährig; Februar bis Oktober regnet es weniger, zwischen Juni und Oktober ist es oft bedeckt

Unbedingt anschauen
- Gardens by the Bay, Singapurs atemberaubendes Grünflächenspektakel
- Die Nationalgalerie, der neue Star in Singapurs fantastischer Galerien- und Museenlandschaft
- Farbenfrohe Tempel und faszinierende Moscheen in Chinatown, Little India und Kampong Glam
- Tiong Bahru, ein renoviertes 1930er-Jahre-Wohngebiet mit zahllosen Cafés und Boutiquen
- Exotische Tiere im Singapore Zoo, der auch eine Nachtsafari anbietet

Nicht versäumen
- Im historischen Thian Hock Keng (Singapurs ältestem Hokkien-Tempel) ein Räucherstäbchen anzünden
- Mit dem Wassertaxi nach Pulau Ubin und Affen und Warane im natürlichen Lebensraum beobachten
- In den legendären Imbisshallen rund um die Straits schlemmen
- Im berühmten Raffles-Hotel einen Singapore Sling schlürfen (der Drink wurde dort 1915 kreiert)
- In Chinatown eines der farbenfrohen Feste genießen

Singapur hautnah
Lesen *Drachenkinder* von Hwee Hwee Tan über junge Menschen, die in Singapur mit dem Gesetz in Konflikt geraten
Anhören DJs aus Singapur und aller Welt, die im legendären Club *Zouk* die Turntables rocken
Ansehen *Singapore Dreaming* von Woo Yen Yen und Colin Goh oder Tay Teck Locks *Money No Enough*, die zeigen, wie Singapur tickt
Essen *Hawker Food* (Essen von Imbissständen), besonders lecker sind Huhn mit Reis auf Hainan-Art, *Roti prata* (gebratenes Fladenbrot mit Currysauce) und das weltbekannte singapurtypische *Laksa*
Trinken Tiger, die nationale Biermarke, *Kopi* (starker Kaffee mit Kondensmilch) oder *Teh Tarik* (starker, süßer Schwarztee mit Kondensmilch)

In einem Wort
Kiasu (Hokkien/Singlish für die Angst vor dem Versagen) – im gnadenlosen Konkurrenzkampf von Singapur allgegenwärtig

Markenzeichen
Raffles-Hotel, Changi Airport, Tiger-Bier, Dynastie von Lee Kuan Yew, Schilder mit der Aufschrift *No Durians* (Stinkfrüchte verboten), Strafen für Abfallwegwerfen und Spucken, Chingay, teurer Alkohol, Singapurs Vision einer Gartenstadt

Übrigens …
Singapur ist der weltgrößte Exporteur exotischer Aquariumsfische.

1. Betender Mönch im Buddha Tooth Relic Temple in Chinatown
2. Köstliche Leckerbissen findet man an den Imbissständen von Lau Pa Sat
3. Zwillingspagoden spiegeln sich im Wasser im Chinese Garden in Jurong East
4. Die Supertrees in den futuristischen Gardens by the Bay sind nachts hell erleuchtet

S **HAUPTSTADT** SINGAPUR | **EINWOHNER** 5 500 000 | **FLÄCHE** 697 KM² | **AMTSSPRACHEN** ENGLISCH, MALAIISCH, MANDARIN & TAMIL

Singapore | Singapur

Einige Reisende kritisieren an Singapur die drakonischen Gesetze und hohen Preise, aber mangelnde Alleinstellungsmerkmale kann man der südostasiatischen Metropole nicht vorwerfen. Fans des Stadtstaats schwärmen von großzügigen Grünanlagen, den Shoppingmöglichkeiten, der leckeren Küche und dem faszinierenden indisch-chinesisch-malaiischen Kulturmix, der das Land ausmacht. Und die Stadt gewinnt an Profil, ist Bangkok und Hongkong dicht auf den Fersen. Von ethnisch geprägten Vierteln über Museen und Galerien von Weltruf bis zu historischen, nach Rauchwerk duftenden Tempeln gibt es hier einiges zu entdecken. Darüber hinaus ist die Stadt perfekt organisiert und äußerst familienfreundlich.

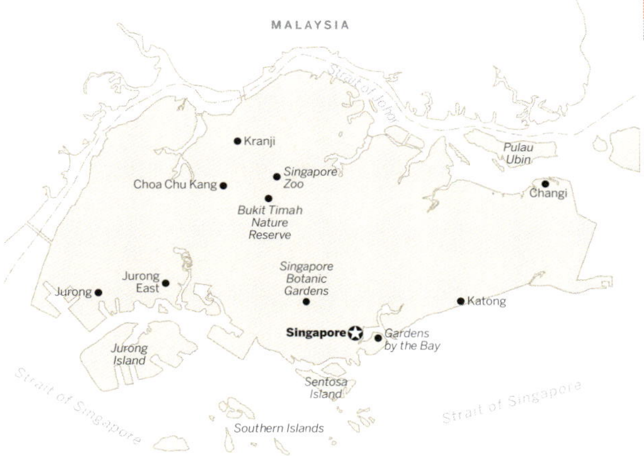

S

1

S HAUPTSTADT BRATISLAVA | EINWOHNER 5 500 000 | FLÄCHE 49 035 KM² | AMTSSPRACHE SLOWAKISCH

Slovakia | Slowakei

Dieser kleine, stolze und ungemein bergreiche Staat im Herzen Osteuropas ist vielen noch als der weniger bekannte Teil der früheren Tschechoslowakei in Erinnerung. In der Tat hat sich die Slowakei seit ihrer Unabhängigkeit zurückgezogen, statt sich ins Mehrheitseuropa zu stürzen. Hier werden noch Traditionen hochgehalten, steht die Familie an erster Stelle und hat die Natur das Sagen. Die Naturwelt der Slowakei umfasst die Hohe Tatra, die wunderschöne, naturbelassene Landschaft Malá Fatra und den Nationalpark Slovenský Raj. Städte mit gotischen Bauwerken, imposante Schlösser und pittoreske Dörfer ergänzen das Bild, während die freundlichen Slowaken Sie herzlich willkommen heißen in ihrem Land.

Beste Reisezeit
Mai bis September zum Wandern, Dezember bis März zum Skifahren

Unbedingt anschauen
- Altstadt Bratislava mit der prachtvollen Burg über der Blauen Donau
- Den Steinkoloss der Zipser Burg, Europas größte Festungsanlage
- Die Fassaden der Bürgerhäuser mit Stilelementen aus Gotik und Renaissance in Bardejov
- Den Nationalpark Malá Fatra mit schroffen Gipfeln und Latschenkieferwäldern
- Die spitzen Türmchen von Schloss Bojnice, dem meistbesuchten Schloss in der Slowakai

Nicht versäumen
- Sich im Kurort Piešťany in Thermalwasser aalen, in Salzgrotten „Meerluft" inhalieren oder sich in heißen Schlamm packen lassen
- Von einem plte (Holzfloß) in der Dunajec-Schlucht die Zehen ins Wasser tunken
- Sich an Ketten und Leitern auf die Gipfel im Slowakischen Paradies (Slovenský Raj) hangeln
- Auf Wanderungen in der Hohen Tatra durch knirschenden Schnee stapfen

Slowakei hautnah
Lesen Geschichten von mutigen slowakischen Frauen in *That Alluring Land: Slovak Tales* von Bozena Slancikova-Timrava
Anhören *gajdy* (Dudelsäcke) und *fujara* (Hirtenflöten), die Grundpfeiler slowakischer Volksmusik
Ansehen *Krähwinkel* von Martin Sulik, der mit den zehn Porträts slowakischen Landlebens im 20. Jh. international Beachtung fand
Essen *bryndzove halusky* (Kartoffelknödel mit Schafskäse und Speck)
Trinken Einheimische Biersorten wie das dunkle, süße Martiner oder das aromatische Zlatý Bažant; auch slowakische Weine sind nicht schlecht

In einem Wort
Ahoj (Hallo)

Markenzeichen
Holzkirchen, „realsozialistische" Wohnsilos, herzhaftes Essen, Volkskunst, Traditionen

Übrigens …
Die Venus von Moravany, eine kopflose weibliche Fruchtbarkeitsstatue aus Mammut-Elfenbein, die 1938 bei Piešťany gefunden wurde, ist knapp 25 000 Jahre alt.

2

3

1. Dümpeln am einstigen Gletschersee Strbske Pleso in der Hohen Tatra
2. Ein Wanderer beim Abstieg vom Kondratova Kopa (2005 m) an der slowakisch–polnischen Grenze, Hohe Tatra
3. Bratislavas wunderschöne Burg und Altstadt

S

Beste Reisezeit
Mai bis September

Unbedingt anschauen
- Die Laibacher Burg – von deren Mauern aus das Panorama mit Altstadt, Brücken und Ljubljanica
- Unterirdische Räume und Höhlensalamander in Postojna
- Akrobatische Tänzer mit zottigen Schaffellen und Masken auf dem Kurentovanje-Fest
- Die azurblaue Adria und das venezianische Flair in Piran
- Schneeweiße Lipizzaner, die für die Spanische Hofreitschule in Wien gezüchtet werden

Nicht versäumen
- Die Wunschglocke in der malerischen Marienkirche im Bleder See läuten und in einer ferngesteuerten Gondel zurückfahren
- In den Julischen Alpen auf gut markierten Wegen von Hütte zu Hütte wandern
- Wildwasser-Raften auf dem Soča-Fluss
- Wein an der Quelle in Maribor genießen, wo die weltweit älteste Weinrebe zu Hause ist
- Unfassbar feine Spitze in Idrija, ehemalige Heimat eines Quecksilberbergwerks, einkaufen

Slowenien hautnah
Lesen *Forbidden Bread* von Erica Johnson Debeljak, Memoiren einer Amerikanerin, die sich mit dem Leben in Slowenien arrangiert
Anhören Traditionellen Big-Band-Sound mit Panflöten, Zithern und sonstigen Instrumenten der Volksmusik, oder die Elektro-Industrial-Musik von Laibach, die als erste westliche Musikgruppe in Nordkorea auftraten
Ansehen *Rezerni Deli (Ersatzteile),* ein provokantes, preisgekröntes Migranten-Schleuser-Drama von Regisseur Damjan Kozole
Essen *Zlikrofi* (Knödel mit Käse, Speck und Schnittlauch), als Dessert *struklji* (süße Quarkknödel) oder *palacinke* (Pfannkuchen)
Trinken Wein, z. B. den pfeffrigen roten Teran, oder *zganje* (Obstschnaps)

In einem Wort
Dober dan (Hallo)

Markenzeichen
Bergsport, Lipizzaner, Triglav („Dreikopf"; ein Berg mit drei Gipfeln), Märchenschlösser, Bergwälder

Übrigens ...
Ein Wahrzeichen von Slowenien sind *kozolci* (Heureiter) – das neue Museum in Sentrupert ist ausschließlich der Kunstfertigkeit dieser sehr beliebten landwirtschaftlichen Werkzeuge gewidmet

1. Tänzer beim Kurentovanje-Fest, einem Frühlings- und Fruchtbarkeitsbrauch in Ptuj
2. Sommer in der Soča-Schlucht, Nationalpark Triglav
3. Höhlenburg Predjama, ehemaliger Schlupfwinkel des legendären Raubritters Erasmus von Predjama
4. Bleder See und Marienkirche, Julische Alpen

S **HAUPTSTADT** LJUBLJANA | **EINWOHNER** 2 000 000 | **FLÄCHE** 20 273 KM² | **AMTSSPRACHE** SLOWENISCH

Slowenia | Slowenien

Das kleine Slowenien ist voller Gegensätze: In diesem modernen und zukunftsorientierten Land leben die Mythen von dreiköpfigen Berggöttern weiter, die Sehnsucht nach der Vergangenheit ist groß. Slowenien ist slawisch, allerdings mit deutlichen italienischen und österreich-ungarischen Akzenten. Auf den Alpengipfeln liegt im Sommer Schnee, aber eine milde Mittelmeerbrise kann ihn über Nacht zum Schmelzen bringen. Fast die Hälfte des Gebiets ist Wald, damit ist Slowenien eines der grünsten Länder der Welt. Seine Einwohner – meist braungebrannt, mehrsprachig und immer freundlich – wissen das zu schätzen: propere Dörfer, malerische Kirchen, schmucke Schlösser – und um ihre wilde Seite auszuleben, haben die Slowenen ihre temperamentvollen Feste.

S

1

2

Beste Reisezeit
Juni bis September mildes Wetter – gute Wander-, keine guten Tauchbedingungen wegen stürmischer See

Unbedingt anschauen
- Verrostete Relikte aus dem Zweiten Weltkrieg rund um Honiara
- Die künstlichen Inseln aus Steinen und Korallen in der Langa-Langa-Lagune von Malaita
- Die Vielfalt des Hauptmarkts von Honiara
- Großfußhühner, die sich aus Blättern Nesthügel bauen und die vulkanische Erdwärme zum Ausbrüten ihrer Eier nutzen
- Gruselige Schädelschreine, in denen die Köpfe besiegter Krieger und ihrer Anführer vermodern

Nicht versäumen
- Im „Schiffsfriedhof" Iron Bottom Sound vor Guadalcanal tauchen
- Wildhütern auf der Insel Tetepare beim Markieren der Meeresschildkröten helfen
- In die Naturschwimmbecken der Mataniko- oder Tenaru-Wasserfälle hüpfen
- Im Kajak oder beim Tauchen die prächtige Meereswelt der Marovo-Lagune erkunden
- Vor Pailongge auf Ghizo surfen – mutterseelenallein

Salomonen hautnah
Lesen *Unter Krokodilen – Ein Engländer auf den Solomon Inseln* von Will Randall, der seine Versuche, auf Rendova eine Hühnerfarm aufzumachen, humorvoll beschreibt
Anhören Das Panflöten-Ensemble Narasirato, das traditionelle *Malaita*-Klänge mit modernen Rhythmen kombiniert
Ansehen Terrence Malicks *Der schmale Grat*, ein düsterer Kriegsfilm nach James Jones' gleichnamigem Roman von 1963 über die Schlacht von Guadalcanal
Essen *Ulu* (Brotfrucht), Hauptnahrungsmittel
Trinken Das einheimische helle Lagerbier *Solbrew*

In einem Wort
No wariwari (Keine Sorge!)

Markenzeichen
Speerfischen, Naturreligionen, blonde Melanesier, das Rufen von Haien, Schädelschreine, Unterwasservulkane, Wracks aus dem Zweiten Weltkrieg, Tiefseeangeln, Schnorcheln und Tauchen

Übrigens ...
Auf den Salomonen werden 67 einheimische Sprachen gesprochen; die Amtssprache ist Englisch, die Umgangssprache Pijin.

1. Junge Insulaner auf Sandfly Island
2. 60 m tief fällt das Wasser des atemberaubenden Tenaru Wasserfalls, Guadalcanal
3. Insulaner sammeln sich um ein Kreuzfahrtschiff, um ihre Produkte zu verkaufen

S HAUPTSTADT HONIARA | EINWOHNER 597248 | FLÄCHE 28450 KM² | AMTSSPRACHE ENGLISCH

Solomon Islands | Salomonen

Wer nicht mit dem Mainstream reisen will, sollte zu den Salomonen fahren, um sich dort ganz allein mit dem Meer, dichten Regenwäldern und ursprünglich gebliebenen Dörfern wie am Ende der Welt zu fühlen. Trotz Geschichten von Kopfjägern, Kannibalismus und (in letzter Zeit) politischen Unruhen sind die Inseln relativ sicher und ein Paradies für Ökofreaks. Was gibt's Schöneres als diese Vulkanauswürfe im Pazifik mit ihren Traumstränden, Dschungeln, tiefen Lagunen, von Krokodilen bevölkerten Mangroven und vielen winzigen Nebeninseln, deren freundliche Bewohner ohne Hektik ihren kunsthandwerklichen Tätigkeiten nachgehen und ihre Gärten bestellen, wie sie es seit Tausenden von Jahren gewohnt sind?

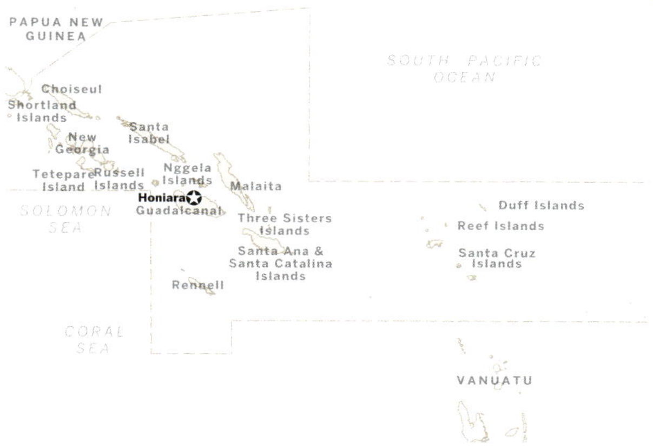

S

1

S **HAUPTSTADT** MOGADISCHU (SOMALIA), HARGEISA (SOMALILAND), BOSASSO (PUNTLAND) | **EINWOHNER** 10 300 000 | **FLÄCHE** 637 657 KM² | **AMTSSPRACHE** SOMALI

Somalia

Die Geschichte zweier Nationen und eines eigenständigen Staates ist das komplizierte Geflecht, aus dem Somalia, Puntland und Somaliland bestehen. Somalia beherrscht seit über zwanzig Jahren die Schlagzeilen mit Kriegen, Warlords und Bombardierungen von Hotels in Mogadischu, während Puntland (seit 1998 autonom) mit Piraterie im Indischen Ozean in Verbindung steht. Nutznießer ist Somaliland zwischen dem Golf von Aden und Äthiopien, das sich 1991 zur Republik ernannt hat. Es herrscht hier einigermaßen Frieden und Ordnung. Mutige erleben außergewöhnliche archäologische Stätten, beeindruckende Strände und herzliche Einwohner, die dem Isaq-Clan angehören. Terrorismus und Entführung drohen jedoch auch in Somaliland, sodass Reisen in diese Region höchst gefährlich sind.

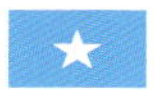

Beste Zeit
Von Dezember bis März ist es am kühlsten

Interessante Orte
- Die unvorstellbaren Schätze von Laas Geel, ein Felsmassiv mit Höhlen, in denen Hunderte von neolithischen Felsmalereien prangen – so gut erhalten wie sonst nirgendwo auf der Welt
- Die Nekropole in Sheikh aus dem 13. Jh.
- Den göttlichen weißen Sandstrand Baathela am Stadtrand von Berbera
- Die bis jetzt völlig unbeachtete Meeresfauna und -flora an den Inselriffen nördlich von Zeila
- Das Flair auf dem Viehmarkt in Burcao

Lokale Bräuche
- Tanz ums Lagerfeuer beim jährlichen Neeroosh-Fest im Juli zum Beginn des Sonnenjahres
- Tranceähnlicher Zustand durch Genuss der berauschenden qat-Blätter lässt Sufismus-Zugewandte mit Allah kommunizieren
- Das temperamentvolle, auf somalischer Folklore basierende musikalische Erbe feiern

Somalia hautnah
Lesen *The World's Most Dangerous Place* von James Fergusson
Anhören *The Journey* von Maryam Mursal, der ersten Frau, die somalischen Jazz singt (und für diese CD Peter Gabriel als Backgroundsänger hatte)
Ansehen *Black Hawk Down*, Ridley Scotts Filmdrama über den gescheiterten US-Militäreinsatz in Mogadischu am 3. Oktober 1993
Essen *Anjeero* (Fladenbrot) mit Schafsleber und Zwiebeln
Trinken *Shaah* (somalischer Schwarztee) mit *heel* (Kardamom) und *qarfe* (Zimt)

In einem Wort
Ma nabad baa? (Gruß; wörtlich „Ist Friede?")

Markenzeichen
Piraten, Bürgerkrieg, Islamische Milizen, aufgeschobene Wahlen (Somaliland), Warlords, berauschende qat-Blätter, Laas Geel, endlos lange Strände

Übrigens …
Auf ihrem Höhepunkt erwirtschaftete die Piraterie fast 200 Mio. US-Dollar im Jahr und wurde so zum wichtigsten Industriezweig des Landes.

2

1. Kamelhirten schöpfen Wasser aus einem Brunnen im Ogaden-Gebiet
2. Plastische neolithische Höhlenmalerei in Laas Geel, Woqooyi Galbeed, Somaliland
3. Traditionelle Tänze sind wichtiger Bestandteil der somalischen Kultur

3

S

1

2

S **HAUPTSTADT** PRETORIA (EXEKUTIVE), BLOEMFONTEIN (JUDIKATIVE), KAPSTADT (LEGISLATIVE) | **EINWOHNER** 48600000 | **FLÄCHE** 1219090 KM^2 | **AMTSSPRACHEN** ENGLISCH, ZULU, XHOSA, AFRIKAANS, TSWANA, SESOTHO, TSONGA, SWATI U.A.

South Africa | Südafrika

Der Beiname "Regenbogenland" wird dem Land nicht gerecht. Die überwältigende Vielfalt Südafrikas offenbart sich in allem, nicht nur in seiner temperamentvollen Bevölkerung. Flora und Fauna kombinieren sich auf eindrückliche Weise: Strandliebhaber teilen sich den Sand mit Pinguinen am Kap, Taucher begegnen Walen (und weißen Haien), Safari-Experten beobachten typische Arten im Busch, Wanderer hingegen über den schneebedeckten Drakensberg gleitende Geier. Auch die historischen Stätten von der Wiege der Menschheit bis zum Apartheid-Museum sind beeindruckend. Überall ist das Drama des Landes – Schmerz, Ungerechtigkeit und Hoffnung – spürbar. Diese provokative, faszinierende und inspirierende Mischung sorgt dafür, dass die meisten Besucher wiederkommen.

Beste Reisezeit

Immer; im Frühling (September bis November) und Herbst (April bis Mai) herrschen überall Idealbedingungen

Unbedingt anschauen

- Kapstadt und Robben Island einsam in Table Bay gelegen – vom Tafelberg aus gesehen
- Die bunten Frühlingsblumenteppiche in Namaqualand
- Den Zusammenfluss der beiden Ozeane am Kap Agulhas, dem südlichsten Punkt Afrikas
- Herbe, einsame Landschaften mit Wanderdünen im Kgalagadi Transfrontier Park
- Berauschende Landschaftspanoramen in den Tälern und auf den Gipfeln der Drakensberge

Nicht versäumen

- Im Morgengrauen im Kruger National Park Elefanten und Zebras treffen
- Zeit für Soweto einplanen, die turbulente, optimistische Seele von Johannesburg
- An der Wild Coast tosende Wellen, Delfine und Wasserfälle bewundern
- Die weltoffene, lebenslustige Atmosphäre von Kapstadt genießen
- Schönheit und Vogelreichtum des iSimangaliso Wetland Parks entdecken

Südafrika hautnah

Lesen *Der lange Weg zur Freiheit*, Nelson Mandelas faszinierende Autobiografie
Anhören *Nkosi Sikelel' iAfrika* (Gott segne Afrika), eines der beiden Bestandteile der südafrikanischen Nationalhymne
Ansehen *Amandla! A Revolution in Four-Part Harmony*, in dem Musik, Lieder und die Stimmen politischer Aktivisten und anderer prominenter Südafrikaner den Kampf gegen die Apartheid dokumentieren
Essen *Biltong* (luftgetrocknetes Fleisch), *mealies* (Maisbrei) und *boerwors* (Würstchen)
Trinken Weine von den Cape Winelands oder *rooibos* (Rotbuschtee)

In einem Wort

Howzit? (Wie geht's?)

Markenzeichen

Tafelberg, Rugbyteam Springboks, Nelson Mandela, Kruger National Park, Wildtiere, Wale, Brandung, *braai* (Barbecue)

Übrigens …

Auf dem Tafelberg gibt es über 200 heimische Pflanzenarten, mehr als im Vereinigten Königreich.

1. Schätzungen gehen von über 12 000 Elefanten im Kruger National Park aus
2. Im Süden von Kapstadt liegt Llandudno mit seinem beliebten Surfspot
3. San-Frau aus der Kgalagadi-Region
4. Die unverwechselbaren Straßen im Stadtteil Bo-Kaap, Kapstadt

3

4

S

Beste Reisezeit

September bis November, wegen der spektakulären Herbstfarben

Unbedingt anschauen

- Märkte, Museen und mittelalterliche Stadttore in der trubeligen Hauptstadt Seoul
- Gräber, Tempel und Ruinen im historischen Kyongju
- Die Königsgräber der Baekje-Dynastie in Gongju und Buyeo
- Traditionelles koreanisches Leben auf den Inseln des Dadohae-Haesang-Nationalparks
- Berge, Wälder, heiße Quellen, Tempel und jede Menge Ruhe im Seoraksan-Nationalpark

Nicht versäumen

- Auf dem Fischmarkt von Pusan Bekanntschaft mit merkwürdigen Meeresbewohnern machen
- In Seouls trendigem Viertel Hongdae *chimaek* (gebratenes Hühnchen und Bier) schlemmen
- Skilaufen und Snowboarden auf Olympia-Hängen in den Skigebieten Alpensia und Yongpyong
- Bei einer Tour nach Panmunjom in der Entmilitarisierten Zone der weltweit unsichersten Grenze (zwischen Nord- und Südkorea) möglichst nahe kommen
- An der überwältigenden Südküste der Jejudo-Insel wandern und den höchsten Gipfel des Landes, Hallasan, entlang dem Jeju-Olle-Pfad, erklimmen

Südkorea hautnah

Lesen *A Greek in Korea* von Daniel Tudor, und *I'll be right there* von Shin Kyung-sook
Anhören *Pansori* – musikalisches Geschichtenerzählen, oft als das koreanische Gegenstück zum Blues bezeichnet
Ansehen Kwak Jae-yongs romantische Erfolgskomödie *Yeopgijeogin geunyeo (My Sassy Girl)* oder Hong Sang-soos ergreifender Film *In Another Country*
Essen *Kimchi* (scharf eingemachter Kohl) und *galbi* (verschiedene Grillgerichte)
Trinken *Soju* (Reisschnaps) oder *bori cha* (Tee aus gerösteter Gerste)

In einem Wort

Jeong (starke emotionale Verbundenheit)

Markenzeichen

Koreanisches Barbecue, Taekwondo, K-Pop, Ginseng, *kimchi*, heiße Quellen, Freihandelszonen, Hightech-Städte

Übrigens …

Südkorea widmet seinem Alphabet einen Gedenktag: Der Hangeul-Tag wird am 9. Oktober gefeiert.

1. Erst durchs Feuer zerstört, dann durch die Japaner – der Gyeongbokgung-Palast in Seoul wird nach und nach restauriert
2. Laternenschmuck entlang dem Cheonggyecheon-Fluss – ein Modernisierungsprojekt in Seoul
3. Seouls Stadtzentrum vom N Seoul Tower aus

S **HAUPTSTADT** SEOUL | **EINWOHNER** 49 000 000 | **FLÄCHE** 99 720 KM² | **AMTSSPRACHE** KOREANISCH

South Korea | Südkorea

In Nordasien ist Südkorea der Inbegriff des Fortschritts und wird in Sachen Begeisterung für technische Neuerungen nur von Japan übertroffen. Koreanische Expats haben die heimische Küche in die Welt getragen, aber nur wenige Reisende haben diesen ultramodernen, aber gleichzeitig zutiefst traditionellen Teil Asiens bisher besucht. Jeder südkoreanischen Hightech-Metropole steht eine mittelalterliche Festung oder ein üppig grüner Nationalpark gegenüber, in dem die Bewohner der hektischen Städte Ruhe suchen. Auch nach zwei Jahrtausenden finden die Lehren des Konfuzius noch Anklang und die Koreaner sind für ihren Nationalstolz bekannt, der sich besonders bei der Unterstützung der Fußball- und Taekwondo-Nationalteams zeigt.

S

1

2

Beste Zeit
Oktober bis März (Trockenzeit)

Interessante Orte
- Die endlosen Lagunen, die gewundenen Kanäle und saftigen Papyrusfelder des Sudd, eines der weltweit größten Sumpfgebiete
- Die Ruhestätte von John Garang de Mabior (oder Dr. John, wie er von den Einheimischen genannt wird), südsudanesischer Rebell und früherer Erster Vizepräsident Sudans, der entscheidend zur Beendigung des Bürgerkriegs beitrug
- Die Sümpfe im Süden, wo 800 000 Weißohr-Kobs und eine halbe Million Leierantilopen und Mongalla-Gazellen an dem möglicherweise größten Zug von Tierherden der Erde teilnehmen

Lokale Bräuche
- Es gibt viele bedeutende traditionelle Tänze, wie den Sprungtanz der Dinka, den Schwerttanz der Bedscha und den *barabrah* der Halfa
- Süßen Maridi-Honig essen, der bekannt ist für seine Heilwirkung
- Die Dinka waschen und färben sich das Haar mit Rinder-Urin

Südsudan hautnah
Lesen *Dinka: Legendary Cattle Keepers of Sudan* von Angela Fisher and Carol Beckwith, ein eindrucksvolles Buch mit imposanten Bildern zur Dinka-Kultur
Anhören Emmanuel Jals *Ceasefire*. Mit dem Album, das er passenderweise mit Abdel Gadir Salim, Sänger und Komponist aus dem nördlichen Sudan, produziert hat, fordert er Frieden im ganzen Land
Ansehen *Vom Sudan nach Houston, Texas: Verlorene Jungs*, ein Dokumentarfilm von Megan Mylan und Jon Shenk, die zwei Dinka-Jungen nach ihrer Flucht vor dem Bürgerkrieg (und vor Löwenangriffen) in den USA begleiten, wo sie sich ein neues Leben aufbauen wollen
Essen *asida* (Hirsebrei) – serviert mit einer Fleischsoße oder Gemüse
Trinken *aradeab* (Tamarinden-Saft)

In einem Wort
Salaam aleikum (Friede sei mit dir)

Markenzeichen
Der jüngste Staat der Welt, Erdöl, der Sudd, Bürgerkrieg, Dinka

Übrigens ...
Rinder sind so wichtig in Südsudan, dass viele Menschen nach ihnen benannt werden; weiße Stiere (sind am wertvollsten) werden bei Festen und zum Frieden geopfert (oder in neuester Zeit nach der Benennung des Kabinetts).

1. Ein Dinka bereitet sich auf einen traditionellen Ringkampf vor
2. Dinka-Hirten aus der Region Bahr al Ghazal kümmern sich um ihre Zebu-Rinder
3. Eine traditionelle Toposa-Siedlung nahe Riwoto in Ost-Äquatoria

S **HAUPTSTADT** JUBA // **EINWOHNER** 11 100 000 // **FLÄCHE** 644 329 KM² // **AMTSSPRACHE** ENGLISCH

South Sudan | Südsudan

Nach größerem Leid und mehr Blutvergießen als es jeder andere Staat auf dem Kontinent erdulden musste, entstand Südsudan friedlich am 9. Juli 2011. Ein halbes Jahrhundert dauerte der dem Unabhängigkeitsreferendum vorausgehende Bürgerkrieg – Afrikas am längsten währender Konflikt, in dem es um Erdöl und die Auseinandersetzung zwischen Islam und Christentum, Arabern und Schwarzafrikanern sowie um den Kampf zwischen Zentralgewalt und regionaler Autonomie ging. Obwohl der Tourismus noch völlig unentwickelt war, öffnete der jüngste Staat der Welt mit dem Frieden die Tür für begeisterte Abenteurer. Zu den Kultur- und Naturreizen gehörten das Volk der Dinka und der vermutlich größte Zug von Tierherden der Erde. Leider brach nur 17 Monate nach Staatsgründung der Bürgerkrieg aus und die Tür schloss sich wieder fest für Reisende.

S

1

2

3

Beste Reisezeit

Mai, Juni, September und Oktober

Unbedingt anschauen

- Die Alhambra, der Höhepunkt islamischer Architektur in Andalusien
- Die Mezquita de Córdoba – in Stein gemeißelte Perfektion
- Gaudís überwältigendes Erbe, das Barcelona seine Identität schenkte
- Madrids Goldenes Dreieck: drei der besten Kunstmuseen der Welt
- Die Kathedrale von Santiago de Compostela, ein extravagantes Bauwerk und Spaniens spirituelles Zentrum

Nicht versäumen

- San Sebastiáns kulinarisches Potenzial – die weltberühmten *pintxos* (baskische Tapas) – voll auskosten
- In Katalonien oder Aragon durch die Pyrenäen wandern
- Die herbe Schönheit Galiziens auf einer Küstenfahrt an den Rías Altas oder der Costa da Morte erleben
- An einem einsamen Bilderbuchstrand auf Ibiza oder Formentera relaxen
- In einem urigen *pueblo* (Dorf) im Landesinneren die moderne Welt vergessen

Spanien hautnah

Lesen *Don Quijote de la Mancha* von Miguel de Cervantes oder Cees Nootebooms faszinierende Reise durch das moderne Spanien: *Der Umweg nach Santiago*
Anhören *El Camarón de la Isla*, Paco de Lucia, Enrique Morente und Chambao: Essenz und Evolution des Flamenco
Ansehen Alle Filme von Pedro Almódovar, besonders *Volver* (Zurückkehren) oder *Zerrissene Umarmungen*
Essen *Tapas*, hauchdünn geschnittenen *jamón ibérico de bellota* und *Paella* (vor allem in ihrer Geburtsstadt Valencia)
Trinken *Vino tinto* (Rotwein) aus dem Rioja, *vino blanco* (Weißwein) aus Galizien, *fino* (Sherry) aus Jerez de la Frontera

In einem Wort

¿Qué pasa? (Was läuft?)

Markenzeichen

Flamenco, Paella, Stierkämpfe, Fußball, Fiestas, Picasso, Dalí und Goya, Sturm ferienhungriger Nordeuropäer auf die Costa del Sol, Jakobsweg

Übrigens …

Spanier geben pro Kopf mehr Geld für Essen aus als alle anderen Europäer.

1. Park Güell, eines der vielen Meisterwerke Gaudís in Barcelona
2. Die Ruine Cortijo del Fraile in Almeria, Schauplatz eines blutigen Verbrechens aus Leidenschaft
3. Türme aus Menschen zu bauen, ist seit über 200 Jahren katalanische Tradition
4. Die romantische Bucht Bahía de La Concha und die Isla de Santa Clara, San Sebastián

S **HAUPTSTADT** MADRID | **EINWOHNER** 47 400 000 | **FLÄCHE** 504 782 KM² |
AMTSSPRACHE SPANISCH, KASTILISCH

Spain | Spanien

Spanien ist Europas exotischstes Land, eine betörende Mischung aus oft seltsamen Traditionen und einer treibenden Energie, die die Spanier in die Zukunft katapultiert. Bestes Beispiel: die Architektur. Islamisches Erbe und gotische Kathedralen stehen Seite an Seite mit Avantgarde-Kreationen von Gaudí und Santiago Calatrava. Zum Essen treffen sich Großfamilien in der heimischen Küche und mit drei Michelin-Sternen ausgezeichnete Chefköche huldigen der spanischen Nouvelle Cuisine. Karge Sierras wechseln sich ab mit wildromantischen Küsten, ergreifender Flamenco mit Museen, die Kunstschätze vieler Jahrhunderte horten. Und zwischen Vergangenheit und Zukunft leben die Spanier in einer Gegenwart, die sie wie eine einzige lange Fiesta feiern.

S

S **HAUPTSTADT** COLOMBO | **EINWOHNER** 21 700 000 | **FLÄCHE** 65 610 KM² | **AMTSSPRACHEN** SINHALA & TAMIL

Sri Lanka

Von der Sonne verwöhnt, von den Passatwinden des indischen Ozeans umtost und gezeichnet durch den Bürgerkrieg, baut sich Sri Lanka langsam seinen Ruf als Tor zu Südasien wieder auf. Während man noch den vergangenen blutigen Konflikt erforscht, schaut die Bevölkerung nach vorn in eine friedvolle Zukunft voller Wohlstand, wobei der Tourismus eine entscheidende Rolle spielt. Die Attraktionen in diesem von Sand und Zimt geprägten Land sind unverändert – herrliche Strände und Brecherwellen zum Surfen, buddhistische Stupas, alte Königreiche, Elefanten, erhabene Ausblicke, Teeplantagen und einige der monumentalsten religiösen Skultpuren der Welt. Das alles dicht gedrängt auf einer tropischen Insel, die im Fluss mit den Aromen, Düften und Klängen des indischen Subkontinents ist.

Beste Reisezeit
Dezember bis März, um den Südwestmonsun zu vermeiden

Unbedingt anschauen
- Museen, Monumente und koloniale Prägung der hektischen Hauptstadt Colombo
- Verfallene Paläste und gigantische Buddhastatuen in der alten Königsstadt Polonnaruwa
- Ein Wald aus Steinsäulen und *dagobas* (Stupas) in Anuradhapura
- Schöne Gärten und exquisite Fresken in der alten Felsenfestung von Sigiriya
- Eine ganz andere Seite von Sri Lanka in der Tamilenstadt Jaffna

Nicht versäumen
- Sich im glitzernden Sand der Strände an Sri Lankas Südküste aalen
- Auf dem Adam's Peak zuschauen, wie die aufgehende Sonne ihre ersten Strahlen über die Insel schickt
- Im Unterholz des Yala-Nationalparks nach Elefanten und Leoparden fahnden
- In der Arugam Bay mit gewaltigen Wellen kämpfen
- Zum Zahntempel in Kandy pilgern, den die Unesco zum Weltkulturerbe erklärt hat

Sri Lanka hautnah
Lesen Shyam Selvadurais unkonventionelle Liebesgeschichte *Funny Boy* oder Romesh Gunesekeras Roman über das Erwachsenwerden, *Riff*
Anhören *Baila* (Tanzmusik aus Sri Lanka); den Calypso Sri Lankas von *La Ceylonians*; oder der eigentümliche Metal-Rock von *Stigmata*
Ansehen Antikriegsfilme von Asoka Handagama – *Aksharaya (A Letter of Fire)* wurde in Sri Lanka verboten, aber Kopien davon kursieren im Internet
Essen *„Hoppers“* (eigentlich *appa*), köstliche Pfannkuchen aus fermentiertem Reis und Kokosmilch
Trinken *Toddy* (Palmwein aus vergorenem Palmensaft) und *arrack* (Destillat aus Palmensaft)

In einem Wort
Ayubowan (Mögest du lange leben)

Markenzeichen
Schiefe Palmen, sonnige Strände, heilige Stupas, Ceylon-Tee, Stelzenfischer, Erbstücke aus der Kolonialzeit, Elefanten im Dschungel, Kokosnüsse, Snacks, Batiken, kricketbesessene Einheimische, Tamil Tigers

Übrigens …
Sri Lanka bescherte der Welt den Zimt – seit dem Jahr 2000 v. Chr. oder noch länger handelt die Insel mit diesem Gewürz.

1. Obwohl ein bekanntes Bild auf Sri Lanka, ist die Praxis des Stelzenfischens erst 70 Jahre alt
2. Tee ist wichtige Exportware des Landes; Pflückerinnen bei der Arbeit nahe Nuwara Eliya
3. Die Ruine eines Palastes aus dem 5. Jh. steht auf dem Sigiriya (Löwenfelsen) im Matale-District
4. Ein Marktverkäufer aus Dambulla, Matale District

3

4

1

2

S HAUPTSTADT KHARTUM | EINWOHNER 34 800 000 | FLÄCHE 2 505 813 KM² | AMTSSPRACHEN ARABISCH & ENGLISCH

Sudan

Für kein anderes Land der Welt gilt: Man hat Angst hinzufahren, aber wer dann dort ist, will nicht mehr weg. Sudan erstreckt sich über weite Teile der Sahara bis zu sonnenverbrannten Küstenstreifen am Roten Meer und ist voller beeindruckender Zeugnisse von Zivilisationen aus prädynastischen Zeiten. Doch am fesselndsten sind die Sudanesen selbst, ein geheimnisvolles, vielschichtiges, großzügiges und warmherziges Volk. Horrormeldungen von blutigen Unruhen lassen ganz Sudan gefährlich erscheinen, dabei sind nur Gebiete im Westen in Dafur und im Süden in Afrikas jüngstem Staat, Süd-Sudan, betroffen. Der friedliche Nordosten dagegen zeigt das wahre Gesicht Sudans und bietet sowohl viel Raum für Individualisten als auch herzliche Gastfreundschaft.

Beste Reisezeit
Oktober bis März (Trockenzeit)

Unbedingt anschauen
- Die monumentalen, 3500 Jahre alten Ruinen der Hauptstadt des Königreichs Kerma
- Wirbelnde Derwische in der Hamed-el-Nil-Moschee von Omdurman
- Hammerhaie, die im Roten Meer aus den Wellen schießen und wegen ihrer Schnauzenform unverkennbar sind
- Den heiligen Berg Jebel Barkal und die Überreste des Amun-Tempels, einst das Zentrum des Reichs von Kusch

Nicht versäumen
- Erst den Blick über die faszinierenden *souqs* (Märkte) von Kassala, dann die Beine im eigenwillig geformten Taka-Massiv wandern lassen
- Das marmorierte Strömungsbild am Zusammenfluss von Weißem und Blauen Nil in Khartum bestaunen
- Sich von den fast schon unter Sand begrabenen Pyramiden von Meroë, einer Nekropole meroitischer Pharaonen, beeindrucken lassen
- In Kosti in ein Boot steigen und auf dem Weißen Nil in Richtung Quelle schaukeln

Sudan hautnah
Lesen *Die weiße Kriegerin* von Deborah Scroggins, die als Entwicklungshelferin in den Sudan kam, dort einen Warlord heiratete und viel über das Land, die Leute und den Bürgerkrieg verrät
Anhören *Stars of the Night* von Abdel Gadir Salim mit Songs aus seiner Heimat
Ansehen *Der Todesreiter von Darfur,* ein starker Dokumentarfilm über die Kriegsverbrechen in Darfur
Essen *Fuul* (gekochte braune Bohnen) als traditionelles Frühstück, dazu Käse, Eier, Salat und Fladenbrot
Trinken Süßer *shai* (Schwarztee) oder Kaffee mit Zimt und Kardamom

In einem Wort
Salaam aleikum (Friede sei mit dir)

Markenzeichen
Unglaubliche Gastfreundschaft, Nilzusammenfluss, antike Pyramiden, Nubier, Bürgerkrieg, ethnische Säuberung in Darfur

Übrigens …
Im Sudan stehen weit mehr antike Pyramiden herum als in Ägypten.

1. Nuba-Frauen aus dem Dorf Nyaro in der Region Kordofan beim Wassertragen
2. Die Pyramiden von Meroë am Nilufer wurden vom Reich Kusch errichtet
3. Ein Bus transportiert Passagiere von Khartum nach Schandi, eine jahrhundertealte Stadt am Nil
4. Gläubige auf dem Weg in die Große Moschee in Khartum

S

1. Der schmuckvolle Arya-Dewaker-Hindu-Tempel in Parimbo
2. Kreolische Frauen in *kotomisi*-Tracht; *Kotomisis* stammen aus der Sklavenzeit und sollten männliches Interesse unterdrücken
3. Der prächtige männliche Tiefland-Felsenhahn

S **HAUPTSTADT** PARAMARIBO | **EINWOHNER** 566 846 | **FLÄCHE** 163 820 KM² | **AMTSSPRACHE** NIEDERLÄNDISCH

Suriname

Dieser waldreiche Winzling in Lateinamerika beherbergt einen erstaunlichen Kulturenmix, zu dem Nachfahren westafrikanischer Sklaven, Gastarbeiter aus Java, China und Indien, niederländische, libanesische und jüdische Siedler sowie indianische Ureinwohner gehören. Paramaribo, wo die Hälfte der Bevölkerung lebt, ist ein Gewirr aus Synagogen, Moscheen, Chinarestaurants, indischen Schnellimbissen und holländischen Kolonialbauten. Vor den Toren der Hauptstadt schlängeln sich Pisten und Flüsse zu den Naturschätzen des Landes: Savannen, riesige, unter Naturschutz stehende Regenwälder und einsame Strände, die vom Aussterben bedrohte Meeresschildkröten zur Eiablage nutzen.

DANITA DELIMONT | GETTY IMAGES // FRANS LEMMENS | GETTY IMAGES // WIM SMEETS/ BUITEN-BEELD | GETTY IMAGES

Beste Reisezeit

Februar bis April und August bis Anfang Dezember

Unbedingt anschauen

- Paramaribo, Surinames aufgekratzte Hauptstadt und Unesco-Weltkulturerbe mit Multikulti-Bevölkerung und -Küche
- Das 1,6 Mio. Hektar große Naturschutzgebiet Zentral-Suriname mit verschiedenen Ökosystemen und überwältigender Flora und Fauna
- Das abgelegene Indianerdorf Palumeu am Ufer des Flusses Boven Tapanahoni, wo Einheimische eine Ökotourismus-Initiative gestartet haben

Nicht versäumen

- Eine unvergessliche Bootsfahrt auf dem Oberen Suriname mit Station in Maroon-Dörfern
- Sich im Naturschutzgebiet Galibi im Sand auf die Lauer legen, um riesige Lederschildkröten bei der Eiablage zu beobachten (April bis August)
- Im Dschungel des Naturschutzgebiets Brownsberg nach Brüllaffen fahnden

Suriname hautnah

Lesen *Der Schatz der Wayana* von Mark Plotkin, erstaunliche Entdeckungen eines Ethnologen, der mit Indianern in Suriname und Brasilien zusammenlebte
Anhören Den Mix indigener Musik mit Jazz, Beatbox und Klassik des Flötisten Ronald Snijders
Ansehen *Wan Pipel* von Pim de la Parra, der ein faszinierendes Bild der Gesellschaft Surinames zeichnet
Essen *bami goreng* (gebratene Nudeln), *pom* (Schmorgericht aus Hühnchen und Taro-Wurzel)
Trinken Eiskaltes Parbo-Bier

In einem Wort

Fa waka? (Wie geht's?)

Markenzeichen

Ursprünglicher Regenwald, Bauxit

Übrigens …

Obwohl Niederländisch die Amtssprache ist, wird überall Sranan Tongo gesprochen, ein auf Englisch basierendes Kreolisch mit afrikanischen, portugiesischen und niederländischen Wurzeln, entwickelt zwischen Herren und Sklaven auf den Plantagen.

S

Beste Reisezeit
März bis November

Unbedingt anschauen
- Seltene Schwarze Nashörner im Mkhaya-Wildreservat
- Den jährlichen *umhlanga* (Schilftanz) im Dorf der Königsmutter
- Die Vorbereitungen für die Incwala-Zeremonie am königlichen Kraal von Lobamba
- Fruchtbare Hügellandschaften rund um den Piggs Peak im Norden von Swasiland
- Orange leuchtende Flammenbäume und lilafarbene Jacarandas im bewaldeten Ezulwini-Tal, wo es auch komfortable Lodges und Läden mit hübschem Kunsthandwerk gibt

Nicht versäumen
- Im urwüchsigen Naturschutzgebiet Malolotja wandern und Vögel beobachten
- Rund um Malkerns und im Ezulwini-Tal lokal produzierte Kerzen, Holzschnitzereien und andere typischen Souvenirs einkaufen
- Durch die Stromschnellen des Usutu schießen
- Die raue, waldreiche Landschaft rund um die Ngwempisi-Schlucht erforschen
- Wilde Tiere im idyllischen Mlilwane-Tierschutzgebiet oder im weitläufigen Hlane Royal National Park aufspüren

Swasiland hautnah
Lesen *The Kingdom of Swaziland* von D. Hugh Gillis, der zeigt, was das moderne Swasiland prägt
Anhören Die Songs und traditionellen Rhythmen des „Swasi-Soul" von *Bholoja*
Ansehen Das jährliche *Bush Fire Festival* mit Theater, Musik, Lesungen und mehr
Essen *Sishwala* (Maisbrei) und andere traditionelle Gerichte
Trinken *Tjwala* (Bier, das privat gebraut und oft eimerweise ausgeschenkt wird)

In einem Wort
Yebo (eigentlich „Ja", aber auch allgemeiner Gruß)

Markenzeichen
Schwarze Nashörner, Zuckerrohr, Kunsthandwerk, Aids, König Mswati III., amahiya und Speer

Übrigens …
Während der Vorbereitungen für die Incwala-Zeremonie schneiden junge Männer Zweige des *lusekwane*-Busches und bringen sie zum königlichen Kraal in Lobamba. Welke Zweige bedeuten, dass ihr Überbringer unerlaubt Sex hatte.

1. Junge Männer kombinieren traditionelle Kleidung mit modernen Elementen
2. Sibebe, oder Bald Mountain, ist der zweitgrößte Monolith der Welt
3. Ein Afrikanischer Elefant greift ein Safari-Fahrzeug im Hlane Royal Nationalpark an

S **HAUPTSTADT** MBABANE | **EINWOHNER** 1400000 | **FLÄCHE** 17364 KM² | **AMTSSPRACHEN** SISWATI & ENGLISCH

Swaziland | Swasiland

Swasiland – Afrikas letzte absolute Monarchie – hat sich seine traditionelle Kultur bewahrt. Männer mit Speer, in ihre amahiya (typisches Gewand) gehüllt, sind so häufig wie smarte Typen in Jeans mit Aktenkoffer, alte Sitten und Handwerkstechniken werden überall gepflegt. Auf den ersten Blick sieht die Hauptstadt Mbabane ziemlich westlich aus, aber außerhalb des Zentrums zeigen sich Gastfreundschaft, Stolz und Flair, für die das Land berühmt ist. Wanderungen durch hügelige Landschaften, Wildtiere in Naturparks und -schutzgebieten, Kunsthandwerk und vielleicht ein Schnappschuss vom König sind nur einige Angebote dieser aufgeweckten Nation. Wer sich Zeit nimmt, entdeckt noch viel mehr.

S

S **HAUPTSTADT** STOCKHOLM | **EINWOHNER** 9 600 000 | **FLÄCHE** 450 295 KM² | **AMTSSPRACHE** SCHWEDISCH

Sweden | Schweden

Das kleine Volk hoch im Norden machte lange von sich reden: zuerst mit den Wikingern, dann mit Scandi-Pop von ABBA, Ericsson-Handys und der Revolution der Ikea-Selbstaufbau-Möbel. Schwedens Schattenseite kamen mit Wallander und *Das Mädchen mit der Drachen-Tätowierung* ans Licht. Orte, die auf der Kinoleinwand ihren Auftritt hatten, sind zu touristischen Zielen geworden und stehen neben etablierteren wie dem schicken Stockholm und der malerischen Bohuslän-Küste. Das Land erfüllt alle Erwartungen mit verstreut liegenden Inseln, Wäldern voller Beeren, Dörfern mit roten Holzhäusern, kurz: ein Spielplatz für Naturliebhaber. Aber die Städte verändern sich rasant mit einem beispiellosen Flüchtlingszustrom, der das Selbstverständnis der schwedischen Nation verändern wird.

Beste Reisezeit

Mai bis August für Sonnenhungrige, Dezember bis März für Schneehasen

Unbedingt anschauen

- Södermalm – und von dort aus die glitzernde Kulisse von Stockholm
- So viele der 24 000 Inseln wie möglich – am besten im Rahmen einer Schiffsreise
- Die Mitternachtssonne am Polarkreis, z. B. im Abisko-Nationalpark im Kernland der Samen
- Glasbläserkunst vom Feinsten im Glasriket (Glasreich)
- Felsenklippen und idyllische Fischerdörfer an der Küste von Bohuslän

Nicht versäumen

- Mittsommer feiern in einem der malerischen Dörfer am noch malerischeren Siljan-See
- Sich beim Kajakfahren um Bohuslän, beim Fahrradfahren um Gotland oder beim Wandern und Langlauf im eisigen Norrland in die freie Natur stürzen
- Eine Nacht im supercoolen Eishotel von Jukkasjärvi
- In die Geschichte eintauchen im Stockholmer Djurgården, wo das Freilichtmuseum Skansen und das Wasa-Museum stehen
- Im Wikingerdorf Foteviken Hägar der Schreckliche spielen

Schweden hautnah

Lesen Die *Millennium-Trilogie* von Stieg Larsson und Henning Mankells *Wallander*-Serie für Krimifans, und natürlich Astrid Lindgrens *Pippi Langstrumpf*
Anhören ABBA und Roxette, wenn man mag, oder The Hives und Millencolin ausprobieren
Ansehen Alle 62 Filme des großen Ingmar Bergman, *Mein Leben als Hund* von Lasse Hallström oder den überragenden, raffinierten Vampirfilm *So finster die Nacht*
Essen Lachs in allen Varianten, Elch- und Rentierfleisch, die berühmten *köttbullar* (Fleischbällchen) mit Kartoffelpüree und Preiselbeersauce
Trinken Kaffee, Absolut-Wodka, *akvavit* und *öl* (Bier)

In einem Wort

Jättebra! (Super!)

Markenzeichen

ABBA, Ingmar Bergman und Greta Garbo, Blondinen, *dark dramas*, cooles Design, teure Getränke, Mitternachtssonne, IKEA, Fleischbällchen, Saab und Volvo, Tennisspieler, Wikinger

Übrigens ...

Der berühmteste schwedische Erfinder heißt Alfred Nobel, hat das Dynamit entdeckt und (entsetzt über dessen Auswirkungen) die Nobel-Stiftung gegründet, die den Friedensnobelpreis verleiht.

1. Västerbotten in Nordschweden: lange Winter und endlose Tannenwälder
2. Ein Fischerdorf auf den für ihr stürmisches Klima bekannten Wetterinseln
3. Stockholms geschichtsträchtiger Söder Mälarstrand, eine 'Strandstraße' mit Bootsstegen

3

S

S **HAUPTSTADT** BERN | **EINWOHNER** 8 000 000 | **FLÄCHE** 41 277 KM² | **AMTSSPRACHEN** DEUTSCH, FRANZÖSISCH, ITALIENISCH & RÄTOROMANISCH

Switzerland | Schweiz

Kaum ein Land ist so selbszufrieden wie die Schweiz. Ob Unternehmungen in den Alpen oder am See, hippe Städte oder Wanderungen durchs Grün, hier kann es sich jeder gut gehen lassen: in Bilderbuchdörfern herumschlendern, in den Bergen in Heilwasserquellen eintauchen, in Chalets mit Geranien vorm Fenster einkehren, den Ausblick von Bergbahnen aus bewundern, die zwischen Kiefernwäldern und Gletscherlandschaften herumtuckern, oder die Stille auf Skiern am Matterhorn genießen. In diesem kleinen viersprachigen Binnenland machten viele Kavalierstouren im 18. Jh. Halt, hier wurde der Wintertourismus geboren und hier erklommen Bergsteiger neue Höhen. Seitdem zieht dieses Land immer mehr Reisende an.

Beste Reisezeit

Immer

Unbedingt anschauen

- Das majestätische, über dem schicken Wintersportort Zermatt thronende Matterhorn
- Den Genfersee vom Paddelboot aus oder beim Essen im Freien an seinen Ufern
- Europas größten Gletscher, den Aletsch, der seine eisbedeckte Zunge 23 km lang herausstreckt
- Den gewaltigen, tosenden Rheinfall von der Aussicht Känzeli am Schloss Laufen bewundern
- Das mittelalterliche Bergdorf Gruyères mit Schloss und Käserei

Nicht versäumen

- Schick shoppen und tanzen in Europas angesagtester Stadt: Zürich
- Sich buchstäblich in der modernen Architektur der Bäder der Therme Vals suhlen
- In den Höhen des Schweizerischen Nationalparks vorbei an blauen Seen und Fels-Ausbissen über Wiesen voller Blumen und durch Lärchenwälder wandern
- Am Seeufer grooven: beim legendären Jazzfestival von Montreux im Juli
- Mit dem Zug durch eine der schönsten Alpenlandschaften fahren

Schweiz hautnah

Lesen *Da, wo ich wohne.* Erzählungen des Züricher Kabarettisten Franz Hohler
Anhören Die Folkloreband Sonalp, die Weltmusik mit Jodlern und Kuhglocken garniert, oder die Berner Sängerin und Songschreiberin Sophie Hunger
Ansehen Den Bond-Klassiker aus den 1960er-Jahren *Im Geheimdienst Ihrer Majestät*, für dessen Actionszenen Bern, Grindelwald und Saas Fee die Kulissen abgaben
Essen Rösti und Würste in der deutschsprachigen Schweiz, Käsefondue und Raclette dort, wo Schnee liegt
Trinken Erstklassige *grand crus* wie Calamin oder Dézaley aus den Unesco-geschützten Weinbergen von Lavaux über dem Genfer See

In einem Wort

Grüezi (Hallo)

Markenzeichen

Matterhorn, Heidi, Jodeln, Präzision eines Uhrwerks, Prestige-Uhren, Schokolade, Kühe, Privatbanken, Schweizer Taschenmesser, Trinkflaschen von Sigg

Übrigens …

Müsli (Müesli) ist eine Schweizer Erfindung aus dem ausgehenden 19. Jh. Weltweit am bekanntesten ist das anhaltend beliebte Birchermüesli

1. Château d'Aigle aus dem 13. Jh. mit Weinbergen und die gleichnamige Stadt
2. Skilangläufer im Oberengadin, Graubündener Alpen
3. Schauplatz vieler Berg-Epen; das Matterhorn bei Zermatt
4. Genfersee und der Jet d'Eau's mit der 140 m hohen Wasserfontäne

3

4

1

S **HAUPTSTADT** DAMASKUS | **EINWOHNER** 17 000 000 | **FLÄCHE** 185 180 KM² | **AMTSSPRACHE** ARABISCH

Syria | Syrien

Es ist unmöglich zu sagen, was die Zukunft Syrien bringen wird, das ein unfassbar grausamer Konflikt in Atem hält; es ist ein schwacher Trost, dass diese einst prächtige Kultur so viele schreckliche Kriege in der Geschichte überstanden hat. Das Land war immer schon geschichtlicher Knotenpunkt – römische Ruinen, Kreuzritterburgen und einmalige antike Städte zeugen noch immer davon, auch wenn viele von ihnen bedroht sind. Die unzerstörbaren Traditionen des syrischen Volks, darunter die herzliche Gastfreundschaft, das Geschichtenerzählen, der süße Tee, die köstliche Küche und eine reiche künstlerische Kultur, haben weiterhin Bestand.

Beste Zeit

März bis Mai (Frühling)

Übrigens …

Jeder dritte Syrer ist jünger als 15 Jahre.

Interessante Orte

- Die unbeschreiblich schöne Altstadt von Damaskus mit vielen Wahrzeichen der großen Kulturen des Nahen Ostens
- Die Norias, alte Wasserschöpfräder, in Hama
- Krak des Chevaliers, eine hoch gelegene, grandiose Kreuzritterburg mit unzähligen Gängen und Räumen sowie einem fantastischen Ausblick
- Die Zitadelle von Bosra mit römischem Amphitheater, das 15 000 Zuschauer fasste
- Der Euphrat, längster Fluss im westlichen Asien

Lokale Bräuche

- Auf Souks beim Kauf von Textilien, Gewürzen und anderen Waren handeln
- Nach Sonnenuntergang die einzigartige Umayyaden-Moschee in Damaskus besuchen
- Aromatisierten Tabak in einer Wasserpfeife (*nargilah*) rauchen
- Durch das Kloster Qala'at Samaan schlendern, wo Symeon Stylites einst hockte
- In Cafés im Bab-Sharqi-Viertel in der Altstadt von Damaskus sitzen

Syrien hautnah

Lesen *Die dunkle Seite der Liebe*, Rafik Schamis wunderbare Liebeserklärung an sein geschundenes Heimatland
Anhören *Shamat* von Lena Chamamian
Ansehen *Out of Coverage* von Abdellatif Abdelhamid, eine nuancierte Studie der syrischen Gesellschaft, die erstaunlicherweise von der Zensur unbehelligt blieb
Essen *booza*, ein widerstandsfähiges Eis, das nicht schmilzt, gerollt in Pistazienkernen
Trinken *Shay na'ana* (Minztee), der in Syrien unweigerlich jedem Gast vorgesetzt wird

In einem Wort

Ahlan wa sahlan (Willkommen)

Markenzeichen

Überlebensgroße Poster der Assad-Familie, die in Syrien seit 1970 herrscht, zwei der ältesten ständig bewohnten Städte der Welt (Damaskus und Aleppo)

2

1. Der Hof der Karawanserei Khan Asad Pascha in der Altstadt von Damaskus
2. Die rosa-goldfarbenen Ruinen des antiken Palmyra (im Arabischen Tadmur genannt) vor der Zerstörung durch den IS 2015
3. Aleppos berühmter Al-Madina-Souk, von dem, so glaubt man, vieles im Bürgerkrieg zerstört worden ist

3

1. Die Vulkanspitze Maupiti and sein Korallenatoll
2. Auf Monsterwellen von Teahupo'o
3. Ein traditioneller Hochzeitspriester von den Tuamotu-Inseln

T **HAUPTSTADT** PAPE'ETE | **EINWOHNER** 277293 | **FLÄCHE** 4167 KM² | **AMTSSPRACHE** FRANZÖSISCH

Tahiti & Französisch-Polynesien

Das idyllisch-ruhige, mit üppiger Vegetation gesegnete Französisch-Polynesien ist abenteuerlicher, als sein Jet-Set-Image vermuten lässt. Die 118 Inseln, vom Tuamotu-Atoll mit seinen Lagunen bis zu den kulturell interessanten Marquesas, verteilen sich über eine Fläche, doppelt so groß wie Australien, und bestechen durch ihre Vielfältigkeit. Taucher finden hier ein kristallklares Nirwana, Wanderer das ultimative Dschungelerlebnis und Foodies französische Gaumenfreuden mit polynesischen Aromen. Die Luft ist geschwängert vom Duft der tiare (Gardenien) und das tropische Klima legt sich wie Samt auf die Haut. Neben Luxushotels gibt es auch einfachere Zimmer und individuell eingerichtete B&Bs, sodass der polynesische Inseltraum auch für Normalsterbliche wahr werden kann.

3

Beste Reisezeit

Die kühlere, trockenere Zeit von Mai bis Oktober

Unbedingt anschauen

- Den *marae* (alte Kultstätte) von Taputapuatea auf Rai'iatea, einen der wichtigsten im Pazifikraum
- Die besten Tänzer beim Festival Heiva i Tahiti
- Muschelketten, Strohhüte und farbenfrohe *pāreus* (Sarongs) auf dem Markt von Pape'ete
- Den Blick über die beiden Buchten von Mo'orea vom Aussichtspunkt Belvedere
- Surfer, die bei Teahupo'o durch riesige Tubes gleiten

Nicht versäumen

- In den Lagunen des Rangiroa-Atolls beim Tauchen seine Liebe zu Haien entdecken
- Auf Nuku Hiva wandern und sich von zeitlos schönen Tälern, spektakulären Wasserfällen und unglaublichen Ausblicken begeistern lassen
- Eine der Luxusanlagen auf Bora Bora
- Im warmen Meer vor Rurutu in Gesellschaft von Buckelwalen schnorcheln

Tahiti & Französisch-Polynesien hautnah

Lesen *The Miss Tutti Frutti Contest* von Graeme Lay – südpazifische Geschichten, darunter Paul Gauguins schockierende tahitianischen Geheimnisse
Anhören Die allgegenwärtigen Klänge der Ukulele
Ansehen *Kon-Tiki,* auf den Spuren Thor Heyerdahls von Südamerika nach Polynesien
Essen Roher Fisch in Form von *poisson cru* mit Kokosmilch, als mediterran gewürztes Carpaccio oder als asiatisches Sashimi
Trinken Hinano, die populärste Biersorte

In einem Wort

Haere maru (Nichts überstürzen)

Markenzeichen

Tiare (Gardenien), tahitianische Perlen, Paul Gauguin, Meuterei auf der Bounty, Bungalows auf Stelzen im Meer, Surfen

Übrigens ...

Den Buchstaben b gibt es nicht auf Tahitianisch. Bora Bora heißt eigentlich Pora Pora

2

T **HAUPTSTADT** TAIPEI | **EINWOHNER** 23 300 000 | **FLÄCHE** 35 980 KM² | **AMTSSPRACHE** MANDARIN

Taiwan

Zwischen der Insel Taiwan – einem der vier asiatischen Tiger – und dem Mutterland China liegen die Formosastraße und eine tiefe politische Kluft. Taiwan nennt sich auch Republik China und hat seit seiner Gründung 1945 eine eigene Regierung, wird aber von der Volksrepublik China beansprucht. So viel zur Politik, ansonsten besticht die Insel durch Wolkenkratzer in der Hauptstadt Taipei, zerklüftete Küsten, einer Berglandschaft voller dicht bewaldeter Gipfel, gigantische Buddhastatuen, heiße Quellen, Basaltinseln und ursprüngliche Dörfer, die zur geheimnisvollen Aura beitragen. Kein Wunder, dass portugiesische Seefahrer Taiwan einstmals „Ilha Formosa" (schöne Insel) nannten, als sie sie in den 1540ern ansteuerten.

Beste Reisezeit

September bis November, wenn die Herbstfarben leuchten, und Januar oder Februar zum jährlichen Laternenfest

Unbedingt anschauen

- Die Hauptstadt, vom 509 m hohen Wolkenkratzer Taipei 101 aus betrachtet
- Die überwältigende Sammlung chin. Kulturobjekte im Nationalen Palastmuseum von Taipei
- Historische Tempel und Gourmetspeisen in Tainan, der früheren Hauptstadt
- Malerische Landschaften während einer Radtour auf der Expressstraße Nr. 11
- Basaltsäulen und wie Skulpturen anmutende steinerne Fischfallen auf den Penghu-Inseln

Nicht versäumen

- Die Taroko-Schlucht mit Marmorfelsen und jadegrünem Fluss durchwandern
- In den Teegärten von Pinglin lernen, auf taiwanesische Art Tee zu trinken
- Im Dschungel um Wulai versteckte Wasserfälle und heißen Quelle entdecken
- Auf der hübschen Insel Lanyu mit Menschen des Volksstamms Yami und ihrem Erbe Bekanntschaft schließen
- Seine Toleranz für abenteuerliche Geschmackserlebnisse auf einem von Taipeis legendären Nachtmärkten testen

Taiwan hautnah

Lesen *Zwischen Geistern und Gigabytes – Abenteuer Alltag in Taiwan* von Ilka Schneider
Anhören Den eingängigen Mandarin-Pop von Jay Chou, F4, Fahrenheit und S.H.E.
Ansehen *Seediq Bale*, ein epochaler Film über den Wushe-Zwischenfall, und Ang Lees *Eat Drink Man Woman* mit einem Einblick in das moderne Taiwan
Essen *Chou doufu* („Stinktofu"), in vergammeltem Gemüse und Shrimps mariniert
Trinken Alishan-Oolongtee aus dem Hochgebirge

In einem Wort

Chīfàn le ma? (Haben Sie schon gegessen?)

Markenzeichen

Hochhaus Taipei 101, Chiang Kai-shek, Oolong-Tee, Bubble Tea, Nachtmärkte, Himmelslaternen, Instantnudeln

Übrigens …

Sowohl Instandnudeln als auch Bubble Tea (auch als 'Boba' oder 'Pearl Milk Tea' bekannt) sind Erfindungen aus Taiwan und erlangen hier Popularität.

1. Taiwans regenarmer September ist zum Kakitrocknen geeignet
2. Die Fassade des Bao-An-Tempels, Taipei
3. Taipei 101 und die Skyline der Stadt vom Elephant Mountain
4. Ein Laternenmacher vor seinem Geschäft

3

4

T

Beste Reisezeit
Juni bis September (Berge), März bis Mai, Oktober bis November (Hauptstadt Duschanbe und Tiefland)

Unbedingt anschauen
- Den Pamir Highway von Chorugh nach Osch, eine der Traumpisten dieser Erde
- Den Wakhan-Korridor, ein unglaublich malerisches Flusstal mit Forts, buddhistischen Stupas und 7000 m hohen Gipfeln, in der Einsamkeit des Grenzgebiets zu Afghanistan gelegen
- Die Marguzor-Seen, eine Serie von sieben türkisfarbenen Seen nahe Pandschakent
- Das kleine Istarawschan mit großem Basar, Moscheen und Madrasas (Islamschulen)

Nicht versäumen
- Anschnallen beim atemberaubenden Panoramaflug von Chorugh nach Duschanbe, die einzige Strecke in der ehemaligen UdSSR, auf der Piloten eine Gefahrenzulage erhielten
- Durch die Fann-Berge im Pamir-Gebirge trekken, eine der schönsten Berglandschaften der Welt
- In einer Jurte oder Privatunterkunft in den Bergen übernachten und sich von der Gastfreundschaft der Menschen fast beschämen lassen
- Die klassizistischen Fassaden auf Duschanbes Hauptstraße Rudaki, die an St. Petersburg erinnern
- Über einem reißenden Fluss im Jizeu-Tal in einer Seilbahnkonstruktion hängen

Tadschikistan hautnah
Lesen *Land Beyond the River* von Monica Whitlock über die jüngste Vergangenheit; *The Hundred Thousand Fools of God* von Theodore Levin, der Einblicke in die tadschikische Musikkultur ermöglicht
Anhören Volkssänger im westlichen Pamir-Gebirge, die Gedichte von Rudaki deklamieren, begleitet von einer sechssaitigen *rubab* (persischen Laute)
Ansehen *Luna Papa* von Bakhtyar Khudojnazarov oder *Der Engel zu meiner Rechten* von Jamshed Usmonov
Essen Gemeinsam verzehrtes *kurtob* (erfrischender, cremiger Mix aus Fladenbrot, Joghurt, Zwiebeln, Schnittlauch und Koriander)
Trinken ein einheimisch gebrautes Sim-Sim *piva* (Bier) am Brunnen des Opernhauses Ayni in Duschanbe

In einem Wort
Roh-i safed (Gute Reise)

Markenzeichen
Basare, ergreifende Gastfreundschaft, Marco-Polo-Schaf, Käppchen, persische Lyrik, „Dach der Welt", Burgen entlang der Seidenstraße, Wrestling

Übrigens …
In abgelegenen Gebieten des Yagno-Tals wird noch Sogdisch gesprochen, das war die auf der Seidenstraße geläufige Verkehrssprache.

1. Eine Familie auf ihrem Eselskarren in der alten Stadt Pandschakent
2. Das monumentale Eingangstor der Festung Hissor im Westen des Landes
3. Die Ruschankette am Pandsch-Fluss ist Teil des Autonomiegebiets Gorno-Badachschan

T **HAUPTSTADT** DUSCHANBE | **EINWOHNER** 7900000 | **FLÄCHE** 143100 KM² | **AMTSSPRACHE** TADSCHIKISCH

Tajikistan | Tadschikistan

Tadschikistan, als persischsprachiger Außenseiter unter den Turkvölkern völlig abgschieden im Hochgebirge im äußersten Winkel der ehemaligen Sowjetrepubliken gelegen, ist ein von Touristen noch immer weitgehend unentdecktes Reiseziel, das Abenteuer verspricht. Abgesehen von Handelsstädten aus Seidenstraßenzeiten und bunten Märkten ist das Pamir-Gebirge die größte Attraktion. Seine wunderschönen Hochebenen mit tiefblauen Seen, Jurten und idyllischen Tälern haben schon Marco Polo und Francis Younghusband verzaubert. Fans von Tibet, Bolivien oder Nordpakistan werden von dem kleinen, unbekannten Tadschikistan auf jeden Fall begeistert sein.

T

1

T HAUPTSTADT DODOMA | EINWOHNER 48 300 000 | FLÄCHE 945 087 KM² | AMTSSPRACHEN SWAHILI & ENGLISCH

Tanzania | Tansania

Manche Länder sind nur laut – Tansania macht Musik. Seine größte Open-Air-Bühne ist die Serengeti, wo die spektakulärste Show der Welt läuft: Der Zug der Tierherden. Nicht nur die Grashalme schwingen unter den Hufen der Millionen Gnus – auch der Puls der glücklichen Besucher schnellt hoch. Die Schreie der Massai-Krieger, die beschwingten Lieder der Kilimandscharo-Guides und das rhythmische Rauschen der Wellen an Sansibars Küsten gehören ebenso zum Tansania-Flair wie die visuellen Eindrücke: die dramatischen Landschaftsformen des Großen Afrikanischen Grabenbruchs, die bunt gewandeten Tansanier und die vielfältige Fauna und Flora. Obwohl hier eine der größten Völkervielfalten Afrikas lebt, herrscht erstaunliche Harmonie – was wiederum in das Bild Tansanias als großes Musikorchester passt.

Beste Reisezeit

Juni bis Oktober oder Dezember bis Januar

Unbedingt anschauen

- Eine Gnuherde in der Serengeti, die den krokodilreichen Flusses Grumeti überquert
- Einen Sonnenaufgang über der afrikanischen Savanne – vom Kilimandscharo aus
- Türkisblaue Wellen, die sich an Sansibars Riffen brechen und über den weißen Sand schwappen
- Riesige Büffelherden in den Schwemmlandebenen des Flusses Katuma im Katavi-Nationalpark
- Das Innere der Großen Moschee von Kilwa Kisiwaniim im Abendlicht

Nicht versäumen

- Mit einer traditionellen Dhau segeln und auf der Wasseroberfläche ein Wellenmuster zeichnen
- In die von Wildtieren bevölkerten Tiefen des Ngorongoro-Kraters vordringen
- Schimpansen beobachten und sich an einem tropischen Strand im Nationalpark Mahale Mountains von all den Aufregungen erholen
- Beim Bummel durch Stone Town in Sansibar-Stadt die aufwendig geschnitzten, messingverzierten Haustüren studieren und die einzigartige Atmosphäre aufsaugen
- Im Tierschutzgebiet Selous an Nilpferden, Elefanten und anderen Tieren vorbeipaddeln

Tansania hautnah

Lesen *Eine Farm in Afrika* von Hardy Krüger, der sich bei Dreharbeiten in Tansania in das Land verliebte
Anhören *Bongo Flava:* swahilischer Hip Hop aus Afrobeat und arabischen Melodien
Ansehen *Serengeti darf nicht sterben*, der Klassiker von Bernhard und Michael Grzimek
Essen *Ugali* (Brei aus Mais- und/oder Maniokmehl), *mishikaki* (marinierte Fleischspieße)
Trinken *Mbege* (Bananenbier) oder *uraka* (Getränk aus Cashew-Früchten)

In einem Wort

Hakuna matata (Kein Problem)

Markenzeichen

Serengeti, wandernde Tierherden, Kilimandscharo, Sansibar, Massai

Übrigens ...

Der Britisch-Sansibarische Krieg am 27. August 1896 war der kürzeste Krieg der Welt – er dauerte nur 38 Minuten.

1. Stechen und Dehnen der Ohrläppchen, wie bei diesem zukünftigen Häuptling, ist weit verbreitet unter den Massai
2. Ein idyllischer Strand auf Unguja, Sansibar-Archipel
3. Ein ostafrikanischer Schimpanse im Gombe Nationalpark

2

3

T

1

2

T **HAUPTSTADT** BANGKOK | **EINWOHNER** 67 500 000 | **FLÄCHE** 513 120 KM² | **AMTSSPRACHE** THAI

Thailand

Was immer Traveller sich wünschen – Thailand bietet es: perfekte Strände, dichten Dschungel, alte Ruinenstädte, exotische Inseln, golden glänzende Klöster, faszinierende Korallenriffe, relaxte Einwohner, pulsierende Städte, steil abfallende Reisterrassen, beschauliche Dörfer, tropisch-heißes Klima, leckere Küche, Fünf-Sterne-Luxus und Komfort zu Billigstpreisen. Trotz der politisch instabilen Lage kommen weiterhin die Touristen und können sich dem Sog dieses Urlaubsparadieses nicht entziehen, denn in Thailand ist wirklich alles möglich! Das kulminiert in rauschenden Partys auf den Südinseln.

Beste Reisezeit
November bis April, wenn es am trockensten ist

Unbedingt anschauen
- Kultur, Chaos und buddhistische Tempelpracht in Bangkok, Thailands lebhafter Hauptstadt
- Die stimmungsvollen Ruinen der ehemaligen Hauptstädte Sukhothai und Ayutthaya
- Ursprüngliche Regenwälder mit üppiger Fauna und Flora in den Nationalparks Khao Yai und Khao Sok
- Die ergreifenden Reste der Death Railway (Todesbahn) zwischen Thailand und Birma in Kanchanaburi
- Idyllische Inseln, von der Partyhochburg Ko Phi Phi bis zu den abgelegenen Inseln im Meeres-Nationalpark Ko Tarutao

Nicht versäumen
- In einem Kochkurs in Bangkok, Phuket oder Chiang Mai ein thailändisches Festessen zubereiten
- In den schroffen Karstfelsen bei Krabi klettern
- Bei Chiang Rai und Mae Hong Son malerische Dörfer der Bergvölker besuchen
- Im Unterwasserparadies von Ko Tao oder vor den Similan-Inseln tauchen
- Auf einer Vollmondparty auf Ko Pha-Ngan barfuß im Sand tanzen

Thailand hautnah
Lesen *Monsoon Country* von Pira Sudham, der für den Nobelpreis nominiert wurde
Anhören Jazzkompositionen Seiner Königlichen Hoheit Bhumibol Adulyadej, z. B. den Klassiker *Sai Fon (Falling Rain)*
Ansehen Das historische Schlachtengetümmel *Die Legende der Suriyothai* von Chatrichalerm Yukol oder die unkonventionellen Autorenfilme von Apichatpong Weerasethakul
Essen *Tom yam kung* (sauer-scharfe Garnelensuppe mit Zitronengras) oder das National-Nudelgericht *pàt tai*
Trinken Singha- oder Chang-Bier oder Sang-Som-Whisky (die Nachfolgemarke des berüchtigten, mittlerweile verbotenen Sang Thip)

In einem Wort
Sanuk (Spaß – der Schlüsselbegriff für die thailändische Psyche)

Markenzeichen
Goldene Stupas, schwimmende Märkte, farblich definierte Currys, Mönche in Orange, schrille Ladyboys, thailändische Seide, Bergvölker, Elefantenritte, Backpacker-Strandpartys, Khao San Road

Übrigens …
Kein Thailänder würde sich ein Haus bauen, ohne daneben ein san phra phum (Geisterhaus) für die auf dem Grundstück lebenden Geister zu errichten.

1. Das Werk von Generationen: Reisterrassen in der Provinz Chiang Mai
2. Der 19 m hohe, sitzende Buddha im Tempel Wat Phanan Choeng, Ayutthaya
3. Tropisches Paradies Loh Samah Bay, Inselgruppe Ko Phi Phi
4. Thailänder verkauft frisch Zubereitetes auf einem schwimmenden Markt

3

4

1

2

T **HAUPTSTADT** LHASA | **EINWOHNER** 5 600 000 | **FLÄCHE** 1 228 400 KM² | **AMTSSPRACHEN** TIBETISCH & MANDARIN

Tibet

Tibet ist sicher eine der schönsten und inspirierendsten, aber auch tragischsten Ecken Asiens. Das Leben in diesem buddhistischen Land änderte sich für immer, als 1950 chinesische Streitkräfte einmarschierten und das unabhängige Königreich dem "Mutterland" zuführten. Trotz der kulturellen Säuberung, die damals begann und bisher fast eine Millionen Menschen das Leben kostete, ließ sich die tibetische Kultur nicht unterkriegen, auch wenn Migranten dem Land in rasantem Tempo eine chinesische Prägung geben. An Schreinen und in Klöstern, auf Viehmärkten und bei Dorftänzen spürt man Tibets Seele ebenso wie bei der Umrundung (kora) des heiligen Berges Kailash, um sich von den Sünden zu reinigen. Auch wer nur kurz in Tibet weilt, empfindet Demut angesichts des Triumphs des Geistes über das Elend.

Beste Reisezeit
Mitte Mai bis September

Unbedingt anschauen
- Den Potala-Palast, ehemaliger Wohnsitz des Dalai Lama und Attraktion für Touristen
- Den Mount Everest, auch im wörtlichen Sinne Tibets „Höhepunkt", der majestätischer als von der nepalesischen Seite aus zu sehen ist
- Den hochgelegenen Salzsee Namtsho, Heimat zäher Nomaden und vieler Vögel
- Die buddhistische Farbenlehre der prächtigen Wandmalereien im Stupa Gyantse-Kumbum
- Shigatse, die zweite bezirksfreie Stadt, und das Trashilhünpo-Kloster, Sitz des Panchen Lama

Nicht versäumen
- Braun gewandeten Mönchen des Sera-Klosters bei ihren buddhistischen, mit Schreien und Klatschen untermalten Debatten zuhören
- Im Allradfahrzeug auf dem Friendship Highway von Lhasa nach Kathmandu fahren
- Auf der höchsten Eisenbahnstrecke der Welt durch das tibetische Hochland nach Lhasa zuckeln
- Über 5200 m hohe Pässe vom Ganden- zum Samye-Kloster wandern
- Asiens heiligsten Berg Kailash umrunden

Tibet hautnah
Lesen *Tibet – die Geschichte meines Landes:* Der Dalai Lama im Gespräch mit Thomas Laird, in dem der geistige Führer Tibets Geschichte und Hintergründe erklärt, oder *Der Griff nach Lhasa. Die Erschließung Tibets im 19. und 20. Jahrhundert* von Peter Hopkirk, eine überaus lesenswerte Darstellung europäischer Interessen an dieser geheimnisvollen Welt
Anhören *Chö* und *Selwa* von Choying Drolma, einer tief religiösen tibetischen Nonne
Ansehen *Der unteilbare Himmel,* eine wunderschöne Kinoreise von John Bush, oder *Windhorse*, anspruchsvolle erste tibetische Spielfilmproduktion
Essen *Momos* (Teigtaschen), Yak-Steaks und *tsampa* (gemahlene, geröstete Gerste)
Trinken *Bo cha* (salziger Tee mit Yak-Butter) in einem abgelegenen Kloster oder *cha ngamo* (süßer Tee mit Milch) in einem quirligen tibetischen Teehaus

In einem Wort
Tashi Delek! (Hallo, wörtlich „viel Glück")

Markenzeichen
Dalai Lama, „Dach der Welt", „Schneeland", Yaks, Massenzuwanderung aus China, kulturelle Säuberung, Aufstände und Opferungen, Mönche mit Gebetsmühlen, Pilger, Butterlampen und Buttertee, Wacholder-Räucherstäbchen

Übrigens ...
Früher wurden Yak-Schwänze aus Tibet in den USA zu Rauschebärten für Weihnachtsmänner verarbeitet.

1. Tibetische Mädchen albern vor der Kamera, Barkhor, Lhasa
2. Der ehemalige Wohnsitz des Dalai Lama, Potala Palace, Lhasa
3. Ein Mönch mit einem 1000 Jahre alten buddhistischen Text, Po Dang Gompa, Sadeng
4. Der heilige See Yamzhog Yumco, zwischen Lhasa und dem Mount Everest gelegen

3

4

T

1. Am östlichen Ende von Dili liegt Kap Fatucama mit der Christusstatue Cristo Rei

2. Frauen baden in Marobo in den heißen Thermen aus der Kolonialzeit

3. Ein Dorfbewohner aus Liurai, südlich von Dili

T **HAUPTSTADT** DILI | **EINWOHNER** 1200000 | **FLÄCHE** 14919 KM² | **AMTSSPRACHEN** TETUM, PORTUG., INDONES. & ENGL.

Timor-Leste | Osttimor

Nach harten Kämpfen gegen die indonesische Besetzung war es ein großer Sieg für Osttimor, als erster Staat im 21. Jh. unabhängig zu werden. Auch wenn die erste Zeit der Freiheit turbulent verlief: Die verarmte ehemalige portugiesische Kolonie kommt allmählich auf die Beine. Nebelverhangene Berggipfel und ursprüngliche weiße Sandstrände erwarten Besucher, die sich von wenig touristischem Komfort und schlechten, aber stetig verbesserten Straßen nicht abschrecken lassen. Außerhalb der geschäftigen Hauptstadt Dili leben viele Menschen heute noch wie seit Jahrhunderten. Unberührte Tauchreviere sind noch unentdeckt. Und allenthalben sind die Einheimischen stolz, freundlich – und völlig verblüfft, in diesem vergessenen Winkel der Welt auf Fremde zu treffen.

Beste Reisezeit
Von Mai bis November ist es am heißesten

Unbedingt anschauen
- Die rundweg schöne Insel Atauro vor Dili, die Taucher, Wanderer und Strandfreaks anzieht
- Traditionelle Architektur wie die charakteristischen Fataluku-Pfahlhäuser im Osten
- Wie die Sonne im Meer versinkt – von der Balibo-Festung mit einem Cocktail in der Hand
- Alltagsleben an den Stränden von Dili

Nicht versäumen
- In den glasklaren Gewässern an der Nordküste tauchen
- Osttimors tragische Geschichte im großartigen Museum des Widerstands verstehen
- Einen Nachmittag an den feinen Sandstränden auf der unbewohnten heiligen Jako-Insel verbringen
- Zum Sonnenaufgang auf den höchsten Gipfel des Landes, den Mount Ramelau, wandern

Osttimor hautnah
Lesen Luis Cardosos schwärmerische *Chronik einer Überfahrt* über seine Jugend unter portugiesischer und indonesischer Herrschaft
Anhören *Tebe*, die Volksmusik für Festtage
Ansehen *Balibo*, Spielfilm über eine Gruppe von Journalisten aus Australien, die während Indonesiens Treiben in Timor 1975 ermordet wurden
Essen Fisch am Spieß an einem der Imbissstände entlang der Küste
Trinken Den aromatischen Arabica-Kaffee von den Berghängen bei Dili

In einem Wort
Bom dia! (Guten Tag!)

Markenzeichen
Xanana Gusmão, José Ramos-Horta, Widerstandskämpfer, farbenfroher tais-Webstoff

Übrigens …
Ein kleines Stückchen von Osttimor, die Exklave Oecussi, liegt fast 80 km vom Rest des Landes entfernt im indonesischen Westtimor.

T

Beste Reisezeit
Mitte Juli bis Mitte September

Unbedingt anschauen
- Koutammakou, das berühmte, Unesco-geschützte Siedlungsgebiet der Tamberma
- Lomés einzigartiges Musée International du Golfe de Guinée, seine quirligen Märkte und attraktiven Strände
- Badou, ein malerisch gelegener Ort für Wanderungen in die umliegenden Berge
- Den einstmals in seiner Existenz gefährdeten
- Nationalpark Fazao-Malfakassa mit Elefanten und großem Vogelreichtum
- Dapaong, ein wichtiger Verkehrsknotenpunkt im Norden, in dessen Nähe sich faszinierende Höhlenwohnungen befinden

Nicht versäumen
- Rund um Kpalimé durch Kaffee- und Kakaoplantagen schlendern
- Mit einer Piroge nach Togoville fahren und dort Voodoo-Bräuche erforschen
- Im klaren Wasser des Togosees unbehelligt von Krokodilen baden
- Auf dem Marché des Féticheurs in Lomé Stachelschweinhaut oder den Zahn eines Warzenschweins bestaunen
- Im friedlichen Städtchen Bafilo die muslimische Seite Togos kennenlernen

Togo hautnah
Lesen *Fufu ist keine Götterspeise* von Dr. Dieter Jacobi, der jahrelang als Chefarzt in einer togolesischen Klinik arbeitete
Anhören Trommeln, *lithophones* (Percussion-Instrumente aus Stein)
Ansehen *Femmes aux yeux ouverts (Women with Open Eyes)* von der togolesischen Regisseurin Anne-Laure Folly
Essen *Pâte* (eine teigige Masse aus Mais-, Maniok- oder Yamwurzelmehl) mit Saucen wie *arachide* (aus Erdnüssen und Sesam) oder *gombo* (Okra)
Trinken *Tchoukoutou* (aus fermentierter Hirse), das im Norden gern getrunken wird

In einem Wort
Be ja un sema („Wie geht's" auf Kabyé)

Markenzeichen
Festungsähnliche Lehmhäuser der Tamberma, Herrscherfamilie Eyadéma, Sparrow Hawks (Togos Fußballnationalmannschaft) und Emmanuel Adebayor

Übrigens ...
Togo ist eines von nur zwei afrikanischen Ländern, deren Fläche zu 40 % für die Landwirtschaft geeignet ist.

1. Lokalkolorit in Kara im Norden
2. Eine-Voodoo-Figur von einem Fetisch-Markt in Lomé
3. Erd-Trichter vor der Lehmhütte im Dorf der Tamberma in den Atakorabergen dienen als Vorratskammern

T **HAUPTSTADT** LOMÉ | **EINWOHNER** 7 300 000 | **FLÄCHE** 56 785 KM² | **AMTSSPRACHE** FRANZÖSISCH

Togo

Togo könnte das Modell für den Versuch sein, möglichst viel Afrika auf möglichst kleinem Raum unterzubringen. Seine Palmenstrände konkurrieren mit grünen Hügelregionen und den Savannen des Nordens, die ethnische Vielfalt ist mit 40 verschiedenen Volksgruppen für so ein kleines Land erstaunlich. Die 40-jährige despotische Herrschaft der Präsidentenfamilie und diverse Aufstände haben die einstmals blühende Tourismusindustrie schwer geschädigt, aber dafür sind mittlerweile kleine Gästehäuser und grüne Touristenprojekte entstanden. Und der Zauber der früheren Besuchermagnete – betörende Landschaften mit reichhaltiger Flora und Fauna sowie faszinierende kulturelle Traditionen – ist bis heute ungebrochen.

T

1

T **HAUPTSTADT** NUKU'ALOFA | **EINWOHNER** 106 322 | **FLÄCHE** 718 KM² | **AMTSSPRACHEN** ENGLISCH & TONGAISCH

Tonga

Das Königreich Tonga ist Polynesien pur. Hier gibt es keinen Touristenhype mit All-inclusive-Ferienanlagen, sondern authentische Erlebnisse an jeder Ecke. Im kulturellen Angebotskatalog stehen Monarchie, Gottesdienste, Volksfeste und traditionelle Tänze vor der betörenden Kulisse perfekter Strände, üppiger Regenwälder, bizarrer Felsen und Unterwasserhöhlen. Von Juli bis November machen Buckelwale auf ihrer Wanderschaft in Tonga Station. Wer sich vom tongaischen Way of Life anstecken lässt, kann hier abseits von Hektik und Stress wunderbar relaxen.

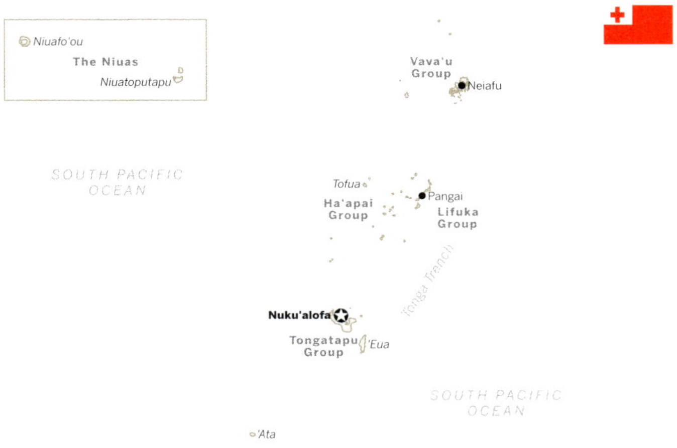

Beste Reisezeit
Mai bis Oktober ist die kühlere, trockenere Zeit

Unbedingt anschauen
- Den Trilith Ha'amonga 'a Mauri, das „südpazifische Stonehenge" aus dem 13. Jahrhundert
- Tongaisches Kunsthandwerk und exotische Früchte auf dem Talamahu-Markt
- Fesselnde Feuertänze im Hina Cave bei einem tongaischen Festmahl
- Die Mapu'a 'a Vaca Blowholes – Hunderte von „Blaslöchern" entlang eines 5 km langen Küstenstreifens, aus denen Wasserfontänen schießen
- Einen schillernden Gottesdienst mit überwältigenden, lautstarken Chören

Nicht versäumen
- Mit Buckelwalen schwimmen, die zur Paarung nach Tonga kommen – oder sie aus sicherer Entfernung beobachten
- In türkisblauem Wasser zwischen Inseln und den einsamen Stränden von Vava'u herumpaddeln
- Die wie ein Donut geformte, abgelegene Vulkaninsel Niuafo'ou erforschen
- Auf der ruhigen Insel 'Eua durch Kalksteinhöhlen, tropische Wälder und bizarre Klippen wandern
- Am spektakulären Strand von Uoleva relaxen und mit etwas Glück Wale beobachten

Tonga hautnah
Lesen *An Account of the Tonga Islands* von Dr. John Martin, der lebendig schildert, wie die königliche Familie William Mariner im 19. Jh. aufgenommen hat
Anhören *Malie! Beautiful: Dance Music of Tonga*
Ansehen *My Lost Kainga,* die Geschichte einer Tonganerin, die in Australien aufwuchs, nach Tonga zurückkehrte und dort ihre Wurzeln erforschte
Essen Ein Festessen aus dem *umu* (Erdofen) mit Tarowurzeln, Süßkartoffeln, Spanferkel, Kokusnuss, Fisch und Meeresfrüchten
Trinken *Kava*, das trübe „Vergiss-deine-Sorgen-und-betrachte-den-Sonnenuntergang"-Gebräu, das zum Tonga-Urlaub einfach dazugehört

In einem Wort
Ha'u 'o kai (Komm' und iss!)

Markenzeichen
Polynesische Monarchie, wandernde Buckelwale, *tapa* (Stoff aus Rinde) als Tapete, einsame weiße Strände, sonntags volle Kirchen

Übrigens ...
Ab Samstagnacht 0 Uhr steht das Leben in Tonga für 24 Stunden still. Der freie Sonntag ist in der Kultur so stark verankert, dass arbeiten untersagt ist.

1. Buckelwale auf der Wanderung zur Fortpflanzung im Südpazifik
2. Eine Woche Robinson Crusoe spielen; Korallenatoll der Vava'u-Inseln
3. Rugby wird auf Tonga große Leidenschaft entgegengebracht; ein Spiel auf Tongatapu

2

3

T

1. Queen's Royal College is die älteste und angesehenste Oberschule der Inseln
2. Typische Palette tropischer Farben am Maracas-Strand, Trinidad
3. Farbenprächtige Kostüme sind angesagt bei der Parade of Bands, Port of Spain

2

T HAUPTSTADT PORT OF SPAIN | EINWOHNER 1 200 000 | FLÄCHE 5128 KM² | AMTSSPRACHE ENGLISCH

Trinidad & Tobago

Wie eine perfekte callaloo (sämiger, grüner Eintopf) ist der Inselstaat Trinidad und Tobago eine aromatische Mixtur, bei der verschiedene Kulturen Akzente setzen. In seiner Musik mischen Calypso, Reggae, Soca, Steel Drums, Parang und andere karibische Klänge mit, bei seinen Einwohnern afrikanische, spanische, asiatische und indigene Vorfahren. Die eine Hälfte der Hauptstadt Port of Spain bröckelt vor sich hin, während die andere Hälfte schier platzt vor Energie – die Grenzen sind fließend. Erdöl und Erdgas halten den Wirtschaftsmotor Trinidads am Laufen, der Tourismus spielt eine untergeordnete Rolle – gut, wenn man ein Land gerne auf eigene Faust erkunden möchte. Tobago ist touristischer, an den Stränden tummeln sich jedoch Einheimische und Touristen gleichermaßen.

LATITUDESTOCK · IAN BRIERLEY | GETTY IMAGES // SUSANNE KREMER | 4CORNERS // STEVE BLY | GETTY IMAGES

Beste Reisezeit

Von Mai bis September fällt öfter Regen, der Karneval im Februar ist ein Highlight

Unbedingt anschauen

- Trinidads abgelegene Nordostküste mit einsamen, von Gischt gepeitschten Stränden
- Queen's Park Savannah, wo die Einheimischen Trinkkokosnüsse schlürfen und Leute gucken
- Brasso Seco, Regenwalddorf im Herzen von Trinidad
- Trinidads Asa Wright Nature Centre mit über 430 Vogelarten

Nicht versäumen

- Sich beim jährlichen Karneval in Port of Spain, dem größten und besten in der Karibik, vergessen
- In der Mount Irvine Bay von Tobago surfen und die Einheimischen nach Geheimtipps fragen
- In den seichten Korallengärten um Tobagos Speyside schnorcheln
- Im Küstenstreifen der Northern Range von Trinidad Wasserfälle anschauen und durch Regenwald wandern

Trinidad und Tobago hautnah

Lesen *White Woman on a Green Bicycle* von Monique Roffey – Trinidads Geschichte durch die Augen einer Auswanderin
Anhören Lord Kitcheners klassischen Calypso oder Machel Montanos Soca-Feuerwerk
Ansehen *Pan! Our Music Odyssey* – Fakten über das Nationalinstrument
Essen *Callaloo* (sämiger Eintopf aus Tarowurzelblättern, Okra, Kürbis und einheimischen Gewürzen)
Trinken *Sorrel* (Tee aus Hibiskusblüten mit Zimt und anderen Gewürzen)

In einem Wort

You limin' tonight? (Gehst du heute Abend aus?)

Markenzeichen

Karneval, Kricket, Partykultur, Vogelparadies

Übrigens …

Trinidads Grande Riviere ist mit bis zu 500 Riesenlederschildkröten in der Hauptzeit einer der weltweit besten Schildkröten-Beobachtungs-Spots.

1

2

T HAUPTSTADT TUNIS | EINWOHNER 10 800 000 | FLÄCHE 163 610 KM² | AMTSSPRACHE ARABISCH

Tunisia | Tunesien

Im Gegensatz zu den beiden scheuen nordafrikanischen Riesen Algerien und Libyen, zwischen denen es eingekeilt ist, gibt sich Tunesien schon seit Jahrzehnten gern weltoffen. Trotz der entsetzlichen Terroranschläge im Jahr 2015 ist es nach wie vor ein unglaublich gastfreundliches Land, dessen Bewohner Touristen mehr denn je zu schätzen wissen. Bereits zu der Zeit, als die Karthager den Seehandel im Mittelmeer dominierten, wandte sich Tunesien Europa zu, von wo aus bis vor Kurzem ganzjährig viele Sonnenhungrige zum Badeurlaub anreisten. Aber neben Traumstränden locken auch antike Römerstädte, die erstaunliche Landschaft der Sahara mit ihren Dünen, die außergewöhnliche Architektur der Berber mit ihren Wohnhöhlen, märchenhafte Medinas und eines der am besten erhaltenen Kolosseen der Welt.

Beste Reisezeit
November bis April

Unbedingt anschauen
- El Djem, das drittgrößte Kolosseum der Welt und eine der beeindruckendsten römischen Hinterlassenschaften in Afrika
- Djerba mit seinen weiß gekalkten Häusern, Befestigungsanlagen, Stränden und einer der wenigen Synagogen in der arabischen Welt
- Die alte, wenig touristische Stadt Mahdia
- Dougga mit seinen faszinierenden römischen Ruinen, darunter ein Amphitheater und ein Kapitol (Tempelbezirk) mit berauschenden Ausblicken
- Sidi Bou Saïd: Das auf Felsen gelegene Dorf zählt mit seinen weißgekalkten Häusern und den blauen Türen zu den schönsten Orten am Mittelmeer

Nicht versäumen
- In den Dünen des Grand Erg Oriental echtes Wüstenfeeling erleben
- Sich inmitten von *Ksar* (befestigten Berbersiedlungen) wie in Star Wars fühlen
- Im Labyrinth einer tunesischen Medina die Orientierung verlieren
- Sich an der Architektur und den Moscheen von Kairouan berauschen
- Durch die hübsche Oasenstadt Tozeur tief im Landesinneren bummeln

Tunesien hautnah
Lesen *Bajjas Liebhaber* von Habib Selmi oder *Die Salzsäule* von Albert Memmi, einem tunesischen Juden, der ins französische Exil ging
Anhören *Electric Sufi* von Dhaffer Youssef (traditionelle Instrumente treffen auf Modern Jazz)
Ansehen Der Star-Wars-Film von 1977: Die Szenen auf Luke Skywalkers Heimatplanet Tatooine wurden in Südtunesien gedreht
Essen *Harissa* (würzige Chilipaste), *brik* (frittierte gefüllte Teigtaschen), Meeresfrüchte, *Couscous*
Trinken Celtia (ein Lagerbier), türkischer Kaffee mit Rosenwasser

In einem Wort
Shukran (Danke)

Markenzeichen
Karthago (bei Tunis), die Insel der Lotosesser (Djerba), Drehorte für Star-Wars-Filme, Wohnhöhlen

Übrigens …
George Lucas verarbeitete während der Dreharbeiten zu *Star Wars* seine Eindrücke vor Ort: Obi-Wan Kenobis unverwechselbare Robe ist nach dem Vorbild der traditionellen Berber-Tracht entworfen, und der Sandkriecher, der von den Jawas auf dem Planeten Tatooine als Transportmittel genutzt wird, ist inspiriert von der eigenwilligen Architektur des Hôtel du Lac in Tunis.

1. Die Kornspeicheranlagen von Ksar Ouled Soltane im Stadtteil Tataouine
2. Bei Künstlern überaus beliebt: das Städtchen Sidi Bou Saïd und dessen Hafen
3. Tunesische Kaffeehäuser werden hauptsächlich von Männern besucht

T

Beste Reisezeit

April bis Juni, September und Oktober

Unbedingt anschauen

- Die prächtigen Kuppeln der Hagia Sophia (von innen) und die Blaue Moschee in Istanbul
- Die spiegelglatte, türkisblaue Lagune von Ölüdeniz und, nicht weit davon, das unberührte Tal der Schmetterlinge
- Die eleganten ottomanischen *Konaks* (Villen) von Safranbolu, die die Türkei von früher erahnen lassen
- Ephesus, die am besten erhaltene antike Römerstadt im östlichen Mittelmeerraum
- Die betörende Landschaft, die sich von den denkmalgesäumten Stränden der Halbinsel Gallipolli bis hin zu den zerklüfteten Felswänden des Berges Ararat zieht.

Nicht versäumen

- Zwischen „Hexenkaminen" und anderen bizarren Felsformationen in Kappadokien herumklettern oder frühmorgens im Heißluftballon drüber fliegen
- Sich auf Marmorfliesen in einem *Hamam* (türkisches Bad) einseifen lassen
- Zwischen den riesigen Steinköpfen von Nemrut Dağı die Sonne aufgehen sehen
- Auf Istanbuls Großem Basar um Teppiche, Kupfergeschirr und Keramik feilschen
- In Fethiye eine Bootstour buchen und sich Wind und Wellen hingeben

Türkei hautnah

Lesen *Istanbul – Erinnerung an eine Stadt* von Nobelpreisträger Orhan Pamuk und Barbara Nadels Istanbulkrimis, in denen Çetin Ikmen ermittelt
Anhören Popmusik von Tarkan oder Sezen Aksu
Ansehen *Uzak – Weit* von Nuri Bilge Ceylan, der die Probleme der modernen Türkei analysiert, und *Crossing the Bridge – The Sound of Istanbul* von Fatih Akin
Essen Die köstlichen *kebabs*, vor allem das reichhaltige *adana* aus dem Süden, das neben gehacktem Lamm verschiedene Gewürze enthält, oder *testi* aus der Gegend des Schwarzen Meeres, das im geschlossenen Keramik-Topf zubereitet wird
Trinken *Çay* (Tee) in tulpenförmigen Gläsern, *rakı* (mit Anis aromatisierter Traubenschnaps) oder *ayran* (erfrischendes Joghurtgetränk)

In einem Wort

Hoş geldiniz (Willkommen)

Markenzeichen

Kuppeln und Minarette, *kebab*, Teppichverkäufer, *lokum* (Süßigkeit), mediterrane Strände, das Auge der Fatima, Gebetsketten, politische Pattsituationen, *Hamam*

Übrigens …

Van-Katzen aus dem Südosten der Türkei haben ein blaues und ein grünes Auge und schwimmen gern.

1. In der Lagune von Ölüdeniz geht Türkis in Ultramarin über
2. Waren im Überfluss: Istanbuls Großer Basar
3. Die Ortaköy-Moschee am Bosporus in Istanbul
4. Über den surrealen Gesteinsformationen von Kappadokien bricht der Morgen an

T | **HAUPTSTADT** ANKARA | **EINWOHNER** 80 700 000 | **FLÄCHE** 783 562 KM² | **AMTSSPRACHEN** TÜRKISCH

Turkey | Türkei

Die türkische Geschichte gleicht einem türkischen Essen mit unzähligen Gängen unterschiedlichster Geschmacksrichtungen. Sonne und Meer sind die Hauptzutaten, abgerundet von einer kräftigen Prise kulturellen Reichtums: Ruinen vergangener Imperien, Burgen und Schlösser einstiger Sultane und Kreuzritter, byzantinische Basiliken und Moscheen, mittelalterliche Basare und Karawansereien. In kultureller wie auch geographischer Hinsicht bildet das Land die Brücke zwischen Europa und Asien, in der trotz Differenzen Traditionalisten wie auch Freigeister in einer der dynamischsten Wirtschaften des Nahen Ostens koexistieren. Für Touristen liegt der Reiz jedoch nach wie vor hauptsächlich im milden Klima, in der romantischen Landschaft mit ihren Ruinen und der üppigen, fleischreichen Küche.

Beste Reisezeit
April, Mai und September bis November

Unbedingt anschauen
- Die schrägen Monumente in Aşgabat, inkl. des größten Teppichs der Welt, und die von imposanten marmornen Ministerialgebäuden gesäumten, menschenleeren Straßen
- Die alte seldschukische Hauptstadt Merw, die vor ihrer Einnahme durch einen Sohn Dschingis Khans die größte Stadt der Welt war
- Köneürgenç, eine choresmische Ruinenstadt aus dem 13. Jh.
- Die Hauptstadt von der Turkmenbashi-Seilbahn aus gesehen
- Den Kow-Ata-See, ein unterirdisches Thermalbecken an den südlichen Ausläufern der Karakum-Wüste

Nicht versäumen
- Im Naturschutzgebiet Kugitang nach Dinosaurierfußabdrücken suchen
- Auf einem Achal-Teke-Pferd durch die Vorberge des Kopet-Dagh-Gebirges preschen
- Mit einem Allradfahrzeug durch die Wüste zum brennenden Krater von Derweze brettern, der auch als Tor zur Hölle bekannt ist
- In einem der Resorts bei Turkmenbashi ins Kaspische Meer hüpfen und anschließend die Fähre nach Aserbaidschan nehmen

Turkmenistan hautnah
Lesen *Unknown Sands: Journeys Around the World's Most Isolated Country* von John Kropf, der während der Turkmenbashi-Ära in Turkmenistan unterwegs war
Anhören Das Album *City of Love* der flotten, fünfköpfigen Combo Ashkhabad
Ansehen *Travels with My Camera: The Happy Dictator,* Undercover-Doku von Waldemar Januszczak oder *Karkakum*, ein Junge auf der dramatischen und abenteuerlichen Suche nach seinem Vater
Essen *Dograma*, ein Nationalgericht aus Brotstücken, Fleisch und Zwiebeln
Trinken Eine Tasse kühlende *chal* (saure Kamelmilch) zum Sonnenaufgang über der Karakum-Wüste

In einem Wort
Siz nahili? (Wie geht's?)

Markenzeichen
Turkmenbashi-Statuen, goldene Pferde, Wüste, Erdgas, traditionelle Teppiche, Zottelmützen, glühende Krater, Kamele, Baumwollproduktion

Übrigens …
Mit 1375 km ist der Karakum-Kanal – mit dem die Karakum-Wüste insbesondere zum Zwecke des Baumwollanbaus bewässert wurde – weltweit einer der längsten seiner Art.

1. Turkmenische Schulmädchen in traditioneller Kleidung
2. Turkmenen-Statuen vor dem Unabhängigkeitsdenkmal in Aşgabat
3. Der Darvaza-Gaskrater in der Karakum-Wüste ist ein natürliches Gasfeld, das seit 1971 brennt

T **HAUPTSTADT** AŞGABAT | **EINWOHNER** 5 100 000 | **FLÄCHE** 488 100 KM² | **AMTSSPRACHE** TURKMENISCH

Turkmenistan

Nach der Unabhängigkeit von der Sowjetunion 1990 lebte das Land knapp zwei Jahrzehnte lang weitgehend abgekapselt unter der Fuchtel des exzentrischen Präsidenten „Turkmenbashi“ (Vater der Turkmenen) Nyýazow, der es nach seinen Vorstellungen formte und dafür eines der größten Erdgasvorkommen der Welt ausbeutete. Das Ergebnis ist ein faszinierendes Reich voller Skurrilitäten und seltsamer historischer Relikte. Die riesige Turkmenbashi-Ruhy-Moschee und das Ministerium für Fairness machen einem bewusst, dass man in einer der merkwürdigsten Ecken Zentralasiens gelandet ist, in die es nur selten Touristen verschlägt.

3

T

1

2

T **HAUPTSTADT** COCKBURN TOWN | **EINWOHNER** 49070 | **FLÄCHE** 430 KM² | **AMTSSPRACHE** ENGLISCH

Turks & Caicos | Turks- & Caicosinseln

Der Archipel mit dem merkwürdigen Namen besteht aus rund 40 tiefliegenden, an die Karibik angrenzenden Koralleninseln in türkisen Gewässern. Obwohl die nur 90 Flugminuten von Miami entfernten Inseln mittlerweile zu den Lieblingszielen winterflüchtiger Massen gehören, kann man hier abseits der Resorts nach wie vor sein eigenes Stück Karibik entdecken. Auf der Hauptinsel Providenciales mit ihrem samtig-weißen Sand drängen sich Hotelklötze und Resorts aneinander; verlässt man „Provo“ jedoch, erwarten einen pastellfarbene Dörfer, gut erhaltene Kirchen und einsame, von Riffen geschützte Küstenstreifen. Die „Belongers“ (Einheimischen) sind Karibik durch und durch und eröffnen einem eine Welt, die so nur noch auf wenigen anderen karibischen Inseln zu finden ist.

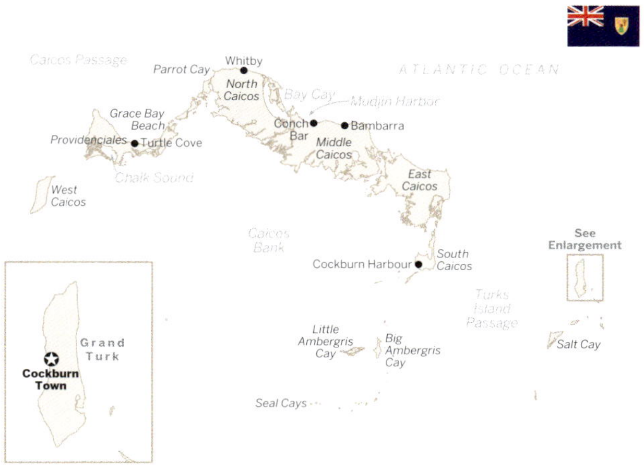

Beste Reisezeit
Dezember bis Juli

Unbedingt anschauen
- Grace Bay, wo Ferienanlagen besonders luxuriös und Sonnenuntergänge besonders spektakulär sind
- Grand Turk ist eine charmante karibische Insel der alten Schule und noch lang nicht so weit erschlossen wie Provo
- Mudjin Harbor, ein versteckter Strand auf Middle Caicos
- Chalk Sound, eine Meeresenge von so intensivem Blau, dass es fast weh tut
- Caicos Conch Farm, wo man alles Wissenswerte über Meeresschnecken in Erfahrung bringen kann

Nicht versäumen
- Tauchen – im herrlich klaren Wasser kann man praktisch überall das rege Treiben der Unterwasserwelt beobachten
- Vor Salt Cay nach Buckelwalen Ausschau halten
- Schlemmen rund um die Meeresschnecke, am besten auf Providenciales
- Auf West Caicos Flamingos und Leguane beobachten
- Die Brise vor Grand Turk zum Windsurfen nutzen

Turks- & Caicosinseln hautnah
Lesen J. Dennis Harris' *A Summer on the Borders of the Caribbean Sea*, ein Reisetagebuch aus dem 19. Jh.
Anhören *Ripsaw*, den lokalen Sound, bei dem Congas, Konzertinas und echte Sägen mitmischen – am besten von Lovey Forbes und Tell & the Rakooneers
Ansehen *Turks und Caicos* – eine BBC-Produktion aus dem Jahr 2014 (in dem Thriller geht es um krumme Geschäfte innerhalb des Archipels)
Essen Goldbraune, saftige *conch fritters* (im Teig ausgebackene Meeresschnecken) sowie Meeresschnecken als Curry, gebraten, mariniert, am Spieß oder im Salat
Trinken Alle Sorten Turks-Head-Bier

In einem Wort
All right, all right (Hallo)

Markenzeichen
Steuerparadies-„Bewohner“, luxuriöse Ferienanlagen, Vogel- und Tauchparadies

Übrigens …
Kanadier verbringen ihren Urlaub so gerne auf Turks und Caicos, dass schon oft die Rede davon war, die Inseln zu einer kanadischen Provinz zu machen – ein Vorhaben, das von den Einheimischen mal mehr, mal weniger unterstützt wird.

1. Glückseligkeit am Karibikstrand von Grand Turk.
2. Dominospieler in einer Taverne in Providenciales (Caicos)
3. Das Meer um Turks und Caicos ist bekannt für seine artenreiche Unterwasserwelt

3

T

1. Jungen in Tuvalu hechten ins Meer

2. Funafuti, ein langer, weiß-grüner Streifen, besitzt als einzige Insel eine Straße

3. Kokosnuss und Fisch sind die typische Kost auf Tuvalu

T HAUPTSTADT FUNAFUTI | EINWOHNER 10698 | FLÄCHE 26 KM² | AMTSSPRACHEN TUVALUISCH & ENGLISCH

Tuvalu

Tuvalu ist eines der kleinsten, abgelegensten und flachsten Länder der Erde. Höchster Punkt: 4,6 m über dem Meeresspiegel. Beim Anflug taucht aus dem endlosen Meer ein leuchtend grün-blaues, von Korallenriffen umfriedetes Eiland mit Kokospalmen auf. Nach der Landung macht sich sofort der südpazifische Lebensrhythmus bemerkbar: Neuankömmlinge halten mit Einheimischen am Flughafen ein Schwätzchen, bummeln durch Funafuti und lassen sich im glitzernden Wasser einer Lagune treiben. Wer ein bisschen Action braucht, leiht sich ein Motorrad und liefert sich mit den hiesigen Jungs auf der einzigen Teerstraße ein Rennen. Traurige Realität: Der steigende Meeresspiegel infolge des Klimawandels schwebt wie ein Damoklesschwert über dem Eiland.

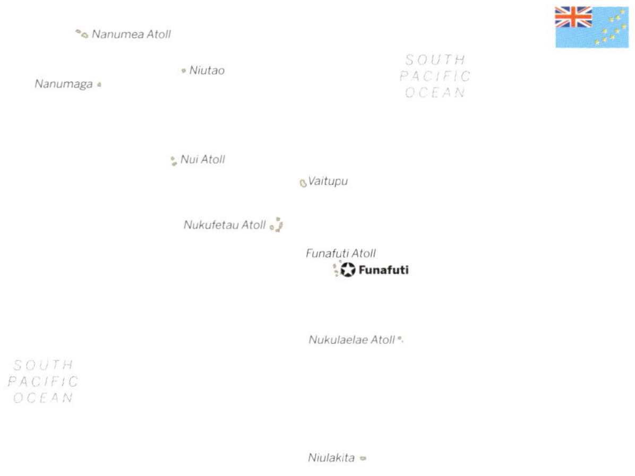

Beste Reisezeit

Mai bis Oktober (Trockenzeit), wenn der Passat als natürliche Klimaanlage weht

Unbedingt anschauen

- *Fatele*, tuvaluanische Tanzshow mit treibenden Rhythmen und sich steigernden Gesängen
- *Te ano*, Tuvalu-eigene Sportart, bei der gemischte Mannschaften sich um zwei Bälle balgen
- Die göttlichen Sonnenuntergänge über dem glitzernden Wasser der Funafuti-Lagune

Nicht versäumen

- Den Traum von der einsamen Insel auf den Eilanden des Funafuti-Schutzgebiets wahr werden lassen
- Auf Funafala Islet mit einer der wenigen noch ansässigen Familien Inseltraditionen live erleben
- Mit dem Mietrad Fongafale abklappern
- Sich auf einer der äußeren Inseln absetzen lassen und hoffen, dass das Versorgungsschiff nach ein paar Wochen (nicht …) wieder vorbeikommt

Tuvalu hautnah

Lesen *Where the Hell is Tuvalu?*, lustige Geschichte von Philip Ells, „Volksanwalt" auf Tuvalu; *Time & Tide: The Islands of Tuvalu*, Foto-Essay von Peter Bennetts und Tony Wheeler
Anhören Te Vaka: Die Musik- und Tanzkombo, mixt traditionelle pazifische und zeitgenössische Klänge
Ansehen *The Disappearing of Tuvalu: Trouble in Paradise*, Doku über den Anstieg des Meeresspiegels
Essen Hühner-Curry oder Fisch-*Roti* vom Imbiss
Trinken Kokoswasser frisch aus der Nuss

In einem Wort

Fifilemu (sehr ruhig und friedlich sein)

Markenzeichen

Feiner Sand und klares Wasser, Millioneneinnahmen durch die Domain .tv, Isolation, steigender Meeresspiegel, ausgelassene *Fatele*-Tänze

Übrigens …

2002 überließ Tuvalu sein Internetkürzel .tv der Firma VeriSign für über 32 Mio. Euro. 2012 wurde der Leasing-Vertrag um weitere neun Jahre verlängert.

1

2

3

Beste Reisezeit
Januar und Februar oder Juni bis September

Unbedingt anschauen
- Geparden, die durch die Savanne des Kidepo Valley National Park preschen
- Von Kerzen beleuchtete Gemüsestände, die in Kampalas Seitenstraßen kleine Lichtoasen bilden
- Die enge Schlucht, die den mächtigen Nil zusammenpresst, bis er sich in den spektakulären Murchison Falls Luft verschafft
- Terrassierte Hügel, die sich bis zum verträumten Lake Bunyonyi hinunterziehen

Nicht versäumen
- Das Schicksal herausfordern und sich durch den Bwindi-Regenwald schlagen, bis einem ein Berggorilla gegenübersteht
- Kälte und Nässe trotzen, um die von Gletschern bedeckten „Mountains of the Moon" (Mondberge) im Ruwenzori-Gebirge zu bezwingen
- Sich vom Schnattern der Schimpansen leiten lassen und ihnen durch den Kibale Forest National Park folgen
- Den Nil mit dem Paddel reizen, bis er Floß und Mannschaft kräftig durchschüttelt

Uganda hautnah
Lesen *Ich sterbe, aber die Erinnerung lebt* von Henning Mankell, der außer Krimis auch sehr bewegende Bücher über Afrika – in diesem Fall Uganda – schrieb
Anhören Den Rumbasound der Afrigo Band, die in Uganda seit Langem populär ist
Ansehen *Der letzte König von Schottland – In den Fängen der Macht* von Kevin Macdonald über die Erlebnisse des schottischen Leibarztes von Idi Amin
Essen *Matoke* (Kochbananen) mit Erdnusssauce; *rolex* (Omelett in Chapatti-Brot gewickelt)
Trinken Bell Beer, das mit dem Slogan „Great night, good morning!" wirbt und zumindest keinen so schlimmen Kater verursacht wie *waragi* (Hirseschnaps)

In einem Wort
Habari? („Was gibt's Neues?" auf Swahili)

Markenzeichen
Gorillas, Victoriasee, homophobe Gesetze, Idi Amin, „Mountains of the Moon"

Übrigens ...
Winston Churchill war einer der ersten Touristen in Uganda und nannte es „die Perle Afrikas". Dieser Ausdruck hat sich als Synonym für Uganda eingebürgert.

1. Die Hälfte der weltweit bedrohten Berggorillas leben im Bwindi Impenetrable National Park
2. Ugandas drittwichtigstes Exportgut ist Tee, wobei der beste handgepflückt ist
3. An den Murchison Falls zwängt sich der Nil durch eine sieben Meter enge Felsschlucht
4. Organisiertes Chaos: Der Minibusbahnhof in Kampala

1

U **HAUPTSTADT** KAMPALA | **EINWOHNER** 34 800 000 | **FLÄCHE** 241 038 KM² | **AMTSSPRACHE** ENGLISCH

Uganda

Das fruchtbare kleine Land ist, was die Natur betrifft, ein echtes Schwergewicht. In seinen dichten Wäldern wimmelt es von unzähligen Vogel- und Säugetierarten, darunter auch die Hälfte aller weltweit vorkommenden Berggorillas. In seinen landschaftlich einzigartigen Savannen treiben sich die klassischen Safarischönheiten herum und das Ruwenzori-Gebirge, eine der höchsten Bergketten Afrikas, wird von einmaligen endemischen Pflanzen und diversen Gletschern bedeckt. Auch wenn homophobe Gesetze derzeit einen Schatten auf das ganze Land werfen, sind die meisten Ugander offen, höflich und gesprächig und haben sich ihr greifbar warmherziges Wesen bewahrt.

1

U **HAUPTSTADT** KIEW | **EINWOHNER** 44 600 000 | **FLÄCHE** 603 550 KM² | **AMTSSPRACHE** UKRAINISCH

Ukraine

Mit ihrer mindestens 1500 Jahre alten Hauptstadt Kiew ist die Ukraine die Wiege der ostslawischen Kultur. Nachfahren der halbnomadischen Huzulen sind bis heute in den wilden Karpaten zu Hause. In diesem riesigen Land gibt es einiges zu entdecken: von den schimmernden orthodoxen Kirchen über felsige Bergpässe bis hin zu traumhaften Sandstränden und dem pulsierenden Nachtleben. 2014 besetzten russische Truppen die Krim-Halbinsel im Südosten der Ukraine – ein weiteres turbulentes Kapitel in der Geschichte dieser Region, die bereits mehrere Invasionen erlebt hat. In einem Land, in dem Kopftuch tragende Babuschkas Seite an Seite mit Fashionistas aus Kiew leben und Sportwagen sich die Straße mit Pferdewagen teilen, ist schwer zu sagen, was das nächste Kapitel bringen wird.

Beste Reisezeit
Mai bis Oktober

In einem Wort
Vitayu (Hallo)

Unbedingt anschauen
- Grabkammern mit mumifizierten Überresten von Mönchen im Kievo-Percherska Lavra (Kiewer Höhlenkloster)
- Nostalgische Volkskunst, Windmühlen und traditionelle Hütten der Dörfer im Freilichtmuseum volkstümlicher Architektur in Pyrohovo
- Die malerisch über dem Fluss Smotrytsch gelegene Festung Kamjanez-Podilskyj
- Den Karpaten-Nationalpark, das größte Naturschutzgebiet der Ukraine, mit Luchsen, Bisons, Braunbären und Wölfen

Markenzeichen
Kosaken, *pysanky* (handbemalte Eier), Eisangeln, Tschernobyl, Sowjetarchitektur, orthodoxe Kirchen, *tschapkas* (Pelzmützen)

Übrigens …
Die verbotene Zone in Tschernobyl, die seit der Atomkatastrophe unbewohnt ist, wandelt sich langsam zu einer ungewöhnlichen Touristenattraktion. Geführte Touren geben neugierigen Besuchern und leidenschaftlichen Fotografen einen Einblick in das verlassene Pripyat, einer Stadt aus Sowjetzeiten.

Nicht versäumen
- Eine Bootstour im Biosphärenreservat des Donaudeltas, einem Paradies für Rosapelikane, Rothalsgänse und andere gefiederte Freunde
- Auf der Strandpromenade von Odessa flanieren und die eleganten Gebäude aus dem 19. Jh. sowie die aus Filmen bekannte Potemkinsche Treppe bewundern
- Durch die stimmungsvollen Seitenstraßen der Altstadt von Lemberg bummeln, ein Unesco-Weltkulturerbe, wo noch Häuser aus dem 14. Jh. und gemütliche Cafés zu finden sind
- Kiew voll auskosten: die 1000 Jahre alte Sophienkathedrale besichtigen, in der gepflasterten Andriyivsky Uzviz shoppen und dann eine Aufführung in der Staatsoper besuchen

Ukraine hautnah
Lesen *Picknick auf dem Eis* von Andrei Kurkow, eine absurde Sozialstudie über einen Mann, der mit seinem Pinguin im Kiew von heute lebt
Anhören Die flotten Tanzstücke der traditionellen Folkband Suzirya
Ansehen *Avrora* (Aurora) von Oksana Bayrak, die von einer zwölfjährigen Waise erzählt, die Tänzerin werden möchte und die Katastrophe von Tschernobyl miterlebt
Essen Leckere *wareniki* (Teigtaschen mit verschiedenen Füllungen), *borschtsch* (Rote-Beete-Suppe) und *salo* (fetter Speck)
Trinken Wodka und *kvas* (Brottrunk)

2

3

1. Traditionelle ukrainische Holzkirche im Süden Kiews
2. Ballett hat in der Ukraine, der Heimat des berühmten Kiew Staatsballetts, eine lange Tradition
3. Blumenmuster zieren die Panzer, die in Kiew vor dem „Nationalmuseum für die Geschichte des Zweiten Weltkrieges“ stehen

OLEKSIY MAKSYMENKO | ALAMY // HANS NELEMAN | GETTY IMAGES // ROBERT HARDING | ALAMY

U

1. Nur in Dubai, wo der Sport erfunden wurde, kommt man in den Genuss, Kamelpolo zu spielen.
2. Kinder beim Besuch einer der größten Moscheen der Welt, der Scheich-Zayid-Moschee in Abu Dhabi
3. Das Aldar-Headquarters-Gebäude in Abu Dhabi ähnelt einem 110 m großen Riesenscheinwerfer

1

2

U HAUPTSTADT ABU DHABI | EINWOHNER 5 500 000 | FLÄCHE 83 600 KM² | AMTSSPRACHE ARABISCH

United Arab Emirates | Vereinigte Arab. Emirate

Bühne frei für eine der spektakulärsten Shows der Welt, die arabische Traditionen mit innovativen Zukunftsvisionen verbindet! Kaum ein Land hat sich so radikal verändert wie die sieben Emirate. Vor hundert Jahren waren sie noch verarmte Beduinenprovinzen, Abu Dhabi und Dubai verschlafene Dörfer. Öldollars und ein Händchen fürs Geschäft machten daraus prosperierende Regionen und zwei energiegeladene Weltstädte mit futuristischer Architektur, die als Symbol für die Zukunft der Golfregion gelten. Nichtsdestotrotz sind auch die Traditionen der stolzen Beduinen lebendig geblieben und bilden das gesellschaftliche Fundament der VAE. Oasen mit Dattelpalmen, beeindruckende Sanddünen, imposante Berge und das korallenreiche Meer verdienen ebenfalls Applaus.

Beste Reisezeit
Ende Oktober bis Ende Februar

Unbedingt anschauen
- Nationalmuseum, alte Souks, Windturmhäuser und modernste Architektur in Dubai
- Hatta, mit dem perfekt restaurierten alten Zentrum
- Dubais Burj Khalifa, das höchste Gebäude der Welt
- Abu Dhabi, eine der reichsten Städte der Welt mit einer unvergleichlichen Skyline
- Chaur Fakkan, die hübscheste Hafenstadt der VAE mit perfekten Stränden

Nicht versäumen
- Einen Frühsport entdecken: Kamelrennen in Dubai
- Zu den Sanddünen der Liwa-Oase fahren, die das Rub al-Chali ankündigen
- In der Oasenstadt Al-Ain mit ihrem Fort und belebten Souks eine neue Seite der VAE entdecken
- Die Weltklassereviere zum Tauchen und Schnorcheln vor Al Badiyah testen
- Von Fudschairah zur Halbinsel Musandam in Oman

Vereinigte Arabische Emirate hautnah
Lesen *Dubai Speed: Eine Erfahrung* von Michael Schindhelm
Anhören *Ahlam* von der gleichnamigen Sängerin, die in den VAE als Diva verehrt wird
Ansehen Zeitgenössisches arabisches Kino auf dem renommierten Dubai International Film Festival
Essen *Khuzi* (ganzes, gefülltes Lamm vom Grill), *umm ali* (Süßspeise mit Nüssen)
Trinken Dunklen, trüben *qahwa* (Kaffee)

In einem Wort
Al-Hamdu lillah (Gott sei Dank)

Markenzeichen
Öldollars, *Wadi-Bashing* (mit Allradfahrzeugen zu Oasen brettern), Shoppingparadies, Burj al-Arab, Multikultiszene aus Arabern und westlichen und asiatischen Expats

Übrigens …
Die Polizei in Dubai fährt unter anderem Aston Martin, Bentley, Ferrari, Lamborghini und McLaren.

3

U

U HAUPTSTADT WASHINGTON DC | EINWOHNER 316 400 000 | FLÄCHE 9 800 000 KM² | AMTSSPRACHE ENGLISCH

United States of America | USA

Nichts ist in den USA so selbstverständlich wie das Reisen. Kein Amerikaner denkt sich was dabei, wenn er für einen Job, aus Liebe oder einfach aus einer Laune heraus Tausende Kilometer zurücklegt. Als ewiger Optimist erwartet er gleich hinter der nächsten Ecke eine bessere Zukunft und freut sich darauf, Neues zu entdecken. In dieser Multikultigesellschaft findet jeder seinen Lieblingsort: Es gibt Naturschönheiten, aber auch öde Industriegebiete, bezaubernde wie auch grässliche Städte und trotz des standardisierten Einheitsgeschmacks bleibt Platz für individuelle Kreativität. Von New York bis Kalifornien, von Alaska bis Florida und von Chicago bis New Orleans bleiben die USA das Land der unbegrenzten Möglichkeiten.

Beste Reisezeit
Immer

Unbedingt anschauen
- New York City, das die Einwohner für den Nabel der Welt halten
- Kalifornien, das als achtgrößte Wirtschaftsmacht weltweit auch unglaublich schön ist
- Den Grand Canyon, der einen mit seinem endlosen Ausblick von den Socken haut
- New Orleans, wo Amerika auf Frankreich, Afrika und die Karibik stößt
- Das Naturfeuerwerk der herbstlichen Laubfärbung in New England

Nicht versäumen
- Die Museen und prachtvollen Regierungsgebäude in Washington D.C. bestaunen
- Im Yellowstone-Nationalpark einen Seitenweg abseits der Massen suchen
- Sich im einzig wahren Disneyland fröhlich in die Massen stürzen
- Roadtrip durch den Süden der USA wagen, Heimat des Blues und Barbecues
- San Franciscos Wahrzeichen mal anders erleben: mit dem Fahrrad über die Golden Gate Bridge

USA hautnah
Lesen Drei große amerikanische Travel-Bücher: John Steinbecks *Die Reise mit Charley*, William Least Heat-Moons *Blue Highways: Eine Reise in Amerika* und *Unterwegs* von Jack Kerouac
Anhören Bob Dylans poetisches *Highway 61 Revisited*, Country-Legende Johnny Cash *Live at Folsom Prison* und *King of the Delta Blues Singers* von Blues-Legende Robert Johnson
Ansehen US-Klassiker wie *Vom Winde verweht, Citizen Kane, Der Pate, Aus der Mitte entspringt ein Fluss, Forest Gump, 12 Years a Slave, Boyhood*
Essen Die ganze Palette regionaler Küchen
Trinken Bier aus Mikrobrauereien, kalifornische Rotweine, Kaffeekreationen mit Namen, so lang wie eine Kurzgeschichte

In einem Wort
Yo! Howdy! Hi! (Hallo, wie geht's?)

Markenzeichen
Cheeseburger, alles in Rot-Weiß-Blau, Riesenkarossen, Riesenhäuser, Riesenportionen, Nationalparks, Waffen, Hollywood, endlose Weite

Übrigens …
Im Januar beträgt die durchschnittliche Tiefsttemperatur in Boston -6 °C, die durchschnittliche Höchsttemperatur in Miami 24 °C.

3

4

1. Cowboys und der Wilde Westen sind tief in der amerikanischen Kultur verankert: Dixie Dude Ranch, Texas
2. New York, Stadt der Träume: die Brooklyn Bridge und die Skyline von Manhattan
3. New Orleans ist die Heimat des Jazz; Daniel Farrow in der Preservation Hall im French Quarter
4. Bisons grasen vor dem dampfenden Mud Volcano im Yellowstone-Nationalpark

U

Beste Reisezeit
Dezember bis März (Sommer)

Unbedingt anschauen
- Montevideo mit seinen Kulturschätzen, klassizistischer Architektur aus dem 19. Jh. und der fotogenen Altstadt
- Die Pflasterstraßen von Colonia del Sacramento, traumhaft über dem Río de la Plata gelegen
- Cabo Polonio, ein auch für Seelöwen, Robben und Pinguine attraktives Fischerdorf, vor dessen Küste oft Wale auftauchen
- Das bezaubernde und entspannte Surfer- und Fischerdorf Punta del Diablo

Nicht versäumen
- Auf der Fiesta de la Patria Gaucha im März in Tacuarembó bei Rodeos, Paraden und Folkmusik Gaucho-Atmosphäre schnuppern
- In den Clubs von Punta del Este mit der internationalen Crowd abfeiern
- Die trostlosen Ruinen der berüchtigten Fleischverarbeitungsfabrik Fray Bentos besuchen, seit kurzem Unesco-Weltkulturerbe
- Sich in den Bädern der Termas de Daymán durchweichen lassen
- In einem *Parrilla* (Steakhaus) im Mercado del Puerto von Montevideo schlemmen

Uruguay hautnah
Lesen Die in der fiktiven Stadt Santa Maria spielenden Kurzgeschichten und Romane von Juan Carlos Onetti
Anhören Jorge Drexler, einen talentierten Songwriter, Sänger und Oscar-Preisträger
Ansehen *El ultimó tren – Der letzte Zug*, eine Tragikkomödie von Diego Arsuaga über eine Gruppe von Zugliebhabern, die einen alten Zug stehlen, um dessen Verkauf an Hollywood zu verhindern
Essen Megasteaks frisch vom Grill
Trinken *Maté*, den milden Tee aus den Blättern des gleichnamigen Strauchs, oft in einer Kalebasse mit *bomba* (Trinkhalm aus Metall) serviert

In einem Wort
¿Me estás jodiendo? (Willst du mich verarschen?)

Markenzeichen
Fußball, Fray Bentos´ Fleischpasteten, Badeorte, Rindfleisch, Tango, Gauchos

Übrigens …
Ende 2014 legalisierte Uruguay als erstes Land den Anbau und den Verkauf von Marihuana – es entstanden sogar Klubs, deren Mitglieder sich Gewächshäuser für den Anbau ihrer Pflanzen teilen.

1. Die formschöne Kuppel der Catedral Metropolitana de Montevideo aus dem 18. Jh.
2. Reiter zelebrieren Gaucho-Kultur bei der Fiesta de la Patria Gaucha in Tacuarembó
3. Der *Clásico*, das Fußballspiel zwischen den beiden Mannschaften von Montevideo Peñarol und Nacional, ist in Uruguay das wichtigste Ereignis des Jahres

U **HAUPTSTADT** MONTEVIDEO | **EINWOHNER** 3300000 | **FLÄCHE** 176215 KM² | **AMTSSPRACHE** SPANISCH

Uruguay

In Sachen Lebensqualität nimmt das ultraliberale Uruguay einen Spitzenplatz in Lateinamerika ein: Analphabeten- und Korruptionsraten sind niedrig, Pressefreiheit und Bürgerrechte werden großgeschrieben. Mit den benachbarten Riesen Brasilien und Argentinien teilt das grüne Land die Leidenschaft für Fußball, saftige Steaks von einheimischen Rindern und eine lebendige Gaucho-Kultur (Cowboys, Rinderfarmen und weiter Himmel). Das hügelige Ackerland des friedlichen, wohlhabenden Landes geht über in einen wunderschönen Küstenstreifen mit beeindruckenden Kolonialstädten, einsamen Fischerdörfern, gischtumspülten Stränden und – mit Punta del Este – dem wohl lebendigsten Partystrand Südamerikas.

1. Erlesene Fliesenkunst der Timuriden in der Shohizinda-Nekropole

2. Tian Shan, die „Himmlischen Berge", nahe des Skiressorts Chimgan

3. Ornamente aus glasierten Ziegeln schmücken den Turm der Amin-Chan-Medresse in Chiwa

U HAUPTSTADT TASCHKENT | EINWOHNER 28 700 000 | FLÄCHE 447 400 KM² | AMTSSPRACHE USBEKISCH

Uzbekistan | Usbekistan

Wer von der Seidenstraße und legendären Orten wie Buxoro und Samarkand träumt, kommt an Usbekistan nicht vorbei. Als historisches und kulturelles Herzstück Zentralasiens fasziniert das Land mit einzigartigen Moscheen, deren türkisblaue Kuppeln und stolze Minarette in der Region ihresgleichen suchen. In den Basaren feilschen alte Männer mit weißen Rauschebärten und gestreiften Kutten um Melonen oder teilen sich neben einem Kebab-Stand eine Kanne mit grünem Tee. Trotz autoritärer Regierung und hoher Polizeipräsenz macht das Reisen entlang einer der Routen der Seidenstraße Laune und hinter jeder Ecke wartet ein Stück Geschichte zum Anfassen.

ROBERT PRESTON PHOTOGRAPHY | ALAMY // MISOKNITL | GETTY IMAGES // LUIS DAVILLA | GETTY IMAGES

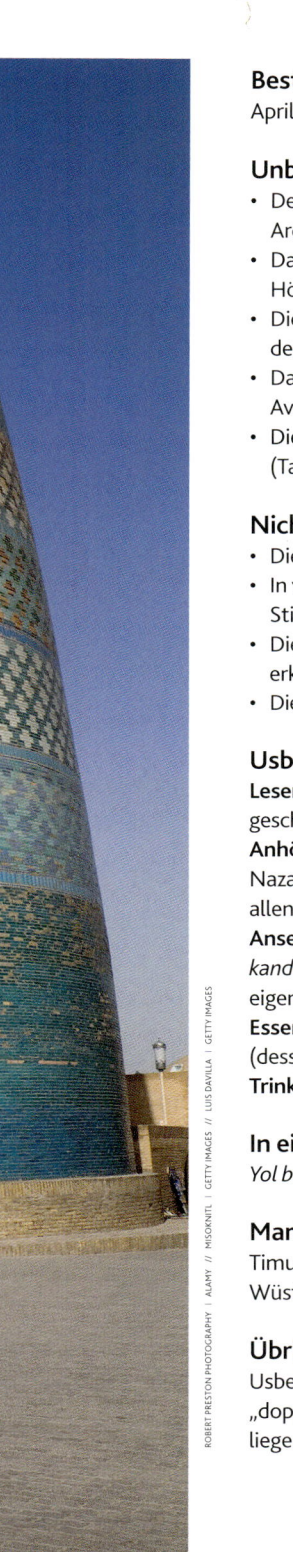

Beste Reisezeit
April bis Juni, September und Oktober

Unbedingt anschauen
- Der Registanplatz mit einem der schönsten Architekturkomplexe weltweit
- Das Shohizinda-Ensemble in Samarkand, Höhepunkt der Fliesenkunst der Timuriden
- Die befestigte Stadt Xiva, ein steinernes Museum in der Wüste, in dem früher der Sklavenhandel blühte
- Das Savitsky-Museum: Top-Sammlung russischer Avantgarde-Kunst im abgelegenen Nukus
- Die Ruinen diverser Paläste, die Timur Lenk (Tamerlane) in seiner Heimatstadt Shahrisabz baute

Nicht versäumen
- Die Wüstenzitadellen von Choresm erforschen
- In versteckten Basaren um Suzani-Teppiche, Stickereien und Seidenstoffe feilschen
- Die dekorierten Stationen der Taschkenter U-Bahn erkunden
- Die Moscheen und Mausoleen von Buxoro bestaunen

Usbekistan hautnah
Lesen *Samarkand* von Amin Maalouf, ein Stück Stadtgeschichte in einem spannenden Roman verpackt
Anhören *Yol Boisin* von Weltmusikdiva Sevara Nazarakhan, oder Yulduz Usmanova, deren Songs in allen Taxis dudeln
Ansehen Michael Winterbottoms *Murder in Samarkand* über einen britischen Botschafter, der von seiner eigenen Regierung ausgebootet wird
Essen *Plov*, ein Gericht aus Reis, Fleisch und Karotten (dessen Öl eine aphrodisierende Wirkung haben soll)
Trinken *Kok choy* (grüner Tee) traditionell im Teehaus

In einem Wort
Yol boisin (Möge die Reise ohne Probleme verlaufen)

Markenzeichen
Timur Lenk, Moscheen mit blauen Kuppeln, Minarette, Wüste, *plov*, Seidenstraße, Käppchen, weiße Bärte

Übrigens …
Usbekistan ist eine der zwei Nationen weltweit, die „doppelte Binnenländer" sind: Zwei andere Nationen liegen zwischen ihnen und dem Meer.

U

1

V **HAUPTSTADT** PORT VILA | **EINWOHNER** 261 565 | **FLÄCHE** 12 200 KM² | **AMTSSPRACHEN** BISLAMA, ENGLISCH & FRANZÖSISCH

Vanuatu

Eine alte, aber lebendige Kultur, begehbare Vulkane, erstklassige Tauchparadiese und eine der besten Küchen des Pazifiks machen Vanuatu zum herausragenden Reiseziel. Obwohl die Inselbewohner von Franzosen und Briten kolonialisiert und zur Arbeit geknechtet wurden (Blackbirding), heißen sie Besucher nach wie vor herzlich willkommen und laden gern zu leckerem *Laplap* aus dem Erdofen, knusprigem Baguette und Fisch mit Kräutern und Kokosnuss ein. Die touristische Hauptstadt Port Vila überzeugt mit Kolonialflair und herrlichen Ausblicken auf den Hafen, die umliegenden Inselchen mit perfekten Stränden, glasklarem Wasser, feurigen Lavaströmen und melanesischen *Kastom* (Sitten), zu denen auch schwarze Magie gehört.

Beste Reisezeit
April bis Oktober (Winter auf der Südhalbkugel), um der großen Hitze zu entgehen

Unbedingt anschauen
- Das vulkanische Feuerwerk des Mount Yasur
- Die Lianenspringer von Pentecost, die sich von hohen Holztürmen stürzen
- Dog's Head, eine Kultstätte der Kannibalen mit Seziertischen und Kochgruben
- *Rom*-Tänze, schwarze Magie und Volkskunst auf einem nordambrymesischen Fest
- Höhlen, Tunnel und ein unterirdischer See auf einer Kajaktour durch die Valeva Cave

Nicht versäumen
- In der Caldera des von Lavafeldern, Dschungel und Bambuswäldern umringten Mount Marum campen
- In der mit Höhlen, Korallen und versenkten Kreuzfahrtschiffen bestückten Unterwasserwelt vor Luganville schwimmen
- Auf Schnorchelausflügen in der Lamen Bay auf Épi Gabelschwanzseekühe entdecken
- Mit dem Fallschirm über Port Vilas malerischem Hafen schweben
- Im Oyster Island Resort auf Santo entspannen

Vanuatu hautnah
Lesen *Getting Stoned with Savages*, J. Marten Troosts über seine Missgeschicke in Vanuatu und Fiji
Anhören *Best Of* der Ni-Vanuatu-Sängerin und lebenden Legende Vanessa Quai
Ansehen *Tanna* (2015), in Vanuatu gedrehte, ergreifende Geschichte, mit Einblicken in das Leben des einheimischen Yakel-Stamms
Essen *Laplap* (Kokosnuss und Fleisch mit Taropaste aus dem Erdofen)
Trinken *Aelan bia* (Inselbier), ein leicht berauschendes, alkoholfreies Getränk, das auch als *kava* bekannt ist

In einem Wort
Tank yu tumas (Vielen Dank)

Markenzeichen
Aktive Vulkane, Trommeln, Lianenspringen, Wildschweine, Schnitzereien, Speere, französisch angehauchte Küche, Schnorcheln und Tauchen, schwarze Magie

Übrigens …
Der letzte bekannte Fall von Kannibalismus in Vanuatu ereignete sich 1969 auf Malekula unter den Big Namba, die sich angeblich als letztes Inselvolk zum Christentum bekehren ließen.

1. Captain Cook benannte Port Resolution auf Tanna nach seinem Schiff, der *HMS Resolution*
2. Klassische Farben eines Tropenparadieses: Port Vila und Iririki Island, Efate
3. Diese Bewohnerinnen des Dorfes Fetukai auf Tanna sind Anhängerinnen der schwarzen Magie

1

2

V **EINWOHNER** 839 | **FLÄCHE** 0,44 KM² | **AMTSSPRACHEN** LATEIN & ITALIENISCH

Vatican City | Vatikanstadt

Dass sich ein funktionierender Stadtstaat innerhalb einer modernen europäischen Hauptstadt befindet, ist ziemlich außergewöhnlich. Das Chaos und das Lebensgefühl Roms enden an den Mauern des Vatikans, wo mittelalterliche Traditionen und geheimnisvolle Rituale an die Stelle von Cafés und Vespas treten. Von einem Palast mit über tausend Räumen aus, bewacht von einem Trupp der Schweizergarde in ihrer strahlend rot-gelb-blauen Uniform regiert der Papst als Oberhaupt der katholischen Kirche den kleinsten Staat der Welt mit absoluter Autorität. Man muss nicht katholisch sein, um Gefallen am Vatikan zu finden: Der Stadtstaat ist hinsichtlich Architektur, Kunst und Kultur eine wahre Schatzkammer.

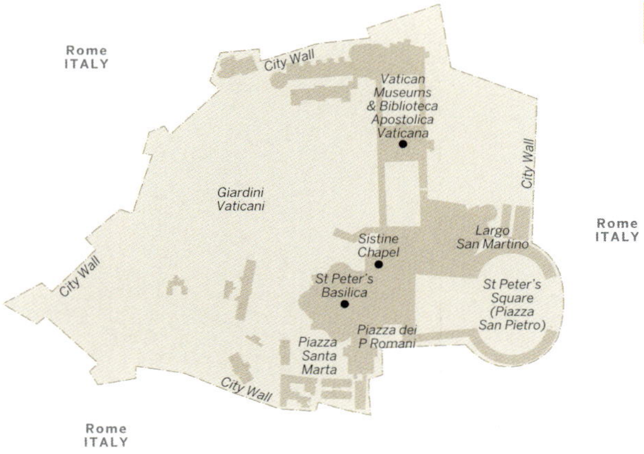

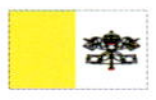

Beste Reisezeit

April und Juni (Nebensaison); jeden Mittwoch hält der Papst Audienz

Unbedingt anschauen

- Die Sixtinische Kapelle – Michelangelos Deckenfresko und *Das Jüngste Gericht* sind schlichtweg überwältigend
- Den Papst – jeden Mittwoch um 10.30 Uhr (wer einen Sitzplatz will, sollte früh dort sein)
- Die Schweizergarde – ausschließlich unverheiratete männliche Eidgenossen – und ihre prächtigen Gewänder im Renaissancestil
- Eine der bedeutendsten Sakralkunstsammlungen der Welt im Vatikanmuseum

Nicht versäumen

- Die 320 Stufen des Petersdoms, der größten Kathedrale der Welt, erklimmen und die schwindelerregende Aussicht genießen
- Die unvergleichliche Atmosphäre des Petersplatzes
- Den rechten Fuß der Petrus-Bronzeskulptur im Petersdom berühren oder küssen – das bringt Glück
- An einer Führung durch die „Stadt der Toten“ teilnehmen und unter dem Petersdom das Grab des heiligen Petrus besichtigen
- Auf den üppigen Wiesen der Vatikanischen Gärten mit ihren Grotten, Brunnen und Formschnitthecken die Ruhe genießen

Vatikanstadt hautnah

Lesen *Das Blut der Märtyrer* von David Hewson, der in seinem spannenden Krimi einen Kardinal zum Serienmörder macht
Anhören Päpstliche Reden und Nachrichten auf Radio Vatican (im Internet oder als Podcast) auf www.radiovaticana.org
Ansehen Tom Hanks, der in Ron Howards Verfilmung von Dan Browns *Illuminati* durch den Vatikan irrt
Essen Römische Pasta, z. B. *alla carbonara* (mit Eigelb, Speck und Parmesan) oder *all'amatriciana* (mit Tomaten, Peperoni und Speck)
Trinken Weine, z. B. Frascati und Torre Ercolana (der Weinkonsum pro Person ist im Vatikan höher als in irgendeinem anderen Land)

In einem Wort

Amen

Markenzeichen

Papst und Papamobil, Katholizismus, Petersdom, Sixtinische Kapelle und Michelangelo, Schweizergarde, Pilger, christliche Souvenirs

Übrigens …

Früher residierten die Päpste in Avignon (Südfrankreich), erst 1377 wurde der Sitz des Klerus nach Vatikanstadt verlegt.

1. Ein Symbol kirchlichen Wohlstands: der gewaltige Petersdom
2. *Apollo und die Musen*, ein Fresko von Tommaso Conca im Museum Pio-Clementino
3. Die Päpstliche Schweizergarde ist dem Heiligen Stuhl unterstellt und für die Sicherheit des Papstes verantwortlich

3

V

1. Wohnen im Chaos: ein Hügelslum in Caracas

2. Der Wasserfall Saltó Angel stürzt von Auyán-tepui im Canaima-Nationalpark 979 m in die Tiefe

3. Köstliche Päckchen: Für das Volk der Piaora im Bundesstaat Amazonas sind *Tarantulas* eine Delikatesse

V **HAUPTSTADT** CARACAS | **EINWOHNER** 28 800 000 | **FLÄCHE** 912 050 KM² | **AMTSSPRACHE** SPANISCH

Venezuela

Kaum ein Ort bietet solch eine Fülle und Vielfalt natürlicher Schönheit wie Venezuela. Aber mit Hyperinflation, langen Schlangen selbst für Grundnahrungsmittel und einer hohen Kriminalitätsrate (v. a. in Caracas) macht die politische Situation das Reisen schwierig, und Besucher sollten sich im Vorab immer gut informieren. Nichtsdestotrotz lockt Südamerikas billigstes Reiseziel noch immer mit weitgehend sicheren Hauptattraktionen und seinen herzlichen Bewohnern. Wer dieses wunderschöne, wenn auch schwierige Land voll auskosten möchte, sollte den Stränden der Los Roques, den Wasserfällen der Gran Sabana oder Merida, dem landschaftlich attraktiven Paradies für Outdoor-Aktivitäten und Extremsportarten in den Anden Venezuelas einen Besuch abstatten.

3

Beste Reisezeit

Dezember bis April (Trockenzeit)

Unbedingt anschauen

- Salto Ángel, den höchsten Wasserfall der Welt, der im Canaima-Park über 900 m in die Tiefe stürzt
- Los Roques, wunderschöne Mini-Inseln
- Los Llanos, eine Savanne mit Ameisenbären, Wasserschweinen, Anakondas, Kaimanen und einem unglaublichen Vogelreichtum
- Puerto Colombia im Nationalpark Henri Pittier mit einer Auswahl wunderschöner Strände
- Tafelberge, reißende Flüsse, herabstürzende Wasserfälle und Wildnis der Gran Sabana

Nicht versäumen

- Gleitschirmfliegen, Canyoning, Klettern und Wandern in der Andenstadt Merida
- Tauchen in den unberührten Gewässern des Los-Roques-Archipels
- Durch ursprüngliche Natur auf den majestätischen Tafelberg Roraima kraxeln
- Den Windungen des Río Caura folgen und dabei Wasserfälle, Strände und Regenwälder entdecken
- Die traumhaften und weitgehend unerschlossenen Strände der Halbinsel Paria erforschen

Venezuela hautnah

Lesen *Doña Bárbara* von Romulo Gallegos
Anhören *The Venezuelan Zinga Son* der populären Indie-Rockband Los Amigos Invisibles
Ansehen *Chavez: Ein Staatsstreich von innen*, Doku über den Putschversuch gegen Hugo Chavez
Essen *Pabellon criollo* (gekochte Rindfleischfetzen mit Reis, schwarzen Bohnen, Käse und gebratenen Kochbananen)
Trinken *Guarapita* (Zuckerrohrschnaps mit Fruchtsäften)

In einem Wort

Como esta? (Wie geht's?)

Markenzeichen

Erdöl, Schönheitsköniginnen, *Tepuis* (Tafelberge), Simón Bolívar, Salto Ángel

Übrigens …

Der Tafelberg Roraima mit seinen endemischen Tier- und Pflanzenarten diente Sir Arthur Conan Doyle als Inspiration für sein Buch *Die vergessene Welt*.

V

V **HAUPTSTADT** HANOI | **EINWOHNER** 92 500 000 | **FLÄCHE** 331 210 KM² | **AMTSSPRACHE** VIETNAMESISCH

Vietnam

Die Geschichte Vietnams ist das Märchen zweier Städte: dem stimmungsvoll-zurückhaltenden Hanoi und der mitreißend-temperamentvollen Ho-Chi-Minh-Stadt. Auf dem schmalen Landstreifen zwischen den einstigen Kriegsgegnern spielten sich einige der größten Dramen Asiens ab, aber statt Kriegstourismus lockt Vietnam heute mit anderen Reizen. Von Hanoi aus kann man sich in Schlangenlinien von den Reisfeldern zu den weißen Stränden, in den Dschungel, zu den Dörfern der Bergvölker und den besonderen Formationen der Kalksteininseln bis nach Ho-Chi-Minh-Stadt arbeiten. Aber Vorsicht Schleudertrauma: Der rasante technologische Aufschwung in Asien macht auch vor Vietnam nicht Halt.

Beste Reisezeit
März, April und September bis November

Unbedingt anschauen
- Den Hoan-Kiem-See in Hanoi – am besten um 5 Uhr morgens, wenn Frühsportler dort aktiv sind
- Das Ho-Chi-Minh-Mausoleum in Hanoi
- Die drachenförmigen Berge und jadefarbenen Gewässer der Halong-Bucht
- Zitadelle und Kaisergräber am Parfümfluss in Hué
- Terrassierte Reisfelder, Berge und traditionelle Wohnhäuser in Sapa

Nicht versäumen
- Auf den winzigen Plastikstühlen einer Garküche Platz nehmen und *pho* (Nudelsuppe) essen
- Mit dem Boot durch das Mekong-Delta paddeln
- Bei einem Kochkurs in Hoi An lernen, wie man *goi cuon* (weiche Sommerrollen) und *banh xeo* (knusprige vietnamesische Pancakes) macht
- Die Backwaters mit dem Motorrad erforschen und so das ruhigere, friedlichere Vietnam kennenlernen
- Zu Fuß, per Mountainbike oder auf allen Vieren in den Tunneln des Vietcongs die freie Natur erkunden

Vietnam hautnah
Lesen *Das Mädchen hinter dem Foto* von Denise Chong, die die Geschichte des wohl bekanntesten Fotos aus dem Vietnamkrieg recherchiert hat
Anhören Die Symphonie aus Motorradlärm, dem Hupen und dem Geschrei der Straßenhändler auf einer Caféterrasse in Ho-Chi-Minh-Stadt
Ansehen Einen Film, der nichts mit Krieg zu tun hat: In *Ein Sommer in Hanoi* zeichnet Tran Anh Hung das Porträt der heutigen Stadt
Essen So viele landestypische Leckereien wie möglich; *pho* und *banh cuon* (gedämpfte Reisröllchen mit Schweinehack) sind hier im Ursprungsland noch leckerer als ohnehin schon
Trinken *Bia hoi* (Fassbier), am besten an der berüchtigten *bia-hoi*-Ecke in Hanois Altstadt mit 100 Stühlen, 101 Kunden und Bier zu Tiefstpreisen

In einem Wort
Troi oi! (Meine Güte!)

Markenzeichen
Kegelförmige Hüte, Schlafanzüge, Reliquien aus der Kriegszeit, die Halong-Bucht, *cyclos* (Fahrradrikschas), Motorrollerstaus

Übrigens …
Angeblich wurde der Sekundenkleber während des Vietnamkriegs als Notfallverband erfunden.

1. Dschunken zwischen den paradiesischen Kalksteininseln der Halong-Bucht
2. Reisterrassen am Bergbahnhof in Sapa
3. Schwarze Hmong aus dem Dorf Bo Lu. Das Volk ist eine ethnische Minderheit aus dem Norden Vietnams
4. An den Ufern des Parfümflusses liegt die von Erdwällen und Gräben umgebene kaiserliche Zitadelle von Hué

3

4

V

1

2

Beste Reisezeit
Das Wetter ist immer perfekt; im November und Mai ist weniger los

Unbedingt anschauen
- Den Nationalpark Virgin Islands auf St. John (USVI) mit jungfräulichen Stränden
- Die Devil's Bay (BVI), ein Abenteuerspielplatz der Natur mit Stränden, Grotten, Felsblöcken u. v. m.
- Christiansted auf St. Croix (USVI) mit bulliger Festung aus dem 18. Jh. und hübscher Strandpromenade
- Das zum Nationalmonument erklärte Buck Island Reef vor St. Croix (USVI), wo sich Meeresschildkröten tummeln
- The Baths auf Virgin Gorda (BVI): Vulkanfelsen, die natürliche Wasserbecken bilden

Nicht versäumen
- Auf White Bay (BVI) den Cocktail *Painkiller* trinken und allen Schmerz vergessen
- Sich auf Anegada (BVI) verkriechen und faulenzen
- Tauchausflüge zur Wand in der Cane Bay (USVI) und der gesunkenen *RMS Rhone* (BVI) unternehmen
- Den Reef Bay Trail erwandern und die Aussicht genießen
- Im wilden Teil von St. Thomas (USVI) durch die Mangroven paddeln

Jungferninseln hautnah
Lesen Robert Louis Stevensons Klassiker *Die Schatzinsel* mit Long John Silver und einem vergrabenen Piratenschatz
Anhören Quelbe, ein Mix lokaler Musikelemente, besonders gut von Stanley and the Ten Sleepless Knights
Ansehen *Christopher Columbus – Der Entdecker* von 1992 über den italienischen Seefahrer, den es an die Küste der Neuen Welt spülte
Essen *Fungi* (aus gekochtem Maisgries und Okra); *callaloo* (Fleischeintopf mit einheimischem Gemüse) *johnnycakes* (Fladenbrot aus Maismehl)
Trinken Wer all die fruchtigen Rumcocktails probiert, könnte es bereuen

In einem Wort
Limin' (ein auf allen Westindischen Inseln verbreiteter Ausdruck für ausgehen)

Markenzeichen
Riesige Kreuzfahrtschiffe, Reggae, Rum der Marken Cruzan und Pusser's, Flamingos

Übrigens …
Die USVI sind ein Außenterritorium der USA, die BVI eine Kronkolonie von Großbritannien.

1. Granitfelsen und Privatpools in The Baths auf Virgin Gorda (BVI)
2. Die einheimischen Leguane sehen gefährlicher aus als sie sind: Sie leben vegetarisch
3. Cruz Bay, St John (USVI)

V **HAUPTSTADT** ROADTOWN (BVI), CHARLOTTE AMALIE (USVI) | **EINWOHNER** 31912 (BVI), 104737 (USVI) | **FLÄCHE** 505 KM² | **AMTSSPRACHE** ENGLISCH

Virgin Islands | Jungferninseln

Dieser Archipel besteht aus zwei Teilen: den britischen (BVI) und den US-amerikanischen Jungferninseln (USVI), hat aber noch viele weitere Überraschungen in petto. St. Thomas (USVI) wird fast ganzjährig von Touristenhorden überrollt, die in Schiffen größer als manche Jungferninsel antuckern, hat aber auch friedliche Mangrovenwälder zu bieten. Die Nachbarinseln St. Croix und St. John sind viel ruhiger und bieten Strände und unberührte Natur von typisch karibischer Schönheit. Die 40 Tupfen der BVI lieben es so ruhig wie möglich (abgesehen von der inseltypischen Musik).

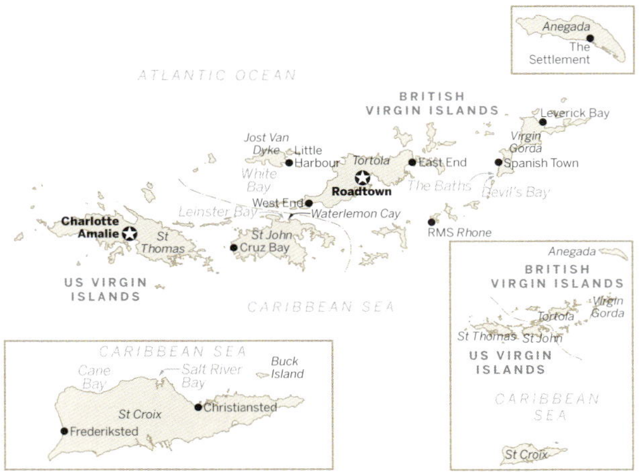

W **HAUPTSTADT** CARDIFF | **EINWOHNER** 3 000 000 | **FLÄCHE** 20 764 KM² | **AMTSSPRACHEN** WALISISCH & ENGLISCH

Wales

Von seiner schönsten Seite zeigt sich Wales auf Streifzügen durch einsame grüne Hügel, von lila Heidekraut überzogene Moore, Täler, in denen Männerchöre poetische Lieder von Barden aus dem 6. Jh. anstimmen und Pubs, in denen zünftige Pints mit Best Bitter gezapft werden. Einheimische Mythen, die walisische Literatur und die patriotischen, rugbyverrückten, singfreudigen *Cymry* (Waliser) verleihen dieser rauen, oft unterschätzten Region mit ihren urwüchsigen Landschaften und massiven Burgen im Morgennebel einen ganz besonderen Zauber. Einen Kontrast zu so viel Naturschönheit bilden die modernen Städte und die zahlreichen Spuren des Industriezeitalters. Und Abenteuersportler und Festivalliebhaber kommen in dem kleinen, feucht-glorreichen Land immer häufiger auf ihre Kosten.

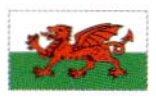

Beste Reisezeit

März bis Juni und September

Unbedingt anschauen

- Pontcysyllte, das elegante, 200 Jahre alte Aquädukt
- Snowdon, den beeindruckendsten und mit 1085 m höchsten Gipfel von Wales
- Die Six Nations Rugby Championships in Cardiff
- Die Burgen Conwy, Caernarfon, Harlech und Beaumaris
- Den Brecon Beacons National Park mit schroffen Bergen, Mooren und fantastischen Pubs

Nicht versäumen

- Im Snowdonia-Nationalpark wandern, mountainbiken, campen, Trampolin springen und auf einer künstlichen Welle surfen
- In Portmeirion, einem verspielten Dorf im italienischen Stil, Porzellan kaufen
- Männerchören auf dem International Eisteddfod von Llangollen lauschen oder Folk und Rock auf dem Green Man in Crickhowell
- Auf dem Küstenweg durch Pembrokeshire an putzigen Fischerdörfern und einsamen Buchten vorbeiwandern
- Auf der Gower Peninsula zwischen Sandstränden und Kalkfelsen herumtoben

Wales hautnah

Lesen *Mein Haus in Wales: Eine Liebeserklärung* von Jan Morris, der die walisischen Eigenheiten als Britin besonders auffallen
Anhören Opernarien, gesungen von dem walisischen Tenor Aled Wyn-Davies
Ansehen *Solomon and Gaenor*, die Geschichte einer verbotenen Liebe in den Kohlebergwerken von Wales um die Jahrhundertwende
Essen *Bara brith* (mit Tee getränktes Früchtebrot), *Welsh cream tea* (Tee und Scones mit Trockenfrüchten, Erdbeermarmelade und Sahne), *Welsh rarebit* (ein Rezept aus dem 18. Jh., für das Cheddarkäse geschmolzen, mit Bier gewürzt und auf Toast serviert wird)
Trinken Brains-Bier aus Cardiff oder Bier aus Mikrobrauereien

In einem Wort

Bore da (Hallo, Guten Morgen)

Markenzeichen

Berge, Schafe, Kohlebergwerke, Männerchöre, Rugby, unaussprechliche Ortsnamen, die mit Doppel-L beginnen, König Artus und Merlin, Lauch, der walisische rote Drache

Übrigens …

Waschechte Waliser sind: Anthony Hopkins, Roald Dahl, Peter Greenaway und Gareth Bale.

1. Der Aufstieg auf den Tryfan in Snowdonia führt durch unberührte Natur
2. Das Millennium Centre in Cardiff gibt der Kunst ein Zuhause
3. Surfen in Wales? Im kalten Wasser der Langland Bay kein Problem

2

3

W

1

2

Y **HAUPTSTADT** SANAA | **EINWOHNER** 25 300 000 | **FLÄCHE** 527 968 KM² | **AMTSSPRACHE** ARABISCH

Yemen | Jemen

Die Geschichte Jemens steckt voller Legenden: Die Römer tauften das Land Arabia Felix (glückliches Arabien), Noah ließ hier seine Arche zu Wasser, und unter der Königin von Saba gelangte das Land dank des Weihrauchhandels zu unermesslichem Reichtum. Das Schicksal des heutigen Jemens könnte sich nicht gravierender von diesen Geschichten unterscheiden: Der Bürgerkrieg fordert seinen Tribut von einer ohnehin schon verarmten Bevölkerung, und ohne den Ölhandel seiner reichen Nachbarn wirkt das Land teils wie eine Kapsel, die das alte Arabien konserviert: Hochhäuser aus Lehm, überwältigende Berglandschaften, Sanaas historische Piseebauten und die eigenwillige Schönheit der Inselgruppe Sokrota entführen in eine andere Zeit.

Beste Reisezeit
Oktober bis März

Unbedingt anschauen
- Sanaa, die 2500 Jahre alte Hauptstadt mit 14 000 historischen Gebäuden, von der Unesco als Weltkulturerbe geschützt
- Die fantastischen Lehmdörfer von Wadi Hadramaut, insbesondere Schibam, das auch das „Manhattan der Wüste" genannt wird
- Al-Hajjarah, ein uraltes Bergdorf mit einer Steinbrücke aus dem 17. Jh. und spektakulärer Umgebung
- Thula, ein Festungsdorf mit Steinmauern und atemberaubender Architektur

Nicht versäumen
- Auf dem Markt Souq al Milh in Sanaa getrocknete Früchte und Gewürze kaufen
- *Bara*, einen traditionellen Volkstanz mit Dolchen, bestaunen
- Sich ein frisch im *Tandur* (spezieller Ofen) gebackenes Fladenbrot schmecken lassen
- Weihrauch anzünden und den Duft genießen
- *Gat*, die Blätter einer leicht narkotisierenden Pflanze, kauen

Jemen hautnah
Lesen *Im Reich der Königin von Saba. Auf Karawanenwegen im Jemen* von Carmen Rohrbach
Anhören *Habibi Ta'al* von Ahmed Fathey, einem Meister auf der *Oud* (Kurzhalslaute)
Ansehen Pier Paolo Pasolinis *Erotische Geschichten aus 1001 Nacht*, für den viele Szenen im Jemen gedreht wurden, oder den ersten jemenitischen Spielfilm überhaupt, *A New Day in Old San'a* von Bader Ben Hirsi
Essen *Saltah* (Eintopf mit Fleisch, Linsen, Bohnen, Koriander und Bockshornklee)
Trinken Mit Kardamom aromatisierten Tee, mit Ingwer aromatisierten Kaffee

In einem Wort
Mumkin ithnayn shay (Zwei Tees, bitte)

Markenzeichen
Weihrauch, Königin von Saba, Hochhäuser aus Lehm in Wadi Hadramaut, Beduinen mit *jambiyas* (traditioneller Krummdolch), *qat*

Übrigens ...
Das seit Jahrhunderten bestehende Land wurde 1918 in Nord- und Südjemen aufgeteilt und erst 1990 wieder vereinigt.

1. Sanaa: eine der ältesten Städte der Welt, die durchgehend bewohnt ist
2. Die Sokrota-Inseln, das „Madagaskar des arabischen Meeres"
3. Frau mit traditionell kegelförmigem Hut im Dorf Al Hajjarin in Wadi Dawan
4. Das ausgeprägte Blätterdach des Drachenblutbaums, dessen Name auf sein dunkelrotes Harz zurück geht

3

4

1

2

Z HAUPTSTADT LUSAKA | EINWOHNER 14 200 000 | FLÄCHE 752 618 KM² | AMTSSPRACHE ENGLISCH

Zambia | Sambia

Durch die Venen Sambias fließen Kupfer und Kobalt, aber sein Herz ist von metallener Härte weit entfernt. Das beweisen seine Einwohner, die trotz unterschiedlicher kultureller Wurzeln zu einem aufgeschlossenen und unglaublich freundlichen Volk zusammengewachsen sind. Weite Landstriche mit unberührter Wildnis, in denen viele Nationalparks angelegt wurden, bilden ein Gegengewicht zur dominierenden Bergbauindustrie. Die äußerst vielfältige Natur und Landschaft (und für afrikanische Verhältnisse erstaunlich gut ausgebildeten Führer) versprechen atemberaubende Safari-Erlebnisse: zu Fuß durch South Luangwa, mit dem Kanu durch Lower Zambezi oder per Jeep tief in den Kafue-Nationalpark. Hier geht es nicht um oberflächliches Bestaunen, sondern um echte Begegnungen.

Beste Reisezeit
Mai bis Anfang Oktober, wenn es nicht zu heiß ist und die Safari-Camps geöffnet haben

Unbedingt anschauen
- Das eigene Floß, nachdem es Stromschnellen des Schwierigkeitsgrads V auf dem Sambesi überstanden hat
- Acht Millionen Flughunde, die Ende Oktober im Kasanka-Nationalpark einfallen
- Wildtiere im Kafue-Nationalpark während der „Smaragdsaison" (Dezember bis April)
- Die jährliche *Kuomboka*-Zeremonie, bei der der König der Lozi sein Volk aus den Überschwemmungsgebieten führt
- Geparden, die in der Busanga-Ebene Jagd auf Pukus (Antilopenart) machen

Nicht versäumen
- Mit dem Kanu im Nationalpark Lower Zambezi paddeln und dabei Flusspferden und Krokodilen ausweichen
- Sich am Bungeeseil von der Sambesibrücke stürzen
- Im Nationalpark South Luangwa auf Wandersafari gehen
- Im abgelegenen Nationalpark Liuwa Plain die Wanderungen von Gnu- und Zebraherden beobachten
- Vom Devil's Pool im Sambesi über den Rand der Victoriafälle blicken (Nervenkitzel inklusive)

Sambia hautnah
Lesen *Sambia oder Jederzeit ab jetzt: Mein afrikanisches Tagebuch* von Robert Badenberg, *Licht im Herzen der Finsternis* von Bridget und Adrian Plass, *Verheiratet mit einem Toten. Witwen und die Aids-Krise in Sambia* von Johanna Offe
Anhören Kalindula-Musik, am besten von Ricki Ilonga und Larry Maluma
Ansehen *The Death of Tyson*, ein Dokumentarfilm über das Leben eines Aids-Waisen
Essen *Nshima* (Maisbrei) mit Kürbisblättern und *mkuku mu chikasu* (Landhuhn)
Trinken *Mosi* (einheimisches Bier)

In einem Wort
Muzuhile? („Wie geht's?" auf Bemba)

Markenzeichen
Sambesi, Victoriafälle, Wandersafaris, Wildhunde, Kupfergürtel, Leoparden im Nationalpark South Luangwa, Fledermauswanderung

Übrigens …
Während einer TV-Pressekonferenz 2009 im Garten des State House bekam Präsident Rupiah Banda etwas Affenurin ab – er lachte, schaute hoch in den Baum und schimpfte scherzhaft: „Du hast auf mein Jackett gepinkelt!". Kurz darauf wurden alle Affen aus dem Garten vertrieben. Zufall?

1. Traditionell gekleidete junge Frauen in Livingstone
2. Karminspinte nisten an den Ufern des Luangwa
3. Mit dem luxuriösen *Royal Livingstone Express* zu den Sambesi-Wasserfällen
4. Elefantenmutter mit ihrem Kalb im Lower Zambezi National Park, einem der ursprünglichsten des Kontinents

3

4

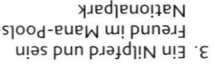

1. Das heutige Harare: die Burg, die die Entstehung der Stadt begründete, wurde von der Pionierkolonne um Cecil Rhodes erbaut

2. Die majestätischen Viktoriafälle, bei Einheimischen bekannt unter dem Namen Mosi-oa-Tunya (Donnernder Rauch)

3. Ein Nilpferd und sein Freund im Mana-Pools-Nationalpark

1

2

Z **HAUPTSTADT** HARARE | **EINWOHNER** 13 700 000 | **FLÄCHE** 390 757 KM² | **AMTSSPRACHE** ENGLISCH, SHONA, NDEBELE, XHOSA, VENDA, TSWANA, TONGO, SOTHO, SHANGANI, NDAU, NAMBY, KOISAN, KALANGA, CHIBARWE, CHEWA & ZEICHENSPRACHE

Zimbabwe | Simbabwe

Schätze gibt es in Simbabwe wie Sand am Meer, auch wenn die internationale Berichterstattung in den letzten Jahrzehnten eher um Politik und wirtschaftliche Not kreiste. Aber hat man erst einmal einen Fuß in das Land gesetzt, stehen doch die lohnenden Aspekte des Reisens im Mittelpunkt. Die Nationalparks bieten unübertroffene Möglichkeiten, Afrikas Tierwelt hautnah zu erleben und tragen zum Erhalt der natürlichen Landschaft bei, welche die Viktoriafälle und das tiefe, saftige Sambesi-Tal ebenso einschließt wie die felsigen Höhen der Highlands im Osten. Im Herzen des Landes dienen mythische Gesteinsformationen als Leinwand für uralte Wandmalereien und die rätselhaften Überreste des mittelalterlichen Groß-Simbabwes zeugen von einem afrikanischen Königreich. Das einzige, das hier noch fehlt, sind Sie.

Beste Reisezeit
Mai bis Oktober (Trockenzeit)

Unbedingt anschauen
- Vom Aussterben bedrohte Afrikanische Wildhunde, die durch den Hwange Nationalpark streunen
- Die Viktoriafälle vom Ultraleichtflugzeug aus
- Die mittelalterliche Stadt Groß-Simbabwe, früher das politische und religiöse Zentrum des Landes
- Versteinerte Dinoknochen auf der Sentinel Ranch
- Den Gonarezhou-Park – das „Elefanten-Eldorado"

Nicht versäumen
- Im Kanu den Sambesi im Mana-Pools-Nationalpark hinunterpaddeln
- Die besondere Atmosphäre der heiligen Matobo-Berge spüren, die als spektakuläre Kulisse für 3000 antike Felszeichnungen dienen
- An der „Sambesi-Schaukel" (Drahtseil) über die Batoka-Schlucht fliegen
- Durch die nebligen Eastern Highlands wandern und sich wie in Schottland fühlen
- Am Rand des Kariba-Sees im Matusadona-Nationalpark schwarze Nashörner aufspüren

Simbabwe hautnah
Lesen *Im Land des Hasses: Undercover durch Simbabwe* von Hans-Joachim Löwer
Anhören *Viva Zimbabwe*, eine Sammlung von eingängigen politischen Hymnen bis hin zu gitarrenlastigen *Sungura*-Rhythmen
Ansehen *Mugabe and the White African*, Doku über eine weiße Familie und die Landreform
Essen *Sadza ne nyama* (Maisbrei mit Fleischbrühe)
Trinken Bohlinger, ein Lagerbier aus Simbabwe

In einem Wort
Mhoro („Hallo" auf Shona)

Markenzeichen
Viktoriafälle, Sambesi (Fluss), Robert Mugabe, Hyperinflation, Groß-Simbabwe, der Löwe Cecil

Übrigens …
Besucher dürfen nicht mit Simbabwe-Dollar bezahlen, jedoch zwischen neun anderen Währungen wählen.

Abhängige Gebiete, Übersee-Territorien, Departments & Verwaltungsbezirke/-regionen

Australien
- **Ashmore- & Cartierinseln** (nordwestlich von Australien im Indischen Ozean)
- **Heardinsel & McDonaldinseln** (südwestlich von Australien im südlichen Indischen Ozean)
- **Kokosinseln** (südlich von Indonesien im Indischen Ozean)
- **Korallenmeerinseln** (nordöstlich von Australien im Korallenmeer)
- **Norfolkinsel** (östlich von Australien im Südpazifik)
- **Weihnachtsinsel** (südlich von Indonesien im Indischen Ozean)

China
- **Hongkong** (s. S. 175)
- **Macao** (s. S. 231)

Dänemark
- **Färöer** (östlich von Norwegen im Nordatlantik)
- **Grönland** (s. S. 155)

Frankreich
- **Bassas da India** (westlich von Madagaskar in der Mosambik-Straße)
- **Clippertoninsel** (südwestlich von Mexiko im Nordpazifik)
- **Europainsel** (westlich von Madagaskar in der Mosambik-Straße)
- **Französisch-Guyana** (s. S. 141)
- **Französisch-Polynesien** (östlich von Tahiti im Pazifik)
- **Guadeloupe** (s. S. 159)
- **Îles Glorieuses** (nordwestlich von Madagaskar im Indischen Ozean)
- **Juan de Nova** (westlich von Madagaskar in der Mosambik-Straße)
- **Martinique** (s. S. 249)
- **Mayotte** (in der Mosambik-Straße zwischen Mosambik und Madagaskar)
- **Neukaledonien** (s. S. 281)
- **Réunion** (s. S. 445)
- **Saint Pierre & Miquelon** (im Nordatlantik, südlich von Kanada)
- **Süd- & Antarktisgebiete** (südöstlich von Afrika im südlichen Indischen Ozean)
- **Tromelininsel** (östlich von Madagaskar im Indischen Ozean)
- **Wallis & Futuna** (s. S. 446)

Niederlande
- **Aruba, Bonaire and Curaçao** (s. S. 444)
- **Saba, Sint Eustatius, and Sint Maarten** (in der östlichen Karibik, östlich von Puerto Rico)

Neuseeland
- **Cookinseln** (s. S. 95)
- **Niue** (s. S. 445)
- **To-kelau** (s. S. 446)

Norwegen
- **Bouvetinsel** (südwestlich von Südafrika im Südatlantik)
- **Jan Mayen** (östlich von Grönland in der Grönlandsee)
- Spitzbergen (s. S. 446)

Großbritannien
- **Anguilla** (s. S. 17)
- **Bermuda** (s. S. 49)
- **Britisches Territorium im Indischen Ozean** (s. S. 445)
- **Britische Jungferninseln** (s. S. 435)
- **Falklandinseln** (s. S. 133)
- **Gibraltar** (s. S. 445)
- **Guernsey** (nordwestlich von Frankreich im Ärmelkanal)
- **Isle of Man** (Irische See)
- **Jersey** (nordwestlich von Frankreich im Ärmelkanal)
- **Kaimaninseln** (s. S. 77)
- **Montserrat** (s. S. 445)
- **Pitcairninseln** (s. S. 313)
- **St. Helena** (mit Ascension, Tristan da Cunha, Gough, Inaccessible und den drei Nachtigallinseln)
- **Südgeorgien & Südliche Sandwichinseln** (s. S. 446)
- **Turks- & Caicosinseln** (s. S. 411)

USA
- **Amerikanisch-Samoa** (s. S. 335)
- **Bakerinsel** (Nordpazifik)
- **Guam** (s. S. 161)
- **Howlandinsel** (Nordpazifik)
- **Jarvisinsel** (Südpazifik)
- **Johnston-Atoll** (südwestlich von Hawaii in Nordpazifik)
- **Kingman Reef** (Nordpazifik)
- **Midwayinseln** (westlich von Hawaii im Nordpazifik)
- **Navassainseln** (westlich von Haiti in der Karibik)
- **Nördliche Marianen** (s. S. 161)
- **Palmyra-Atoll** (Nordpazifik)
- **Puerto Rico** (s. S. 319)
- **Jungferninseln** (s. S. 435)
- **Wakeinsel** (Nordpazifik)

Umstrittene Gebiete
- **Antarktis** (s. S. 19)
- **Gazastreifen**
- **Paracelinseln**
- **Somaliland** (s. S. 361)
- **Spratlyinseln**
- **Westjordanland**
- **Westsahara**

Weitere interessante Reiseziele

Die folgenden Destinationen passen nicht so ganz zu den anderen Reiseländern in diesem Buch. Sie sind politisch von anderen Staaten abhängig und für einen eigenen Eintrag nicht groß genug oder nicht nah genug an touristischen Routen. Trotzdem glauben wir von Lonely Planet, dass sie Interesse verdienen, sei es dank ihrer Tier- und Pflanzenwelt, ihrer Geschichte oder ihrer Geografie. Jedenfalls haben sie alle einen ganz eigenen Charakter und setzen sich dadurch von ihren Mutterländern ab. Tony Wheeler, der unermüdliche Entdecker und Gründer von Lonely Planet, hat diese Liste zusammengestellt.

Aruba, Bonaire & Curaçao

HAUPTSTÄDTE ORANJESTAD (A), KRALENDIJK (B), WILLEMSTAD (C)
EINWOHNER 110,663 (A), 15,800 (B), 227,000 (N)
FLÄCHE 180 KM² (A), 294 KM² (B), 444 KM² (C)
AMTSSPRACHEN NIEDERLÄNDISCH, SPANISCH, ENGLISCH, PAPIAMENTU

Möglicherweise sind die „ABC-Inseln" in Sachen Multikulti Weltspitze. Bester Beweis ist die dortige Umgangssprache, Papiamento: Praktisch alle Völker, mit denen die Inseln in Berührung kamen, haben darin Spuren hinterlassen, von Spanisch, Portugiesisch und Niederländisch über Französisch bis hin zu indianischen Dialekten. Jede Insel hat ihren eigenen Charakter: das exklusive Aruba ist die touristischste Insel der südlichen Karibik, Bonaire hat eine fantastische Küste voll vorgelagerter Riffe und das angesagte Curaçao ist ein wilder Mix aus urbanem Wahnsinn, einsamer Aussichtspunkte und einer unbändigen Lust am Leben.

Diego Garcia – Britisches Territorium im Indischen Ozean (GB)

EINWOHNER 4000
FLÄCHE 60 KM²
AMTSSPRACHE ENGLISCH

Diego Garcia und der Chagos-Archipel bilden das Britische Territorium im Indischen Ozean und sind eigentlich unbewohnt. In den 1970er-Jahren hatte die britische Verwaltung alle Einwohner deportiert, die meisten leben heute in nicht eben glücklichen Verhältnissen auf Mauritius. Diego Garcia wurde Militärstützpunkt und Zwischenlandeplatz für amerikanische B-52-Bomber auf ihrem Weg nach Irak und Afghanistan. Außerdem fungiert es als „Filiale" des kubanischen Guantanamo. Als Reiseziel sind die Inseln, Atolle und Riffe tabu, da Besucher dort definitiv nicht willkommen sind.

Gibraltar (GB)

EINWOHNER 29 258
FLÄCHE 7 KM²
AMTSSPRACHE ENGLISCH

Der Felsen von Gibraltar, strategisch günstig gelegen an der Straße von Gibraltar, dem Zugang vom Atlantik zum Mittelmeer, ist ein interessanter Stolperstein für die britisch-spanischen Beziehungen. Die Spanier wollen ihn zurück und die Briten wären ihn vielleicht sogar ganz gerne los, aber die Einwohner von Gibraltar sträuben sich hartnäckig – sie lieben ihre kuriose englische Minienklave an der Mittelmeerküste. Der die Stadt überragende Felsen bietet einen spektakulären Ausblick und beherbergt eine Kolonie Berberaffen, die einzigen frei lebenden Primaten Europas. Wenn sie verschwinden, heißt es, dann gehen auch die Briten.

Montserrat (GB)

HAUPTSTADT PLYMOUTH
EINWOHNER 5241
FLÄCHE 100 KM²
AMTSSPRACHE ENGLISCH

1997 verwüstete ein Vulkanausbruch Montserrat. Trotz vieler Warnungen, dass der Soufrière Hills nach 400-jährigem Schlaf wieder erwachen könnte, gab es 19 Tote und die Hauptstadt Plymouth wurde verschüttet. Heute, bald zwei Jahrzehnte später, geht der Wiederaufbau immer noch weiter. Dennoch hat sich die Insel einen etwas morbiden Charme erhalten. Die wenigen Besucher sind meist Tagestouristen, die den Vulkan sehen wollen. Die, die länger bleiben, genießen die Einsamkeit und freuen sich mit den Einwohnern über die Wiedergeburt des Insellebens.

Niue (Neuseeland)

HAUPTSTADT ALOFI
EINWOHNER 1190
FLÄCHE 259 KM²
AMTSSPRACHEN NIUEANISCH & ENGLISCH

Niue liegt weitab von allem, auf halber Strecke zwischen den Tonga- und den Cookinseln. Es ist ein klassisches Beispiel für eine Makatea, ein gehobenes Atoll. Fast überall ragt das Riff senkrecht aus dem Meer, so dass es kaum Strände gibt, dafür aber beeindruckende Schluchten, Abgründe und Höhlen entlang der gesamten Küste. Manche davon setzen sich auch unter Wasser fort und sind erstklassige Tauchgebiete. Wie viele andere Pazifikinselchen leidet das kleinste selbstverwaltete Territorium der Welt unter Bevölkerungsschwund – mittlerweile leben mehr Niueaner in Neuseeland als auf dem „Fels von Polynesien".

Réunion

HAUPTSTADT ST DENIS
EINWOHNER 844 994
FLÄCHE 2517 KM²
AMTSSPRACHE FRANZÖSISCH

Réunion ist so steil und üppig bewachsen, dass es wie ein tropfnass aus dem Meer auftauchender Bergbuckel wirkt – was gar nicht so falsch ist, denn es handelt sich dabei um die Spitze eines riesigen, prähistorischen Unterwasservulkans. Die Insel ist ein Übersee-Departement Frankreichs und stark französisch geprägt – vom Frühstückscroissant über Evian-Mineralwasser bis hin zur Rotweinkaraffe auf dem Esstisch. Aber dazu gesellt sich tropisches Flair mit subtilen indischen, afrikanischen und chinesischen Einflüssen.

Südgeorgien (GB)

HAUPTSTADT GRYTVIKEN
EINWOHNER 10-20
FLÄCHE 3755 KM²
AMTSSPRACHE ENGLISCH

Südgeorgien könnte eine Bergkette der Alpen sein, die unvermittelt aus dem Ozean aufragt, und ähnlich beeindruckend ist seine Fauna und Flora. Während der langen antarktischen Winter halten sich oft nur zehn Wissenschaftler des British Antarctic Survey auf der abgelegenen Insel auf. Dafür leben hier zwei bis drei Mio. Seehunde, ebenso viele Pinguine und 50 Mio. Vögel, darunter ein Großteil der weltweiten Albatross-Population. Dazu kommen ein halbes Dutzend aufgegebener Walfangstationen. Fügt man noch Südgeorgiens Rolle im finalen Akt von Sir Ernest Shackletons legendärer Flucht aus dem Eis hinzu, ist es kein Wunder, dass es unter Antarktistouristen eines der populärsten Anlaufziele ist.

Svalbard (Norwegen)

HAUPTSTADT LONGYEARBYEN
EINWOHNER 1872
FLÄCHE 61 229 KM²
AMTSSPRACHE NORWEGISCH

Der weit nördlich von Norwegen gelegene Archipel Svalbard (Spitzbergen) ist ein beliebtes Reiseziel von Arktistouristen, die mit dem Snowmobil über Eisschollen brettern, um Wale, Robben, Walrosse und Eisbären vor die Linse zu bekommen. Dazu gibt es auf der Hauptinsel einige astreine Wanderrouten, die zu Rentieren und Polarfüchsen führen. Die Hauptstadt mit dem hübschen Namen Longyearbyen lebte lange Zeit vom Kohleabbau.

Tokelau (Neuseeland)

EINWOHNER 1337
FLÄCHE 12 KM²
AMTSSPRACHEN TOKELAUISCH, ENGLISCH & SAMOANISCH

Tokelau besteht aus drei winzigen Atollen, die genau so aussehen, wie es sich gehört: in der Mitte eine Lagune, drum herum eine Kette palmbestandener Inselchen. Sie liegen nördlich von Samoa, weit von jeglicher Zivilisation und auch weit voneinander entfernt; von Atafu sind es über Nukunonu bis Fakaofo gut 150 km. Trotz der gerade mal 1400 Einwohner herrscht ziemliches Gedränge, denn keine der Inseln ist breiter als 200 m, und wer höher als fünf Meter über den Meeresspiegel kommen will, muss schon auf eine Kokospalme klettern. Nach Tokelau zu kommen, ist schwierig sogar für Segler: Keine Lagune hat eine Lücke, die genug Wassertiefe für eine Yacht aufweist.

Tristan da Cunha (GB)

HAUPTSTADT EDINBURGH
EINWOHNER 267
FLÄCHE 98 KM²
AMTSSPRACHE ENGLISCH

Die offiziell zu St Helena gehörende Inselgruppe (die aber 2300 km weiter südlich liegt) wird gerne als der abgelegenste bewohnte Ort der Welt bezeichnet. Die Hauptinsel Tristan da Cunha besteht aus einem steil aufragenden Vulkantrichter und musste wegen einer Eruption 1961 komplett evakuiert werden. Zwei Jahre lang lebte die Bevölkerung im englischen Exil. Die meisten kehrten aber 1963, als die Insel wieder für sicher erklärte wurde, schnurstracks in die Heimat zurück, um wieder den Hauptexportartikel Langusten zu fangen. Südöstlich der Hauptinsel liegen noch Nightingale, Inaccessible und zwei kleinere Inseln.

Wallis & Futuna (France)

HAUPTSTADT MATA'UTU
EINWOHNER 15 613
FLÄCHE 274 KM²
AMTSSPRACHE FRANZÖSISCH

Diese französische Pazifikkolonie besteht aus zwei Inseln, zwischen denen nicht nur 230 km Ozean, sondern auch Welten liegen. Wallis ist ziemlich flach und liegt an einer Lagune, die von typischen sandigen Mini-Eilanden gesäumt wird, während Futuna (mit der größeren Nachbarinsel Alofi) bergig ist. Auch die Bewohner sind sehr unterschiedlich, da sich Futuna mehr an Samoa, Wallis mehr an den Tonga-Inseln orientiert. Wallis besitzt mit Talietumu eine der interessantesten archäologischen Stätten des Pazifiks und einige außergewöhnliche Kraterseen. Beide Inseln sind von bunten, oft recht exzentrisch wirkenden Kirchen übersät.

FRANK KRAHMER | GETTY IMAGES // JART DIRECTORS & TRIP | ALAMY // CULTURA RM/PHILIP LEE HARVEY | GETTY IMAGES // MARK HANNAFORD | GETTY IMAGES // TONY WHEELER | GETTY IMAGES

Autoren

Carolyn Bain
Joe Bindloss
Celeste Brash
Paul Clammer
Mary Fitzpatrick
Will Gourlay
Anthony Ham
Anita Isalska
Catherine Le Nevez
Emily Matchar
Helen Elfer
Kate Morgan
Lorna Parkes
Luke Waterson
Sarah Reid
Polly Thomas
Bradley Mayhew
Carolyn McCarthy
Matt Phillips
Robert Reid
Regis St Louis
Ryan Ver Berkmoes
James Smart
Hugh McNaughtan
Lee Slater
Jess Lee
Kerry Christiani
Mara Vorhees
Megan Eaves
Tamara Sheward
Stephen Lioy
Tom Masters
Megan Eaves

Diese Auflage

Kartografen
Corey Hutchinson
Alison Lyall
Anthony Phelan
Anita Bahn
Wayne Murphy
Julie Sheridan
Shahara Ahmed
Mark Griffiths
Diana Von Holdt

Die Fakten dieser Auflage wurden von den jeweiligen Reisezielexperten in den Lonely-Planet-Redaktionen in Großbritannien und USA überprüft:
Bailey Johnson
MaSovaida Morgan
Alexander Howard
Laura Crawford
Sarah Reid
Megan Eaves
Joe Bindloss
Tasmin Waby
Helen Elfer
Matt Phillips
Gemma Graham
Kate Morgan
Anna Tyler
Brana Vladisavljevic
James Smart
Lorna Parkes

WELTREISE
MIT LONELY PLANET DURCH ALLE LÄNDER DER ERDE

Titel der englischen Ausgabe
The Travel Book: A Journey Through Every Country in the World
Herausgeber Piers Pickard
Verantwortlicher Herausgeber Robin Barton
Koordinierende Redakteurin Bridget Blair
Redaktion Ross Taylor
Artdirector und Design Daniel di Paolo
Gestaltung Mark Adams
Gestaltung, Assistenz Kerrianne Jenkins, Wibowo Rusli
Koordinierender Kartograf Wayne Murphy
Produktion Ryan Evans
Druckproduktion Larissa Frost, Nigel Longuet, Jean-Pierre Masclef
Dank an Brendan Dempsey, Barbara di Castro, Lyahna Spencer, Florian Poppe, Matt Phillips, Shahara Ahmed, Jennifer Carey
www.lonelyplanet.com
Email info@lonelyplanet.com

Verlag der deutschen Ausgabe
MAIRDUMONT GmbH & Co. KG, Ostfildern
Marco-Polo-Straße 1, 73760 Ostfildern
www.mairdumont.com,
www.lonelyplanet.de

1. Auflage 2016
3., unveränderte Auflage 2018

Projektbetreuung: Andrea Wurth
Redaktion: Jens Bey
Übersetzung: Nadia Al Kureischi, Corinna Melville, Johanna Ott, Vanessa Wenig
ISBN 978-3-8297-1539-3
Gedruckt in Malaysia

Titelbilder: © Matt Munro, Jonathan Gregson, Joe Windsor-Williams, Lottie Davies, Justin Foulkes, Kris Davidson, Mark Read, Philip Lee Harvey, Catherine Sutherland, Eric Lafforgue, Pete Seaward

LÄNDERVERZEICHNIS